ΚΛΑΣΙΚΗ ΛΟΓΟΤΕΧΝΙΑ ΓΙΑ ΠΑΙΔΙΑ ΚΑΙ ΓΙΑ ΝΕΟΥΣ
ΝΕΑΝΙΚΗ ΚΛΑΣΙΚΗ ΒΙΒΛΙΟΘΗΚΗ ΤΟΥ 20ου ΑΙΩΝΑ

Α. ΤΖ. ΚΡΟΝΙΝ

Τα ώριμα χρόνια

Α. ΤΖ. ΚΡΟΝΙΝ

Τα ώριμα χρόνια

Μετάφραση
Σοφία Σκουλικάρη

ΕΚΔΟΣΕΙΣ ΠΑΤΑΚΗ

ΝΕΑΝΙΚΗ ΚΛΑΣΙΚΗ ΒΙΒΛΙΟΘΗΚΗ ΤΟΥ 20ού ΑΙΩΝΑ

Εκδόσεις Πατάκη – Κλασική λογοτεχνία για παιδιά και για νέους – 40
Νεανική Κλασική Βιβλιοθήκη του 20ού αιώνα – 3
Ά(ρτσιμπαλντ) Τζ(όζεφ) Κρόνιν, *Τα ώριμα χρόνια*
A(rchibald) J(oseph) Cronin, *Shannon's Way*
Μετάφραση: Σοφία Σκουλικάρη
Επιμέλεια-διορθώσεις: Ελένη Κοκοβίδου
Σελιδοποίηση: Παναγιώτης Βογιατζάκης
Φιλμ: Παναγιώτης Καπένης
Μοντάζ: Παναγιώτης Σαράτσης

Πρώτη έκδοση στην αγγλική γλώσσα, 1948
Πρώτη έκδοση από τις Εκδόσεις Πατάκη, Αθήνα, Φεβρουάριος 2003
Κ.Ε.Τ. 1509 Κ.Ε.Π. 56/03
ISBN 960-600-840-1

ΕΚΔΟΣΕΙΣ ΠΑΤΑΚΗ

ΒΑΛΤΕΤΣΙΟΥ 14, 106 80 ΑΘΗΝΑ, ΤΗΛ.: 210.36.50.000 - FAX.: 210.36.50.069
ΚΕΝΤΡΙΚΗ ΔΙΑΘΕΣΗ: ΕΜΜ. ΜΠΕΝΑΚΗ 16, 106 78 ΑΘΗΝΑ, ΤΗΛ.: 210.38.31.078
ΘΕΣΣΑΛΟΝΙΚΗ: Ν. ΜΟΝΑΣΤΗΡΙΟΥ 122, 563 34, ΤΗΛ.: 2310.70.63.54-5
Web site://www.patakis.gr • e-mail:info@patakis.gr, sales@patakis.gr

ΠΕΡΙΕΧΟΜΕΝΑ

ΕΙΣΑΓΩΓΗ ΤΗΣ ΜΕΤΑΦΡΑΣΤΡΙΑΣ

Ο Άρτσιμπαλντ Τζόζεφ Κρόνιν γεννήθηκε το 1896 στο Κάρντρος της επαρχίας Νταμπαρτονσάιρ της Σκοτίας και πέθανε το 1981 στο Μοντρέ της Ελβετίας. Υπήρξε μυθιστοριογράφος και γιατρός, του οποίου τα έργα αγαπήθηκαν στην Αγγλία και στην Αμερική, συνδυάζοντας το ρεαλισμό με την κοινωνική κριτική.

Ο Α.Τ.Κ. σπούδασε στο πανεπιστήμιο της Γλασκόβης και υπηρέτησε ως στρατιωτικός γιατρός στο βασιλικό ναυτικό κατά τον Α΄ Παγκόσμιο πόλεμο. Το διάστημα 1921-24 άσκησε την ιατρική στη νότια Ουαλία και κατόπιν, ως επιθεωρητής υγείας στα ανθρακωρυχεία, ερεύνησε τις ασθένειες που σχετίζονται με το επάγγελμα του ανθρακωρύχου. Το 1926 άνοιξε ιατρείο στο Λονδίνο, αναγκάστηκε όμως να εγκαταλείψει το επάγγελμα λόγω κακής υγείας, χρησιμοποιώντας πλέον τον ελεύθερο χρόνο του για να γράψει, το 1931, το πρώτο του μυθιστόρημα, Hatter's Castle *(*Ο Πύργος του Καπελά, *γυρίστηκε σε ταινία το 1941). Πρόκειται για την ιστορία ενός Σκοτσέζου καπελά που κατατρύχεται από την ιδέα ότι πιθανόν να κατάγεται από αριστοκρατική οικογένεια. Το βιβλίο γνώρισε αμέσως επιτυχία στη Βρετανία.*

Το τέταρτο μυθιστόρημά του, The Stars Look Down *(*Κάτω από το βλέμμα των άστρων, *1935, ταινία το 1939) πραγματεύεται τις κάθε λογής κοινωνικές αδικίες σε μια κοινότητα ανθρακωρύχων της βόρειας Αγγλίας κατά το διάστημα 1903-1933 και κέρδισε το αναγνωστικό κοινό ολόκληρου του κόσμου. Ακολού-*

θησε το The Citadel (Το κάστρο, *1937, ταινία το 1938*), *στο οποίο ο Α.Τ.Κ. δείχνει πόσο η προσωπική θλίψη που βιώνει ένας γιατρός μπορεί να καταστρέψει την καριέρα του. Το* The Keys of the Kingdom (Τα κλειδιά της βασιλείας, *1942, ταινία το 1944*) *αφορά ένα ρωμαιοκαθολικό ιεραπόστολο στην Κίνα και θεωρείται ένα από τα δημοφιλέστερα βιβλία του.*

Ακολούθησαν τα Άγουρα Χρόνια (*1944, ταινία το 1946*), Shannon's Way (Τα Ώριμα Χρόνια, *1948*), The Judas Tree (*1961*), A Song of Sixpence (*1964*). *Το* A Thing of Beauty (*1956*) *είναι μια μελέτη για κάποιο χαρισματικό νεαρό ζωγράφο που πρέπει να σπάσει τα δεσμά με τις μεσοαστικές συμβατικότητες προκειμένου να δώσει μορφή σε όλες του τις δυνατότητες.*

Σ.Σ.

ΒΙΒΛΙΟ ΠΡΩΤΟ

Κεφάλαιο 1

ΕΝΑ ΝΟΤΕΡΟ βράδυ, πέντε του Δεκέμβρη του 1919, μια ημερομηνία που σημάδεψε την αρχή μιας μεγάλης αλλαγής στη ζωή μου, είχε σημάνει έξι η ώρα από τον πύργο του Πανεπιστημίου κι η απαλή ομίχλη από τον ποταμό Έλντον σερνόταν γύρω από τα κτίρια της Πειραματικής Παθολογίας, στους πρόποδες του Φέννερ Χιλ, εισβάλλοντας στο στενόμακρο εργαστήριό μας που μύριζε αχνά φορμόλη και το φώτιζαν μονάχα κάτι χαμηλές λάμπες με πράσινο σκίαστρο.

Ο καθηγητής Όσερ ήταν ακόμα στο γραφείο του – πίσω από την κλειστή πόρτα, στα δεξιά μου, με αφύσικα γυμνασμένο αυτί, άκουγα κάθε ανεβοκατέβασμα της φωνής του όλη εκείνη την ατέλειωτη ώρα που δεν έλεγε να κλείσει το τηλέφωνο. Κρυφοκοίταξα τους άλλους δυο βοηθούς που, μαζί με μένα, απάρτιζαν την ομάδα του καθηγητή.

Ακριβώς απέναντι στεκόταν ο Σπενς στον πάγκο του και γέμιζε σωλήνες καλλιέργειας περιμένοντας τη γυναίκα του. Ερχόταν ταχτικά να τον πάρει, κάθε Παρασκευή βράδυ, κι έβγαιναν μαζί για φαγητό και θέατρο. Μια λοξή ηλιαχτίδα χάραξε στον τοίχο μια καρικατούρα του κομματιασμένου του προφίλ.

Στην άλλη γωνιά του εργαστηρίου, ο Λόμαξ είχε σχολάσει για κείνη τη μέρα και χτυπούσε αργόσχολα ένα τσιγάρο στην άκρη του αντίχειρά του – σημάδι πως ήταν έτοιμος να φύγει, κι αυτό σε γενικές γραμμές το κατάφερνε εύκολα κι ανέμελα. Εκείνη τη στιγμή, με ύφος ανθρώπου που βαριέται, κυκλωμένος από ένα νωθρό σύννεφο καπνού, σηκώθηκε κι έστρωσε το σγουρό τσουλούφι του στον καθρέφτη που είχε κρεμασμένο πάνω από το νεροχύτη του.

«Πάμε πουθενά απόψε, Σάννον. Έλα να φάμε και σε πάω και σινεμά».

Η πρόσκληση με κολάκευε, αλλά, βέβαια, απόψε την αρνήθηκα.

«Εσύ τι λες, Σπενς;» Ο Λόμαξ γύρισε στον άλλο πάγκο.

«Φοβάμαι ότι θα βγούμε με τη Μιούριελ».

«Αυτή η πόλη είναι κτηνωδώς ακοινώνητη» παραπονέθηκε ο Λόμαξ.

Σαν να ζητούσε συγγνώμη, ο Νιλ Σπενς σκέπασε διστακτικά το πιγούνι με το αριστερό του χέρι, μια χειρονομία σχεδόν ενστικτώδης, που απ' ό,τι φαίνεται του χάριζε αυτοπεποίθηση και εμένα πάντα με συγκινούσε και μεγάλωνε τη συμπόνια και τη βαθιά στοργή που ένιωθα για κείνον.

«Δεν έρχεσαι μαζί μας;»

Ο Λόμαξ κοντοστάθηκε σαν άκουσε την πρόταση.

«Μην μπω στη μέση και σας χαλάσω τη βραδιά».

«Δε θα μας τη χαλάσεις».

Ακριβώς εκείνη τη στιγμή ακούστηκε μια κόρνα αυτοκινήτου και σχεδόν αμέσως ο Σμιθ, ο παρασκευαστής, μπήκε κι ανακοίνωσε πως είχε έρθει η κυρία Σπενς και περίμενε απ' έξω.

«Μην αφήνουμε τη Μιούριελ να περιμένει». Ο Σπενς, που είχε κιόλας φορέσει το πανωφόρι του, περίμενε γλυκομίλητος τον Λόμαξ στην πόρτα. «Νομίζω ότι θα σ' αρέσει η παράσταση... είναι η *Παρθένος των Ορέων*[1]. Καληνύχτα, Ρόμπερτ».

---

[1] *The Maid of the Mountains* (1916), μουσική κωμωδία του Frederick Leonard Lonsdale (καλλιτεχνικό ψευδώνυμο του Frederick Leonard Lionel, 1881-1954), Βρετανού θεατρικού συγγραφέα και λιμπρετίστα, του οποίου

«Καληνύχτα».

Σαν έφυγαν πια, η ανάσα μου άρχισε να βγαίνει λιγάκι πιο γρήγορα κι η ματιά μου, εκεί που τριγυρνούσε ολόγυρα σ' αυτό τον κόσμο τον αγαπημένο, τούτο το βαθύ, μυστικό, μυστηριώδη κόσμο του εργαστηρίου, ήρθε τελικά και στάθηκε στην πόρτα του καθηγητή, γεμάτη προσμονή κι έγνοια.

Την ίδια στιγμή άνοιξε η πόρτα και βγήκε ο Χιούγκο Όσερ. Κάθε μπες βγες του ή, για να το πω καλύτερα, η κάθε του κίνηση είχε μιαν αμυδρά θεατρική χροιά, που τόσο απόλυτα ταίριαζε στην αυστηρή σιλουέτα του, στα γκρίζα του μαλλιά, στο καλοψαλιδισμένο αυτοκρατορικό γενάκι, ώστε πάντα μου έδινε τη στενάχωρη εντύπωση πως ο καθηγητής δεν ήταν τόσο πολύ ένας εξέχων επιστήμονας όσο ένας ηθοποιός που έπαιζε με τη μεγαλύτερη τελειότητα αυτό το ρόλο. Πλησίασε το φυγοκεντρωτή Χόφμαν, κοντά στον πάγκο μου. Μ' όλη την καλοσυγκρατημένη του έκφραση, έτσι όπως είδα να σφίγγονται οι μύες του μετώπου του, δε δυσκολεύτηκα να πειστώ πως αποδοκίμαζε τις ιδιορρυθμίες μου, από την τριμμένη ναυτική στολή που δεν έλεγα να βγάλω από πάνω μου μέχρι και την αποτυχία μου, τις τελευταίες έξι βδομάδες, να δείξω ενθουσιασμό για την έρευνα που μου είχε αναθέσει υποχρεωτικά.

Για λίγο απλώθηκε σιωπή. Κατόπιν, μ' εκείνη τη δόση εγκαρδιότητας που υποτίθεται πως μαλάκωνε το αυστηρό του ύφος, είπε κοφτά:

«Όχι, Σάννον... Φοβάμαι πως όχι».

οι ελαφρές «κωμωδίες δωματίου» έμειναν κλασικές λόγω της σφιχτής δομής και του επιγραμματικού πνεύματός τους, στα πρότυπα εκείνων του Richard Sheridan και του Oscar Wilde. Κατά τη δεκαετία του '20, ο Λόνσντεϊλ άρχισε να παράγει τα πιο χαρακτηριστικά έργα του, τα πιο επιτυχημένα από τα οποία είναι: *Aren't We All* (1923), *The Last of Mrs. Cheyney* (1925), *On Approval* (1927), *Canaries Sometimes Sing* (1929) και *Once is Enough* (1938). (Σ.τ.Μ.)

Η καρδιά μου σταμάτησε να χτυπά δυνατά και βούλιαξε σιγά σιγά, ενώ το πρόσωπό μου ζωγραφίστηκε με απογοήτευση και πίκρα.

«Σίγουρα όμως, κύριε, αν διαβάσατε το υπόμνημά μου...»

«Το διάβασα» με διέκοψε και, σαν να ήθελε να μου το αποδείξει, άπλωσε στον πάγκο μου το δακτυλόγραφο φύλλο χαρτί που του είχα παραδώσει το πρωί εκείνης της μέρας και που τώρα, μπροστά στα φλογισμένα μου μάτια, είχε τη ρυπαρή κι αξιοθρήνητη όψη ενός χειρόγραφου που το απέρριψαν. «Λυπάμαι, αλλά δεν μπορώ να δεχτώ την πρότασή σου. Το έργο που έχεις αναλάβει είναι τεράστιας σημασίας. Αδύνατον... να σου επιτρέψω να το διακόψεις».

Χαμήλωσα τα μάτια, η πληγωμένη μου περηφάνια μού στερούσε το δικαίωμα να επιμείνω στο αίτημά μου, πόσο μάλλον αφού ήξερα πως οι αποφάσεις του ήταν πάντα αμετάκλητες. Μολονότι είχα σκυμμένο το κεφάλι, ένιωθα το βλέμμα του να καρφώνεται στις πλάκες προβολής που είχα σωρό πάνω στο ξύλο του πάγκου μου, το καμένο από οξύ.

«Ολοκλήρωσες τις τελευταίες μας μετρήσεις;»

«Όχι ακόμα» είπα δίχως να σηκώσω τα μάτια.

«Το ξέρεις πως θέλω ειδικά αυτή η εργασία να είναι έτοιμη για το Εαρινό Συνέδριο. Επειδή θα λείψω πολλές εβδομάδες, είναι επιτακτική ανάγκη να την προχωρήσεις όσο το δυνατόν ταχύτερα».

Δεν αποκρίθηκα και το συνοφρύωμά του έγινε πιο βαθύ. Καθάρισε το λαιμό του. Νόμισα πως όπου να 'ταν θ' άκουγα κάποια κατήχηση σχετικά με τον ευγενή σκοπό της παθολογικής έρευνας, ειδικά από τη στιγμή που σχετιζόταν με το αγαπημένο του θέμα, τη θεωρία των οψωνινών. Κι όμως, αφού έπαιξε για μια στιγμή με το μαλακό, πλατύγυρο μαύρο καπέλο του, το φόρεσε στο πίσω μέρος του κεφαλιού του.

«Καλό βράδυ, Σάννον».

Μ' εκείνη την επίσημη αποχαιρετιστήρια ρεβεράντζα που είχε ξεσηκώσει από άλλους τόπους, βγήκε.

Κάθισα για κάμποση ώρα εντελώς ακίνητος.

«Είμαι έτοιμος να κλείσω, κύριε».

Λιπόσαρκος και κιτρινιάρης όπως πάντα, ο Σμιθ, ο παρασκευαστής, με παρακολουθούσε με την άκρη του ματιού του: εκείνος ο Χέρμπερτ Σμιθ που, σαν μπήκα για πρώτη φορά στο εργαστήριο της Ζωολογίας πριν από έξι χρόνια, είχε μετριάσει με την απαισιοδοξία του το νεανικό μου ενθουσιασμό. Σήμερα ήταν επικεφαλής παρασκευαστής του Τμήματος Παθολογίας, αλλά η απόκτηση αυτής της καλύτερης θέσης δεν τον είχε αλλάξει κι έδειχνε απέναντί μου μια στρυφνή καχυποψία, που μάλλον τη δυνάμωσαν παρά την έδιωξαν οι ελάχιστες επιτυχίες μου, συμπεριλαμβανομένου ενός ανώτερου πανεπιστημιακού πτυχίου με διάκριση και της απονομής του Χρυσού Μεταλλίου Λίστερ[2].

Δίχως κουβέντα τύλιξα το μικροσκόπιό μου, έκανα πέρα τις πλάκες, έπιασα το σκούφο μου και βγήκα έξω. Οι σκέψεις μου ήταν πικρές όπως κατέβαινα τη σκοτεινή, υγρή λεωφόρο Φέννερ Χιλ –όπου, κάτω από τα αψιδωτά φώτα, μέσα στην ομίχλη, τα

---

[2] Lister, Joseph (1827-1912), Άγγλος γιατρός, εισηγητής της αντισηπτικής αγωγής στη χειρουργική. Διατέλεσε καθηγητής της χειρουργικής στο Πανεπιστήμιο της Γλασκόβης, της κλινικής χειρουργικής στο Πανεπιστήμιο του Εδιμβούργου και του ίδιου κλάδου στο Βασιλικό Κολέγιο του Λονδίνου. Πρωτοστάτησε στην ίδρυση του Ινστιτούτου Προληπτικής Ιατρικής Λίστερ και θεωρείται ιδρυτής της νεότερης χειρουργικής. Ο Λίστερ αντιλήφθηκε τη σημασία των πειραμάτων του Παστέρ επί της ζύμωσης για την εφαρμογή τους στην ιατρική και το 1855 εξήγγειλε τη νέα του μέθοδο για την απολύμανση των πληγών, των επιδέσμων και των χειρουργικών εργαλείων με αντισηπτική επίδεση. Αργότερα βελτίωσε τη μέθοδό του με την καθιέρωση της αντισηπτικής χειρουργικής, η οποία επιδιώκει την πλήρη αποστείρωση χειρουργείων και χειρουργικών εργαλείων. Διατέλεσε επίσης πρόεδρος της Βασιλικής Εταιρείας και του απονεμήθηκε τίτλος ευγενείας. (Σ.τ.Μ.)

τραμ χτυπούσαν τα καμπανάκια τους και χοροπηδούσαν πάνω σε βρεγμένα λιθόστρωτα– κι ύστερα μπήκα στην γκρίζα συνοικία του Κέρκχεντ. Εδώ, στέγες από παλιομοδίτικα σπίτια –που διατηρούσαν κάτι το σεβάσμιο απέναντι σε μια εισβολή από ταβέρνες, παγωτατζίδικα και εργατικές πολυκατοικίες για εκείνους που δούλευαν στους ντόκους εκεί κοντά– όρθωναν την ψηλή, μαυριδερή πρόσοψή τους με τη σπασμένη γύψινη κορνίζα, τα περιστύλια που είχαν φύγει από τη θέση τους και τις πεσμένες υδρορρόες, θρηνώντας θα 'λεγες για την περασμένη τους δόξα, κάτω από τον αιώνια καπνισμένο ουρανό.

Στον αριθμό 52, που έγραφε στο ανώφλι το ευγενικό όνομα *Ροθσεΐ*, κι από κάτω, με διακριτικά γράμματα, Ενοικοι, ανέβηκα τη σκάλα και μπήκα.

Κεφάλαιο 2

ΣΤΗΝ ΚΟΡΦΗ ΤΗΣ ΠΑΝΣΙΟΝ είχα την κάμαρά μου, μικρή, σχεδόν σαν σοφίτα, με λιγοστά έπιπλα, ένα σιδερένιο κρεβάτι, ένα άσπρο ξύλινο λαβομάνο κι ένα υφαντό χαλάκι με μαύρη τρέσα. Ευτυχώς όμως, επικοινωνούσε με μια μικρή σέρα από πράσινο γυαλί, απομεινάρι από τις καλές μέρες του αρχοντικού, που είχε ακόμα μέσα τα ράφια και τους πάγκους της. Μολονότι το χειμώνα ήταν κρύα και το καλοκαίρι μ' έκανε να λούζομαι στον ιδρώτα, η σέρα αυτή ήταν ό,τι χρειαζόμουν σαν χώρος μελέτης.

Για τούτη την ευκολία και για δυο γεύματα τη μέρα πλήρωνα στις δεσποινίδες Ντίαρι, τις συνιδιοκτήτριες του κτιρίου, το λογικό ποσό των τριάντα τεσσάρων σελινιών τη βδομάδα – κι όπως πρέπει ευθύς να παραδεχτώ, ήταν το περισσότερο που μπορούσα να πληρώσω. Τα λεφτά που είχα κληρονομήσει από τον παππούλη μου «για να σπουδάσω στο κολέγιο» είχαν φτάσει ίσα ίσα γι' αυτό το σκοπό, ενώ η αμοιβή για τα καθήκοντα βοηθού που είχα αναλάβει και τη συμπληρωματική εργασία παράδοσης μαθημάτων βακτηριολογίας στους τριτοετείς φοιτητές έφτανε τις εκατό γκινέες το χρόνο, ένα χρυσωμένο χάπι δηλαδή, πίσω από το οποίο κρυβόταν το γεγονός πως στη Σκοτία το σκέφτονται πολύ πριν κακομάθουν τις ιδιοφυΐες τους που βρίσκονται στα πρώτα τους βήματα. Έτσι, το Σάββατο, όταν είχα πια πληρώσει τη σίτιση και τη στέγασή μου, στην τσέπη μου δεν έμεναν ούτε πέντε σελίνια για να τρώω τα μεσημέρια στο σύλλογο και να προμηθευτώ ρούχα, παπούτσια, βιβλία, καπνό – με λίγα λόγια, ήμουν εξωφρενικά φτωχός, καταδικασμένος να φοράω την τριμμένη μου φόρμα, που τόσο πολύ πρόσβαλλε το αίσθημα κοσμιότητας του καθηγητή Όσερ, όχι από δική μου επιλογή, αλλά γιατί ήταν το μοναδικό μου ρούχο.

Παρ' όλα αυτά, εκείνες οι στενάχωρες συνθήκες διόλου δε με προβλημάτιζαν. Η ανατροφή μου στο Λέβενφορντ με είχε εξοικειώσει με δυσκολίες της σπαρτιάτικης ζωής όπως ο σβολιασμένος χυλός, το μοναδικά κι αλησμόνητα αποστειρωμένο νερωμένο γάλα, τα χειροποίητα ρούχα και τα χοντρόσολα παπούτσια που τα στούμπωνα με κοσκινόπροκες για να κρατήσουν. Άλλωστε, την τωρινή μου κατάσταση την έβλεπα σαν μεταβατική, προάγγελο ενός λαμπρού μέλλοντος, κι ο νους μου με τόση απόγνωση έμενε προσκολλημένος στο τόλμημα που θα με οδηγούσε σε μια σπουδαία και άμεση επιτυχία, που διόλου δε σκοτιζόμουν για μικροπράματα.

Σαν έφτασα στην ψηλή σοφίτα μου, που έβλεπε σ' έναν άσπρο τούβλινο τοίχο με την καπνοδόχο του αποτεφρωτήρα της πολιτείας στην κορφή του, στάθηκα μια στιγμή να σκεφτώ, μελετώντας την εργασία που μου είχε επιστρέψει ο Όσερ.

«Θ' αργήσετε για το τσάι».

Τινάχτηκα, γύρισα προς τον εισβολέα που έστεκε διστακτικά στο κατώφλι μου. Δεν ήταν άλλος από τη δεσποινίδα Τζιν Λο, τη γειτόνισσά μου στη διπλανή πόρτα του διαδρόμου. Αυτή η νεαρή, μία από τους πέντε φοιτητές Ιατρικής που έμενε στο Ρόθσεϊ, παρακολουθούσε τις παραδόσεις βακτηριολογίας μου και σ' όλη τη διάρκεια του φετινού έτους με είχε κάνει αντικείμενο των φροντίδων της, όπως συμβαίνει με όλους τους καλούς γείτονες.

«Το γκογκ χτύπησε πριν από πέντε λεπτά» μουρμούρισε με τη βαριά βόρεια προφορά της· και, παρατηρώντας τον εκνευρισμό μου, πρέπει να πω προς τιμήν της πως κοκκίνισε – ένα ζεστό, ροδαλό χρωματάκι που απλώθηκε στο λευκό της πρόσωπο, μα δεν την έκανε να χαμηλώσει τα καστανά της μάτια. «Χτύπησα, αλλά δε μ' ακούσατε».

Τσαλάκωσα το χαρτί.

«Σας έχω ζητήσει, δεσποινίς Λο, να μη μ' ενοχλείτε όταν είμαι απασχολημένος».

«Ναι... αλλά το *τσάι* σας» διαμαρτυρήθηκε, τονίζοντας περισσότερο από κάθε άλλη φορά το *τσ*, μέσα στη σύγχυσή της.

Δε βάσταξα· έτσι όπως την είδα, με την μπλε σερζ φούστα της, την απλή άσπρη μπλούζα της, τις μαύρες κάλτσες και τα γεροφτιαγμένα παπούτσια, να με ικετεύει με τόσο ένθερμη φροντίδα, λες κι η απώλεια του τσαγιού μου θα ήταν ολέθρια συμφορά, αναγκάστηκα να χαμογελάσω.

«Εντάξει» συγκατένευσα, μιμούμενος τον τόνο της. «Έρχομαι αμέσως».

Κατεβήκαμε μαζί στην τραπεζαρία, μια τρομερή αίθουσα, με έπιπλα από φθαρμένο κόκκινο βελούδο και ταπέτο που, ναι, ακόμα κι αυτό είχε ποτιστεί με τη μυρωδιά βρασμένου λάχανου. Πάνω στο ράφι του τζακιού, που ήταν στολισμένο με βελούδινα φουντωτά κρόσσια, έστεκε το καμάρι των δεσποινίδων Ντίαρι, τεκμήριο κύρους του εκλιπόντος πατρός τους και της δικής τους «καθωσπρέπει» ανατροφής: ένα φρικαλέο πράσινο μαρμάρινο ρολόι, σταματημένο αλλά στηριγμένο σε δυο σιλουέτες με επίχρυσες κάσκες που κρατούσαν τσεκούρια και είχαν χαραγμένα πάνω τους τα εξής: *Απονέμεται στον πυραγό Χάμις Ντίαρι επί τη ευκαιρία της συνταξιοδοτήσεώς του από την διοίκησιν της Πυροσβεστικής Υπηρεσίας του Γουίντον.*

Το απογευματινό, που θύμιζε αμυδρά το παραδοσιακό, δυναμωτικό σκοτσέζικο απογευματινό τσάι, είχε κιόλας αρχίσει, κι η δεσποινίς Μπεθ Ντίαρι καθόταν στην κεφαλή του μαονένιου τραπεζιού που ήταν σκεπασμένο μ' ένα μπαλωμένο μα πεντακάθαρο λευκό ύφασμα κι είχε πάνω πιάτα με ψωμί, τηγανίτες και πίτα αρωματισμένη με γλυκάνισο, κάτι λίγες ρέγκες, μία για τον καθένα, και μια μεταλλική τσαγιέρα Μπριτάννια, μέσα σ' ένα πλεχτό μπλε «ντύμα».

Εκεί που μας σέρβιρε το τσάι η δεσποινίς Μπεθ, μια ψηλή, ευπρεπής και κοκαλιάρα σαρανταπεντάρα με όμορφα χαρακτηριστικά που είχαν πια ατονήσει, με ένα φιλέ και ένα φόρεμα από ψιλή δαντέλα πλεγμένη με κοπανέλια, τα οποία τόνιζαν το ύφος της ξεπεσμένης αριστοκράτισσας, μας χάρισε –μολονότι έτρεφε το δέοντα σεβασμό για το πτυχίο μου της Ιατρικής, κι όσο για τη δεσποινίδα Λο, ήταν σαφώς η ευνοούμενή της– ένα άχρωμο χαμόγελο «πόνου», που εξαφανίστηκε μονάχα σαν έριξα μια πένα στο μικρό ξύλινο κουτί που ήταν τοποθετημένο πίσω από το άδειο μπολ για τα βουτήματα, στο κέντρο του τραπεζιού, κι έγραφε «Για τους Τυφλούς». Η τάξη και η ακρίβεια, όπως άλλωστε κι η ευγένεια, ήταν μία από τις πολλές αρχές της δεσποινίδας Ντίαρι της πρεσβύτερης, κι όλοι όσοι έρχονταν καθυστερημένοι, αφότου είχε «πει την προσευχή», υποτίθεται πως έπρεπε να επανορθώσουν, μολονότι θα πρέπει να συγχωρήσουμε κάποιον που θ' αμφιβάλει, κάποιες στιγμές, αν τούτος ο φόρος τιμής έφτασε ποτέ στον αληθινό του προορισμό.

Άρχισα σιωπηλός να τρώω τη ρέγκα μου που ήταν αρμυρή, βουτηγμένη στο λίπος και πιο μικρή απ' ό,τι συνήθως. Τούτες οι δυο άξιες αριστοκράτισσες ήταν αναγκασμένες ν' αγωνίζονται σκληρά για να τα φέρουν βόλτα κι η δεσποινίς Μπεθ –που ήταν εκείνη που φαινόταν ότι διαχειρίζεται το κτίριο, ενώ η δεσποινίς Έιλι μαγείρευε και καθάριζε στο παρασκήνιο– φρόντιζε να μη διαπράξει κανείς ποτέ ενώπιόν της το αμάρτημα της λαιμαργίας. Πέρα απ' αυτά, η εξαιρετική υπόληψη του σπιτιού της ήταν γνωστή σ' όσους είχαν σχέση με το Πανεπιστήμιο και μονάχα εκείνη είχε διαθέσιμα δωμάτια. Απόψε είδα πως, από τους έξι νοικάρηδες που είχε όλους κι όλους, έλειπαν ο Γκάλμπρεϊθ και ο Χάρριγκτον, αμφότεροι τελειόφοιτοι τεταρτοετείς που είχαν πάει στα σπίτια τους για το Σαββατοκύριακο· αντίκρυ μου όμως καθόντουσαν οι άλλοι δύο φοιτητές Ιατρικής, ο Χάρολντ Μος και ο Μπαμπού Λαλ Τσάττερτζι.

Ο Μος ήταν ένας τοσοδούλης δεκαοχτάχρονος έφηβος, μονίμως με σημάδια από ακμή και προικισμένος με την πιο εκπληκτική σειρά μεγάλα και πεταχτά δόντια. Ήταν μονάχα πρωτοετής και τον περισσότερο καιρό παρέμενε ευλαβικά σιωπηλός· κάπου κάπου όμως, σαν του φαινόταν πως κάποιος είχε πει κάτι αστείο, ξεσπούσε ξαφνικά σ' ένα άγριο και βραχνό γέλιο.

Ο Λαλ Τσάττερτζι, ένας Πάρσι από την Καλκούτα, ήταν μεγαλύτερος από τον Μος, και μάλιστα γύρω στα τριάντα τρία, εξαιρετικά παχύσαρκος και φουσκωμένος σαν βαρέλι, με άτριχο πρόσωπο, κίτρινο σαν ζαφορά, που έκανε αντίθεση μ' ένα ογκώδες ροζ τουρμπάνι και το αστραφτερό, ανέκφραστα ηλίθιο πρόσωπό του. Τουλάχιστον δεκαπέντε χρόνια τώρα μπαινόβγαινε κουνιστός και λυγιστός στις αίθουσες διδασκαλίας του Γουίντον, ντυμένος με φαρδιά παντελόνια που κρεμόντουσαν από την καρέκλα του σαν άδεια σακιά πατάτες και κουβαλώντας πάνω του μια μεγάλη πράσινη ομπρέλα, στη δίχως επιτυχία προσπάθειά του να πάρει το πτυχίο του και να γίνει γιατρός. Καλοκάγαθος και πολυλογάς, όλο φιλικές κουβεντούλες που κυλούσαν ακατάπαυστα, είχε αποκτήσει το παρατσούκλι «Μπαμπού»[3] κι είχε γίνει η γραφική φιγούρα του πανεπιστημίου. Αμέσως μόλις μπήκαμε, με μια ψιλή «τραγουδιστή» φωνή που πάντα σου θύμιζε την κραυγή του μουεζίνη σαν διαλαλεί τις ώρες της προσευχής, πριν πέσει στην ελάσσονα, άρχισε:

«Α, καλησπέρα, δόκτωρ Ρόμπερτ Σάννον και δεσποινίς Τζιν Λο. Φοβούμαι ότι τελειώσαμε σχεδόν όλο το φαγητό. Για την αργοπορία σας θα σας αφήσουμε να πεθάνετε από ασιτία. Ω, ναι, αυτό θα κάνουμε, χα, χα. Κύριε Χάρολντ Μος, περάστε μου τη μουστάρδα, παρακαλώ, ευχαριστώ. Απευθύνομαι στο συνάδελφό

---

[3] *Baboo* (απαρχ.): κύριος (τιμητικός τίτλος στην Ινδία). (Σ.τ.Μ.)

μου τον ιατρό, σας ρωτώ, ιατρέ Ρόμπερτ Σάννον, η μουστάρδα δε διεγείρει τους σιελογόνους αδένες, που είναι δύο, ο υπογλώττιος και άλλος ένας που τον έχω κρατήσει σώο και αβλαβή στο σημειωματάριό μου; Με συγχωρείτε, κύριε, πώς ονομάζεται εκείνος ο άλλος αδένας;»

«Πάγκρεας» του θύμισα.

«Α, ναι, κύριε, πάγκρεας» συμφώνησε ο Μπαμπού, αστραφτοκοπώντας. «Αυτό ακριβώς πιστεύω κι εγώ».

Ο Μος, που έπινε τσάι, παραλίγο να πνιγεί ξαφνικά.

«Πάγκρεας!» είπε με κομμένη την ανάσα. «Μπορεί να μην ξέρω και πολλά, μα θαρρώ πως είναι στο στομάχι!»

Ο Λαλ Τσάττερτζι έμεινε να κοιτάζει περιφρονητικά το συμφοιτητή του που είχε ξεσπάσει σε γέλια.

«Ω, φτωχέ κύριε Χάρολντ Μος! Μην κάνετε επίδειξη της άγνοιάς σας. Να θυμάστε, παρακαλώ, ότι είμαι πολύ περισσότερα χρόνια φοιτητής απ' ό,τι εσείς. Είχα την τιμή ν' αποτύχω στις εξετάσεις για το πτυχίο θεωρητικών επιστημών του Πανεπιστημίου της Καλκούτας πιθανόν πριν ακόμα να γεννηθείτε εσείς».

Η δεσποινίς Λο δοκίμαζε να τραβήξει το βλέμμα μου και να με παρασύρει στην κουβέντα της με τη δεσποινίδα Μπεθ. Με το σοβαρό, μα κι όλο λαχτάρα ενδιαφέρον εκείνων που τους δένει η συμπάθεια για την ευαγγελική εκκλησία συζητούσαν την επικείμενη παράσταση του «Μεσσία» στο μέγαρο Σεντ Άντριου, ανέκαθεν σημαντικό γεγονός στο Γουίντον. Επειδή όμως, για τους δικούς μου λόγους, εγώ είχα μιαν ιδιαίτερη επιφυλακτικότητα απέναντι σε θέματα θρησκείας, κάρφωσα το βλέμμα στο πιάτο μου.

«Πόσο μ' αρέσει η χορωδιακή μουσική. Εσάς, κύριε Σάννον;»

«Όχι» είπα. «Φοβάμαι πως όχι».

Σ' εκείνο το σημείο μπήκε από την κουζίνα η δεσποινίς Έιλι Ντίαρι, σιωπηλά, με τις φθαρμένες κετσεδένιες παντούφλες της, κρατώντας στα χέρια της το «κρύσταλλο», το γυάλινο δίσκο με τα δαμάσκηνα κομπόστα, τα σκληρά σαν πέτρα δαμάσκηνα κομπόστα που ολοκλήρωναν το φριχτό φαγητό κάθε «βραδιάς ρέγκας» μας, αναπόφευκτα σαν το θάνατο.

Αντίθετα με την αδερφή της, η δεσποινίς Έιλι ήταν ένα γλυκό και τρυφερό πλάσμα, μάλλον απεριποίητη στην εμφάνιση, με κοντόχοντρη, αργοκίνητη σιλουέτα και χέρια κομπιασμένα και παραμορφωμένα από τις δουλειές του σπιτιού. Οι φήμες –προφανώς οι ανοησίες που είχαν διαδώσει οι φοιτητές, παίρνοντας θάρρος από το γεγονός ότι η μοναδική της ξεκούραση, τα βράδια, ήταν να διαβάζει ρομαντικά μυθιστορήματα από τη δημοτική βιβλιοθήκη– έλεγαν ότι, σαν ήταν κορίτσι, είχε ζήσει μια τραγική ερωτική ιστορία. Το ευγενικό της πρόσωπο, αναψοκοκκινισμένο από το φούρνο, υπομονετικό με τις καυστικές παρατηρήσεις της αδερφής της, ήταν θλιμμένο και μελαγχολικό, κι ένα λεπτό τσουλούφι έπεφτε τόσο συχνά στο μέτωπό της, που η γυναίκα εκείνη είχε αναπτύξει την περίεργη συνήθεια να σουφρώνει τα χείλια και, φυσώντας απαλά προς τα πάνω, να το διώχνει. Μπορεί οι δυσκολίες της να την έκαναν να με συμπονάει για τα προβλήματά μου. Τώρα, με ευγενικό ενδιαφέρον, έσκυψε και μου ψιθύρισε στ' αυτί:

«Πώς πήγαν σήμερα τα πράγματα, Ρόμπερτ;»

Για να την καθησυχάσω αναγκάστηκα να χαμογελάσω, κι εκείνη έγνεψε ευχαριστημένη, φύσηξε το τσουλούφι της και βγήκε.

Κοίτα που η καρδιά της δεσποινίδας Έιλι ήταν πιο μαλακή από τα δαμάσκηνά της! Το επόμενο πεντάλεπτο, άλλος θόρυβος δεν ακουγόταν παρά μονάχα ένα βασανιστικό μάσημα, η σύγκρουση των περιφερόμενων κυνοδόντων του Μος με το σκληρό φρούτο.

Όταν πια τίποτα το φαγώσιμο δεν απόμεινε πάνω στο τραπέζι, το γεύμα τελείωσε με την Μπεθ Ντίαρι να σηκώνεται σαν πυργοδέσποινα που παρέθεσε συμπόσιο. Σκορπιστήκαμε κατόπιν στα δωμάτιά μας, ο Χάρολντ Μος συνθλίβοντας αφηρημένος ψαροκόκαλα με το δείκτη του, ο Λαλ Τσάττερτζι βγάζοντας καθ' οδόν μελωδικά ρεψίματα, με μια μεγαλοπρέπεια καταπώς ταιριάζει στους Ανατολίτες.

«Κύριε Σάννον». Τρέχοντας να με προφτάσει, η δεσποινίς Λο φώναξε λαχανιασμένη το όνομά μου – επιτέλους της είχα κόψει τη συνήθεια να με λέει «δόκτωρ», έναν τίτλο που, επειδή ήταν συνυφασμένος με την επαγγελματική μετριότητα, σε τούτο το στάδιο τον απεχθανόμουν βαθιά. «Δεν είμαι σίγουρη για την εργασία που έγραψα πάνω στα *Trypanosoma gambiense*[4]... ξέρετε, το ζήτημα που μας βάλατε σήμερα. Είναι κατά τη γνώμη μου τόσο ενδιαφέρον... Θα μπορούσατε... θα είχατε την καλοσύνη να την κοιτάξετε;»

Μολονότι ενοχλημένος κι απορροφημένος στους συλλογισμούς μου, δεν είχα ούτε τη δύναμη ούτε τη θέληση ν' αρνηθώ – τούτη η ολοφάνερη δροσιά στο πρόσωπό της κάπως τα κατάφερε κι έπνιξε τις πιο αγενείς απαντήσεις μου.

«Φέρτε την» μούγκρισα.

Πέντε λεπτά αργότερα, στηριγμένος στις σπασμένες σούστες της μοναδικής πολυθρόνας που διέθετε η σέρα, διάβασα την εργασία της· όλη εκείνη την ώρα η κοπέλα καθόταν στητή κι αλύγιστη, άκρη άκρη σ' ένα σκαμνί σκεπασμένο με ραγισμένο μουσαμά, ζάρωνε με τα χέρια τη σερζ φούστα ολόγυρα στους αστραγάλους της και με παρακολουθούσε με ύφος σοβαρό, όλο αγωνία.

«Εντάξει είναι;» ρώτησε μόλις τέλειωσα.

Το δοκίμιο ήταν εξαιρετικά καλογραμμένο, με αρκετές μάλλον πρωτότυπες παρατηρήσεις και μια σειρά σκαριφήματα, ιδιαίτερα ακριβή, πάνω στην ανάπτυξη του μαστιγοφόρου παράσιτου. Έτσι όπως την παρατηρούσα, όφειλα να παραδεχτώ ότι δεν έ-

[4] Μαστιγοφόρο παράσιτο που, μέσω του δαγκώματος της μολυσμένης μύγας τσε τσε, μεταδίδει στον άνθρωπο την αφρικανική τρυπανοσωμίαση ή νόσο του ύπνου. (Σ.τ.Μ.)

μοιαζε με τις περισσότερες νεαρές που κατέφθαναν σαν κοπάδια στο πανεπιστήμιο, καμαρώνοντας ότι «ασχολούνται» με την ιατρική. Άλλες απ' αυτές έρχονταν για πλάκα, άλλες τις ανάγκασαν φιλόδοξοι μεσοαστοί γονείς, κάτι λίγες ζητούσαν κυρίως να παντρευτούν κάποιον καλό γαμπρό, που μια μέρα, σε κάποια κοινότητα των προαστίων, θα γινόταν ένας αχώνευτος, αξιοσέβαστος γενικός παθολόγος, ψιλοανίκανος αλλά οικονομικά εξασφαλισμένος. Καμιά δεν είχε ούτε το πραγματικό ταλέντο ούτε την ικανότητα για το επάγγελμα.

«Βλέπετε» μουρμούρισε, λες για να μ' ενθαρρύνει να πω τη γνώμη μου «με περιμένει δουλειά. Έχω τόση αγωνία να πάρω το πτυχίο μου».

«Είναι αρκετά πάνω από τη βάση» είπα. «Για να είμαι ειλικρινής, είναι εξαιρετική».

Μια ζεστασιά απλώθηκε στα απαλά της μάγουλα.

«Ω, σας ευχαριστώ, δόκτωρ... κύριε Σάννον. Αυτό σημαίνει τα πάντα, όταν το λέτε εσείς. Δεν μπορώ να σας πω πόσο σεβόμαστε τη γνώμη σας εμείς οι φοιτητές... και την... Ναι, σας παρακαλώ, αφήστε με να το πω, την ευφυΐα σας... Και βέβαια γνωρίζω πόσο άσχημες στιγμές περάσατε στον πόλεμο».

Έβγαλα την παντούφλα μου και εξέτασα το λιώσιμο που είχε αρχίσει να φαίνεται στη μύτη. Έχω κιόλας προσπαθήσει να εξηγήσω γιατί δεν μπορούσα να πληγώσω την παράξενη γειτόνισσά μου· παρ' όλα αυτά, κάποια διέξοδο έπρεπε κι εγώ να βρω για τις οξυθυμίες και τις ευαισθησίες μου. Από τη φύση μου ήμουν επιφυλακτικός και μυστικοπαθής, δεν είχα την ιδιοσυγκρασία ψεύτη, κι όμως κάτω από τούτη τη λαμπερή, όλο εμπιστοσύνη ματιά, κάποιος δαίμονας, που μπορεί και να τον κληρονόμησα από τον αδιόρθωτο τον προπάππο μου, είχε αρχίσει τις τελευταίες βδομάδες, κρυμμένος πίσω απ' το συλλογισμένο, μελαγχολικό θα 'λεγες πρόσωπό μου, να κάνει εξωφρενικές φάρσες.

Στη διάρκεια των ταχτικών συζητήσεών μας της είχα εξομολογηθεί ότι προερχόμουν από μια πλούσια και αριστοκρατική οικογένεια του Λέβενφορντ, αλλά να, έτσι που έμεινα ορφανό κι επειδή προτίμησα την ιατρική έρευνα από τη σταδιοδρομία που μου είχαν χαράξει, μου στέρησαν και μου απαγόρεψαν το πατρικό μου σπίτι.

Η αθώα ευπιστία της με παρακίνησε να δοκιμάσω κι άλλα.

Τα τέσσερα χρόνια του πολέμου ήμουν μια ήσυχη και θλιβερή ύπαρξη κι είχα υπηρετήσει ως χειρουργός σ' ένα ελαφρύ καταδρομικό αποσπασμένο για υπηρεσία με υποβρύχια στη Βόρεια Θάλασσα. Οι εβδομαδιαίες αποστολές μας μέσα από τα εχθρικά ναρκοπέδια, δε λέω, ήταν αρκετά επικίνδυνες, μα κι απερίγραπτα βαρετές. Στο λιμάνι πίναμε τζιν, παίζαμε μπλακ τζακ και ψαρεύαμε χέλια. Μια φορά, ο ανώτερος αξιωματικός μας πιάστηκε στα πράσα, με στολή υπηρεσίας στην καμπίνα του, μαζί με μια όμορφη γυναίκα στην οποία, όπως μας είπε αργότερα, δίδασκε τις σκοτεινές τέχνες της πλοήγησης. Πέρα απ' αυτό, τίποτα δεν έσπαζε τη μονοτονία μέχρι που πήραμε μέρος στη Μάχη της Γιουτλάνδης[5], αλλά και τότε όλα έγιναν τόσο γρήγορα, ώστε το μόνο που έμεινε ήταν μια μπερδεμένη αίσθηση θορύβου κι αστραπών, του εαυτού μου να ιδροκοπάει ανάμεσα στις κουβέρτες του νοσοκομείου του πλοίου, κάνοντας τα πάντα λάθος, με τρεμάμενα δάχτυλα και τόσο νερό στα σωθικά μου, που ολόκληρη την επόμενη βδομάδα υπέφερα από φριχτούς κολικούς.

Φυσικά αυτό δεν έκανε να τ' ακούσει η δεσποινίς Τζιν Λο, κι έτσι, όσο κρεμόταν από τα χείλια μου, επινόησα μια καινούρια και πιο γραφική περιπέτεια. Μας τορπίλισαν, μας εγκατέλειψαν για μέρες στη μέση του Ειρηνικού σε μια σχεδία, ζήσαμε δραματικές σκηνές δίψας και πείνας, παλέψαμε με καρχαρίες και ούτω

[5] Ιστορική ναυμαχία (31 Μαΐου-1η Ιουνίου 1916) ανάμεσα στο γερμανικό και το βρετανικό πολεμικό ναυτικό, στην οποία νίκησαν οι Άγγλοι. (Σ.τ.Μ.)

καθ' εξής, μέσα στις πιο τρομερές συνθήκες, μέχρι που ξύπνησα, χλωμός αλλά θριαμβευτής, ή μάλλον ήρωας, σ' ένα νοσοκομείο της Νότιας Αμερικής.

Η τωρινή σιωπή μου προφανώς της προκαλούσε αμηχανία και τα βλέφαρά της άρχισαν πια να τρεμοπαίζουν, κάτι που πάντα μαρτυρούσε πόση ένταση έκρυβε μέσα της.

«Σκεφτόμουν... θέλω να πω... δε μου φαίνεται και τόσο σωστό, κύριε Σάννον, να έχω μάθει τόσα πολλά για σας... κι εσείς να μην ξέρετε τίποτα για μένα». Δίστασε για λίγο, κι ύστερα συνέχισε παλικαρίσια, κατακόκκινη. «Έλεγα μήπως, κάποιο Σάββατο, θα θέλατε να έρθετε στο σπίτι μου στο Μπλαίρχιλ».

«Τι να σας πω» είπα σύξυλος. «Θα είμαι πολύ απασχολημένος όλο το χειμώνα».

«Το καταλαβαίνω. Αλλά ήσασταν τόσο καλός μαζί μου, που θα ήθελα να γνωρίσετε τους δικούς μου. Βέβαια» πρόσθεσε βιαστικά «είμαστε πολύ απλοί άνθρωποι, όχι σαν κι εσάς. Ο πατέρας μου» –και πάλι κοκκίνισε, κι όμως συνέχισε θαρραλέα, με το ύφος κάποιου που πήρε μια δύσκολη απόφαση ύστερα από μεγάλη περισυλλογή– «δεν είναι πολύ σημαντικό πρόσωπο. Είναι... φούρναρης».

Έπεσε σιωπή για λίγο. Μια και δεν ήξερα ούτε τι να πω ούτε τι να κάνω, καθόμουν ακίνητος σαν άγαλμα. Πάνω που είχα αρχίσει να νιώθω άβολα, ξαφνικά χαμογέλασε, δείχνοντας πως κάποια σπίθα χιούμορ αναζωογονούσε τον αγγελικό ζήλο της.

«Ναι, φουρνίζει ψωμί. Δουλεύει στο φουρνάρικο με το μικρό μου αδερφό κι άλλο ένα άτομο. Και στέλνει τις φραντζόλες σ' όλη την επαρχία μ' ένα κάρο που το σέρνουν άλογα. Μικρή επιχείρηση, αλλά παλιά και φημισμένη, όπως ίσως καταλαβαίνετε. Γι' αυτό, όσο κι αν ανήκετε σε καλή οικογένεια, μη μας περιφρονείτε».

«Για όνομα του Θεού, για ποιον με περνάτε;» Θιγμένος, της έριξα μια γρήγορη ματιά, μα εκείνη ήταν πολύ αθώα για να συλλάβει κάποιο διπλό νόημα στα λόγια μου.

«Τότε θα έρθετε». Με ευχαριστημένη έκφραση σηκώθηκε, πήρε την εργασία της από το μπράτσο της πολυθρόνας μου κι έμεινε να την κοιτάζει. «Σας ευχαριστώ πάρα πολύ που με βοηθήσατε μ' αυτά τα τρυπανόσωμα. Η τροπική ιατρική μ' ενδιαφέρει τόσο πολύ». Το απορημένο βλέμμα μου την έσπρωξε να κάνει μια τελευταία εξομολόγηση. «Βλέπετε... ανήκουμε στους Αδελφούς[6]... και... αμέσως μόλις πάρω το πτυχίο μου... θα πάω να δουλέψω σαν γιατρός στην ιεραποστολή μας... στο Κουμάσι, στη Δυτική Αφρική».

Το σαγόνι μου θα πρέπει ν' άνοιξε τουλάχιστον δυο τρεις πόντους. Δε θα είχε ποτέ τέλος η τρομαχτική ικανότητά της να με ξαφνιάζει; Το πρώτο που μου ήρθε στο νου ήταν να γελάσω, μα το βλέμμα στα μάτια της, που έλαμπε λες κι αντίκρισε το Άγιο Δισκοπότηρο, με συγκράτησε. Κι όπως την παρατηρούσα, όφειλα να παραδεχτώ ότι τουλάχιστον είχε την αρετή της ειλικρίνειας.

«Πόσο καιρό έχετε αυτή την παράλογη ιδέα;»

«Από τότε που άρχισα να σπουδάζω ιατρική. Γι' αυτό κι άρχισα».

Ώστε δεν είχε έρθει στο πανεπιστήμιο για πλάκα, ούτε για να παντρευτεί, σαν τις άλλες. Έστω κι έτσι όμως, δεν είχα πειστεί.

«Όλο αυτό ακούγεται πολύ υψηλό» είπα αργά. «Ρομαντικό και όλο αυτοθυσία... στο χαρτί. Αν όντως πάτε, όμως... αναρωτιέμαι αν ξέρετε στ' αλήθεια τι θ' αντιμετωπίσετε».

«Οφείλω να ξέρω». Χαμογέλασε ήρεμα. «Η αδερφή μου βρίσκεται εκεί σαν νοσοκόμα τα τελευταία πέντε χρόνια».

Τα λόγια της μ' αποστόμωσαν. Κοντοστάθηκε στην πόρτα και μ' ένα χαμόγελο γλίστρησε έξω από το δωμάτιο. Για λίγη ώρα

---

[6] *Brethren*, σχισματική ομάδα προτεσταντών που αποκαλείται επίσης Christian Brethren. Η αδελφότητα διαμορφώθηκε με βάση τρεις επιρροές: τον προτεσταντισμό, με τις αρχές του οποίου είχαν μεγαλώσει οι ιδρυτές της, το μεταρρυθμιστικό κίνημα του πιετισμού και τις διδασκαλίες των αναβαπτιστών κατά τη Μεταρρύθμιση του 16ου αιώνα. (Σ.τ.Μ.)

κάθισα ασάλευτος, με το βλέμμα καρφωμένο κάπως ηλίθια στο πουθενά κι ακούγοντας ασυναίσθητα, με κάποια αμηχανία, τις ήσυχες κινήσεις της στη διπλανή πόρτα· ύστερα σήκωσα τους ώμους, σούφρωσα τα χείλια και άρχισα πάλι να συλλογιέμαι τη δική μου κατάσταση.

Έπρεπε άραγε να υποταχτώ στην πορεία που μου χάραξε ο καθηγητής Όσερ, ή μήπως όφειλα, με το δικό μου τρόπο, όσο ακαθόριστος και τυχαίος κι αν ήταν αυτός, να τα βάλω με την εξουσία και τη μοίρα;

Κεφάλαιο 3

ΤΗΝ ΑΛΛΗ ΜΕΡΑ, Σάββατο, είχα το ρεπό της βδομάδας και στις έξι το πρωί βγήκα από το σπίτι, όπου όλοι κοιμόντουσαν ακόμη, για να κάνω μια βόλτα στο χωριό Ντριμ, κάπου σαράντα χιλιόμετρα μακριά. Οι δρόμοι του Γουίντον ήταν ακόμα σκοτεινοί, νοτισμένοι απ' την πρωινή πάχνη, κι αν εξαιρέσεις το αλαφρό πάτημα κάποιου πρωινού εργάτη, σιωπηλοί κι έρημοι. Σαν πρόβαλε ο ήλιος είχα πια διασχίσει τις παρυφές της πολιτείας, αφήνοντας πίσω με ανακούφιση τα τελευταία μονώροφα εξοχικά που ήταν σκορπισμένα ανάμεσα σε περιβόλια, κι είχα βγει στην εξοχή, όπου, μπροστά στα μάτια μου, η πλατιά εκβολή του Κλάιντ έφτανε μέχρι τη θάλασσα, ένα φωτεινό, οικείο θέαμα που πάντα μου άνοιγε την καρδιά.

Κατά το μεσημέρι έφαγα ένα μήλο που μου είχε βάλει κρυφά στην τσέπη το περασμένο βράδυ η δεσποινίς Έιλι, αψηφώντας τη δυσαρέσκεια της αδερφής της. Κατόπιν, διασχίζοντας το ποτάμι από το πορθμείο του Έρσκιν, κάπου οχτώ χιλιόμετρα μακριά από την πολιτεία του Λέβενφορντ, μπήκα στην περιοχή των θαυμάσιων αγροκτημάτων που πλαισίωναν τα νερά του Φιρθ, ενός τόπου βουκολικού μ' όλη τη σημασία της λέξης, όπου έβλεπες πρόβατα και γελάδια να ροβολάνε στα κακοτράχαλα λιβάδια, που τα περιτριγύριζαν γκρίζοι πέτρινοι τοίχοι.

Καθώς πλησίαζα στον προορισμό μου, στο νου μου κυριάρχησε ο σκοπός του ταξιδιού, όσο αφελής κι αν ήταν. Ολόκληρη εκείνη τη χρονιά, από τη στιγμή που η σύγκλητος του πανεπιστημίου με είχε τιμήσει με τον τίτλο του υφηγητή, μετά την αποστράτευσή μου το 1918, ο καθηγητής Όσερ με κρατούσε απασχολημένο με μιαν έρευνα ρουτίνας πάνω σε κάποιες οψωνίνες, ένα θέμα που ενδιέφερε τον ίδιο, αλλά που εγώ το θεωρούσα σχεδόν ασήμαντο – άσε που τη θεωρία των οψωνινών ήδη την αμφισβητούσαν εξολοκλήρου οι ανώτεροι επιστήμονες.

Μπορεί να ήμουν προκατειλημμένος λόγω του βαθύτερου σεβασμού που έτρεφα για τον προηγούμενο επικεφαλής του Τμήματος, τον καθηγητή Τσάλλις, που με είχε διδάξει και εμπνεύσει τα χρόνια των σπουδών μου στο πανεπιστήμιο: έναν όμορφο γέροντα που σήμερα, στην ηλικία των εβδομήντα, είχε αποτραβηχτεί στην αφάνεια της ιδιωτικής ζωής. Πάντως, ούτε συμπαθούσα ούτε εμπιστευόμουνα το διάδοχό του. Ψυχρός, κατά περίπτωση κόλακας, παρακινούμενος από μια πλούσια και κοινωνικά φιλόδοξη γυναίκα, ο Χιούγκο Όσερ έμοιαζε στερημένος από την έμπνευση και τη δύναμη της δημιουργίας, απροετοίμαστος να θυσιάσει «αίμα και δάκρυα», ό,τι δηλαδή απαιτούσε η έρευνα, φαινόταν οπορτουνιστής που είχε ανέβει σ' αυτή τη θέση χάρη στην ευχέρεια που είχε να ταξινομεί στατιστικές, αλλά ακόμα πιο πολύ με σπρώξιμο, με καλοϋπολογισμένη χρονικά δημοσιότητα και με την αξιοσημείωτη ικανότητα να επωφελείται από το μυαλό των άλλων. Κρατώντας στο Τμήμα του υποσχόμενους νεαρούς, είχε αποκτήσει φήμη για τις πρωτότυπες έρευνές του – η προηγούμενη μονογραφία μου, για παράδειγμα, πάνω στη λειτουργία του βλεννογόνου, σκληρή δουλειά που ολοκληρώθηκε με κόπο, είχε δημοσιευθεί ως κοινή εργασία του καθηγητή Χιούγκο Όσερ και του δόκτορος Ρόμπερτ Σάννον.

Όσο καιρό έμενα υποδουλωμένος σ' αυτή την κατάσταση, όλο κι αναζητούσα με απίστευτη λαχτάρα κάποιο στ' αλήθεια σημαντικό αντικείμενο έρευνας, μια μεγάλη, πρωτότυπη θέση, μια θέση τόσο αλάθητα σπουδαία, που θα επηρέαζε, για να μην πω θ' άλλαζε, την πορεία της γενικής ιατρικής.

Υψηλή προσδοκία, βέβαια. Μα ήμουν νέος, μόλις είκοσι τεσσάρων χρονών, δεμένος με πάθος με τη δουλειά μου, γεμάτος από την οδυνηρή φιλοδοξία ενός σιωπηλού και μοναχικού χαρακτήρα, ανυπόμονος, μέσα στη φτώχεια και την ταπεινότητά μου, να καταπλήξω τον κόσμο.

Μήνες ολόκληρους αναζητούσα μάταια ένα τέτοιο αντικείμενο, ώσπου ξαφνικά μια ευκαιρία παρουσιάστηκε μονάχη της, από το πουθενά. Εκείνο το φθινόπωρο κάμποσες αγροτικές περιοχές ολόκληρης της χώρας είχαν χτυπηθεί από μια περίεργη επιδημία, η οποία, ίσως λόγω έλλειψης καλύτερου όρου, είχε πάρει τον αόριστο χαρακτηρισμό «γρίπη». Το ποσοστό θανάτων από μόλυνση ήταν υψηλό και τα κρούσματα πολλά – στο λαϊκό Τύπο αραιά και πού υπήρχαν πρωτοσέλιδα προορισμένα να εντυπωσιάσουν και πράγματι, στις ιατρικές επιθεωρήσεις, είχα εντοπίσει αρκετά δημοσιεύματα από την Αμερική, την Ολλανδία, το Βέλγιο και άλλες ξένες πηγές που κατέγραφαν εκδηλώσεις παρόμοιων καταστάσεων. Τα συμπτώματα μεγάλου ρίγους, πυρετού, έντονου πονοκεφάλου και σωματικού πόνου ήταν πολύ σοβαρά και συχνά οδηγούσαν σε μοιραία πνευμονία, ή σε μακροχρόνια εξασθένηση, σε περίπτωση που υπήρχε ανάρρωση. Κι όπως τα μελετούσα, σιγά σιγά ένιωθα πως να, τούτη εδώ είναι μια καινούρια κι αλλιώτικη αρρώστια, κι όσο περνούσε ο καιρός, η υποψία μου μεγάλωνε κι έστελνε στις φλέβες μου ένα κύμα έξαψης.

Το ενδιαφέρον μου γι' αυτό το θέμα το δυνάμωσε ακόμα περισσότερο το γεγονός πως ένα από τα κυριότερα τοπικά κέντρα της επιδημίας ήταν η περιοχή του Ντριμ. Και τώρα, στις τρεις το απόγευμα, όπως έκοβα δρόμο από την όχθη ενός γαλήνιου ρέματος για να μπω σ' εκείνο το χωριουδάκι με τα χαμηλά γκρίζα σπίτια, ένα μέρος που πάντα ήταν ήσυχο, μα σήμερα, με την αρρώστια που είχε ξεσπάσει τελευταία, ήταν ακόμα πιο σιωπηλό κι ερημικό, η λαχτάρα νικούσε την κούρασή μου και μ' έκανε να επιταχύνω το βήμα. Δίχως να κάνω στάση για να φάω λίγο ψωμοτύρι, όπως το συνήθιζα, στη μοναδική ταβερνούλα του χωριού, κίνησα αμέσως να βρω τον Άλεξ Ντόθι.

Τον βρήκα στο καλύβι του, καθιστό, με το τσιμπούκι στο στόμα, μέσα στην αναπαυτική κουζίνα του, ενώ ο γιόκας του ο Σάιμον έπαιζε στα πόδια του, πάνω στο χαλάκι, κι η Άλις, η γυναίκα του, μια ήρεμη, σεβάσμια γυναίκα, έβγαζε γλυκό στο τραπέζι.

Ο Άλεξ ήταν ένας κοντός τριανταπεντάρης άντρας με σταθερό βλέμμα, που φορούσε καθαρά παντελόνια από χοντρό χνουδωτό ύφασμα, χοντρές κάλτσες και φανελένιο ριγέ πουκάμισο. Με χαιρέτησε κουνώντας ανεξιχνίαστα το κεφάλι, ή μάλλον αλλάζοντας την έκφραση του προσώπου του, μια αλλαγή τόσο αδιόρατη, που δύσκολα την έβλεπες, κι όμως που είχε μέσα της περισσότερο καλωσόρισμα από τη μακροσκελέστερη ομιλία. Την ίδια στιγμή, όχι δίχως ειρωνεία, αντιλήφθηκε την κουρασμένη και σκονισμένη εμφάνισή μου.

«Έχασες το λεωφορείο;»

«Όχι, Άλεξ. Ήθελα να περπατήσω». Ανίκανος να συγκρατηθώ, συνέχισα: «Ελπίζω να μην άργησα. Τα... κανόνισες;»

Φάνηκε να μην άκουσε· κι ύστερα, μετρημένα, χαμογέλασε κι έβγαλε το τσιμπούκι από το στόμα του.

«Ωραίος είσαι του λόγου σου, που διάλεξες Σάββατο απόγεμα. Όλος ο κόσμος θέλει να ξεκουραστεί τούτη τη μέρα... ειδικά ύστερα απ' όσα τραβήξαμε». Σώπασε για αρκετή ώρα, επίτηδες, για να μου μεγαλώσει την αγωνία. «Εγώ όμως σου τους κατάφερα τους περισσότερους. Θα πεταχτούμε τώρα στη Λέσχη».

Καθώς αναφωνούσα από ευγνωμοσύνη, σηκώθηκε, πήγε στο κιγκλίδωμα του τζακιού κι άρχισε να δένει τα κορδόνια των παπουτσιών του.

«Δεν πίνεις μια κούπα τσάι, γιατρέ;» ρώτησε η κυρία Ντόθι. «Με τέτοιο καιρό, δεν αντέχει το κορμί δίχως κάτι ζεστό».

«Όχι, σ' ευχαριστώ, Άλις. Καλύτερα να πάω για δουλειά».

«Θα φας μαζί μας και θα κοιμηθείς εδώ» ανακοίνωσε ο Άλεξ, με ύφος ανθρώπου που δε σηκώνει κουβέντα. «Ο Σάιμ από δω θέλει να σου δείξει το καινούριο καλαμίδι που του έφτιαξα».

Φόρεσε το μυτερό σκουφί του και βγήκαμε έξω. Ο πεντάχρονος Σάιμ, μια ψυχούλα κλεισμένη στον εαυτό της και σιωπηλή σαν τον πατέρα του, μας ακολούθησε ως την πόρτα.

«Σου 'χω γίνει φοβερός μπελάς, Άλεξ» είπα καθώς κατεβαίναμε το δρόμο. «Δε θα σου ζητούσα να το κάνεις αυτό, αν δεν πίστευα πως ήταν σημαντικό».

«Ναι, μαθές» συμφώνησε στραβομουτσουνιάζοντας. «Μπελάς, δε λέω, είσαι, Ρομπ. Τι να γίνει που σ' αγαπάμε, όμως; Πρέπει να το χωνέψουμε».

Η σχέση μου με τον Άλεξ Ντόθι, ή μάλλον με το Ντριμ, ξεκίνησε πριν από έξι χρόνια, την εποχή πριν από τον πόλεμο, όταν, μοναχικός φοιτητής εγώ στο πανεπιστήμιο, είχα παρατήσει τα βιβλία μου για να ικανοποιήσω το πάθος μου για το ψάρεμα σ' εκείνα τα παλιρροϊκά νερά όπου κάνουν τη θαυμάσια βόλτα τους κάθε άνοιξη οι ασημιές θαλάσσιες πέστροφες. Στην όχθη του ποταμού, κάποιο βράδυ, ο Άλεξ με είχε βοηθήσει να βγάλω στη στεριά ένα πελώριο ψάρι· και σ' εκείνη την ταραχώδη μονομαχία, στο δυνατό θρίαμβο που την ακολούθησε, τέθηκαν οι βάσεις μιας διαρκούς φιλίας. Μολονότι ήταν εργάτης, δούλευε δηλαδή σαν αρχιβοσκός στη Γεωργική Εταιρεία του Ντριμ, ο Ντόθι ήταν για τον τόπο αυτό μια πολύ σεβαστή προσωπικότητα και επί σειρά ετών εκλεγόταν στη θέση του «προεστού» της μικρής κοινότητας. Ώρες ώρες γινόταν δύστροπος κι η γλώσσα του, όταν τη χρησιμοποιούσε, συχνά ήταν σκληρή, αλλά ούτε μια φορά δεν τον είδα να κάνει κάτι κακό ή τιποτένιο. Μια και το χωριό ήταν πολύ απομονωμένο για να έχει δικό του μόνιμο γιατρό, σ' εκείνον ήταν που απευθύνθηκα για το τωρινό ανορθόδοξο αίτημά μου, ένα χατίρι που θα το είχε ζητήσει μονάχα ένας απλοϊκός κι ενθουσιώδης νεαρός και που, για να λέμε την αλήθεια, ήταν ένα χατίρι κάπως παράλογο.

Η Λέσχη ήταν ένα μικρό τούβλινο οικοδόμημα που το είχε ανεγείρει πρόσφατα η Γεωργική Κοινοπραξία κι είχε μέσα κάμποσες αίθουσες συγκέντρωσης και μια βιβλιοθήκη. Ο Άλεξ μπήκε πρώτος σ' ένα από τα δωμάτια του κεντρικού διαδρόμου, όπου καμιά τριανταριά άτομα είχαν μαζευτεί και διάβαζαν ή κουβέντιαζαν, έχοντας όμως ύφος προσμονής. Σαν μπήκαμε, έπεσε σιωπή.

«Λοιπόν!» φώναξε ο Άλεξ. «Από δω ο δόκτωρ Σάννον. Οι περισσότεροι τον ξέρετε σαν έναν καλούτσικο ψαρά. Από την άλλη όμως, είναι και κάτι σαν καθηγητής στο πανεπιστήμιο, και θέλει να βρει τι λογής πράμα είναι τούτη η καταραμένη γρίπη που μας έχει ξαπλώσει χάμω εδωνά. Ήρθε να σας ζητήσει μια χάρη».

Τα λόγια αυτά άγγιξαν τη σωστή χορδή και πολλοί απ' αυτούς τους ανθρώπους χαμογέλασαν, μολονότι αρκετοί φαίνονταν ακόμα χλωμοί κι άρρωστοι. Αφού τους ευχαρίστησα που ήρθαν, τους εξήγησα τι ήθελα και υποσχέθηκα να μην τους κρατήσω πολύ. Ύστερα κατέβασα το γυλιό μου, έβγαλα μια σειρά από αριθμημένους τριχοειδείς σωλήνες και άρχισα να δουλεύω συστηματικά.

Ήταν, βέβαια, όλοι άνθρωποι του χωριού, οι περισσότεροι δούλευαν στα χωράφια κι είχαν όλοι τους πάθει την πρόσφατη μόλυνση. Μερικούς τους ήξερα προσωπικά, το μεγαλόσωμο Σαμ Λάουντεν, που πολλές φορές μου δόλωνε μύγες, τον Χάρρυ Βενς με τη διαπεραστική ματιά, κι άλλους που τους είχα γνωρίσει το σούρουπο, χωμένους μέχρι τα γόνατα στο νερό, να ρίχνουν το καλαμίδι τους από πράσινο έβενο. Ήταν απλή δουλειά να πάρω από τον καθένα ένα δείγμα αίματος κι η φιλική, καλόβολη υπομονή τους έκανε πιο εύκολα τα πράγματα. Ακόμα κι έτσι όμως, μου πήρε περισσότερο απ' ό,τι περίμενα, γιατί, εκεί που προχωρούσα, ένα λεπτό ρίγος διαπέρασε τα δάχτυλά μου μόλις κατάλαβα τι μπορεί να σήμαινε αυτό για μένα.

Τέλειωσε επιτέλους, ο τελευταίος μου ασθενής είχε πια ξεδιπλώσει κι εκείνος το μανίκι, μου είχε σφίξει το χέρι κι είχε φύγει. Τότε, όπως σήκωσα τα μάτια από το σημειωματάριό μου, είδα τον Άλεξ, καθισμένο σ' έναν πάγκο εκεί κοντά, να με παρακολουθεί επιχειρώντας να σχηματίσει μια ολοκληρωμένη εικόνα του χαρακτήρα μου – ένα αλλόκοτο διεισδυτικό βλέμμα, που εμπεριείχε έξυπνο ενδιαφέρον και που, έτσι όπως συναντήθηκαν τα μάτια μας, έκανε μεγάλες προσπάθειες να κρύψει.

Για λίγο δε μιλήσαμε. Του είχα κιόλας πει τι είχα στο νου μου. Με σταθερή φωνή, είπα:

«Έτσι πρέπει να το κάνω, Άλεξ. Δεν μπορώ να κάνω αλλιώς... Πρέπει να το βρω, τελεία και παύλα».

Ακολούθησε σιωπή· κι ύστερα, αργά, ο Ντόθι πλησίασε και με βούτηξε από το χέρι.

«Είσαι ξύπνιο παλικάρι, Ρομπ, και το δίχως άλλο σου εύχομαι καλή τύχη. Αν μπορώ να βοηθήσω ξανά, με οποιονδήποτε τρόπο, πες μου το». Ένα ξερό χαμόγελο έκανε τις γωνιές των ματιών του να ζαρώσουν. «Στο μεταξύ, έλα σπίτι για φαΐ. Η Άλις μάς έχει φτιάξει μια σπουδαία πουτίγκα, μπριζόλα και νεφρά».

Του αντιγύρισα το χαμόγελο.

«Πήγαινε εσύ, Άλεξ. Θα σας βρω μόλις τελειώσω τις σημειώσεις μου».

«Εντάξει, παλικάρι μου. Μην αργήσεις».

Σαν έφυγε πια, δούλεψα για ένα μισάωρο, ελέγχοντας και ταξινομώντας τα δείγματα, κι ύστερα με το γυλιό στον ώμο άφησα τη Λέσχη κι ανέβηκα το στενό δρομίσκο κατά το καλύβι του Ντόθι. Έπεφτε διάφανη η σκοτεινιά κι ένα ισχνό φεγγάρι με το αστέρι που το συνόδευε είχαν σηκωθεί στον παγερό ουρανό. Η αραιή ατμόσφαιρα ήταν κρύα κι ασάλευτη, και ξαφνικά ένα κύμα αγαλλίασης έκανε το νου μου να πετάξει μπροστά στην προοπτική που μου ανοιγόταν, τούτο το ταξίδι εξερεύνησης σε αχαρτογράφητες θάλασσες, κυκλωμένο από δυσκολίες και κινδύνους.

Έξω από το κατώφλι του Άλεξ στάθηκα. Τα φώτα του χωριού λαμπύριζαν ολόγυρά μου και πιο πέρα κυλούσαν τα νερά των εκβολών, όλο σκιές και μυστηριώδεις πούλιες. Όση ώρα στεκόμουν εκεί, σχεδόν ασάλευτος, παρακολουθώντας το φεγγάρι ν' ανεβαίνει ψηλότερα στον ουρανό, ακούγοντας τους ύστατους ψιθύρους της γης να πεθαίνουν μέσα στην αρκτική ακινησία, ένιωσα το μανδύα μιας αιώνιας μοναξιάς να τυλίγει το πνεύμα μου. Κατάλαβα τότε τι ήμουν, και τι έπρεπε να είμαι για πάντα – μονάχος, ένας εναντίον όλων.

Μ' έπιασε κρύος ιδρώτας, συνειδητοποίησα πως πεινούσα· και μια κι ήξερα πως εκεί πέρα θα 'βρισκα φαΐ, φωτιά και φιλία, και το ήσυχο γέλιο του μικρού Σάιμ, μπήκα στο σπίτι του Άλεξ.

Κεφάλαιο 4

ΤΗΝ ΕΠΟΜΕΝΗ ΠΑΡΑΣΚΕΥΗ συνέβη το γεγονός που είχα προβλέψει και που πάνω του βασιζόταν όλο το σχέδιο δράσης μου.

Ολόκληρη εκείνη τη βδομάδα, στο πανεπιστήμιο, εκεί που εκτελούσα μηχανικά το καθήκον με το οποίο με είχε δεσμεύσει, παρατηρούσα ότι ο καθηγητής Όσερ ήταν ασυνήθιστα ευχάριστος απέναντί μας, πηγαινοερχόταν οξύς όσο ποτέ, κι όμως με ένα χαμόγελο τόσο τεχνητά ευχάριστο, που έκανε να μου σηκώνονται οι τρίχες στο σβέρκο.

Την Παρασκευή το απόγευμα, αυτή η ήπια υπόθεση του συνεργατικού πνεύματος έφτασε στο αποκορύφωμά της σαν ο καθηγητής Όσερ έκανε ένα μικρό γύρο στο εργαστήριο και τελικά, αφού πρώτα καθάρισε το λαιμό του, μας αντίκρισε με συνωμοτικό χαμόγελο.

«Κύριοι, όπως αναμφίβολα θα γνωρίζετε, είχα την τιμή να δεχτώ πρόσκληση να παρευρεθώ ως πρόεδρος της συμβουλευτικής επιτροπής στο ερχόμενο Συνέδριο Παθολογίας, μια διάκριση η οποία με υποχρεώνει να κάνω μια περιοδεία στα διάφορα πανεπιστημιακά ιδρύματα μαζί με τον αξιότιμο συνάδελφό μου, τον καθηγητή Χάρριγκτον, προκειμένου να καταρτίσουμε ένα αρμόζον και πλήρες πρόγραμμα σπουδών».

Ύστερα από μια εντυπωσιακή παύση, συνέχισε.

«Η κυρία Όσερ κι εγώ αναχωρούμε για το Λονδίνο απόψε στις έξι. Θα λείψουμε οκτώ εβδομάδες. Γνωρίζω, βέβαια, ότι στη διάρκεια της απουσίας μου η εργασία του Τμήματος θα προχωρήσει ομαλά και με ταχύτητα, σύμφωνα με τις καλύτερες παραδόσεις της έρευνας. Υπάρχει καμιά ερώτηση;»

Κανείς δεν αποκρίθηκε. Έγνεψε, σαν να επικύρωνε το γεγονός ότι είχαμε καταλήξει σε συμφωνία μεταξύ μας· κατόπιν, κοιτάζοντας το ρολόι του, υποκλίθηκε μπροστά στον καθέναν από μας κι έφυγε από το Τμήμα. Ο Σμιθ πήγε μαζί του να φροντίσει τις αποσκευές.

Με δυσκολία έπνιξα τα συναισθήματά μου έτσι όπως έκλεινε η πόρτα: όσο κι αν το περίμενα πως θα ξέφευγα για λίγο από την προσοχή του τυράννου μου, το νέο ότι να, μόλις έφευγε, και μάλιστα για οχτώ βδομάδες, ήταν τόσο θαυμάσιο, που μ' έκανε να σαστίσω. Και τι δε θα μπορούσα να πετύχω σ' αυτό το διάστημα!

Ο Λόμαξ είχε κιόλας σηκωθεί και, ανάβοντας τσιγάρο, μου έριχνε ματιές απ' αντίκρυ με το κουρασμένο του χαμόγελο.

«Δε σας φαίνεται πως μας άνοιξε την όρεξη να δουλεύουμε συνέχεια όσο λείπει; Πόσο τον αγαπώ, μου σπαράζει η καρδιά να τον βλέπω να φεύγει».

Χλωμός, με πικραμένα μάτια, ξανθά κυματιστά μαλλιά και συνήθως με μιαν έκφραση αόριστα κυνική, ο Έιντριαν Λόμαξ ήταν κάπου τέσσερα χρόνια μεγαλύτερός μου, ένα από κείνα τα τυχερά άτομα που σε τραβάνε αμέσως με τη χάρη και την ομορφιά τους. Ήταν μοναχογιός, με μάνα πλούσια, χήρα που ζούσε στο Λονδίνο, κι είχε σπουδάσει στο Γουίντσεστερ και στην Οξφόρδη, εντυπωσιασμένος από αυτά τα κολέγια με τη σφραγίδα της ευπρέπειας και της καλής ανατροφής. Μόλις αποφοίτησε είχε σκοπό να συνεχίσει τις σπουδές του στο εξωτερικό αλλά μπήκε στη μέση ο πόλεμος και τώρα, λόγω κάποιας μακρινής σχέσης της οικογένειάς του με τον καθηγητή Όσερ, είχε έρθει στο Γουίντον να «σκοτώσει την ώρα του» με μια δωδεκάμηνη μεταπτυχιακή έρευνα. Στις προτιμήσεις του, προσποιούνταν κάτι το εξωτικό, απεχθανόταν ανοιχτά τα περισσότερα πράγματα και απέρριπτε οτιδήποτε δεν μπορούσε να εξηγηθεί βάσει της φυσικής επιστήμης. Ο νωθρός σκεπτικισμός του σ' άφηνε να καταλάβεις πως είχε βαθιά αποθέματα γνώσης· και με το ελαφρό σήκωμα των ώμων, το ακατάδεχτο χαμόγελό του, τις μεταφυσικές αναλύσεις του, δοκίμαζε ταχτικά να θέσει οριστικό τέλος στην πίστη μου. Ο εγωκεντρισμός και η προσποίησή του, η τόσο συνειδητή έλλειψη συγκατάβασης απέναντι στον Σπενς και σε μένα έκρυβαν μέσα τους μια φθαρμένη ματαιοδοξία. Κι όμως οι τρόποι του σε σκλάβωναν. Μολονότι ετοιμαζόταν για μια διακεκριμένη σταδιοδρομία, η καταφρόνια του για την κακογουστιά που μαρτυράει η υπερβολικά φανερή προσπάθεια τον έκανε να δουλεύει σπασμωδικά· κι όσο θρηνούσε την εξορία του, στο άνετο διαμέρισμά του που το είχε ο ίδιος επιπλώσει ακριβά, κατάφερνε ανέμελα να ξεπερνάει το γενναιόδωρο επίδομά του και να 'χει από τα πάντα το πιο καλό.

Τούτη την ώρα κάτι γύρευε στο ντουλάπι του, και τώρα, με εύθυμο ύφος, έβγαζε από μέσα μια μποτίλια βενεδικτίνη.

«Έτυχε να την έχω πρόχειρη. Ας το γιορτάσουμε. Αμέσως». Τράβηξε το φελλό και έριξε γενναίες δόσεις από το χρυσαφένιο λικέρ σε τρία καθαρά κύπελλα.

Ο Νιλ Σπενς, το τρίτο μέλος της ομάδας του Όσερ, πέρα από τις ταχτικές εβδομαδιαίες εξόδους με τη γυναίκα του, δεν είχε ροπή προς τη διασκέδαση –σαν τον πάγουρο, μονάχα σε εξαιρετικά σπάνιες περιπτώσεις αποτολμούσε να βγει απ' το καβούκι του–, μα τώρα πλησίασε φιλικά τον Λόμαξ.

Το ίδιο έκανα κι εγώ. Η ιδέα πως είχα πάρει την τρομερή απόφαση να χρησιμοποιήσω το εργαστήριο του πανεπιστημίου για τα δικά μου πειράματα μου χάριζε μιαν αίσθηση ελευθερίας κι ενθουσιασμού, που λίγο έλειπε για να γίνει έξαψη, κι έτσι μια λαχτάρα να γιορτάσω φούντωνε μέσα μου αψήφιστα.

«Στους απόντες φίλους». Ο Λόμαξ ήπιε. «Τους δεμένους με το όνομα του Χερ Καθηγητού Χιούγκο. Ελπίζω να σας αρέσει τούτο εδώ. Οι αξιότιμοι συνάδελφοί μου αξίζουν ό,τι καλύτερο».

«Είναι εξαιρετικό» είπε ο Σπενς με την ήσυχη, προσγειωμένη φωνή του.

«Φτιαγμένο από καλόγερους». Ο Λόμαξ γύρισε σε μένα την ειρωνική ματιά του. «Αυτό θα πρέπει να σ' ευχαριστεί, Σάννον. Καθολικός δεν είσαι;»

«Ναι... και βέβαια». Έδωσα στην απάντησή μου μιαν αφοπλιστική σιγουριά.

Ο Λόμαξ ξαναγέμισε τα κύπελλα μ' ένα χαμόγελο αμυδρά γελοίο.

«Μα, Ρόμπερτ, νόμιζα πως είσαι επιστήμονας. Δε γίνεται να συμφιλιώνεις τη Γένεση με τη μετάλλαξη των ειδών».

«Δεν προσπαθώ». Ήπια μια γουλιά από το ζεστό και γλυκό παλιό λικέρ. «Το ένα είναι ένα ταπεινό γεγονός... το άλλο ένα ρομαντικό μυστήριο».

«Χμμ» είπε ο Λόμαξ. «Κι ο πάπας;»

«Δεν έχω πρόβλημα».

«Τον αγαπάς;»

«Απόλυτα». Έπαψα να χαμογελάω – το πνεύμα του Λόμαξ σε τούτο το θέμα συνήθως κατέληγε ενοχλητικό για μένα. «Παραδέχομαι ότι δεν είμαι ένα λαμπρό παράδειγμα... μάλλον το αντίθετο, για να λέμε την αλήθεια. Έτσι κι αλλιώς όμως, υπάρχει κάτι από το οποίο δεν μπορώ ποτέ να ξεφύγω... ενάντια στη λογική, αν θες... Ελπίζω να μη θες να ζητήσω και συγγνώμη».

«Ούτε που μου πέρασε από το μυαλό, αγαπητέ συνάδελφε» είπε καλόβολα ο Λόμαξ.

Ο Νιλ Σπενς κοιτούσε το ρολόι του.

«Κοντεύει έξι. Η Μιούριελ όπου να 'ναι έρχεται».

Έπιασε το μαντίλι του κι άρχισε κρυφά να σκουπίζει την υγρασία που ξέφευγε από τις γωνιές των χειλιών του.

Μια νύχτα, σ' ένα χαντάκι κοντά στο Μάρνη, μέσα στη θαμπή σκοτεινιά, έτσι όπως σηκώθηκε απρόσεχτα ν' αλλάξει θέση γιατί είχε πιαστεί, η κάτω σιαγόνα του Σπενς είχε γίνει κομμάτια από την έκρηξη ενός γερμανικού σράπνελ· και μολονότι οι πλαστικοί χειρούργοι τον είχαν μπαλώσει θαυμάσια μ' ένα από τα πλευρά του, το αποτέλεσμα ήταν μια θλιβερή παραμόρφωση του ανθρώπινου προσώπου: τη θέση του πιγουνιού είχε πάρει μια θυμωμένη ουλή, από το σημάδι έβγαιναν τραβηγμένα τα χείλια, σκληρή αντίθεση με το όμορφο, πλατύ μέτωπό του, κάτω από το οποίο υποχωρούσαν από ένστικτο, λες, τα μαύρα, σαν κυνηγημένα, μάτια του. Κι αυτό που χειροτέρευε τούτη την παραμόρφωση ήταν το γεγονός πως ο Σπενς υπήρξε ωραίος νέος, περιζήτητος στους τοπικούς χορούς, τα πικνίκ και τα τουρνουά τένις της μετρημένης, αλλά εύπορης κοινωνίας του Γουίντον.

«Αξιολάτρευτη η γυναίκα σου» παρατήρησε ευγενικά ο Λόμαξ. «Το καταχάρηκα το θέατρο την περασμένη βδομάδα. Να κάνω άλλη μια σπονδή στον Χερ Χιούγκο;»

«Όχι, μη» είπε συνετά ο Σπενς. «Αρκετά ήπιαμε».

«Μα αφού μας ζήτησε να πιούμε στις καλύτερες παραδόσεις του Τμήματος» είπα.

Όλοι γελάσαμε, ακόμα κι ο Σπενς. Ήταν κάτι που σπάνια έκανε, του ασχήμαινε τόσο πολύ το πρόσωπο. Εκείνη τη στιγμή μας διέκοψε ένας θόρυβος από πίσω μας.

Η κυρία Σπενς είχε μπει στο εργαστήριο δίχως να την αναγγείλει κανείς, με τον αέρα κάποιου που έχει παραβιάσει κανονισμούς και το ξέρει. Μας χαμογέλασε κεφάτα πίσω από το πουαντιγιέ βέλο που πλαισίωνε το καπέλο της κι έκανε καυστικό το κάπως κοίλο περίγραμμα του προσώπου της.

«Ο Σμιθ δε φαινόταν πουθενά, έτσι κι εγώ περίμενα... περίμενα... σαν την άδικη κατάρα».

Η Μιούριελ Σπενς ήταν γύρω στα είκοσι εφτά, μέτριο ύψος, μάλλον λεπτή, κι όμως χαριτωμένη, με λεπτούς καρπούς κι αστραγάλους, ανοιχτά καστανά μαλλιά κι ένα στενό, κάπως άχρωμο πρόσωπο, που όμως πάνω του, κάπου κάπου, τα γκρίζα μάτια της άνοιγαν διάπλατα, σαν μικρού κοριτσιού. Δίχως υπερβολή, μπορούσες να πεις πως απάλυνε τη δυστυχία του Σπενς. Την είχε αρραβωνιαστεί πριν από τον πόλεμο και σαν γύρισε πίσω διαλυμένος, εκείνη είχε σταθεί πλάι του, είχε αντισταθεί στις πιέσεις της οικογένειάς της και στις δικές του προσπάθειες να της δώσει πίσω την ελευθερία της. Ο γάμος τους, πολύ ανοιχτός, είχε κινήσει το ενδιαφέρον όλων. Σήμερα, μολονότι είχε χάσει κάτι από την ομορφιά της νιότης της κι ήταν κάπως επιτηδευμένη, παρέμενε ελκυστική, και με το μαύρο ταγέρ και το καφετί γούνινο γιακαδάκι της φώτιζε το πληκτικό μας εργαστήριο. Εξαιτίας του Σπενς, που ήταν ο καλύτερός μου φίλος, είχα κάνει προσπάθειες να συμπαθήσω τη Μιούριελ· κι όμως ο χαρακτήρας μου, αδέξιος και δύσκολος δίχως αμφιβολία, έβρισκε πάντα πάνω της μια ποιότητα που με απωθούσε, μ' έσπρωχνε να κλειστώ στον εαυτό μου, σαν ανεπιθύμητη.

Σήκωσε το βέλο κι έδωσε στον άντρα της ένα σκαστό φιλί στο μάγουλο, παρατηρώντας με μια δόση αποδοκιμασίας:

«Θ' αργήσουμε στο ραντεβού μας για το δείπνο, αγάπη μου. Γιατί δεν είσαι έτοιμος;»

«Όπως καταλαβαίνετε, κυρία Σπενς» είπε ο Λόμαξ, σηκώνοντας το ένα φρύδι με τον καλύτερο τρόπο του, «τώρα που μπήκατε, μη θαρρείτε πως θα βγείτε κιόλας από τούτη εδώ την αίθουσα του τρόμου».

Έγειρε το κεφάλι στο πλάι και με κοίταξε μ' εκείνη τη φωτεινή, προκλητική ματιά της.

«Νιώθω πολύ ασφαλής με τον κύριο Σάννον εδώ».

Μόλις το άκουσαν αυτό, ο Λόμαξ και η κυρία Σπενς για κάποιο λόγο χαμογέλασαν. Ο Σπενς, που τα μαύρα μάτια του έμεναν καρφωμένα στο πρόσωπο της γυναίκας του με σχεδόν σκυλίσια αφοσίωση, είχε φορέσει το πανωφόρι του, και τώρα εκείνη περνούσε το γαντοφορεμένο χέρι της κάτω από το μπράτσο του.

«Ο Νιλ κι εγώ περνάμε από το δρόμο σας, κύριε Λόμαξ». Μίλησε σαν να τον προσκαλούσε. «Να σας πετάξουμε;»

Για λίγο επικράτησε σιωπή.

«Ευχαριστώ» είπε τελικά εκείνος. «Καλοσύνη σας».

΄Εφυγα μαζί τους και χωρίσαμε μπροστά στο ανοιχτό αυτοκίνητο της Μιούριελ, που ήταν παρκαρισμένο έξω από την είσοδο του κτιρίου. Την ώρα που έβαζαν μπρος για την πόλη, κατέβηκα το Φέννερ Χιλ, πήγα και πήρα τα δείγματα του Ντριμ από το σπίτι κι αμέσως γύρισα μ' αυτά στο εργαστήριο.

Στο ΄Ελντον Παρκ, δεξιά μου, η διακοσμητική λιμνούλα «έσφυζε» από πατινέρ. Στην ασάλευτη ατμόσφαιρα έφτανε μέχρι τ' αυτιά μου το διαπεραστικό, χαρωπό σούρσιμο των ατσάλινων λεπίδων πάνω στον πάγο. Μια η βενεδικτίνη, μια η θεσπέσια σκέψη πως έφυγε ο ΄Οσερ, μου 'χε φτιάξει το κέφι κι είχα όρεξη να τραγουδήσω. Στο κεφάλι μου ένιωθα μιαν ευχάριστη ζαλάδα, ο κόσμος όλος έμοιαζε με τόπο μαγευτικό.

΄Οπως πλησίαζα τη γνωστή πανσιόν, άνοιξε η πόρτα του Ρόθσεϊ και φάνηκε ο Χάρολντ Μος, συνοδευόμενος από τη δεσποινίδα Λο· κι οι δυο κουβαλούσαν παγοπέδιλα κρεμασμένα από κάτι κορδόνια που τα κρατούσανε στο χέρι. Σε τούτο το θέαμα, διαψεύδοντας τη μοναστηριακή του προέλευση, το πιοτό αποδείχτηκε πιο δυνατό απ' ό,τι φανταζόμουν. Δεν μπορούσα να το εξηγήσω, μα βλέποντας ξαφνικά τη δεσποινίδα Λο με τέτοια συντροφιά, ντυμένη μάλιστα μ' ένα κομψό άσπρο πουλόβερ κι ένα μάλλινο σκουφί με κόκκινη φούντα στα μαλλιά, να 'χει κινήσει όχι να προσφέρει βοήθεια και σωτηρία, μα για να γυμναστεί, μ' έπιασε νευρικό γέλιο.

«Τι τρέχει, κύριε Σάννον;» Μόλις με είδε σηκώθηκε. «Είστε άρρωστος;»

«΄Οχι, καθόλου» αποκρίθηκα αφήνοντας το κιγκλίδωμα. «Βρίσκομαι σε τέλεια πνευματική και σωματική κατάσταση... έτοιμος να κάνω μια προσπάθεια που μπορεί να φέρει τον κόσμο ανάποδα. ΄Εγινα σαφής;»

Ο Μος έπνιξε ένα γελάκι, μάντεψε τη φύση των συμπτωμάτων

μου, αλλά η ντροπαλή όψη της δεσποινίδας Λο φανέρωνε μόνο συμπόνια και μια πιο βαθιά έγνοια.

«Δεν έρχεστε μαζί μας στη λίμνη; Το αεράκι μπορεί να σας κάνει καλό».

«Όχι» είπα «δεν έρχομαι στη λίμνη». Πρόσθεσα λογικά: «Δεν έχω παγοπέδιλα».

«Μπορώ να σας δανείσω εγώ παγοπέδιλα» πρότεινε πονηρά ο Μος «αλλά ο πάγος γλιστράει».

«Βούλωσ' το, Μος» είπα σκληρά. «Σάμπως δε σκοτώνομαι στη δουλειά για σένα... και για όλη την ανθρωπότητα;»

«Το κάνετε με όλες σας τις δυνάμεις, κύριε Σάννον». Στην παραζάλη της, η δεσποινίς Τζιν είχε πάρει τις κουβέντες μου μάλλον στην κυριολεξία. «Το ξέρετε πως μου υποσχεθήκατε να έρθετε στο Μπλαίρχιλ. Φεύγω απόψε. Πάρτε άδεια για μια μέρα κι ελάτε αύριο να μας επισκεφθείτε».

Ατενίζοντας τα γλυκά καφετιά μάτια της, φάνηκαν ξαφνικά να μ' εγκαταλείπουν οι δυνάμεις εφευρετικότητάς μου. Δίχως να βρω δικαιολογία, μια στιγμή αργότερα μουρμούρισα γελοία:

«Εντάξει, θα έρθω».

Κεφάλαιο 5

ΤΟ ΤΡΕΝΟ ΤΩΝ ΜΙΑΜΙΣΗ για το Μπλαίρχιλ ήταν απελπιστικά αργό, τα πανάρχαια βαγόνια του τόσο γεμάτα, που με κάθε τίναγμα της μηχανής ένα σύννεφο σκόνης αναδιδόταν από τα μουχλιασμένα καλύμματα των καθισμάτων. Την ώρα που σερνότανε μέσα από την καπνισμένη βιομηχανική Κάτω Σκοτία, προσπερνώντας φουγάρα εργοστασίων που ξερνούσαν καπνούς, τα 'βαλα με τον εαυτό μου που τηρούσα μια υπόσχεση που δεν είχα ποτέ σκοπό να δώσω κι ελάχιστα με παρηγορούσε το επιχείρημα ότι μιας μέρας άδεια θα μ' έστελνε ανανεωμένο πίσω στην έρευνά μου.

Επιτέλους, γύρω στη μία ώρα αφότου φύγαμε από τον υπόγειο σταθμό του Γουίντον, έχοντας πια ξεφύγει από το χειρότερο κομμάτι της «μαύρης γης», πέσαμε πάνω στο Μπλαίρχιλ. Για να μη δραπετεύσει από το ριζικό του ο δύσμοιρος ταξιδιώτης, το όνομα ήταν δουλεμένο σε άσπρα πετραδάκια, ανάμεσα σε δυο αγριωπά πεύκα του βορρά, πάνω στην αποβάθρα του σταθμού. Κι εκεί στην αποβάθρα, περιμένοντας, σηκωμένη λιγάκι στις μύτες των ποδιών, ερευνώντας ανυπόμονα με λαμπερά μάτια την κυρτή πλευρά του σταθμευμένου τρένου, βρισκόταν η δεσποινίς Λο.

Όπως άνοιξα την πόρτα και κίνησα προς το μέρος της, αντιλήφθηκα πως, προς τιμήν της επίσκεψής μου, ή ίσως μόνο και μόνο επειδή η μέρα εκείνη ήταν αργία, φορούσε κάτω από ένα ξεκούμπωτο παλτό το πλεχτό άσπρο πουλόβερ της και πάνω στις καστανές μπούκλες της, που έμοιαζαν πιο προσεγμένες απ' όσο συνήθως, εκείνο το σκουφάκι με τη φούντα που στη Σκοτία το λέμε «κουλ». Σαν με ξεχώρισε ανάμεσα στο πλήθος των επιβατών, το πρόσωπό της έλαμψε καλωσορίζοντάς με. Δώσαμε τα χέρια.

«Ω κύριε Σάννον» φώναξε χαρούμενα. «Πόσο χαίρομαι που ήρθατε τελικά. Σχεδόν φοβήθηκα...»

Έπαψε να μιλάει, αλλά εγώ αποτελείωσα τη φράση της.

«Ότι θα σας άφηνα στα κρύα του λουτρού».

«Ε...» Κοκκίνισε, όπως της συνέβαινε τόσο εύκολα. «Ξέρω ότι είστε πολυάσχολος. Ωστόσο ήρθατε, κι είναι ένα ωραίο απόγευμα, κι έχω τόσα πολλά να σας δείξω, και παρ' ότι δε θα 'πρεπε να το πω, νομίζω πως θα περάσετε καλά».

Όσο μιλούσε ανεβαίναμε με τα πόδια οι δυο μας τη στενή κεντρική λεωφόρο. Η πολιτεία ήταν λιγότερο κατεστραμμένη απ' όσο περίμενα, απλωνόταν μέσα στα όρια της απέραντης ιδιοκτησίας της δουκικής φαμίλιας του Μπλαίρχιλ και είχε την όψη μιας παλιομοδίτικης επαρχιακής συνοικίας, με κυβόλιθους πελεκημένους στο χέρι στα πεζοδρόμια, δρομάκια με απρόσμενες στροφές και μια παλιά αγορά. Γεμάτη περηφάνια για τη γενέτειρά της, η συντρόφισσά μου μου εξηγούσε ότι «ο σημερινός δούκας», σε συνεργασία με την Ιστορική Εταιρεία του Μπλαίρχιλ, είχε κάνει πολλά για τη συντήρηση των τοπικών αρχαιοτήτων και με διαβεβαίωσε στα σοβαρά, όλο ενθουσιασμό, πως μόλις ολοκληρώνονταν οι τυπικές διαδικασίες της υποδοχής, θα με πήγαινε μια βόλτα να τα δούμε με την ησυχία μας.

Στην κορφή της ανηφόρας στάθηκε απότομα αντίκρυ σ' ένα μικρό κτίριο με χαμηλή είσοδο, και με νευρικότητα που την πρόδινε το ανοιγοκλείσιμο των βλεφάρων της, παρατήρησε:

«Να το φουρνάρικό μας, κύριε Σάννον. Ελάτε να γνωρίσετε τον πατέρα μου».

Την ακολούθησα κάτω από μια χαμηλή αψιδωτή είσοδο· μπήκαμε σε μιαν αυλίτσα στρωμένη με βότσαλα, προσπεράσαμε μια λουστραρισμένη καρότσα, με τις λαβές της ολόρθες να κοιτούν τον ουρανό, κι ύστερα κατεβήκαμε, μέσα από ένα στενό κατώφλι, ανάμεσα σε σωρούς σακιά αλεύρι, σ' ένα σκοτεινό, γλυκομύριστο υπόγειο με χωματένιο δάπεδο, που φωτιζόταν από την άψυχη κόκκινη ακτινοβολία δύο φούρνων με κάρβουνα. Σιγά σιγά, καθώς συνήθιζαν τα μάτια μου στο σκοτεινό εσωτερικό, διέκρινα δυο ανασκουμπωμένες σιλουέτες, την καθεμιά εξοπλισμένη μ' ένα μακρύ ξύλινο κουπί, να δουλεύουν δραστήρια πάνω στους ανοιχτούς φούρνους, με τις άσπρες ποδιές τους να γίνονται ροδαλές από τη λάμψη καθώς έσερναν τις φουρνιές το ψωμί πάνω σε στενόμακρους ξύλινους δίσκους.

Για κάμποση ώρα παρακολουθήσαμε σιωπηλοί τούτη τη δουλειά, που έμοιαζε να ζητάει ενέργεια, επιδεξιότητα και ταχύτητα. Κατόπιν, σαν γλίστρησε η καινούρια φουρνιά μέσα στους φούρνους κι έκλεισαν βροντερά οι σιδερένιες πόρτες, ο επικεφαλής των δύο γύρισε αμέσως κι ήρθε προς το μέρος μας, σκουπίζοντας το χέρι στην ποδιά του κι απλώνοντάς το, με νύχια που ακόμα είχαν πάνω τους λίγη ξεραμένη ζύμη.

Ο Ντάνιελ Λο ήταν καμιά πενηνταπενταριά χρονών, μέτριου ύψους, ωχρός λόγω επαγγέλματος κι όμως δυνατός, όπως φαινόταν, με χοντρούς ώμους και γεροδεμένη κορμοστασιά. Τα ματογυάλια του με τον ατσαλένιο σκελετό και η πυκνή μαύρη γενειάδα που κατά κάποιο τρόπο έκρυβε τα χαρακτηριστικά του δεν εμπόδιζαν να δεις μιαν ανυπόκριτη, σοβαρή έκφραση κι ένα πλατύ μέτωπο, που τούτη την ώρα ήταν λουσμένο στον ιδρώτα. Προφανώς δε χαμογελούσε εύκολα· κι όμως, την ώρα που τα ζεστά του δάχτυλα βούταγαν τα δικά μου, τα χείλια του χωρίστηκαν λιγάκι, σαν σημάδι χαιρετισμού, κι άφησαν να φανούν γερά δόντια, αν και κάπως λεκιασμένα από το αλεύρι, που βρισκόταν παντού.

«Χαίρομαι που σας γνωρίζω, κύριε. Η κόρη μου μου έχει πει

πόσο καλά της έχετε φερθεί στο κολέγιο. Και οι φίλοι της κόρης μου είναι ευπρόσδεκτοι εδώ».

Η βαθιά φωνή του είχε μια πατριαρχική χροιά, που την έκανε πιο έντονη η βαριά προφορά της λέξης «κολέγιο», και τα διοπτροφόρα μάτια του άστραψαν όλο αγάπη σαν αναφέρθηκε στη δεσποινίδα Τζιν Λο. Συνέχισε ζητώντας συγγνώμη.

«Συγγνώμη που 'χουμε τέτοια φούρια τούτη τη στιγμή. Ο γιος μου κι εγώ τα βγάζουμε πέρα μονάχοι μας το Σάββατο τ' απόγιομα». Γύρισε και φώναξε πάνω από τον ώμο του. «Λουκ! Έλα δω λίγο».

Το νεαρό δεκαεφτάχρονο παλικάρι που πλησίασε χαμογελώντας, φορώντας το σακάκι του, έμοιαζε πολύ στην αδερφή του, μια κι είχε παρόμοια χρώματα στο πρόσωπο και στα μάτια. Είχε ένα ζεστό, χαρούμενο, ανθρώπινο ύφος που μ' έκανε να τον συμπαθήσω μεμιάς. Δεν μπορούσε να μείνει, είχε να ετοιμάσει το άλογο και να πάρει το κάρο στη γυροβολιά που θα 'κανε στην επαρχία. Κατάλαβα πως κι ο ίδιος ο Λο, μ' όλη του την ευγένεια, πιεζόταν κι εκείνος· έτσι, μ' ένα λοξό βλέμμα στη συντρόφισσά μου, έδειξα πως δεν έπρεπε να κάνουμε κατάχρηση του χρόνου του.

Ο Λο έγνεψε.

«Οι πελάτες μας πρέπει να 'χουν ψωμί, κύριε. Κι αύριο είναι Κυριακή, δε δουλεύουμε. Θα σας δούμε όμως αργότερα στο σπίτι. Γύρω στις πέντε. Στο αναμεταξύ, θα σας αναλάβει η κόρη μου».

Έξω πια, συνεχίζοντας το δρόμο μας για τα περίχωρα της πολιτείας, προσπερνώντας πιο καινούρια σπίτια που έστεκαν μέσα σε μικρά κηπάκια, η συντρόφισσά μου συνέχισε να μου ρίχνει κλεφτές ματιές, λίγο από αγωνία, λίγο από λαχτάρα, λες και προσπαθούσε να μετρήσει τη γνώμη μου για τους συγγενείς της. Εκείνη τη στιγμή, σε μια στροφή της ήσυχης λεωφόρου, πάνω από τα γυμνά μα γερμένα κλαδιά κάτι καστανιών, φάνηκε ένα μικρό σπιτάκι, φροντισμένο κι απλό, μ' έναν περιποιημένο φράχτη από λιγούστρο μπροστά κι άσπιλες δαντελένιες κουρτίνες να σκεπάζουν τα παράθυρα. Εδώ, ανίκανη να συγκρατηθεί, με το χέρι της ακουμπισμένο στο στήριγμα της σιδερένιας εξώπορτας, πάνω σε μια μπρούντζινη πλάκα με το όνομα ΣΙΛΩΑΜ, η δεσποινίς Λο φώναξε:

«Σας συμπάθησαν και οι δυο – κι ο πατέρας μου κι ο Λουκ. Το κατάλαβα. Τώρα θα γνωρίσετε τη μητέρα μου».

Την ώρα που μιλούσε, άνοιξε η μπροστινή πόρτα και μια μικροκαμωμένη γυναίκα, γκριζομάλλα και νόστιμη, με λεπτό, διάφανο δέρμα και σιλουέτα που την προφύλαγε απ' το κρύο με μια μαύρη ρόμπα από αλπακά, φάνηκε να μας χαιρετάει. Έπειτα από μια γρήγορη ματιά στην κόρη της και δίχως να κάνει καμιά προσπάθεια να κρύψει το ξεσκονιστήρι με τα φτερά που κρατούσε, γύρισε σε μένα και μ' εξέτασε ώρα πολλή με το γεμάτο αυτοπεποίθηση, γαλήνιο βλέμμα της.

«Με πιάσατε πριν προλάβω ν' αλλάξω, κύριε Σάννον. Μόλις τελείωνα το σαλόνι μου και έτυχε να σας δω ν' ανεβαίνετε το δρόμο. Ελάτε να καθίσετε».

«Όχι, μητέρα» διαμαρτυρήθηκε γρήγορα η δεσποινίς Τζιν. «Θα φύγουμε, να εκμεταλλευτούμε όσο καλύτερα γίνεται το απόγευμα».

Η κυρία Λο κάρφωσε στη συντρόφισσά μου το ήρεμο, έμπειρο βλέμμα της που, όσο κι αν μαρτυρούσε αγάπη κι ανοχή μπροστά σε μια τέτοια νεανική ανυπομονησία, διατηρούσε μια κάποια δόση μητρικής συγκατάβασης.

«Έχεις όλο τον καιρό, παιδί μου».

«Δε φτάνει γι' αυτά που έχω σχεδιάσει».

«Θα πάρεις και τον Μάλκολμ μαζί σου;»

«Όχι βέβαια, μητέρα». Η κόρη της αποκρίθηκε κάπως εκνευρισμένα. «Το ξέρεις πως δουλεύει σήμερα τ' απόγευμα».

Ποιος ήταν ο Μάλκολμ; αναρωτήθηκα αφηρημένος. Ίσως κάποιος νεαρός συγγενής, κατά πάσα πιθανότητα ένας σκύλος.

«Τέλος πάντων... Καλά να περάσετε, τότε» συμφώνησε η κυρία Λο με το ήσυχο, λογικό ύφος της. «Να 'χετε το νου σας, όμως, να γυρίσετε εγκαίρως για φαγητό. Θα είμαστε όλοι εδώ και θα είμαι έτοιμη να σερβίρω στις έξι ακριβώς. Αντίο σας προς το παρόν, κύριε Σάννον».

Μόλις αποσύρθηκε επιδέξια στο σαλόνι της χαμογελώντας, η δεσποινίς Λο με ανέλαβε κατ' αποκλειστικότητα, με το ελαφρώς ανακουφισμένο ύφος κάποιου που πέρασε με επιτυχία τα προκαταρκτικά.

«Λοιπόν» φώναξε όλο ενεργητικότητα. «Πάμε να σας δείξω».

Μπαίνοντας πρώτη με οδήγησε έξω, στον πίσω κήπο, που έπιανε περίπου δυο στρέμματα, και με τριγύρισε με προσοχή στα χαλικόστρωτα μονοπάτια, στα φροντισμένα παρτέρια, τη βραγιά με το λάπαθο, την αυλίτσα του πλυσταριού. Σαν επαίνεσα την τάξη του, μου έριξε ένα χαμόγελο όλο ευγνωμοσύνη.

«Βέβαια, είναι πολύ μικρό... προαστιακό, θα μπορούσε κανείς να πει. Σίγουρα, κύριε Σάννον, δε μοιάζει καθόλου με το σπίτι σας».

Κάνοντας πως δεν άκουσα τον ερωτηματικό τόνο που έκανε τη φωνή της να υψωθεί λιγάκι, έδειξα βιαστικά στο υπόστεγο των εργαλείων, όπου μια κόκκινη μοτοσικλέτα ήταν ακουμπισμένη στο στήριγμά της.

«Του Λουκ». Αποκρίθηκε γλυκά στη σιωπηλή ερώτησή μου. «Είναι τρελαμένος με τις μηχανές και ξέρει και πολλά γι' αυτές – αν κι ο πατέρας δε συμφωνεί. Ο φουκαριάρης όμως αναγκάζεται να πηγαίνει τόσο αργά με το κάρο, που του αρέσει να το αναπληρώνει με την Ινδιάνα του».

Η γνώμη μου για τον Λουκ, κιόλας καλή, έγινε ακόμα καλύτερη. Για πολύ καιρό, όπως κάποιος λαχταράει τον ουρανό με τ' άστρα, έτσι κι εγώ επιθυμούσα μια τέτοια μηχανή, που ήταν ικανή να μεταφέρει τον οδηγό της γλυκά μέσα από τον αέρα με ταχύτητα τουλάχιστον εκατόν είκοσι χιλιόμετρα την ώρα. Θα μ' άρεσε να σταθώ και να εξετάσω τις τελειότητές της, μα η δεσποινίς Τζιν με γύριζε βιαστικά πίσω, πέρα από το σπίτι, στο δημόσιο δρόμο. Στερεώνοντας καλύτερα το «κουλ» στα σγουρά μαλλιά της, έριξε μια μεθοδική ματιά στο ρολόι της και παρατήρησε κοφτά:

«Έχουμε τρεις ώρες και. Θα κάνουμε μια προσπάθεια να πάμε παντού».

«Δε θα 'πρεπε πρώτα να ξεκουραστούμε λίγο;» πρότεινα, ρίχνοντας ένα βλέμμα στις δυο καρέκλες που έστεκαν σε μια σκεπαστή γωνιά της βεράντας. Είχα περάσει τη μισή νύχτα προσπαθώντας να χαράξω μια τεχνική καλλιέργειας των δειγμάτων μου.

Γέλασε μάλλον χαρούμενα και παρατήρησε τσαχπίνικα, λες κι είχα πει κάτι αστείο:

«Αλήθεια, κύριε Σάννον, είστε *αθεράπευτος*. Ακόμα δεν αρχίσαμε».

Κινήσαμε με σταθερό βηματισμό.

Κανείς ποτέ δεν κοίταξε αξιοθέατα με τόση ευσυνειδησία, κανείς δεν υπήρξε τόσο αφοσιωμένος ξεναγός –θα μπορούσα να το ορκιστώ– από κείνη την όμορφη θυγατέρα του φούρναρη του Μπλαίρχιλ.

Σοβαρά, ακάματα, με γύρισε σ' ολόκληρη τη βασιλική και παμπάλαιη πολιτεία. Μου έδειξε το δημαρχείο, τη δημοτική βιβλιοθήκη, το μασονικό ναό, το δουκικό μαυσωλείο, τα παλιά σπίτια των υφαντουργών στην εργατική συνοικία, τ' απομεινάρια του ρωμαϊκού τείχους (τρία φθαρμένα λιθάρια) και, γεμάτη σεβασμό, το Λαμπ Λέιν, το μέγαρο όπου συναντιόντουσαν οι Αδελφοί. Μου παρουσίασε ακόμα και το ακριβές σημείο στο σταυροδρόμι όπου ο Κλάβερχαους[7], διαλύοντας μια μυστική συγκέντρωση διισταμένων, έπεσε από το άτι του σαν από θέλημα Θεού.

---

[7] Dundee, John Graham of Claverhouse, 1st Viscount of, LORD GRAHAM OF CLAVERHOUSE (1649-1689): Σκοτσέζος στρατιώτης, γνωστός ως «Bonnie Dundee», που στις 17 Ιουλίου του 1689 τέθηκε επικεφαλής εξέγερ-

Τότε, κι ενώ χαιρόμουν που τελείωσε το προσκύνημά μας, εκείνη, δίχως να σταματήσει να πάρει ανάσα και μ' ένα λαμπερό νεύμα, με κοίταξε με τη μυστηριώδη ματιά κάποιου που έχει φυλάξει το καλύτερο για το τέλος.

«Δε γίνεται να μη δούμε τα Λευκά Γελάδια» φώναξε, και πρόσθεσε σχολαστικά, σαν να το διάβαζε από τουριστικό οδηγό: «Είναι μοναδικά, θα 'λεγε κανείς».

Για να δούμε αυτά τα θρυλικά ζωντανά που, όπως με πληροφόρησε, αποτελούσαν μέρος του περίφημου κοπαδιού του Σατόλε-ρουά και τα είχε εισαγάγει από τη Γαλλία «ο πατέρας του μακαρίτη του δούκα», ήμασταν αναγκασμένοι να διασχίσουμε γύρω στα τρία χιλιόμετρα, να περάσουμε μέσα από κάτι πύλες με κολόνες και να μπούμε σ' ένα μεγάλο κτήμα γνωστό ως «Ψηλαλώνι», το οποίο «ο μακαρίτης ο δούκας» είχε γενναιόδωρα ξεχωρίσει από τα δικά του κτήματα και το είχε δωρίσει στην πόλη.

Ήταν αναμφίβολα μια υπέροχη έκταση από δάση και λιβάδια, που διατηρούσε ακόμα –μια και δε φαινόταν ψυχή– την ατμόσφαιρα του ιδιωτικού χώρου που θα πρέπει να είχε παλιά.

Όμως η δεσποινίς Λο δεν έβρισκε τα γελάδια. Μολονότι είχε βάλει τα δυνατά της να τα βρει, κι όλο ζήλο, λες και κρεμόταν η τιμή της από δαύτα, μ' έσερνε μαζί της στα βουνά και στα λαγκάδια, πάνω σε ξύλινες σκάλες και κάτω από θάμνους στα ξέφωτα, κι ενώ στο μεταξύ τα μάτια της, ψάχνοντας, φανέρωναν μιαν αγωνία όλο και μεγαλύτερη και κατέβαζε τα μούτρα σαστισμένη, αναγκάστηκε τελικά να σταθεί στην κορφή του τελευταίου χορταριασμένου λόφου και, αντικρίζοντάς με όλο ντροπή, να παραδεχτεί την ήττα της.

σης οπαδών του εκθρονισμένου ρωμαιοκαθολικού μονάρχη Ιακώβου Β΄ της Μεγάλης Βρετανίας. Ο θάνατός του, στις απαρχές της επανάστασης, απογοήτευσε τους Σκοτσέζους ιακωβίτες και τους στέρησε κάθε ελπίδα επιτυχίας στην αντίστασή τους προς το βασιλιά Γουλιέλμο Γ΄ και τη βασίλισσα Μαρία Β΄. (Σ.τ.Μ.)

«Φοβάμαι... κύριε Σάννον...» Κι ύστερα, αφήνοντας τελικά να ξεσπάσει η φούρκα της: «Στ' αλήθεια, είναι ανεξήγητο».

«Προφανώς μας κρύβονται στα δέντρα».

Κούνησε το κεφάλι, αρνιόταν να δει την αστεία πλευρά της κατάστασης.

«Τόσο υπέροχα ζώα. Άσπρα σαν το γάλα και με πανέμορφα γυριστά κέρατα. Θα πρέπει να τα 'χουν βάλει "μέσα" για το χειμώνα. Θα σας τα δείξω άλλη φορά».

«Εντάξει» είπα. «Στο μεταξύ, ας καθίσουμε».

Το απομεσήμερο ήταν εξαιρετικά ήπιο, ζεστό για κείνη την εποχή, κι ο ήλιος, μισοκρυμμένος, έριχνε ένα κεχριμπαρένιο φως που έμοιαζε να προσδίδει στο τοπίο την ακινησία ενός ανεξερεύνητου κόσμου. Το περίγραμμα του βουβού δάσους παραμέριζε πίσω από τα πόδια μας κρύβοντας ένα μικρό ρυάκι που, αναγκασμένο να σιωπήσει από την κυρίαρχη ατμόσφαιρα, γλιστρούσε από νερόλακκο σε νερόλακκο, κρατώντας την ανάσα του, επιβάλλοντας και σε μας την ίδια σιωπή.

Στο πλάι μου, μασώντας ένα φυλλαράκι από την καφετιά πόα και έχοντας καρφώσει το βλέμμα ευθεία μπροστά, η δεσποινίς Τζιν Λο καθόταν στητή, διατηρώντας ακόμα την αμηχανία της, κι εγώ, στηριγμένος στον αγκώνα μου, άρχισα ασυναίσθητα να την εξετάζω και να δοκιμάζω έτσι, στην τύχη, να κάνω την ανατομία της προσωπικότητάς της. Βέβαια δεν μπορούσα ν' αναθεωρήσω την άποψή μου πως ήταν αφελής, κι όμως έπρεπε να παραδεχτώ ότι από τις ελάχιστες νέες που είχα γνωρίσει εκείνη ήταν η πιο υπέρτατα φυσική. Ειδικά μέσα σε τούτο το σκηνικό, η νεανική φρεσκάδα της ήταν συγκλονιστική. Τα καστανά μάτια της, τα μαλλιά και το δέρμα της ταίριαζαν με τη δασώδη έκταση, όπως και ο θεληματικός λαιμός και το πιγούνι της. Τα δόντια της, έτσι όπως μασουλούσε το νευρώδες φυλλαράκι, ήταν λευκά κι όλο υγεία. Παρατηρώντας από κάτω, σχεδόν έβλεπες το ζεστό αίμα να κυλάει από την απαλή καμπύλη του πάνω χείλους της. Πάνω απ' όλα όμως, φαινόταν και μύριζε τόσο αφάνταστα καθαρή. Έφτασα αβίαστα στο συμπέρασμα πως, μια και τούτη η αρετή ταιριάζει με την ευσέβεια, τότε κι αυτή θα πρέπει να πλένει όλο το σώμα, πρωί βράδυ, με αρωματικό σαπούνι Ουίνδσορ. Αγνό κι αμόλυντο ήταν ό,τι έβλεπες πάνω της, κι ήμουν σίγουρος πως έτσι ήταν κι ό,τι δεν έβλεπες.

Ξαφνικά, εκεί που δοκίμαζα να βρω την αξία της με κριτική διάθεση, γύρισε το κεφάλι και συνάντησε απρόσμενα την ερευνητική ματιά μου. Για μια στιγμή την απέκρουσε με τη συνηθισμένη της ατρόμητη εντιμότητα, ύστερα τα σεμνά μάτια της χαμήλωσαν και στα μάγουλά της απλώθηκε αργά, γλυκά, ένα κοκκίνισμα. Για λίγο, επικράτησε ένταση και δε μιλήσαμε, κι ένα μέρος της σιωπής εκείνης οφειλόταν κατά κάποιο τρόπο στην ακόμα μεγαλύτερη ακινησία που είχε η Φύση ολόγυρά μας, που, σαν να σε καλούσε να πεις μια λέξη, κάτι που δεν έγινε από την πλευρά μου, ήταν γεμάτη από μια σχεδόν οδυνηρή προσμονή. Τότε, σχεδόν οργισμένα, λες κι αρνιόταν να υποταχτεί στην ταραχή, εκείνη έριξε μια ματιά στο στρογγυλό ασημένιο ρολόι της, έδωσε μια και στάθηκε ευθύς ορθή.

«Ώρα να γυρίσουμε». Και πρόσθεσε με χαμηλή φωνή, που προσπάθησε να της δώσει απλό ύφος: «Πάμε για το τσάι, θα πρέπει να πεινάτε πολύ».

Σαν φτάσαμε στο Σιλωάμ, ολόκληρη η φαμίλια μάς περίμενε στο πεντακάθαρο πίσω σαλόνι, η κυρία Λο ντυμένη με το «κυριακάτικο» μεταξωτό της στο γκριζοκόκκινο του περιστεριού, ο κύριος Λο και ο Λουκ στην πένα, με λινό κολάρο και ευπρεπές τσόχινο κοστούμι. Παρών, μάλλον προς έκπληξή μου, ήταν άλλος ένας καλεσμένος, ο κύριος Χόντεν, όπως μου τον σύστησαν, που αποκρινόταν με ευχάριστο χαμόγελο στο όνομα Μάλκολμ και μεμιάς ήρθε και κόλλησε με την Τζιν· πάντως, είχε αναπτύξει μια οικεία σχέση όλο αφοσίωση με όλα τα μέλη της φαμίλιας των Λο.

Φαινόταν ένας καθωσπρέπει, αξιόπιστος νέος γυρω στα είκοσι πέντε, με καλοκαμωμένη σιλουέτα, ανοιχτή, κομματάκι σοβαρή έκφραση, θεληματικό στόμα κι ένα τετράγωνο, συμπαγές κεφάλι, ντυμένος με μεθοδική απλότητα με καφέ τουίντ κοστούμι και ψηλό, σκληρό κολάρο. Πάντα έτοιμος να ζηλέψω στους άλλους εκείνα τα προσόντα που ήταν αντίθετα από τα δικά μου, ένιωσα λιγάκι μειωμένος με την παρουσία του, μια κι είχε πάνω του μια στέρεη ηρεμία, το ύφος ανθρώπου που γυμνάζεται κάθε μέρα στη Χ.Α.Ν., την όψη της αντρίκειας ντομπροσύνης, λες κι αφού ήξερε πως ο ίδιος ήταν ακέραιος, είχε αποφασίσει πως θα 'βρισκε και στο συνάνθρωπό του το ίδιο γνώρισμα. Στην πάνω δεξιά τσέπη του σακακιού του κουβαλούσε ένα διαπασών και μια σειρά ξυσμένα μολύβια, που χρησίμευαν δίχως αμφιβολία για να τον διευκολύνουν στο επάγγελμά του, που, όπως δεν άργησα να μάθω, ήταν εκείνο του δασκάλου στο δημοτικό σχολείο του Μπλαίρχιλ.

Αφού πια μου χάρισε μια φιλική χειραψία, η κυρία Λο έδωσε την έγκρισή της για τη γνωριμία μας.

«Εσείς οι δυο νεαροί θα πρέπει να έχετε πολλά κοινά. Ο Μάλκολμ είναι δικός μας άνθρωπος, κύριε Σάννον. Διδάσκει και στο κατηχητικό μας κάθε βδομάδα. Αληθινός εργάτης, πιστέψτε με».

Μια και το φαγητό ήταν έτοιμο, πήραμε τις θέσεις μας στο τραπέζι, ο Ντάνιελ επανέλαβε με ύφος βαρύ μιαν ατέλειωτη προσευχή, κάνοντας μια μάλλον συγκινητική αναφορά στην απούσα θυγατέρα του, την Άγκνες, που «τώρα δουλεύει στα ξένα», και κρυφοκοιτάζοντας όλη εκείνη την ώρα τη φωτογραφία της, με στολή νοσοκόμας πάνω στο ράφι του τζακιού. Κατόπιν η κυρία Λο άρχισε γενναιόδωρα να μοιράζει το μεγάλο κομμάτι βραστού σολομού που είχε μπροστά της.

Πεθαμένος στην πείνα, έπεσα πάνω του με την όρεξη που θα περίμενες από έναν οικότροφο της δεσποινίδας Ντίαρι. Εκτός από το άφθονο ψάρι υπήρχαν όλα τα καλά, πατάτες βρασμένες με τα φλούδια τους, χειμωνιάτικα λαχανικά, κρύο χοιρομέρι και γλώσσα, τουρσιά, βάζα με σπιτίσιο γλυκό του κουταλιού· πραγματικά, η απλή ποιότητα του γεύματος θα είχε μαγέψει ακόμα κι έναν ουρανίσκο πολύ πιο έμπειρο από το δικό μου. Προς τιμήν της επίσκεψής μου, ο φούρναρης είχε φτιάξει ένα εξαιρετικό παντεσπάνι, καλυμμένο με αμυγδαλόψιχα και στολισμένο με κατεψυγμένα κεράσια. Όμως αυτό που μου έδωσε μεγαλύτερη χαρά ήταν το ψωμί. Ελαφρύ και καλοφουσκωμένο, με τραγανή, ξεροψημένη κρούστα, ανάδινε μια θεσπέσια ευωδιά κι έλιωνε στο στόμα. Σαν αποτόλμησα να τον συγχαρώ γι' αυτό που έφτιαξε, ο Λο φάνηκε να χαίρεται πολύ. Πήρε μια φέτα από την πιατέλα, δοκίμασε τη σύστασή της, την ψιλομύρισε, κι ύστερα την έσπασε στα δυο, ανάμεσα στα δάχτυλά του, με ύφος μυσταγωγικό. Ρίχνοντας ματιές ολόγυρα στο τραπέζι, παρατήρησε με ύφος επαγγελματικό στο γιο του:

«Λιγουλάκι άψητο σήμερα, Λουκ... μα διόλου κακό». Κατόπιν γύρισε σε μένα και συνέχισε, με μεγάλη απλότητα. «Παίρνουμε στα σοβαρά τη δουλειά μας, κύριε. Η ουσία της ζωής, έτσι το βλέπουν το ψωμί μας πολλοί φτωχοί χωρικοί. Δεν έχουν και τίποτ' άλλο – ανθρακωρύχοι, ζευγάδες, εργάτες στ' αγροκτήματα με μεγάλες φαμίλιες, που δουλεύουν μπορεί και για τριάντα πέντε σελίνια τη βδομάδα. Γι' αυτό κι εμείς βάζουμε μονάχα το καλύτερο αλεύρι και την πιο γλυκιά μαγιά, και τ' ανακατεύουμε όλα με το χέρι».

«Το καλύτερο ψωμί της περιοχής» τον διέκοψε ο Μάλκολμ, κάνοντάς μου νόημα. Καθόταν πλάι στην Τζιν και περνούσε τα πιάτα με έκφραση εσωτερικής ευθυμίας.

Ο Ντάνιελ χαμογέλασε.

«Μάλιστα, ίσαμε οχτώ χιλιόμετρα κάνουν με τα πόδια μερικά απ' αυτά τα κορμιά για να βρουν την καρότσα μας και ν' αγοράσουν». Έκανε μια παύση, ίσιωσε την πλάτη του με αξιοπρέπεια. «Προφανώς γνωρίζετε, κύριε Σάννον, τη βιβλική σημασία του αγαθού που παράγουμε. Θα θυμάστε πως ο Σωτήρ μας πολλαπλασίασε τα καρβέλια για να ταΐσει το πλήθος, πως μοιράστηκε το ψωμί με τους μαθητές Του στο Μυστικό Δείπνο».

Έβγαλα ένα μπερδεμένο μουρμουρητό συναίνεσης, και καθώς ο Λουκ με γλίτωσε από τη δύσκολη θέση δίνοντάς μου τη μαρμελάδα φράουλα, κλείνοντάς μου το αριστερό μάτι όσο το δυνατόν πιο ανεπαίσθητα, δοκίμασα χαμηλόφωνα να του ανοίξω κουβέντα για τα καλά της μοτοσικλέτας του. Ο Ντάνιελ, ωστόσο, δεν ήταν απ' αυτούς που σηκώνουν αντίρρηση. Κολόνα του σπιτιού του, ιεροκήρυκας στις συγκεντρώσεις, είχε συνηθίσει να μιλάει στα πλήθη και τώρα, ρίχνοντας την αστραφτερή ματιά του σοβαρή και καλοπροαίρετη στην άλλη άκρη του τραπεζιού, φαινόταν αποφασισμένος να με κάνει να σωπάσω.

«Βέβαια, γιατρέ, κι εσείς ο ίδιος ασκείτε ένα ευγενές επάγγελμα. Να θεραπεύει κανείς τους αρρώστους, να δίνει υγεία στους σακάτηδες, να κάνει τους χωλούς να περπατάνε, τι άλλο θα ήταν πιο αξιέπαινο; Ένιωσα περηφάνια και χαρά, κύριε, όταν αποφάσισε η θυγατέρα μου ν' αφοσιωθεί σε τούτο το σπουδαίο και λαμπρό έργο».

Δεν είπα κουβέντα, μια και φυσικά δεν μπορούσα να τον ενημερώσω πως δική μου πρόθεση ήταν να μην ασκήσω ποτέ πρακτικά την ιατρική, μα ν' αφιερωθώ αποκλειστικά στην καθαρά επιστημονική έρευνα.

Δίχως να τον πτοήσει η επιφυλακτικότητά μου, και μ' εκείνο το παράξενο συνδυασμό αξιοπρέπειας και ταπεινοφροσύνης που τον χαρακτήριζε, ο Ντάνιελ επανήλθε στο θέμα του, αναφέρθηκε στην αδερφοσύνη των ανθρώπων, στη χριστιανική αρετή της αλληλοβοήθειας· κι ύστερα, αφού πια είχε πάρει θέση, γύρισε άμεσα σε μένα.

«Μπορώ να ρωτήσω, κύριε, ποιο είναι το δικό σας δόγμα;»

Ήπια μια μεγάλη γουλιά τσάι. Εκτός από τον Χόντεν, που η ματιά του πρόδινε μια μέτρια ζωηρότητα, όλοι με κοίταζαν με ευγενική προσοχή, περιμένοντας με θερμό ενδιαφέρον την απάντησή μου, λες κι αυτή ήταν πραγματικά η ουσία, ο άξονας που θα ολοκλήρωνε το σταθερό οικοδόμημα της κοινής τους επιδοκιμασίας. Ειδικά η δεσποινίς Τζιν, κομματάκι αναψοκοκκινισμένη από το δυνατό, καυτό ρόφημα, με κοιτούσε με μισάνοιχτα χείλια και λαμπερά μάτια.

Τι στο καλό θα έλεγα; Τις ήξερα καλά τούτες τις έριδες μεταξύ δογμάτων στις μικρές πολιτείες, και καταλάβαινα τι αναστάτωση θα προκαλούσα αν έλεγα τη γυμνή αλήθεια – πως ήμουν καθολικός, που ξεστράτιζε κάπου κάπου στα λιγότερο σκοτεινά μονοπάτια του σκεπτικισμού, μα που ακόμα, μέσα στην καρδιά του, έμενε πιστός στην πρώτη του πίστη. Η σκέψη αυτή μ' έκανε να ζητήσω ξανά στήριγμα στο οικοδόμημα που είχα ήδη δημιουργήσει για χάρη της δεσποινίδας Λο. Άλλωστε, τι σημασία είχε; Δεν επρόκειτο να ξαναδώ τούτη την άξια φαμίλια, προτιμούσα να μη χαλάσω την αρμονία της περίστασης, κι αν ήμουν επιδέξιος δε θα χρειαζόταν να πω ψέματα.

«Λοιπόν, κύριε» είπα με ευφράδεια που με άφησε άναυδο, λες και τούτη εδώ η συνάθροιση καλοσύνης ξυπνούσε τις χειρότερες πονηριές του χαρακτήρα μου, «πρέπει να ομολογήσω ότι η βιολογική εργασία μου έχει κάπως περιορίσει τις ευκαιρίες μου να πηγαίνω στην εκκλησία. Ωστόσο, μεγάλωσα στο Λέβενφορντ, σε μια εξαιρετικά αυστηρή ατμόσφαιρα, μεταξύ Διαφωνούντων. Στην πραγματικότητα» –επικεντρώνοντας τα λόγια μου στα γεγονότα της πολυτάραχης ανατροφής μου, ρετουσάρισα λιγάκι ένα από τα λιγότερο πιστευτά καυχήματα της βάβως μου– «ένας πρόγονός μου από την πλευρά της μητέρας μου ήταν από τους οπαδούς της Ομολογίας[8] που βεβαίωσαν δημοσία την πίστη τους, με το αίμα τους, στο Μάρστον Μουρ[9]».

---

[8] Οπαδοί της Ομολογίας (Covenant), σύνδεσμος πρεσβυτεριανών Σκότων για την υπεράσπιση της θρησκείας τους. Ονομάστηκαν έτσι γιατί αποδέχονταν τις ομολογίες πίστης, με τις οποίες τα μέλη ή οι οπαδοί υποχρεώ-

Απλώθηκε σιωπή. Τότε, καθώς χώνευαν σιγά σιγά την απάντησή μου, αντιλήφθηκα πως το αποτέλεσμά της ήταν όχι μονάχα ικανοποιητικό, μα και άκρως εντυπωσιακό.

«Μη μου πεις!» Ο Ντάνιελ έγειρε το κεφάλι με δικαιολογημένο ενδιαφέρον. «Στο Μάρστον Μουρ! Μάλιστα, κείνο κι αν ήτανε μαρτύριο των αγίων. Θα πρέπει να είστε περήφανος για μια τέτοια καταγωγή, κύριε Σάννον. Και» πρόσθεσε με μια ανεπαίσθητη κατεργαριά «ελπίζω στο μέλλον να μη λησμονήσετε το καλό του παράδειγμα».

Αφού ξεπεράστηκε το εμπόδιο, η βραδιά συνεχίστηκε σε περιβάλλον φιλικής ομόνοιας. Όταν ο Μάλκολμ, με μπόλικες εκφράσεις λύπης, αναγκάστηκε να πάρει δρόμο για τα νυχτερινά του μαθήματα στο Ινστιτούτο του Μπλαίρχιλ –δεύτερη δουλειά, όπως μου εμπιστεύτηκε η κυρία Λο, που την είχε αναλάβει για να στηρίξει οικονομικά τη χήρα μητέρα του– περάσαμε στο σαλόνι, όπου η δεσποινίς Τζιν πείστηκε να παίξει στο πιάνο ένα κομμάτι του Γκριγκ. Κατόπιν έγινε κουβέντα για την Άγκνες, που ήταν μακριά. Διάβασαν δυνατά με περηφάνια το τελευταίο της γράμμα, εξαιρετικά χαρούμενο. Με τρυφερότητα μου έδειξαν φωτογραφίες, τη μια μετά την άλλη, όλες κιτρινωπές και κάπως κουνημένες – παιδιά ιθαγενών σε ομάδες, ψηλά και με μεγάλα μά-

---

νονταν να διαφυλάττουν το πρεσβυτεριανό τους δόγμα ως τη μόνη στη χώρα θρησκεία. Το 1638, επί Καρόλου του Α΄, υπογράφηκε στο Εδιμβούργο η National Covenant, που έγινε δεκτή με ενθουσιασμό από το λαό. Η Αγγλία υιοθέτησε την Ομολογία αυτή μέχρι τη ρήξη των πρεσβυτεριανών και των πουριτανών. Το όνομα των οπαδών της Ομολογίας υπήρξε συνδεδεμένο με πολιτικές εντάσεις, επαναστάσεις και διώξεις. Όμως, με την πάροδο του χρόνου, έπαψε να έχει κάποια ιδιαίτερη πολιτική σημασία. (Σ.τ.Μ.)

[9] Η Μάχη του Μάρστον Μουρ (2 Ιουλίου 1644) ήταν η πρώτη μεγάλη ήττα των αυτοκρατορικών στρατευμάτων του Καρόλου του Α΄, κατά τον εμφύλιο πόλεμο της Αγγλίας. Οι απώλειες των αυτοκρατορικών έφθασαν τους 4.000 νεκρούς. (Σ.τ.Μ.)

τια, ντυμένα με λευκές ποδιές, παράξενα θλιβερά, στηριγμένα στην άκαμπτη και χαμογελαστή σιλουέτα της νοσοκόμας· συμπλέγματα από ξύλινα παραπήγματα, μια φευγαλέα εικόνα από ένα άγονο συνονθύλευμα, και πάντα από πίσω το οργιαστικό ντεκόρ του δάσους, παράξενα δέντρα σαν φτέρες, που αλλού τα διαπερνούσαν ηλιαχτίδες κι αλλού δημιουργούσαν σκοτεινές σκιές.

Σαν σήμανε οχτώ η ώρα, σηκώθηκα να φύγω ανάμεσα σε διαμαρτυρίες και εγκάρδιες χειραψίες.

«Ήταν τιμή μας, κύριε» είπε ο Ντάνιελ – και με μια απρόσμενη ζεστασιά στο βλέμμα: «Ίσως, την άλλη φορά που θα μας επισκεφτείτε, να μείνετε το βράδυ».

«Ναι, μην αργήσετε να ξανάρθετε». Η κυρία Λο μου έχωσε ένα πακέτο στο χέρι, ψιθυρίζοντας συνωμοτικά: «Λίγοι ωραίοι σκοτσέζικοι κουραμπιέδες, να βοηθήσουν τα πράγματα εκεί, στης δεσποινίδας Ντίαρι».

Είχε πέσει σκοτάδι την ώρα που ο Λουκ κι η αδερφή του με πήγαν ως το σταθμό. Κατεβαίνοντας το δρόμο, ο Λουκ προσφέρθηκε γενναιόδωρα να μου δανείσει τη μοτοσικλέτα όποτε ήθελα να τη χρησιμοποιήσω. Την ώρα που σήκωνε ατμό το τρένο, η δεσποινίς Λο περπατούσε παράλληλα, πλάι στο παράθυρό μου.

«Ελπίζω να σας άρεσε η επίσκεψή σας, κύριε Σάννον. Εμάς το ξέρω ότι μας άρεσε πολύ, σ' όλους».

Μονάχος πια, μέσα στο βαγόνι, σωριάστηκα σε μια γωνιά, εξαντλημένος από τούτη την υπερβολική κοινωνικότητα, δοκιμάζοντας να εκτιμήσω τις δικές μου αντιδράσεις σ' αυτήν. Για να πω την αλήθεια, η επαφή μ' αυτή την απλή, τη γεμάτη ζήλο φαμίλια με είχε γεμίσει αηδία για τον εαυτό μου, μιαν αηδία δυνατότερη από τη συνηθισμένη – ένιωθα φτηνός και τιποτένιος, ναι, για κάποιο λόγο ένιωθα σωστό ρεμάλι.

Και ξαφνικά ήρθε στο νου μου το πρόσωπο της Τζιν Λο την ώρα που, όλο αθωότητα, κοκκίνισε με χαμηλωμένο βλέμμα, πλάι μου, στο Ψηλαλώνι. Η εμπειρία μου από τις γυναίκες ήταν ελάχιστη και σε τούτο το θέμα δεν είχα διόλου μεγάλη ιδέα για τον εαυτό μου. Να, όμως, που τώρα μια σκέψη με διαπέρασε σαν βέλος. Τινάχτηκα, ανακάθισα συγκλονισμένος στο άδειο βαγόνι.

«Α, όχι!» φώναξα δυνατά. «Δε θα μπορούσε... δεν μπορεί... Θα ήταν παράλογο».

Κεφάλαιο 6

ΗΡΘΕ Ο ΦΛΕΒΑΡΗΣ, η παγωνιά έγινε πιο τσουχτερή κι οι μέρες, κρύες, ηλιόλουστες και λαμπερές, σου άναβαν τα αίματα. Ένα μήνα τώρα είχα απόλυτα αφοσιωθεί στο έργο μου. Ήταν ωραία να είσαι ζωντανός.

Φυσικά, ο Λόμαξ και ο Σπενς πρόσεξαν τη δραστηριότητά μου, μα ο Σμιθ, μόλο που κάπου κάπου τον έπιανα να μου ρίχνει ματιές και να δαγκώνει τις άκρες από το κακοφτιαγμένο μουστάκι του, πού να μαντέψει τι ετοίμαζα. Τώρα που έλειπε ο καθηγητής Όσερ, περνούσε την περισσότερη μέρα στο μπαρ των κοσμητόρων του πανεπιστημίου.

Δεν ήταν εύκολη δουλειά αυτή που είχα ξεκινήσει. Μη φανταστείτε πως η πρωτότυπη έρευνα διεκπεραιώνεται μέσα σε περιβάλλον τέλειας ποιητικής έκστασης· πριν να χαράξει η αυγή πρέπει να μοχθήσεις σκληρά για να διασχίσεις τους λαβύρινθους, ή, σαν τον Σίσυφο, να κυλήσεις το βράχο στην πλαγιά ως την αιωνιότητα.

Κι όμως, αφού πειραματίστηκα με πολλούς φορείς και τους βρήκα άχρηστους για το σκοπό μου, τελικά, με ζωμό πεπτόνης, κατάφερα ν' αναπτύξω από τα δείγματα του Ντριμ μια καλλιέργεια που πίστευα ότι περιείχε τον οργανισμό που προκαλούσε την επιδημική ασθένεια. Καθώς κοιτούσα τα λεπτά κίτρινα νήματα που σχηματίζονταν σαν κλωστίτσες από ζαφορά μέσα στο σαν τοπάζι διάφανο υγρό, καθώς τα έβλεπα ν' απλώνονται και να ενώνονται σαν ένας λαμπερός κρόκος, κι όμως πιο όμορφα στα μάτια μου από το σπανιότερο λουλούδι, η καρδιά μου χτυπούσε με βαθιά έξαψη. Ήταν μια καλλιέργεια που δεν την αναγνώριζα, που υποσχόταν κάτι παράξενο και καινούριο, που δυνάμωνε το τρεμάμενο οικοδόμημα των ελπίδων μου.

Μια και λιγόστευε ο χρόνος που είχα στη διάθεσή μου, αύξησα τις προσπάθειές μου με μια μέθοδο επιλεκτικής καλλιέργειας, για να απομονώσω ένα δυνατό, καθαρό απόσταγμα αυτού του πολύτιμου οργανισμού. Το κλειδί που είχα για την πλαϊνή πόρτα του κτιρίου της Παθολογίας μου έδινε πρόσβαση στο εργαστήριο όταν πια είχαν φύγει όλοι. Ύστερα από το τσάι στης δεσποινίδας Ντίαρι, γυρνούσα στη σχολή κι έμενα εκεί στα βαθιά, σαν δύτης, δεμένος με τον κόσμο μονάχα με το λεπτότερο σκοινί συναίσθησης, μέσα στην κρύα απομόνωση με τις πράσινες σκιές, μέχρι που χτυπούσαν μεσάνυχτα στο σιωπηλό πανεπιστήμιο. Απ' όλες τις ώρες, εκείνες ήταν οι πιο παραγωγικές.

Πίστευα ότι μπορούσα να τελειώσω αυτή την ουσιαστική φάση μέχρι το επόμενο Σάββατο, 1η Φεβρουαρίου, και να σβήσω κάθε χνάρι των πειραμάτων μου την ίδια εκείνη νύχτα. Ταίριαζε όμορφα, σαν ένα καλοσχεδιασμένο ψηφιδωτό – ο καθηγητής Όσερ είχε γράψει ότι θα επέστρεφε τη Δευτέρα, στις 3 του μήνα, και σαν γύριζε θα μ' έβρισκε στον πάγκο μου ν' ασχολούμαι με τις δοκιμές του.

Το βράδυ της Τετάρτης, εκείνη την τελευταία βδομάδα, λίγο μετά τις εννιά, ένιωσα ότι επιτέλους η καλλιέργεια ήταν ώριμη για εξέταση και με μια θηλιά από πλατίνα άλειψα και χρωμάτισα μια πλάκα μικροσκοπίου. Ήταν κρίσιμη στιγμή. Κρατώντας την ανάσα μου, τοποθέτησα την πλάκα κάτω από τον καταδυτικό φακό· κατόπιν, σαν εμφανίστηκαν οι σκούρες μορφές πάνω στο φωτεινό φόντο, έβγαλα έναν απότομο, αθέλητο στεναγμό.

Το πεδίο ήταν γεμάτο μ' ένα μικρό βάκιλο σε σχήμα κόμματος, που δεν τον είχα ξαναδεί ποτέ.

Ώρα πολλή έμεινα ασάλευτος, με καρφωμένο το βλέμμα στην ανακάλυψή μου, πλημμυρισμένος από μια έξαρση που με σάστιζε. Στο τέλος συνήλθα, άνοιξα το σημειωματάριό μου κι άρχισα με επιστημονική ακρίβεια να περιγράφω με λεπτομέρειες τον οργανισμό, που εξαιτίας του σχήματός του τον ονόμασα προσωρινά Βάκιλο C. Συνέχισα, μπορεί και για δεκαπέντε λεπτά, όταν ξαφνικά μου απέσπασε την προσοχή ένα κύμα φωτός από το φεγγίτη του εργαστηρίου. Λίγες στιγμές αργότερα άκουσα βήματα στον προθάλαμο, άνοιξε η πόρτα, κι ενώ πάγωνα από τρόμο, μπήκε στο εργαστήριο ο καθηγητής Όσερ. Φορούσε γκρίζο κοστούμι, στους ώμους του είχε ριγμένη μια σκούρα μάλλινη πελερίνα και το χλωμό, άκαμπτο πρόσωπό του ήταν λερωμένο με τη μουντζούρα του ταξιδιού. Στην αρχή δεν μπορούσα να πιστέψω πως ήταν αληθινός. Ύστερα κατάλαβα πως μόλις είχε βγει από το τρένο.

«Καλησπέρα, Σάννον». Προχώρησε αργά, μετρημένα. «Ακόμα εδώ;»

Τον κοίταξα μισοκλείνοντας τα μάτια πάνω από τις φιάλες καλλιέργειας. Το βλέμμα του έπεσε πάνω τους.

«Δείχνεις αξιοσημείωτο ζήλο. Τι είναι αυτό;»

Εκνευρισμένος μέχρι εκεί που δεν έπαιρνε γιατί πιάστηκα στα πράσα, έμεινα σιωπηλός. Γιατί, αχ, γύρισε πριν από την ώρα του;

Ξαφνικά, πίσω από τον καθηγητή Όσερ, είδα εκείνο τον άγγελο του κακού να στέκει δίχως την άσπρη ποδιά του, μ' ένα κακοσούλουπο κοστούμι περιπάτου, το μακρύ λαιμό του να γέρνει, τις κόγχες του χωμένες βαθιά – τον Σμιθ. Συνειδητοποίησα, τότε, πως έπρεπε να του το πω.

Όπως άρχισα να μιλάω κομπιάζοντας, με ζηλότυπη επιφυλακτικότητα, το ύφος του Όσερ γινόταν όλο και πιο απόμακρο κι αυστηρό. Σαν τελείωσα, το πρόσωπό του ήταν παγερό.

«Θέλεις να πεις πως σκόπιμα παραμέλησες την εργασία μου προς όφελος της δικής σου;»

«Θα ξαναρχίσω τις μετρήσεις την άλλη βδομάδα».

«Από τότε που έφυγα πόσες έκανες;»

Δίστασα.

«Καμιά».

Τα στενά, βρομισμένα χαρακτηριστικά του έγιναν γκρίζα από θυμό.

«Σου επεσήμανα ιδιαίτερα ότι ήθελα έτοιμη την εργασία μας ως τα τέλη του μηνός... για τον καθηγητή Χάρριγκτον... του οποίου τη φιλοξενία απήλαυσα... του παλαιού μου φίλου και συναδέλφου. Κι εσύ, μόλις γύρισα την πλάτη μου...» Τραύλιζε ελαφρά. «Γιατί; Γιατί;»

Έμεινα να κοιτάζω τις ρίγες της πελερίνας του. Ήταν φτιαγμένες από σκούρο πράσινο μετάξι. Μουρμούρισα:

«Πρέπει να βρω την άκρη στο...»

«Αλήθεια». Ακόμα και τα ρουθούνια του έγιναν άσπρα. «Ε λοιπόν, κύριε, ας μη χρονοτριβούμε. Θα το αφήσεις αμέσως».

Ένιωσα τον εαυτό μου να μορφάζει, μα έβαλα σε μια τάξη τα ταραγμένα μου νεύρα.

«Σαφώς η υφηγεσία μου μου δίνει κάποιο λόγο επί των πραγμάτων, δεν είναι έτσι;»

«Ως καθηγητής της Πειραματικής Παθολογίας, εγώ έχω την τελευταία λέξη».

Δεν ξεσηκωνόμουν εύκολα, μάλιστα από τη φύση μου ήμουν ντροπαλός και άκακος, πίστευα βαθιά στην καθολική ανεκτικότητα, σ' εκείνο το ευλογημένο ρητό, που λέει πως «όλοι πρέπει να ζήσουμε», κι όμως να που τώρα σηκώθηκε μπροστά μου μια κοκκινωπή ομίχλη.

«Δεν μπορώ να εγκαταλείψω αυτή την έρευνα. Τη θεωρώ πολύ μεγαλύτερης σημασίας από τις δοκιμές οψωνινών».

Στο βάθος, ο Σμιθ ξεροκατάπιε ξαφνικά, το οστεώδες μήλο του Αδάμ άρχισε ν' ανεβοκατεβαίνει στο λαιμό του, λες κι απολάμβανε μια νόστιμη μπουκιά. Ο Όσερ ορθώθηκε στητός σαν βέργα, με χείλια λεπτά σαν το σύρμα.

«Η αχαριστία σου δεν έχει το ταίρι της, Σάννον. Το παρατηρώ στους τρόπους σου, που είναι αξιοθρήνητοι, στα ρούχα σου, εντελώς ακατάλληλα για την επαγγελματική σου θέση, και στην εξωφρενική έλλειψη σεβασμού προς το άτομό μου. Έχω συνηθίσει να συνεργάζομαι με κυρίους. Αν υπήρξα επιεικής απέναντί σου ήταν γιατί πίστευα πως με τη σωστή καθοδήγηση ίσως να πήγαινες μπροστά. Αν όμως επιλέγεις να φέρεσαι σαν αγροίκος, τότε ξέρουμε πώς να σε αντιμετωπίσουμε. Αν ως τη Δευτέρα δε μου έχεις παραδώσει γραπτή απολογία γι' αυτό το σχεδόν ασυγχώρητο ολίσθημα, θα πρέπει να σου ζητήσω να φύγεις από το Τμήμα μου».

Μια νεκρική σιωπή ακολούθησε.

Ύστερα από ένα διάλειμμα προσαρμογής, ο Όσερ έβγαλε το μαντίλι και σκούπισε τα χείλια του. Κατάλαβε πως με είχε αποστομώσει και, ως συνήθως, στην επιφάνεια βγήκε η αίσθησή του της ιδιοτέλειας.

«Σοβαρά, Σάννον, για το καλό σου, σε συμβουλεύω να κοιτάξεις το συμφέρον σου. Παρ' όλα αυτά, εγώ διστάζω να διαρρήξω τη συνεργασία μας. Τώρα, με συγχωρείς, αλλά δεν έχω πάει ακόμα στο σπίτι».

Σαρώνοντας τον αέρα με την πελερίνα του σαν ταυρομάχος, έκανε μια στροφή και βγήκε. Σαν έφυγε, ο Σμιθ στάθηκε μια στιγμή, κι ύστερα άρχισε να σφυρίζει γλυκά κάτω από το κακοφτιαγμένο μουστάκι του και, δίχως να με κοιτάζει, να κάνει πως καθαρίζει το νεροχύτη του Σπενς.

Περίμενε να μιλήσω, βέβαια, κι εγώ ο βλάκας έπεσα στην παγίδα.

«Λοιπόν» είπα ξινά «φαντάζομαι ότι πιστεύεις πως μου χάλασες τη δουλειά».

«Τ' ακούσατε τ' αφεντικό, κύριε. Πρέπει να εκτελέσω τις εντολές του. Έχω κι ευθύνες».

Το 'ξερα, τα λόγια του ήταν σκέτη υποκρισία. Η αλήθεια ήταν

ότι ο Σμιθ, για τον πιο απίστευτο λόγο, έτρεφε από καρδιάς μια σχεδόν θανάσιμη ζήλια για μένα. Ένας φουκαράς νέος σαν και του λόγου μου, που είχε κάποτε ποθήσει να καταχτήσει τον πιο υψηλό επιστημονικό στόχο. Νικημένος τώρα πια, απογοητευμένος και με το φθόνο να τον κατατρώει, δεν άντεχε να πετύχω εγώ εκεί που είχε αποτύχει εκείνος.

«Δε φταίω εγώ, κύριε». Σφούγγισε το νιπτήρα με ψεύτικο χαμόγελο, όλο πρόκληση. «Εγώ το καθήκον μου έκανα».

«Σε συγχαίρω».

Ταχτοποίησα τις καλλιέργειές μου, έβαλα το ρυθμιστή του κλίβανου στην απαιτούμενη θερμοκρασία, ενώ εκείνος μου έριχνε λοξές, αλλόκοτες ματιές. Ύστερα έπιασα το σκούφο μου και βγήκα έξω.

Άρρωστος από κρυμμένο μίσος, κατέβηκα τη Φέννερ Χιλ μέσα στο σκοτάδι.

Στη διασταύρωση Πάρνταϊκ Ρόουντ με Κέρκχεντ Τέρρας, για να καθαρίσει ο νους μου μπήκα στο σταθμό ταξί της γωνίας και παράγγειλα μια μεγάλη κούπα καφέ. Καθισμένος σ' ένα ψηλό σκαμνί, με τους αγκώνες ακουμπισμένους στον πάγκο, ρούφηξα το μαύρο, δυνατό ζουμί, χωρίς να βλέπω ολόγυρά μου τη δίνη της νυχτερινής ζωής που ζωντάνευε τούτη εδώ τη φτωχογειτονιά – το γνωστό πλήθος που μαζεύεται στις γύρω παμπ και τα μαγαζάκια που πουλάνε τηγανητό ψάρι, τους πραματευτάδες που φωνάζουν με τα καροτσάκια τους κάτω από το φως της νάφθας, τις γυναίκες που περπατούν αργά κάνοντας τη βόλτα τους, τους εφημεριδοπώλες που διασχίζουν σαν σαΐτες τους δρόμους με την κίνηση φωνάζοντας την τελευταία εντυπωσιακή είδηση.

Την επόμενη στιγμή, εκεί που καθόμουνα και μελαγχολούσα, ένιωσα να με χτυπάει στον ώμο μια ομπρέλα και, γυρίζοντας, είδα στο πλάι μου τον Μπαμπού, να λάμπει από χαρά, γεμάτος φιλία και στοργή για τους συνανθρώπους του.

«Καλησπέρα, κύριε».

Τον στραβοκοίταξα, μα εκείνος γλίστρησε σ' ένα σκαμνί και, λαχανιάζοντας, ανέβασε τον πλαδαρό του όγκο στο επίπεδο του πάγκου.

«Πολύ ευτυχής συνάντηση. Ήμουν στο Βαριετέ Αλάμπρα, δεύτερο σπίτι φυσικά, τόσο πολύ όμορφο». Απαίτησε την προσοχή χτυπώντας την ομπρέλα του. «Καφέ, παρακαλώ, πολλή ζάχαρη. Και μεγάλη μερίδα κέικ φρούτο. Δώσε καλό κομμάτι, παρακαλώ».

Γύρισα τη ράχη μου. Όμως ο Τσάττερτζι, ανάμεσα σε θορυβώδεις ρουφηξιές και με πολλά χαχανητά, επέμενε να περιγράψει την αποψινή ψυχαγωγία του, στην οποία ξεχωριστό ρόλο είχε παίξει ο διάσημος Σκοτσέζος κωμικός σερ Χάρρυ Λόντερ.

«Τι, χι, χι. Με τις τρέλες εκείνου του εύθυμου λόρδου, γελάω τόσο πολύ, που παρά λίγο να πέσω από την μπροστινή μου θέση στον εξώστη. Σας λέω, κύριε, τόσο τρομερά αγαπώ τη σκοτσέζικη μουσική, που επιθυμώ σοβαρά να μάθω να παίζω γκάιντα. Ξέρετε δάσκαλο, κύριε;»

«Για τ' όνομα του Θεού, άσε με ήσυχο».

«Μα τι καλά, κύριε, για τους φίλους μου στην Καλκούτα, αν γυρίσω και, μαζί με το δίπλωμά μου, φέρω και σκοτσέζικο αέρα, μια εμφάνιση με κιλτ». Κουνώντας το χοντρό του δείκτη, άρχισε να τραγουδάει με ψιλή φωνή.

«*Άι, άι, άι... λα, λα, λα... εγώ κι η κοπελιά... στου ποταμού το πλάι... Και σαν ο ήλιος πάει να πέσει... τούτη είν' η ώρα που μ' αρέσει... να κάθομαι δω να... να κάθομαι δω να, μέσα στο μούχρωμα*. Με συγχωρείτε, γιατρέ Ρόμπερτ Σάννον, τι ακριβώς σημαίνει στα σκοτσέζικα το "μούχρωμα"; Δέντρο, δάσος, χαράδρα ή απόμερο σημείο, ίσως, κατάλληλο για έρωτα; Χι, χι, χι. Έχω δίκιο, κύριε;»

Έβγαλα από την τσέπη μου ένα νόμισμα, το απόθεσα στον πάγκο για να πληρώσω τον καφέ μου κι απότομα σηκώθηκα όρθιος.

«Περιμένετε, περιμένετε, περιμένετε, ιατρέ Ρόμπερτ Σάννον». Δοκίμασε να με κρατήσει με τη λαβή της ομπρέλας του. «Μαντέψτε, κύριε. Στο κοινό, απόψε, ποιους βλέπω από την ψηλή μπροστινή θέση μου στον εξώστη; Δυο από τους φίλους σας, σε μπροστινά καθίσματα, τον ιατρό Έιντριαν Λόμαξ και την κυρία του ιατρού Σπενς, και τους δυο μαζί, ν' απολαμβάνουν την παράσταση. Μη φύγετε, κύριε, θα ήθελα να σας συνοδεύσω».

Εγώ όμως είχα κιόλας βγει από το σταθμό. Ένας καινούριος φόβος είχε τρυπώσει στο νου μου κι οδηγούσε τα βήματά μου βιαστικά πίσω στο Τμήμα.

«"Πρέπει να εκτελέσω τις εντολές του"».

Όπως έτρεχα πίσω, δεν μπορούσα να ξεκολλήσω τους δυσοίωνους συλλογισμούς μου από κείνη την τελευταία λάμψη στο μάτι του παρασκευαστή.

Ο χώρος ήταν ολοσκότεινος σαν έφτασα εκεί. Άνοιξα γρήγορα την πλαϊνή πόρτα, μπήκα στο εργαστήριο. Δεν πρόλαβα να μπω και κατάλαβα πως έλειπε το υπόκωφο, καθησυχαστικό βούισμα της θερμάστρας. Με καρδιά που βούλιαζε άναψα το φως πάνω από τον πάγκο μου κι άνοιξα τον κλίβανο. Τότε οι υποψίες μου έγιναν βεβαιότητα. Ο Σμιθ είχε πετάξει τις καλλιέργειές μου, οι φιάλες έστεκαν άδειες πάνω στον πάγκο και τέσσερις βδομάδες της σκληρότερης δουλειάς μου είχαν πεταχτεί στα σκουπίδια.

Κεφάλαιο 7

ΤΟ ΑΛΛΟ ΠΡΩΙ δεν πήγα στο πανεπιστήμιο· αντίθετα, ύστερα από το πρόγευμα πήρα δρόμο για το Πάρκσαϊντ Κρέσεντ, όπου σ' ένα ήσυχο και διακριτικό δώμα που έβλεπε στους κήπους Κελβινγκρόουβ ζούσε, συνταξιούχος πια, ο καθηγητής Τσάλλις. Ήμουν σίγουρος πως θα μπορούσα να βρω βοήθεια και συμβουλή από τούτο τον καλό γέροντα που τόσο συχνά μου είχε δώσει θάρρος στο παρελθόν. Σαν χτύπησα το κουδούνι, άνοιξε την πόρτα η Μπέατρις, η παντρεμένη κόρη του – μια ευχάριστη νέα γυναίκα ντυμένη με ένα εμπριμέ φόρεμα, και πίσω τα παιδιά της, δυο κοριτσάκια με λαμπερά μάτια που με κρυφοκοίταζαν πίσω από τα φουστάνια της.

«Συγγνώμη που σ' ενοχλώ πρωί πρωί, Μπέατρις. Μπορώ να δω τον καθηγητή;»

«Μα, Ρόμπερτ» φώναξε με τη ζεστή φωνή της, χαμογελώντας άθελά της με την αγωνία που έβλεπε στο πρόσωπό μου «δεν το ήξερες...; Έφυγε».

Η απογοήτευσή μου θα πρέπει να φάνηκε ολοκάθαρα, γιατί, αλλάζοντας ύφος, βιάστηκε να μου εξηγήσει πως ο πατέρας της, που υπέφερε από σοβαρή αρθρίτιδα, είχε πάει με μερικούς φίλους ταξίδι στην Αίγυπτο για λόγους υγείας. Θα έλειπε όλο το χειμώνα.

«Δεν έρχεσαι μέσα για λίγο;» πρόσθεσε ευγενικά. «Με τα παιδιά ετοιμαζόμαστε να πιούμε ζεστό κακάο με βουτήματα».

«Όχι, ευχαριστώ, Μπέατρις». Φεύγοντας, δοκίμασα να χαμογελάσω.

Τις περισσότερες ώρες της μέρας, που ήταν γκρίζα και σκοτεινή, περπάτησα άσκοπα σ' όλη την πόλη, διέσχισα τις οδούς Σινκλαίρ και Μάνφιλντ και έριχνα ματιές δίχως να βλέπω στις βιτρίνες των μεγάλων μαγαζιών· κατόπιν, το απόγευμα, περιπλανήθηκα στην αποβάθρα, όπου, τυλιγμένα μέσα στην παγερή καταχνιά, τα μαύρα και άσπρα ποταμόπλοια έστεκαν κουπί με κουπί, παροπλισμένα για το χειμώνα. Γύρισα πίσω στο οικοτροφείο και, πιο πολύ από συνήθεια παρά για οτιδήποτε άλλο, πήγα για το τσάι.

Με την άκρη του ματιού μου πρόσεξα πως η δεσποινίς Τζιν Λο, που έλειπε τις τρεις τελευταίες μέρες –πού ήταν δεν ήξερα– βρισκόταν ξανά στη συνηθισμένη της θέση. Συλλογίστηκα πως φαινόταν αλλόκοτη, μάλλον άρρωστη, για να λέμε την αλήθεια – ήταν άσπρη, η μύτη και τα μάτια της ήταν πρησμένα, λιγάκι κόκκινα, σαν να είχε πάθει καμιά βαριά γρίπη – αλλά τα κέφια μου ήταν σε κακή κατάσταση και το μόνο που έκανα ήταν να της ρίξω μια ματιά. Έφυγε νωρίς από το τραπέζι.

Κι όμως, σαν ανέβηκα ύστερα από δέκα λεπτά, τη βρήκα να στέκεται στητή στο διάδρομο, με την πλάτη ακουμπισμένη στην πόρτα μου. Μου μίλησε με σκληρό, αφύσικο ύφος.

«Κύριε Σάννον, θα ήθελα να σας μιλήσω».

«Όχι αυτή τη στιγμή» αποκρίθηκα. «Είμαι κουρασμένος. Έχω δουλειά. Και το δωμάτιό μου είναι χάλια».

«Τότε, ελάτε στο δικό μου». Τα χείλη της πήραν αποφασιστική έκφραση.

Άνοιξε την πόρτα της και πριν προλάβω να διαμαρτυρηθώ βρισκόμουν κιόλας στο μικρό δωματιάκι της, που, σε αντίθεση με τη σοφίτα μου, που την άφηνα αφρόντιστη κι άνω κάτω, ήταν υπόδειγμα ψυχρής ευπρέπειας. Την ώρα που αντίκριζα για πρώτη φορά το στενό, προσεχτικά στρωμένο άσπρο κρεβάτι, το απλό, χειροποίητο χαλάκι, την αστραφτερή μέσα στην ασημένια κορνίζα της φωτογραφία των γονιών της, που ήταν τοποθετημένη πάνω στο τραπεζάκι, στημένη εντελώς παράλληλα με τη χτένα και τη βούρτσα της, αόριστα θυμήθηκα που μου είχε πει ότι, για να βοηθήσει τη δεσποινίδα Έιλι, «έκανε» μονάχη την κάμαρά της.

«Καθίστε, κύριε Σάννον». Κι ενώ ήμουν έτοιμος ν' ακουμπήσω στο πρεβάζι του παραθύρου, με σταμάτησε με φωνή που ξαφνικά έτρεμε από ειρωνεία: «Όχι, όχι εκεί... καθίστε στην καρέκλα, παρακαλώ... ταιριάζει πολύ περισσότερο σ' έναν κύριο σαν κι εσάς».

Της έριξα μια διαπεραστική ματιά. Ανάσαινε γρήγορα κι ήταν πιο χλωμή από κάθε άλλη φορά – μια χλωμάδα που σκούραινε τα πρησμένα καστανά μάτια της κι έκανε πιο βαθιές τις σκιές που απλώνονταν από κάτω τους. Είδα επίσης, με έκπληξη, πως έτρεμε. Κι όμως, κρατώντας το βλέμμα της αμετακίνητο πάνω μου, άρχισε σταθερά και μ' ένα μορφασμό καταφρόνιας:

«Σας οφείλω πολλά, κύριε Σάννον. Μάλιστα, είναι στ' αλήθεια αξιοσημείωτο πώς κάποιος με τη δική σας υψηλή θέση καταδέχτηκε να φερθεί με καλοσύνη σ' ένα φτωχό πλάσμα σαν κι εμένα, την κόρη ενός ασήμαντου βιοτέχνη».

Παρά τη θέλησή μου, τώρα την άκουγα με σκυθρωπή προσοχή.

«Ίσως παρατηρήσατε ότι έλειψα για μερικές μέρες. Μήπως μαντεύετε πού πήγα;»

«Όχι» είπα. «Δε μαντεύω».

«Τότε θα σας πω εγώ, κύριε Σάννον». Τα σκούρα μάτια της πέταξαν σπίθες. «Πήγα επίσκεψη στη δική σας μεριά της χώρας. Κάθε χρόνο ο πατέρας μου πηγαίνει και μιλάει στην Υπαίθρια Συνάθροιση, κι όσο κι αν, ίσως, σας διασκεδάζει αυτό, πηγαίνω μαζί του. Αυτή τη χρονιά στήσαμε τη σκηνή στο Λέβενφορντ».

Άρχισα αόριστα να διακρίνω πώς είχαν τα πράγματα και μ' έπνιξε κι άλλη πικρία.

«Ελπίζω να μη σας έπεσε στο κεφάλι».

«Όχι, δε μας έπεσε» αποκρίθηκε με θέρμη «αν και σίγουρα θα το θέλατε».

«Με τίποτα, προτιμώ το τσίρκο. Τι κάνατε; Πηδήξατε μέσα από χάρτινα στεφάνια;»

«Όχι, κύριε Σάννον». Η φωνή της άρχισε να τρέμει. «Είχαμε μια περίφημη, γόνιμη συνάντηση. Υπάρχουν και καλοί άνθρωποι στο Λέβενφορντ, βλέπετε. Γνώρισα κάποιον απ' αυτούς, μετά την πρώτη μας συνάθροιση. Μια καλή ηλικιωμένη γυναίκα... την κυρία Λέκι».

Όσο κι αν είχα οπλιστεί με θάρρος, δείλιασα. Μόλο που είχα πάνω από δωδεκάμηνο να τη δω, είχα κάθε λόγο να θυμάμαι τούτη την αδάμαστη γυναίκα, το στήριγμα μα και τη ράβδο τιμωρίας των παιδικών μου χρόνων, αυτό το διαμάντι με τα έξι μισοφόρια και τα μποτίνια με λάστιχο στο πλάι, που είχα κοιμηθεί στο κρεβάτι της στην τρυφερή ηλικία των εφτά, την προστάτιδα των υπαίθριων Οπαδών της Ομολογίας, του ραβεντιού και της αυτοκρατορικής μέντας· τώρα –υπολόγισα στα γρήγορα– ογδόντα τεσσάρων χρονών. Ήταν η προγιαγιά μου.

Όρθια εκεί, με τα μάτια της να πετάνε φωτιές, η δεσποινίς Λο είδε πως με είχε πονέσει στο ευαίσθητο σημείο. Άρχισε να τρέμει σύγκορμη.

«Φυσικά, στη γενέτειρά σας ήμασταν και της μιλήσαμε για σας. Ο πατέρας μου ρώτησε, μάλιστα, μήπως κάποιοι από τους πλούσιους συγγενείς σας θα μπορούσαν να πειστούν να υποστηρίξουν το σκοπό μας. Μας κοίταξε, κι ύστερα γέλασε. Ναι, κύριε Σάννον, γέλασε *δυνατά*».

Ένιωσα να γίνομαι κατακόκκινος προσπαθώντας να φανταστώ εκείνο το ζαρωμένο, ωχρό, σαρκαστικό χαμόγελο, μα η βασανίστριά μου συνέχισε ανελέητα, δηκτικά.

«Ναι, μας τα είπε όλα για σας. Στην αρχή δεν μπορούσαμε να το πιστέψουμε. "Έχει γίνει κάποιο λάθος" είπε ο πατέρας μου.

“Αυτός ο νέος είναι πολύ υψηλής καταγωγής”. Τότε μας πέρασε από το λιβάδι».

«Βούλωσ' το» φώναξα όλο λύσσα. «Δε με νοιάζει τι έκανε».

«Μας πήρε και μας έδειξε τα κτήματά σας». Πανιασμένη κι ανατριχιάζοντας, σχεδόν με κομμένη την ανάσα, η δεσποινίς Τζιν Λο ξεστόμιζε τις λέξεις σαν να τις έφτυνε. «Ένα θλιβερό, άθλιο σπίτι ενωμένο από τη μια μ' ένα άλλο, με αγριόχορτα ολόγυρα και την μπουγάδα στο πλάι. Ένα ένα, μας αποκάλυψε όλα τα τερατώδη ψέματά σας. Μας είπε ότι ποτέ δε ναυαγήσατε με σχεδία στον πόλεμο. “Κακό σκυλί ψόφο δεν έχει” είπε “τούτος εδώ είναι σαν τον αχρείο τον προπάππο του”. Ναι, μας είπε ακόμα και» –η φωνή της έσπασε φτάνοντας στο αποκορύφωμα του μίσους– «σε ποια εκκλησία πηγαίνετε».

Τινάχτηκα οργισμένος, στάθηκα όρθιος. Δε μου 'φταναν όλοι μου οι μπελάδες, αυτό μονάχα έλειπε.

«Με ποιο δικαίωμα μου κάνεις κήρυγμα; Για πλάκα το έκανα».

«Για πλάκα! Αυτό το κάνει πιο αισχρό».

«Πάψε πια» φώναξα. «Δε θα τα 'χα κάνει όλα αυτά αν δεν έτρεχες από πίσω μου, αν δε μ' εκμεταλλευόσουν σε κάθε ευκαιρία με τις καταραμένες τις ιατρικές εργασίες σου και τις... τις χαζές τις άσπρες αγελάδες σου».

«Ώστε έτσι πάει, λοιπόν». Δάγκωσε άγρια τα χείλια της, μα δεν μπόρεσε να συγκρατήσει τα δάκρυά της. «Τώρα μαθαίνουμε την αλήθεια. Ω, εσείς, ο ευγενικός κύριος, εσείς ο ήρωας, εσείς ο αριστοκράτης... άθλιε Ανανία, καλά θα ήταν να είχατε μαρτυρήσει έτσι κι εσείς». Πάνιασε κι ύστερα κοκκίνισε ξανά, έκανε μια κίνηση σαν να κατάπινε, κι ύστερα ξαφνικά, όλο πάθος, ασυγκράτητα, άφησε να ξεσπάσουν οι λυγμοί της. «Δε θέλω να σε ξαναδώ στα μάτια μου ποτέ, ποτέ, για όλη μου τη ζωή».

«Καλό θα μου κάνεις. Εγώ δεν ήθελα από την αρχή να σε δω. Κι όσον αφορά εμένα, τράβα στο Μπλαίρχιλ, στη Δυτική Αφρική ή στο Τιμπουκτού. Δεν πας και στο διάολο, αν θες; Αντίο».

Βγήκα από το δωμάτιο και βρόντηξα την πόρτα.

Κεφάλαιο 8

Το ΜΕΓΑΛΥΤΕΡΟ ΜΕΡΟΣ εκείνης της νύχτας έμεινα άγρυπνος και συλλογιζόμουνα το αβέβαιο μέλλον μου. Έκανε κρύο στην κάμαρά μου. Από το παράθυρο, που πάντα τ' άφηνα ανοιχτό, άκουσα τα νυχτερινά τραμ να σφυροκοπάνε την οδό Πάρνταϊκ. Ο θόρυβος μου τρυπούσε το κεφάλι. Κάπου κάπου, από την προκυμαία, έφτανε ο σιγανός θρήνος κάποιου καραβιού που γλιστρούσε κάτω στο ποτάμι με την παλίρροια. Από τη διπλανή πόρτα δεν ακουγότανε τίποτα, κιχ. Έγειρα πίσω, σταύρωσα τα χέρια πίσω από το κεφάλι, αναμασώντας τις σκέψεις μου.

Αυτό που δεν καταλάβαινε ο Όσερ ήταν η εσωτερική πίεση, η έμπνευση αν θέλετε, που έδινε κίνητρο στην έρευνά μου. Πώς μπορούσα να την αφήσω δίχως να προδώσω την επιστημονική μου συνείδηση, δίχως να πουληθώ, για να το πω έτσι; Η λαχτάρα ν' ανακαλύψω την αλήθεια σχετικά μ' αυτή την επιδημία, αυτό τον παράξενο βάκιλο, ήταν ακαταμάχητη. Δε γινόταν να τα παρατήσω.

Σαν ξημέρωσε σηκώθηκα με βαριά διάθεση. Την ώρα που ντυνόμουνα έσκισα το πλεχτό πουλόβερ που φορούσα κάτω από το σακάκι μου, ένα παλιό ρούχο που το 'χα κρατήσει σ' όλη τη διάρκεια του πολέμου κι είχα δεθεί μαζί του. Τσαντισμένος, κόπηκα στο ξύρισμα. Σαν ήπια μια κούπα τσάι, κάπνισα κι ένα τσιγάρο· κατόπιν κίνησα για το πανεπιστήμιο.

Ήταν ένα όμορφο πρωινό, όλοι φαινόντουσαν στα κέφια τους.

Προσπέρασα μια ομάδα κοριτσιών, με μαντίλες γύρω στο κεφάλι τους, που γελούσαν και κουβέντιαζαν πηγαίνοντας για δουλειά στο πλυντήριο του Γκίλμορ. Ο καπνοπώλης στη γωνία έτριβε τη βιτρίνα του μαγαζιού του.

Η διάθεσή μου ήταν ακόμα σκληρή και πικρή, κι όμως, όσο πλησίαζα στα κτίρια της Παθολογίας, τόσο μεγάλωνε η νευρικότητά μου· γιατί αλίμονο, το να κάνω επίδειξη υπεροχής σε μια κρίση ήταν ένας άθλος πάνω απ' τις δυνάμεις μου. Σαν μπήκα στο εργαστήριο και είδα πως ήταν εκεί όλο το προσωπικό, ένιωσα να πανιάζω.

Όλοι με κοίταζαν. Πήγα στον πάγκο μου, άνοιξα όλα τα συρτάρια κι άρχισα να τ' αδειάζω από τα βιβλία και τα χαρτιά μου. Τότε με πλησίασε ο καθηγητής Όσερ.

«Καθαρίζεις το χώρο για δράση, Σάννον;» Οι τρόποι του ήταν ζωηροί, λες και καταλάβαινε την υποταγή μου. «Όταν είσαι έτοιμος, θα ήθελα να συζητήσουμε το θέμα της μελέτης μας».

Πήρα μια γρήγορη ανάσα, πάλεψα να κρατήσω σταθερή τη φωνή μου.

«Δεν μπορώ ν' αναλάβω αυτή τη μελέτη. Φεύγω από το Τμήμα σήμερα το πρωί».

Απόλυτη σιωπή. Δίχως αμφιβολία είχα κάνει αίσθηση, κι όμως αυτό δε μου 'δωσε ικανοποίηση. Ένιωσα ένα ξερό τσούξιμο πίσω από τα μάτια μου. Ο Όσερ κατσούφιαζε εκνευρισμένος. Κατάλαβα πως δεν το περίμενε.

«Δε συνειδητοποιείς τι σημαίνει να εγκαταλείπεις την υφηγεσία σου έτσι απροειδοποίητα;»

«Τα σκέφτηκα όλ' αυτά».

«Η Σύγκλητος, δεν υπάρχει αμφιβολία, θα βάλει το όνομά σου σε μαύρη λίστα. Ποτέ δε θα έχεις ξανά τέτοια ευκαιρία».

«Θα πρέπει να το ρισκάρω».

Γιατί μασούσα τα λόγια μου; Ήθελα να είμαι ήρεμος και ψυχρός, ειδικά τώρα που ο αμήχανος εκνευρισμός είχε φύγει από το πρόσωπό του και με κοίταζε με μιαν έκφραση ολοφάνερης αντιπάθειας.

«Πολύ καλά, Σάννον» είπε αυστηρά. «Ενεργείς εξαιρετικά ανόητα. Αν επιμένεις όμως, δεν μπορώ να σε σταματήσω. Απλώς νίπτω τας χείρας μου για την όλη υπόθεση. Το αίμα εσού επί της κεφαλής εσού έσται».

Σήκωσε τους ώμους και, γυρνώντας κατά το γραφείο του, μ' άφησε να μαζέψω τ' απομεινάρια των σημειώσεών μου. Όταν συμπληρώθηκε ο σωρός, τον σήκωσα με τα δυο χέρια, ρίχνοντας την ίδια στιγμή μια γρήγορη ματιά γύρω στο εργαστήριο. Ο Λόμαξ, με το συνηθισμένο λοξό χαμόγελό του, καθόταν κι εξέταζε τα νύχια των χεριών του, ενώ ο Σμιθ, με γυρισμένη την πλάτη του σε μένα, κοίταζε τα κλουβιά με φαινομενική αδιαφορία. Μονάχα ο Σπενς έδειξε να νοιάζεται κάπως, κι όπως περνούσα από τον πάγκο του, είπε χαμηλόφωνα:

«Αν μπορώ να κάνω κάτι, πες μου».

Αυτός, τουλάχιστον, ήταν ένας φόρος τιμής στο πέρασμά μου. Έγνεψα στον Σπενς κι ύστερα σήκωσα το κεφάλι, μα, καθώς περνούσα από την κινούμενη πόρτα, το οικοδόμημα των βιβλίων μου έχασε την ισορροπία του και, παρά τις προσπάθειές μου, έφυγε από τα χέρια μου και σκορπίστηκε σ' όλο τον έξω διάδρομο. Χρειάστηκε να πέσω στα γόνατα, μέσα στο σκοτεινό πέρασμα, και να γυρέψω στα τυφλά τα υπάρχοντά μου.

Έξω πια, με τον κρύο αέρα να χτυπάει το ξαναμμένο μου πρόσωπο, ένιωσα αλλόκοτα χαμένος έτσι όπως γυρνούσα σπίτι στα μισά του πρωινού, και το συναίσθημα αυτό έγινε πιο έντονο όταν παρά λίγο να πατήσω σ' έναν κουβά με σαπουνόνερα, στην κρύα σάλα του Ρόθσεϊ. Το σπίτι δημιουργούσε μια παράξενη αίσθηση και ανάδινε μια ακόμα πιο μουχλιασμένη μυρωδιά.

Ανέβηκα πάνω, έπλυνα τα χέρια μου από συνήθεια, κάθισα στο τραπέζι μου και κοίταξα την ξεθωριασμένη ταπετσαρία. Τι θα 'κανα; Πριν απαντήσω σε τούτη την ερώτηση, άνοιξε η πόρτα και μπήκε στην κάμαρά μου η δεσποινίς ΄Ειλι, κρατώντας μια σκούπα κι ένα ξεσκονόπανο, ντυμένη με μια παλιά ρόμπα και τις πάνινες παντούφλες της. Τινάχτηκε λιγάκι, δεν περίμενε να με δει.

«Αχ, Ρομπ, τι τρέχει; Δεν είσαι άρρωστος, έτσι;»

Κούνησα το κεφάλι όσο με παρατηρούσε, όλο καλοσύνη κι αγωνία.

«Τότε, γιατί δεν είσαι στο πανεπιστήμιο;»

Δίστασα μια στιγμή κι ύστερα της αποκάλυψα την αλήθεια.

«Παράτησα τη δουλειά μου, δεσποινίς ΄Ειλι».

Δε με πίεσε για περισσότερες πληροφορίες, αλλά με κοίταξε ήσυχα, ώρα πολλή, με μιαν όμορφη έκφραση που παρά λίγο θα την έλεγες και τρυφερή. Φυσώντας το τσουλούφι από τα ξέθωρα γαλανά μάτια της, είπε:

«Ε, δεν πειράζει, Ρομπ. Θα βρεις άλλη».

΄Εγινε μια παύση· κι ύστερα, σαν να ήθελε να μ' αποσπάσει από τα βάσανά μου, πρόσθεσε:

«Ενός κακού μύρια έπονται. Η δεσποινίς Λο μας άφησε σήμερα το πρωί. Μάλλον απροειδοποίητα. Κι αυτή, τόσο καλή κοπέλα. Θα γυρίσει σπίτι της να διαβάσει για τις εξετάσεις».

Δέχτηκα σιωπηλός αυτή την πληροφορία· κι όμως, κάτω από το άδολο βλέμμα της δεσποινίδας ΄Ειλι, το πρόσωπό μου, κιόλας μουτρωμένο, κοκκίνισε ένοχα.

«΄Ελα, έλα» φώναξε. «Μην κάνεις έτσι».

Δίχως άλλο σχόλιο βγήκε από την κάμαρα κι αμέσως γύρισε μ' ένα ποτήρι γάλα και μια φέτα παντεσπάνι. Πώς εξαφάνισε τούτα τα πολύτιμα πράγματα από την κουζίνα, κάτω από το κοφτερό βλέμμα της αδερφής της, δεν μπορούσα να το φανταστώ. Κάθισε και με ολοφάνερη ικανοποίηση με παρακολούθησε να τα καταβροχθίζω, απρόθυμος να την προσβάλω. Το φαΐ ήταν το φάρμακο της δεσποινίδας ΄Ειλι για τις περισσότερες αρρώστιες, και σ' εκείνο το νοικοκυριό εύκολα καταλάβαινες γιατί.

«*Ορίστε!*» φώναξε, σαν τελείωσα. Μια κουβέντα και τίποτ' άλλο. Τι πλούτο συναισθημάτων όμως έβαλε μέσα της! Και πόσο κουράγιο έβαλε μέσα μου η καλοσύνη της!

Τώρα οι προοπτικές δε φαινόντουσαν πια τόσο κακές. Αργά, σαν τον ήλιο που βγαίνει από την γκρίζα ομίχλη, μια απόφαση γεννήθηκε μέσα στα σκοτισμένα μου στήθια. Θα συνέχιζα ανεξάρτητος τη δουλειά μου – ναι, κάπως, κάπου, μονάχος, θα την ολοκλήρωνα με επιτυχία. Γιατί όχι; Άλλοι είχαν δουλέψει με σχεδόν ανυπέρβλητες δυσκολίες. Έσφιξα τη γροθιά μου και τη χτύπησα δυνατά στο τραπέζι... Μα το Θεό, θα το 'κανα. Θα έβρισκα κάπου μια δουλειά, τώρα... αμέσως... και θα συνέχιζα.

Κεφάλαιο 9

ΕΧΟΝΤΑΣ ΠΙΑ ΑΠΟΚΑΤΑΣΤΗΣΕΙ την πίστη μου στον εαυτό μου, βγήκα με αρκετή αυτοπεποίθηση και πήρα το δρόμο για το Βορινό Θεραπευτήριο, που ήταν εκεί κοντά, στην αριστερή όχθη του Έλντον, μέσα στην οπτική ακτίνα του πύργου του πανεπιστημίου. Σίγουρα, η καλύτερη πορεία μου –όσο κι αν θα μπορούσε να ερμηνευτεί ως «βήμα προς τα κάτω»– ήταν να προσληφθώ ως εσωτερικός γιατρός σε κάποιο από τα μεγάλα νοσοκομεία της πολιτείας, όπου τουλάχιστον θα είχα συγκεκριμένες, αν και περιορισμένες, διευκολύνσεις για να συνεχίσω την έρευνά μου. Και διάλεξα το Βορινό όχι μόνο επειδή βόλευε και είχε καλή φήμη, μα και γιατί ήξερα τον αρχειοφύλακα, τον Τζορτζ Κοξ.

Η είσοδος σε νοσοκομείο της πρωτεύουσας μιας επαρχίας έχει την τάση να σε κάνει να τα χάνεις, αλλά με την αδιαφορία κάποιου που ξέρει προσπέρασα τον τρομερό στρατό των ασπροντυμένων χαμάληδων, των κλητήρων και των νοσοκόμων και μπήκα στο γραφείο του αρχειοφύλακα, όπου κάθισα πλάι στον πάγκο του Κοξ και τον παρακολούθησα για λίγα λεπτά να υπογράφει με γρηγοράδα, ανάμεσα στα χαρτιά που τον έπνιγαν, ένα μάτσο δίαιτες.

«Κοξ» είπα όταν τελείωσε. «Θα ήθελα να έρθω να δουλέψω εδώ».

Αντιγυρίζοντάς μου το βλέμμα, μου χαμογέλασε εγκάρδια κι ύστερα άναψε τσιγάρο. Ήταν ένας κοντόχοντρος, γεροδεμένος άντρας γύρω στα τριάντα δύο, με φαρδύ, άσχημο, αγαθό πρόσωπο, καλοψαλιδισμένο ξανθό μουστάκι και τραχύ, ροδαλό, λιπαρό δέρμα γεμάτο ανοιχτούς πόρους. Ήταν φοβερά δυνατός, μάλιστα φαινόταν ν' αναδίνει σαν ιδρώτα μιαν ανέμελη ζωτικότητα, κι οι πολλές ελευθερίες που επέτρεπε στον εαυτό του, από το κάπνισμα του ενός τσιγάρου πίσω από τ' άλλο μέχρι, όπως το έλεγε ο ίδιος, το «χαροκόπι ως να σκάσ' η μέρα», δεν του έφθειραν ούτε στο ελάχιστο τον οργανισμό. Αφοσιωμένος στον αθλητισμό, ως φοιτητής της Ιατρικής είχε εκπροσωπήσει το πανεπιστήμιο σε κάθε γνωστό αγώνα και, απρόθυμος να κόψει σχέσεις με κάτι που στη διάρκειά του είχε οικειοθελώς σπάσει σχεδόν όλα τα κόκαλα του κορμιού του, είχε κατασταλάξει με όλη του την καρδιά σ' αυτή τη διοικητική θέση του πανεπιστημιακού νοσοκομείου.

Τελικά μου αποκρίθηκε με βαρύ χιούμορ. «Ο γενικός διευθυντής έχει ψωμιά ακόμα μέχρι να πάρει σύνταξη. Όταν θα φύγει θα σου το πω».

«Δεν κάνω πλάκα» βιάστηκα να πω. «Στ' αλήθεια θέλω να έρθω ως εσωτερικός γιατρός».

Έμεινε τόσο έκπληκτος, που δυσκολεύτηκε να ξεφορτωθεί το χαμόγελό του.

«Τι έγινε με την υφηγεσία;»

«Έληξε απότομα... σήμερα το πρωί».

Ο Κοξ ανακάθισε στην καρέκλα του, τίναξε προσεχτικά τη στάχτη του τσιγάρου του στο πάτωμα.

«Είναι θλιβερό, Σάννον. Δεν έχουμε ούτε μια κενή θέση. Βλέπεις, τώρα δα κάναμε όλες τις προσλήψεις μας για το επόμενο εξάμηνο, κι όλοι οι εσωτερικοί φαίνονται υγιείς σε σημείο απελπισίας».

Έπεσε σιωπή, που τη γέμιζε μονάχα ο ξερός θόρυβος μιας γραφομηχανής μέσα από το γυάλινο χώρισμα. Το καταλάβαινα πως τούτος εδώ ο καλός άνθρωπος ένιωθε άβολα, σχεδόν αμήχανα, που ένα άτομο με τα δικά μου προσόντα έτρεχε και ζητούσε κατώτερη δουλειά, και μάλιστα την ήθελε αμέσως. Κι όμως, ήξερα πως η απάντησή του ήταν απόλυτα έντιμη.

«Δεν πειράζει, Κοξ. Θα δοκιμάσω στο Αλεξάνδρα».

«Ναι, δοκίμασε» είπε ζωηρά. «Να τους τηλεφωνήσω να τους πω για σένα;»

«Ευχαριστώ» είπα και σηκώθηκα. «Αλλά θα πάω μόνος μου».

Πραγματικά, πήγα στο Θεραπευτήριο Αλεξάνδρα. Πήγα στο Μεγάλο Ανατολικό, το Βασιλιά Γεώργιο, το Βασιλικό Λαϊκό· μάλιστα, με όλο και μεγαλύτερη στενοχώρια, έκανα έναν εξαντλητικό και άκαρπο γύρο σε όλα τα νοσοκομεία της πολιτείας. Η πιθανότητα ν' αποτύχω στην αναζήτησή μου δε μου είχε περάσει ποτέ από το νου. Είχα ξεχάσει πως στη διάρκεια του πολέμου, για να καλυφθούν οι έκτακτες ανάγκες του έθνους, το πρόγραμμα σπουδών της Ιατρικής είχε τόσο πολύ συντομέψει και επιταχυνθεί, ώστε εκατοντάδες νέοι, άντρες και γυναίκες, πέρασαν από τον τόρνο για να σχηματιστούν, κι ύστερα, με το δίπλωμα στο χέρι, ξεράστηκαν έξω από τη γραμμή παραγωγής, σαν να λέμε, στην ανοιχτή αγορά. Αποτέλεσμα, το επάγγελμα είχε υπερκορεστεί κι εγώ ήμουν πια απλώς ένας από το πλήθος.

Αυτό το γεγονός βάρυνε πάνω μου ακόμα περισσότερο τις επόμενες μέρες, όταν παρουσιάστηκα στην ουρά της υγειονομικής υπηρεσίας του Γουίντον ως υποψήφιος για επίδομα ανεργίας. Δεν υπήρχαν διαθέσιμες θέσεις σε νοσοκομείο. Μπορούσα ν' αγοράσω άδεια άσκησης γενικής ιατρικής με τρεις ψωροχιλιάδες στερλίνες. Μπορούσα επίσης, αν ήθελα, να εξασφαλίσω μια θέση «αναπληρωτή» για δυο βδομάδες στο μακρινό νησί Σκάι, αλλά όσο συλλογιζόμουνα τη γοητεία που είχε ένα τέτοιο βόλεμα, η ευκαιρία χάθηκε κάτω από τη μύτη μου από τον ασπρουλιάρη, διοπτροφόρο νεαρό πίσω μου. Στο τέλος της βδομάδας, με λύπη και ντροπή μου, αναγκάστηκα και πήγα να βρω τη δεσποινίδα Ντίαρι την πρεσβύτερη στην κρυψώνα που είχε για γραφειάκι της κάτω απ' τη σκάλα.

«Λυπάμαι, δεσποινίς Μπεθ. Δεν μπορώ να σας πληρώσω αυτή τη βδομάδα. Είμαι απένταρος».

Ορθώθηκε μες στις σκιές σαν ένας άχρωμος βόας συσφιγκτήρας και, καρφώνοντας πάνω μου τη βασανισμένη και επιτιμητική ματιά της με την πιο θεοφοβούμενη, την πιο καθωσπρέπει έκφραση που μπορούσε να πάρει, αποκρίθηκε:

«Κάτι είχα καταλάβει, γιατρέ... δεν είμαι κι ολωσδιόλου άπειρη... δυστυχώς. Φυσικά, οι κανονισμοί μας είναι αυστηροί σε τέτοιες περιπτώσεις. Εσείς όμως είστε παλιός πελάτης αυτού του κτιρίου. Μπορείτε να μείνετε».

Ενώ έφευγα από το άδυτό της, κατάλαβα με ευγνωμοσύνη πως η δεσποινίς Μπεθ είχε δείξει πολλή μεγαλοψυχία απέναντί μου. Αλίμονο, όμως, δεν ήταν του χαρακτήρα της να επιδεικνύει για καιρό τούτη την αρετή, κι όπως περνούσαν οι μέρες δίχως το ψάξιμό μου να φέρνει αποτέλεσμα, όλο και πιο συχνά την πιάνανε λιγοθυμιές στο τραπέζι, με κάμποσους στεναγμούς θρήνου και μαρτυρίου, και κάπου κάπου με κοιτούσε καρτερικά σαν αγία, λες και μ' έβλεπε να της ετοιμάζω καμιά πυρά να την κάψω, και γυρνούσε την κουβέντα ακριβώς σε τέτοια ενοχλητικά θέματα όπως το κόστος του ηλεκτρικού κι οι τιμές του κρέατος που ανέβαιναν. Πρόσεξα επίσης πως, σταδιακά, με σχεδόν μαθηματική ακρίβεια, οι μερίδες μου μειώνονταν στο ελάχιστο. Τελικά, από το να με κάνει να νιώθω σαν ζητιάνος, προτίμησα να λείπω εντελώς από το βραδινό και το μόνο που είχα για να ξεγελάσω κάπως την πείνα μου ήτανε το μεγάλο κομμάτι ψωμοτύρι που μου 'φερνε στα κλεφτά στην κάμαρά μου η δεσποινίς Έιλι.

Στο τέλος του μήνα, αν και είχα ξεγλιστρήσει από τη δεσποινίδα Μπεθ όσο μπορούσα περισσότερο, ένιωθα μέσα μου πως η κρίση δεν απείχε και πολύ, και μάλιστα πως, όπου να 'ταν, θα βρισκόμουν στο πεζοδρόμιο, έξω από το Ρόθσεϊ, με μοναδική σκέπη μου τον ουρανό. Τότε, ένα Σάββατο, από το καταφύγιο της κάμαράς μου, άκουσα να με φωνάζει στο τηλέφωνο η δεσποινίς

Έιλι. Από την άλλη άκρη της γραμμής έφτασε στ' αυτιά μου η φωνή του Σπενς.

«Έκανες τίποτα ή ακόμα, Σάννον;» Κι ενώ δίσταζα, γιατί ντρεπόμουν να παραδεχτώ την ήττα μου, συνέχισε. «Αν όχι, τώρα μόλις άκουσα για μια άδεια θέση στο νοσοκομείο του Ντάλναιρ. Είναι μικρό μέρος, για λοιμώδεις πυρετούς, κι ο Χέινς, ο εκεί γιατρός, φεύγει χωρίς να 'χει ειδοποιήσει. Τον θυμάσαι τον Χέινς; Πάντα φαινότανε σαν μισοκοιμισμένος. Λέει ότι δεν έχει πολλή δουλειά. Θα έχεις όσο ελεύθερο χρόνο θες. Έλεγα πως μπορεί να σ' ενδιέφερε... ειδικά μια κι είναι κάτω, κατά το Λέβενφορντ... στα λημέρια σου».

Έκλεισε την ώρα που προσπαθούσα να τον ευχαριστήσω, κι έτσι κατέβασα το ακουστικό και συλλογίστηκα πόσο καλός φίλος ήταν ο Σπενς, με τον ήσυχο και διακριτικό τρόπο του. Από τον Λόμαξ δεν είχα ακούσει κουβέντα. Έπρεπε να πιάσω αυτή τη δουλειά με κάθε κόστος, και μια και το Ντάλναιρ ήταν κοντά στο Λέβενφορντ, ήξερα από ένστικτο πώς έπρεπε να το κάνω. Ήταν πια καιρός να πνίξω κάθε απομεινάρι περηφάνιας μου.

Πίσω στην κάμαρά μου, με φλογισμένη την καρδιά, έγραψα ένα γράμμα στο μοναδικό άνθρωπο που ήξερα πως μπορούσα να βασιστώ πάνω του. Δανείστηκα ένα γραμματόσημο από τη δεσποινίδα Έιλι κι έριξα αυτό το γράμμα στο ταχυδρομικό κουτί της τραπεζαρίας. Κατόπιν, σαν άρχισε να πέφτει το λυκόφως, τύλιξα το μικροσκόπιό μου στο τσόχινο κάλυμμά του και το κουβάλησα μαζί μου στο πάρκο μέχρι του Χίλλιερ, το ενεχυροδανειστήριο πίσω από το πανεπιστήμιο, που εξυπηρετούσε κυρίως τους άπορους κι αδέκαρους φοιτητές. Εκεί έδωσα ενέχυρο το όργανό μου για οχτώ λίρες και δεκαπέντε σελίνια. Ήταν μάρκας Λάιτς και μπορεί ν' άξιζε ακόμα κι είκοσι γκινέες[10], μα δεν ήμουν διό-

---

[10] α. Αγγλικό χρυσό νόμισμα που χρησιμοποιήθηκε το διάστημα 1663-1813 και καθορίστηκε το 1717 στα 21 σελίνια, β. Υποθετικό νόμισμα που

λου καλός στα παζάρια, κι έτσι πήρα τα λεφτά δίχως να διαμαρτυρηθώ.

Αδιαφορώντας για το μακρυμάλλη νεαρό υπάλληλο πίσω από τον πάγκο, που το μολύβι του, έτσι όπως εξείχε από το αυτί του, έκανε πιο έντονη τη γενική εντύπωση της οξυδέρκειας, κι ο οποίος, αφού έκανε σκληρό παζάρεμα κατακρίνοντας ένα ένα τα χαρακτηριστικά του μικροσκοπίου μου, τώρα έδειχνε τη διάθεση να κουβεντιάσει ευχάριστα για τον καιρό, έβαλα εφτά λίρες, το νοίκι εφτά βδομάδων, σ' ένα φάκελο που θα 'δινα στη δεσποινίδα Μπεθ. Πέντε σελίνια, την τιμή ενός εισιτηρίου μετ' επιστροφής για το Λέβενφορντ, τα ταχτοποίησα με ασφάλεια στην πάνω τσέπη του γιλέκου μου. Έτσι, έμεινε ένα υπόλοιπο τριάντα σελινιών, κι όπως με κυρίεψε η ανάμνηση των στερήσεων που περνούσα κάθε μήνα, των λειψών γευμάτων μου, των ξεροκόμματων του ψωμιού και της φλούδας του τυριού, αποφάσισα αψήφιστα να το ξοδέψω, και μάλιστα αμέσως, σ' ένα δείπνο στην ταβέρνα Ρομπ Ρόι εκεί κοντά, ένα φημισμένο εστιατόριο όπου σύχναζε ο σύλλογος καθηγητών του πανεπιστημίου και πρόσφερε υψηλότατης ποιότητας τοπική κουζίνα.

Τότε, όπως έβγαινα από του Χίλλιερ, γλείφοντας κιόλας τα χείλια μου, και άρχιζα ν' ανεβαίνω το στενό δρομάκι –λίγο μεγαλύτερο από ένα πλακόστρωτο μονοπάτι– που ξετυλιγόταν ανάμεσα στους αγριοπλάτανους κι έφτανε στην κορφή όπου έστεκε το πανεπιστήμιο, διέκρινα ξαφνικά να πλησιάζει μια μοναχική γυναικεία σιλουέτα, γερμένη ελαφρά στο πλάι λόγω των βιβλίων που κρατούσε, και να κατεβαίνει το δρομάκι τραβώντας αργά για το τέρμα του τραμ, μ' ένα αλλόκοτο ύφος ονειροπόλησης και λύπης που μ' έκανε να νιώσω μια μαχαιριά αμηχανίας, μια κι ευθύς αναγνώρισα πως η νεαρή γυναίκα ήταν η δεσποινίς Τζιν Λο. Ε-

---

χρησιμοποιείται στην αμοιβή των ελεύθερων επαγγελματιών και ισοδυναμεί με μία λίρα και ένα σελίνι. (Σ.τ.Μ.)

πειδή είχε χαμηλωμένο το κεφάλι και κοιτούσε κάτω, άργησε λιγάκι να με δει· σαν φτάσαμε όμως σε απόσταση είκοσι βήματα μακριά, λες και την προειδοποίησαν όλα της τα ένστικτα για κάποια ενοχλητική παρουσία, ένα εχθρικό πρωτόπλασμα, σήκωσε τα συννεφιασμένα της μάτια – που στη στιγμή συνάντησαν τα δικά μου.

Τινάχτηκε, κοντοστάθηκε δίχως αμφιβολία κι ύστερα ξαναπήρε το δρόμο της, ενώ το πρόσωπό της, φαινομενικά αδιάφορο, λεκιασμένο κάπως από τη δουλειά της μέρας, αλλά και μικρότερο και πιο τραβηγμένο απ' όσο το ήξερα, έγινε άσπρο σαν τ' αλεύρι του πατέρα της. Ήθελε να κοιτάξει μακριά μα δεν μπορούσε, και τα σκούρα μάτια της αναγκάστηκαν παρά τη θέλησή τους να παραμείνουν πάνω μου όσο με πλησίαζε, κυνηγημένα και τρομοκρατημένα, λες κι ήταν ένοχα για κάποιαν αμαρτία. Τώρα είχαμε φτάσει πια ο ένας τον άλλο κι ήμασταν τόσο κοντά, που στα ρουθούνια μου έφτασε το άρωμα του σαπουνιού Ουίνδσορ. Τι μου συνέβαινε; Εκείνη τη στιγμή της κοντινής επαφής τα στήθια μου φούσκωσαν ξαφνικά και πήγαν να σπάσουν από το χτυποκάρδι. Κι ύστερα με προσπέρασε στητή, με το κεφάλι ολόρθο στον αέρα, κι αμέσως εξαφανίστηκε από το οπτικό μου πεδίο.

Δεν κοίταξα πίσω μου, κι όμως το θέαμα εκείνης της ωχρής και μοναχικής σιλουέτας ήταν απίστευτο πόσο με τάραξε και με συγκλόνισε. Γιατί δεν της μίλησα; Θα ήταν τόσο εύκολο, αυτή τη στιγμή, με λεφτά στην τσέπη μου, να κάνω μια χαριτωμένη επανόρθωση και να της ζητήσω να μοιραστεί το γεύμα μου. Απαρηγόρητος, με την ηλιθιότητά μου να με τσούζει, τελικά γύρισα. Είχε φύγει όμως, είχε γίνει καπνός μες στο γλυκό σούρουπο που έπεφτε πάνω από τα μπουμπουκιασμένα αγριοπλατάνια. Ξεστόμισα μια βαριά βρισιά.

Κι ύστερα... Δεν μπορώ να εξηγήσω την επόμενη πράξη μου, που τη μετάνιωσα την ίδια στιγμή που την έκανα, ούτε μπορώ να δοκιμάσω να υπερασπιστώ κάτι που είναι ξεκάθαρα αδικαιολόγητο· όμως, μια κι έχω ορκιστεί να πω την αλήθεια, πρέπει προς μεγάλη μου ντροπή να καταγράψω τα γεγονότα.

Όπως ανέβαινα το λόφο περνώντας από τα στενά σοκάκια πίσω από το πανεπιστήμιο και συνέχιζα να περιλούζω τον εαυτό μου με βρισιές, έφτασα στην Εκκλησία της Γέννησης, που την επισκεπτόμουνα καθημερινά σαν είχα πρωτοέρθει φοιτητής, κι όπου ακόμα παρακολουθούσα τη λειτουργία, μ' όλη την αταξία της ζωής μου και τις καταστροφικές συγκρούσεις που είχα στο μυαλό· ναι, εκεί πήγαινα κάπου κάπου, παρασυρμένος από το αμετάκλητο ένστικτο που κουβαλούσα μέσα μου, όταν με πλημμύριζε η τρυφερότητα, για να κάνω μες στο σκοτάδι μια πράξη μετάνοιας, να δώσω μιαν υπόσχεση βελτίωσης – ένα ξεχείλισμα καρδιάς που με βοηθούσε να βγαίνω από κει μέσα ανακουφισμένος.

Τώρα, ανίκανος ν' αντισταθώ στην παρόρμηση, σαν κάποιος που τον τραβάει ο δήμιος απ' το σβέρκο, ανέβηκα μισοκλείνοντας τα μάτια κι ύστερα βιάστηκα να μπω μηχανικά στην εκκλησούλα που τη γέμιζε με τη μυρωδιά του το λιβάνι, το κερί κι η υγρασία. Εκεί, στην πόρτα, όλο βιάση, λες κι έκανα έγκλημα, έριξα τα τρία χαρτονομίσματα των δέκα σελινιών στο κλεισμένο με λουκέτο σιδερένιο κουτί που έγραφε με γκρίζα γράμματα Αγιος Βικεντιος ντε Πολ, και δίχως να ρίξω ούτε ματιά στην Αγία Τράπεζα βγήκα έξω με μεγάλους δρασκελισμούς.

«Ορίστε!» Προσευχήθηκα δίχως ικανοποίηση σ' όποιους αγίους τύχαινε να με προσέχουν. «Χάσε το βραδινό σου, βρομοηλίθιε».

Κεφάλαιο 10

Το ΑΛΛΟ ΑΠΟΓΕΥΜΑ, στις δύο η ώρα, έφτασα στο Λέβενφορντ. Είχα αρκετές φορές υποσχεθεί στον εαυτό μου ένα συναισθηματικό προσκύνημα σε τούτο το προάστιο του Κλάιντ, εκεί που μεγάλωσα, εκεί που η γκρίζα πρόσοψη της Ακαδημίας, η χορταριασμένη έκταση του λιβαδιού με τη μικρή σιδερένια εξέδρα της ορχήστρας, το γιγαντιαίο περίγραμμα του «Κασλ Ροκ» που έβλεπες μέσα από τις ψηλές καπνοδόχους του ταρσανά και πιο πέρα, μακριά, το Μπεν Λόμοντ έμοιαζαν ποτισμένα με μνήμες από κείνα τα τρυφερά χρόνια. Κι όμως, δεν ξέρω πώς, δεν είχα βρει ευκαιρία να κάνω τούτο το χατίρι στον εαυτό μου – ο χρόνος είχε διαβρώσει τόσους πολλούς από τους δεσμούς που μ' έδεναν με την πολιτεία. Και τώρα, όπως ανέβαινα τη λεωφόρο για το γραφείο του Ντάνκαν Μακ Κέλλαρ, με τους συλλογισμούς μου προσηλωμένους στην επικείμενη συνέντευξη που είχα ζητήσει, τριγύρω μου αντιλήφθηκα όχι καμιά ρομαντική ατμόσφαιρα, μα μια πεζή μαυρίλα. Η πολιτεία έμοιαζε μικρή και βρόμικη, οι κάτοικοί της αξιοθρήνητα κοινοί στην εμφάνιση και το άλλοτε επιβλητικό γραφείο του δικηγόρου, ζαρωμένο αντίκρυ σε μια θλιβερά μικρότερη Δημαρχία, να χρειάζεται επειγόντως ένα χέρι μπογιά.

Παρ' όλα αυτά, ο ίδιος ο Μακ Κέλλαρ ελάχιστα ήταν αλλαγμένος, μπορεί η μύτη του να είχε γύρω γύρω κάπως περισσότερες φλεβίτσες, μα κατά τ' άλλα ήταν ακόμα καλοξυρισμένος και κοντοκουρεμένος, με μάτια στεγνά και διεισδυτικά κάτω από τα πυρρόξανθα φρύδια του και ύφος συγκρατημένο, προσεχτικό, δίκαιο. Δε μ' άφησε να περιμένω, και σαν κάθισα μπροστά στο μεγάλο μαονένιο γραφείο του, άρχισε σοβαρός να τρίβει το σαρκώδες κάτω χείλος του και να με μελετάει, με φόντο κιβώτια εγγράφων βερνικωμένα με λάκα.

«Λοιπόν, Ρόμπερτ». Μόλις ολοκλήρωσε την επισκόπηση, μίλησε τελικά με μετρημένη φωνή. «Τι τρέχει αυτή τη φορά;»

Η ερώτηση ήταν αρκετά συνηθισμένη, μα ο τόνος της ήπιας αποδοκιμασίας που είχε μέσα της μ' έκανε να τον κοιτάξω αμυντικά. Από κείνο κιόλας τον πρώτο καιρό που, δίχως να πει λέξη, μου 'χωνε στο χέρι εισιτήρια για τα κονσέρτα των μηχανικών κάθε που με συναντούσε στο δρόμο, καταλάβαινα πως τούτος ο άνθρωπος μου μετέδιδε ένα κύμα συμπόνιας, ενδιαφέροντος. Είχε πάρει το μέρος μου σαν ήμουν παιδί, είχε διαχειριστεί τα λεφτά που κληρονόμησα για να σπουδάσω, σωστό τέρας ακεραιότητας, και σαν να 'ταν ανεπίσημα ο φύλακας άγγελός μου, με είχε συμβουλέψει και μου 'χε δώσει κουράγιο τον καιρό των σπουδών μου. Τώρα όμως κουνούσε το κεφάλι του μελαγχολικός, απογοητευμένος.

«Έλα να τ' ακούσω, παλικάρι μου. Τι θέλεις;»

«Τίποτα» αποκρίθηκα. «Αν είναι να νιώθετε έτσι».

«Έλα, έλα. Μην είσαι ανόητος. Βγάλ' το».

Πνίγοντας την αίσθηση της προσβολής, του τα είπα όσο καλύτερα μπορούσα.

«Καταλαβαίνετε πόσο σημαντικό είναι. Αν είναι να προχωρήσω μ' αυτή την έρευνα, πρέπει να βρω δουλειά σε νοσοκομείο. Μπορεί το Ντάλναιρ να μην είναι μεγάλο, μα θα μου δώσει όλο τον ελεύθερο χρόνο που χρειάζομαι για να κάνω τη δική μου δουλειά».

«Και λες να κουβαλάω διορισμούς στο τσεπάκι μου, σαν μπίλιες;»

«Όχι. Αλλά είστε ταμίας στο υγειονομικό συμβούλιο της κομητείας. Έχετε επιρροή. Μπορείτε να με βάλετε μέσα».

Ο Μακ Κέλλαρ με εξέτασε ξανά, με σουφρωμένα τα φρύδια· κι ύστερα, ανήμπορος πια να συγκρατήσει τον εκνευρισμό του, ξέσπασε:

«Κοίτα τα μούτρα σου, άνθρωπέ μου. Κακομοιριασμένος και μπατίρης. Σου λείπει ένα κουμπί απ' το παλτό σου, το κολάρο σου είναι τριμμένο, θες κούρεμα. Έχεις και μια τρύπα στο παπούτσι. Σου το λέω, κύριε, ντροπιάζεις εμένα, εσένα κι ολόκληρο το ιατρικό επάγγελμα. Να πάρει και να σηκώσει, δε μοιάζεις με γιατρό. Ύστερα απ' όλα όσα έγιναν για σένα! Μ' αλήτη μοιάζεις».

Κάτω από τούτη τη σφοδρή επίθεση, δάγκωσα σιωπηλός τα χείλια μου.

«Και το χειρότερο απ' όλα δαύτα» συνέχισε, κι η προφορά του γινόταν ολοένα και πιο βαριά σκοτσέζικη όσο μεγάλωνε ο θυμός του, «είναι μαθές πως συ ο ξεροκέφαλος φταις κι ο ηλίθιος. Σα μου 'ρχεται στο νου τι καριέρα είχες, τι μετάλλια, τι τιμές και τι υφηγεσίες, και δώστου να επενδύουνε σε σένανε οι ανθρώποι... κι ύστερα *αυτό*... Για το Θεό, δα, είσαι για κλάματα».

«Εντάξει». Σηκώθηκα. «Σας χαιρετώ. Κι ευχαριστώ».

«Κάτσε κάτω» φώναξε.

Έγινε σιωπή. Κάθισα. Με κάποια προσπάθεια κατάφερε να κυριαρχήσει στα συναισθήματά του και, με κρατημένη φωνή, παρατήρησε:

«Απλώς δεν μπορώ πια να έχω την αποκλειστική ευθύνη, Ρόμπερτ. Ζήτησα λοιπόν να έρθει εδώ να συζητήσουμε ένα συγκεκριμένο άτομο που ενδιαφέρεται κι αυτό για σένα, και του οποίου την ισχυρή λογική εκτιμώ».

Χτύπησε το κουδούνι πάνω από το γραφείο και την επόμενη στιγμή η δεσποινίς Γκλένι, η πιστή του υπηρέτρια, έμπασε όλο σεβασμό στο δωμάτιο μια μορφή αιώνια σαν τη μοίρα, αναπόφευκτη σαν την καταστροφή, ντυμένη την ιστορική κάπα της με τις μαύρες πέρλες, τις λαστιχένιες μπότες και το σκούφο τον καταφορτωμένο με τα κρέπια και την άσπρη μπορντούρα.

Απ' όλους τους συγγενείς μου, μια κι οι υπόλοιποι είχαν σκορπιστεί στις τέσσερις γωνιές της γης, η προγιαγιά Λέκι ήταν πια η μοναδική εκπρόσωπος στο Λέβενφορντ. Από τότε που πέθανε ο γιος της από έμφραγμα, λίγο μετά τη συνταξιοδότησή του από τον τομέα υγιεινής του προαστίου, είχε συνεχίσει να μένει στο σπίτι του, τη Θέα του Λόμοντ, στην ηλικία πια των ογδόντα τεσσάρων, κι όμως ακμαία σωματικά και πολύ καλά στα μυαλά της, άφθαρτη κι αδάμαστη, ο τελευταίος στυλοβάτης της δομής μιας φαμίλιας που βρίσκεται σε αποσύνθεση.

Η γερόντισσα κάθισε στητή σαν μπαστούνι, με μια σεμνότυφη ρεβεράντζα στον Μακ Κέλλαρ, που μισοσηκώθηκε στην καρέκλα του, κι ύστερα γύρισε σε μένα με ύφος παρατηρητικό, δίχως όμως το στενόμακρο, κιτρινιάρικο, καταζαρωμένο πρόσωπό της να φανερώνει πως μ' αναγνώρισε. Το τσαντάκι της το φύλαγε ακόμα σαν θησαυρό μέσα στο χέρι της· φορούσε γάντια κομμένα στα δάχτυλα. Τα μαλλιά της, ακόμα χωρισμένα στη μέση, μοιάζανε μια δόση λιγότερα απ' όσο παλιά, μα ακόμα δεν τα είχε αγγίξει το γκρίζο, όπως ανέγγιχτα έμεναν και τα κατσαρά μουστάκια που ξεπηδούσαν από την καφετιά κρεατοελιά πάνω από τα χείλια της. Ακόμα έκανε με τα δόντια της τους ίδιους κουδουνιστούς ήχους.

«Λοιπόν, κυρία» είπε ο Μακ Κέλλαρ, αρχίζοντας επίσημα την ανάκριση, «εδώ είμαστε».

Και πάλι η γερόντισσα έσκυψε το κεφάλι και, λες και βρισκόταν στην εκκλησιά κι ήταν έτοιμη ν' απολαύσει ένα κήρυγμα εξαιρετικά αυστηρό, έβγαλε από την τσάντα της μιαν αυτοκρατορική μέντα και την έχωσε δίχως περιστροφές ανάμεσα στα χείλια της.

«Το θέμα, με λίγα λόγια» συνέχισε ο δικηγόρος «είναι ότι ο Ρόμπερτ από δω, που όλα τού ήρθαν ευνοϊκά κι είχε τις καλύτερες προοπτικές του κόσμου, κάθεται αντίκρυ μας *δίχως πεντάρα στην τσέπη*».

Σ' αυτή την κατηγορία, που ήταν μάλλον αληθινή, μια και, πέρα από το εισιτήριο επιστροφής μου στο Γουίντον, από εύκαιρο χρήμα δεν είχα απολύτως τίποτα, η προγιαγιά μου άλλη μια φορά έγειρε μπρος το κεφάλι αλύγιστη, για να δείξει πως καταλάβαινε την αξιοθρήνητη κατάστασή μου.

«Όφειλε» εξήγησε ο Μακ Κέλλαρ, παίρνοντας ξανά φωτιά, «όφειλε να έχει δικό του ιατρείο. Υπάρχουν άνθρωποι που θα τον βοηθούσαν, αρκεί να το 'λεγε. Έχει μυαλό. Είν' ομορφάντρας. Όταν θέλει, έχει τον τρόπο του. Εδώ στο Λέβενφορντ, μπορούσε να κερδίζει τις χίλιες λίρες του το χρόνο, μες στο νερό, δίχως το παραμικρό πρόβλημα. Μπορούσε να βολευτεί, να παντρευτεί μια καλή κοπελιά και να γίνει ένα ικανό, αξιοσέβαστο μέλος της κοινωνίας, όπως τον ήθελαν οι φίλοι του. Κι αντί γι' αυτό, τι κάνει; Πάει και ζητάει τ' ακατόρθωτο, που δε θα του φέρει ούτε φαρδίνι ποτέ στην τράπεζα. Και τώρα μου 'ρχεται και με ικετεύει να του βρω δουλειά σ' ένα στενάχωρο νοσοκομείο λοιμωδών νόσων στην άκρη του κόσμου, ένα παλιό επαρχιακό νοσοκομείο όπου θα χαθεί, θα θαφτεί στη ζούγκλα και δε θα βγάζει ούτε εκατόν είκοσι λίρες το χρόνο!»

«Ξεχνάτε κάτι» είπα. «Σ' αυτό το νοσοκομείο θα μπορώ να κάνω τη δουλειά που θέλω, μια δουλειά που θα με βγάλει από τη ζούγκλα, και με βάση τα δικά σας υλικά κριτήρια θα μου φέρει πολύ μεγαλύτερη αναγνώριση απ' όση θα κέρδιζα ποτέ ως γενικός παθολόγος στο Λέβενφορντ».

«*Τσ!*» Ο Μακ Κέλλαρ απέρριψε το επιχείρημά μου μ' ένα οργισμένο σήκωμα των ώμων. «Όλα τούτα είναι του αέρα. Αυτό είναι το πρόβλημα με σένα. Παραείσαι ανοικονόμητος στα λόγια».

«Δεν είμαι τόσο σίγουρη!» Για πρώτη φορά μίλησε η γερόντισσα, καρφώνοντας ανεξιχνίαστο το βλέμμα της στο δικηγόρο. «Ο Ρόμπερτ είναι νέος ακόμα. Ζητάει μεγάλα πράματα. Αν τον κάνουμε γενικό παθολόγο δε θα μας το συχωρέσει ποτέ».

Δεν πίστευα στ' αυτιά μου. Ο Μακ Κέλλαρ, που ήταν ολοφάνερο πως βασιζόταν στη σθεναρή υποστήριξή της, την κάρφωσε με πληγωμένη έκφραση.

«Πρέπει να θυμόμαστε πως ο Ρόμπερτ δέχτηκε πολύ ανάμεικτες επιρροές σαν ήταν παιδί. Πρέπει να του δώσουμε χρόνο να τις τινάξει από πάνω του. Δε θαρρώ πως είναι κακό να του δώσουμε τούτη την ευκαιρία. Αν τα βγάλει πέρα, καλά κι ωραία. Αν όχι...» Σταμάτησε, κι είδα τι θ' ακολουθούσε. «Θα πρέπει να δεχτεί τους όρους μας».

Ο δικηγόρος κοίταζε τώρα τη βάβω με βλέμμα που ήταν αδύνατο να το διαβάσεις, ρίχνοντάς της αλλόκοτες ματιές όλο κατανόηση, ενώ σούφρωσε τα χείλια και άρχισε να παίζει με το βαρύ χάρακα στο γραφείο του.

Επωφελήθηκα από τη σιωπή. «Βοηθήστε με να πιάσω αυτή τη δουλειά στο Ντάλναιρ. Αν δεν πετύχω αυτό που ζητάω και χρειαστεί να ξανάρθω σε σας για βοήθεια, σας δίνω το λόγο μου πως θα κάνω ό,τι θέλετε».

«Χμμ!» μούγκρισε ο Μακ Κέλλαρ και ξερόβηξε, ενώ ακόμα συσκεπτόταν με τη γερόντισσα με τα μάτια, με ανάμεικτη έκφραση, που μέσα της όμως κυριαρχούσε ένας διστακτικός σεβασμός.

«Εμένα μου φαίνεται δίκαιη πρόταση» παρατήρησε εκείνη μειλίχια, μα με χαρακτηριστικά που αδιόρατα, όλο σημασία, χαλάρωναν απέναντί του.

«Χμμ!» είπε ο Μακ Κέλλαρ. «Τολμώ να πω... τολμώ να πω... Λοιπόν– » Το αποφάσισε. «Έστω. Το νου σου, Ρόμπερτ, δε σου υπόσχομαι τη θέση, αλλά θα βάλω τα δυνατά μου, τον ξέρω καλούτσικα τον Μάστερς, τον πρόεδρο της επιτροπής. Κι αν τα καταφέρω, περιμένω από σένα, ασφαλώς, να τηρήσεις και το δικό σου λόγο».

Σφίξαμε τα χέρια για να επισφραγίσουμε τη συμφωνία, κι ύστερα από μια δυο κουβέντες ακόμα, βγήκα από το γραφείο.

Ήθελα να φύγω πριν με προλάβει η γερόντισσα. Όπως έβγαινα στο δρόμο όμως, την άκουσα να μ' ακολουθεί από κοντά.

«Ρόμπερτ».

Αναγκαστικά γύρισα.

«Μη βιάζεσαι τόσο».

«Έχω να προλάβω το τρένο».

Δεν έδωσε σημασία στη δικαιολογία.

«Δώσ' μου το χέρι σου. Δεν είμαι δα και τόσο νέα πια, Ρόμπερτ».

Έσφιξα τα δόντια. Ήμουνα είκοσι τεσσάρων χρονών, ένας μικροβιολόγος που χειριζόταν με περιφρόνηση τα πιο θανατηφόρα μικρόβια, που μετά τον πόλεμο είχε αποχτήσει απότομη εμπειρία από τη ζωή. Κι όμως, μπροστά στην παρουσία της τα χρόνια πέσανε από πάνω μου κι έγινα ξανά παιδί. Με μείωνε. Με ταπείνωνε. Και το 'ξερα, από το παθολογικά στοργικό άγγιγμά της, πως θα 'πρεπε να την ανεχτώ για το υπόλοιπο απόγευμα, πως θα μου αποσπούσε όλες τις λεπτομέρειες των πράξεών μου, χρησιμοποιώντας τη γλώσσα της για βούρδουλα.

Έτσι όπως προχωρούσαμε όλο μεγαλοπρέπεια στο δρόμο της εκκλησίας, αλά μπρατσέτα, έγειρε πάνω μου, σαρώνοντας ό,τι είχε απομείνει από την αντίστασή μου.

«Το πρώτο που θα κάνουμε είναι να ξεφορτωθείς τούτη την παλιά φόρμα. Θ' ανέβουμε στο συνεταιρισμό και θα πάρουμε ένα καθωσπρέπει υφαντό κοστούμι. Κατόπιν, αντί γι' αυτά τα λιωμένα τσαρούχια, θα φορέσουμε στα δύστυχα τα ποδάρια σου ένα καινούριο ζευγάρι παπούτσια. Ναι, βέβαια, φιλαράκο μου, σε μιαν ωρίτσα από τώρα θα σ' έχω ξανακάνει άνθρωπο».

Μου σηκώθηκε η τρίχα με την προοπτική να με «σιάξουν» κάτω από τ' αετίσιο μάτι της οι γυναίκες υπάλληλοι του καταστήματος νεοτερισμών.

Γέρνοντας πιο κοντά, αναδίνοντας δυνατή τη μυρωδιά της μέντας, έστειλε μια ζεστή ανάσα στ' αυτί μου:

«Τώρα πες μου τα πάντα, Ρόμπερτ, γι' αυτή τη νεαρή τη Λο».

ΒΙΒΛΙΟ ΔΕΥΤΕΡΟ

Κεφάλαιο 1

ΣΤΟ ΣΤΑΘΜΟ του χωριού Ντάλναιρ με περίμενε ο σοφέρ και παιδί για όλες τις δουλειές του νοσοκομείου, μ' ένα παλιό ασθενοφόρο Αργκάιλ με μπρούντζινα δεσίματα, που μπορεί να είχε ξεθωριάσει η μπογιά του, μα τα τζάμια του άστραφταν, σαν της νεκροφόρας. Αφού μου συστήθηκε ως Πίτερ Πιμ, φόρτωσε τεμπέλικα πάνω το σάκο μου κι ύστερα από κάμποσες προσπάθειες με τη μανιβέλα έβαλε μπρος τη μηχανή. Προχωρήσαμε με το πάσο μας, περάσαμε από έναν κυκεώνα ετοιμόρροπων σπιτιών, ένα βρόμικο μαγαζάκι, κάτι λατομεία αργίλου κι ένα εργαστήρι για τούβλα· ύστερα διασχίσαμε ένα ρέμα που αγωνιζότανε γενναία να καθαρίσει τη λασπωμένη κοίτη του και μπήκαμε σε μια καταλασπωμένη εξοχή λίγο πιο έξω από το χωριό, που όμως πάνω της είχε απλώσει φρέσκο πράσινο μανδύα η πρώιμη άνοιξη.

Κάπου κάπου, κι ενώ αναπηδούσα πάνω στη σκληρή θέση του συνοδηγού, έριχνα κλεφτές εξεταστικές ματιές στο ανέκφραστο προφίλ του συντρόφου μου, που κάτω από το μυτερό σκουφί του έδινε τόσο έντονη την εντύπωση πως είχε πέσει σε λήθαργο, ώστε δίσταζα ν' ανοίξω κουβέντα. Παρ' όλα αυτά, τελικά τόλμησα να τον συγχαρώ για την καλή κατάσταση του πανάρχαιου οχήματός του, που, απ' όσο μπορούσα να καταλάβω από τον τρόπο που χειριζόταν τους μοχλούς, ήταν για κείνον φανερά μια πηγή περηφάνιας.

Δεν αποκρίθηκε αμέσως· κατόπιν, με τα μάτια καρφωμένα στο δρόμο μπροστά, έκανε μια κάπως σπουδαιοφανή δήλωση.

«Μ' ενδιαφέρουν τα μηχανολογικά, κύριε».

Αν ήταν έτσι, ένιωσα πως ίσως θα μπορούσε να μ' εξυπηρετήσει και εξέφρασα τη δημοκρατική ελπίδα πως θα μπορούσαμε να γίνουμε φίλοι.

Και πάλι κλείστηκε στον εαυτό του.

«Νομίζω πως θα τα πάμε καλά, κύριε. Εγώ βάζω πάντα τα δυνατά μου. Με το γιατρό Χέινς είχαμε άριστη σχέση. Ένας καλός, βολικός άνθρωπος, σωστός κύριος, αυτός ήταν ο γιατρός Χέινς, κύριε. Κρίμα που έφυγε».

Κομματάκι ψυχραμένος από τούτη την εξύμνηση του προκατόχου μου κι από το μελαγχολικό τόνο με τον οποίο την εξέφρασε, βυθίστηκα σε μια σιωπή που κράτησε μέχρι που φτάσαμε στην κορφή ενός στενού εξοχικού δρόμου και στρίψαμε σ' έναν κυκλικό χαλικόδρομο που οδηγούσε σε ένα μικρό συγκρότημα φροντισμένων τούβλινων κτιρίων. Αντίκρυ στο μεγαλύτερο απ' αυτά σταθήκαμε, κι όπως κατέβαινα από το ασθενοφόρο, το μάτι μου έπιασε μια κοντή, μαυριδερή γυναίκα με στολή, που υπέθεσα πως ήταν η προϊσταμένη αδελφή, να στέκει στο κεφαλόσκαλο, προστατεύοντας το λευκό σκουφάκι της με τα φτερά από τον άνεμο και χαμογελώντας πλατιά και φιλόξενα.

«Ο δόκτωρ Σάννον, υποθέτω. Χαίρω πολύ για τη γνωριμία. Είμαι η δεσποινίς Τράτζεον».

Κι όσο ο Πιμ έστριβε αλά γαλλικά με ξινισμένο ύφος, εκείνη με καλωσόριζε γελαστά και, πριν προλάβω να δω πού βρισκόμουν, με οδηγούσε στο διαμέρισμά μου: καθιστικό, κρεβατοκάμαρα και μπάνιο, όλα στην ανατολική πτέρυγα του κεντρικού κτιρίου. Ύστερα, με πήρε βιαστικά, κι όλο ενεργητικότητα κι ενθουσιασμό με ξενάγησε περήφανα σ' ολόκληρο το ίδρυμα.

Ήταν αρκετά μικρό, απαρτιζόταν από τέσσερις ξεχωριστές πτέρυγες, μοιρασμένες στις γωνιές μιας πλατείας, πίσω από το κτίριο της διοίκησης, που ήταν αφιερωμένες αντίστοιχα στη θεραπεία της οστρακιάς, της διφθερίτιδας, της ιλαράς και των «μεικτών λοιμώξεων». Οι εγκαταστάσεις ήταν πρωτόγονες, κι ωστόσο οι παλιομοδίτικοι θάλαμοι με τα καλογυαλισμένα δάπεδα και τις αψεγάδιαστες μικρές κουκέτες έλαμπαν από καθαριότητα. Οι περισσότεροι από τους ελάχιστους ασθενείς ήταν παιδιά, κι έτσι που καθόντουσαν με τις κόκκινες νυχτικιές τους χαμογελώντας την ώρα που περνούσαμε, ενώ από τα παράθυρα έστελνε τις αχτίδες του ο ήλιος του απομεσήμερου, μ' έκαναν να νιώσω πως τα καθήκοντά μου θα ήταν ευχάριστα. Μα κι οι αρχινοσοκόμες –μία για κάθε πτέρυγα– είχαν ένα ήρεμο και σοβαρό ύφος που σε καθησύχαζε. Με λίγα λόγια, βλέποντας τούτο το ταπεινό μικρό νοσοκομείο, που από την ψηλή κι ανεμόδαρτη κορφή του λόφου όπου βρισκόταν δέσποζε στη θέα των δήμων της κοιλάδας που υπηρετούσε, σχημάτιζες την εντύπωση πως ήταν λειτουργικό και χρήσιμο.

Στην κάτω άκρη του κτήματος, κάπως απόμερα από τις τέσσερις πτέρυγες, έστεκε ένα ιδιόρρυθμο σκουρόχρωμο κτίσμα από σκουριασμένο σίδερο, κάπως ρημαγμένο και σχεδόν ολόκληρο κυκλωμένο από χαμόκλαδα.

«Εκείνος ήταν ο θάλαμος ευλογιάς μας» μου εξήγησε η δεσποινίς Τράτζεον, που τα μικρά, πανέξυπνα μάτια της διάβασαν τι περνούσε από το νου μου. «Όπως βλέπετε, δε χρησιμοποιείται πια... κι έτσι δεν μπαίνουμε εκεί μέσα. Ευτυχώς, τον κρύβουν οι δάφνες». Και πρόσθεσε αυτάρεσκα: «Δεν είχαμε ούτε ένα κρούσμα τα τελευταία πέντε χρόνια».

Από δω, πάντα μ' εκείνο το ύφος της δικαιολογημένης περηφάνιας, με οδήγησε στην αίθουσα ψυχαγωγίας των νοσοκόμων, στην κουζίνα, στο γραφείο υποδοχής –που όλα τους παρουσίαζαν την ίδια άψογη γυαλάδα– και, τελικά, σ' ένα δωμάτιο μ' ένα στενόμακρο ξύλινο πάγκο που πάνω του ήταν τοποθετημένες συσκευές γκαζιού και ηλεκτρικού και δυο πορσελάνινοι νεροχύτες. Κάτι λουστραρισμένα γραφεία κι ένας δυο πάγκοι βρίσκονταν τοποθετημένοι στον τοίχο.

«Αυτή είναι η αίθουσα πειραμάτων μας» παρατήρησε η προϊσταμένη. «Όμορφη δεν είναι;»

«Πολύ».

Δεν είπα τίποτ' άλλο, φυσικά. Όμως κατάλαβα αμέσως πως είχα βρει το ιδανικό μέρος για το εργαστήριό μου. Καθώς γυρίζαμε πίσω από τον ίδιο δρόμο, με το νου μου εντόπιζα κιόλας το διαθέσιμο χώρο κι έκανα τις ετοιμασίες μου.

Πίσω στο κυρίως κτίριο πια, η δεσποινίς Τράτζεον επέμεινε να με κεράσει το απογευματινό τσάι στο δικό της σαλόνι, ένα ευάερο, χαριτωμένο δωμάτιο που έβλεπε μπροστά, με κυρτό παράθυρο, πολυθρόνες και καναπέ σκεπασμένα με κλαρωτά καλύμματα κι ένα πορσελάνινο βάζο με ανθισμένους υάκινθους πάνω στο πιάνο, σ' ένα διαμέρισμα που δε γινόταν να μην παρατηρήσω πως ήταν το πιο όμορφο απ' όλα όσα είχαμε επισκεφτεί προηγουμένως. Χτύπησε το κουδούνι και μια ροδομάγουλη χωριατοπούλα με κολλαριστό σκουφί και ποδιά, που μου συστήθηκε ως Κέιτι, η «κοινή» μας υπηρέτρια, έφερε ένα σερβίτσιο του τσαγιού κι ένα δίσκο με τρίπατη τούρτα. Δίχως να βάζει γλώσσα μέσα της, η δεσποινίς Τράτζεον ανέλαβε επισήμως καθήκοντα πίσω από τούτα τα σύνεργα και μ' άφησε να διαλέξω τσάι από την Ινδία ή από την Κίνα, κόβοντάς μου μια θαυμάσια φέτα τούρτας δαμάσκηνου που μόλις είχε βγει από το φούρνο του νοσοκομείου.

Ήταν καμιά πενηνταριά χρονών, όπως την έκοψα, και πριν «κατασταλάξει» στο Ντάλναιρ είχε περάσει, όπως με πληροφόρησε, δέκα χρόνια στη Βεγγάλη ως στρατιωτική νοσοκόμα, μια εμπειρία που το δίχως άλλο είχε προσδώσει στα χοντροκομμένα, έντονα χαρακτηριστικά της το ζωηρό χρώμα του χαλκού, κι ίσως ήταν εκείνη που είχε χαρίσει στη φωνή και στους τρόπους της στοιχεία σχεδόν πανομοιότυπα μ' εκείνα του επιλοχία. Είχα προσέξει ιδιαίτερα το προτεταμένο μπούστο της, το ξιπασμένο ύφος μεγαλοπρέπειας και τον τρόπο που κουνούσε στο πλάι τα στενά, μα διόλου ανάξια λόγου λαγόνια της, όση ώρα προχωρούσε μπροστά μου μέσα από τους θαλάμους. Και τώρα, η θερμή ντομπροσύνη της, το δυνατό γέλιο της, οι κοφτές κι αποφασιστικές κινήσεις της ολοκλήρωναν λες την εικόνα μιας προσωπικότητας που πιο πολύ της ταίριαζε το προαύλιο του στρατώνα παρά οι θάλαμοι των ασθενών.

Όμως αυτό που μ' εντυπωσίασε πιο πολύ ήταν η αποφασιστική περηφάνια της για το νοσοκομείο, μια αίσθηση παρά λίγο ιδιοκτησίας. Και να που πάλι, μισοαστεία μισοσοβαρά, έστρεψε την κουβέντα σε κείνο το κυρίαρχο θέμα.

«Χαίρομαι που εγκρίνετε το μικρό μας χώρο, γιατρέ. Είναι λίγο ξεπερασμένος, βέβαια, αλλά προσπάθησα να τα βγάλω πέρα με μερικά στρατιωτικά κόλπα. Δούλεψα σκληρά για να κάνω τα πράγματα όπως είναι σήμερα. Ναι, στ' αλήθεια, τα 'δωσα όλα».

Μια σύντομη, αλλόκοτη σιωπή ακολούθησε, μολονότι τώρα, προς μεγάλη μου ανακούφιση, ακούστηκε ένα διακριτικό χτύπημα στην πόρτα, και σαν απάντηση στο «εμπρός» της δεσποινίδας Τράτζεον, το πόμολο γύρισε αθόρυβα και στο κατώφλι εμφανίστηκε μια ψηλή, λεπτή, κοκκινομάλλα νοσοκόμα. Μόλις με είδε τινάχτηκε και τα ξέθωρα πράσινα μάτια της, που τα σκίαζαν βλεφαρίδες στο χρώμα του άχυρου, αναζήτησαν το βλέμμα της δεσποινίδας Τράτζεον με μια ταπεινοφροσύνη όλο ντροπή, που έφερε στο μπρούντζινο πρόσωπο της προϊσταμένης ένα χαμόγελο επιείκειας.

«Έλα, έλα, καλή μου, μην το βάζεις στα πόδια. Γιατρέ, από δω η αδελφή Έφι Πικ. Είναι νυχτερινή νοσοκόμα. Συνήθως πίνουμε μαζί το τσάι τα απογεύματα, όταν έρχεται. Κάθισε, καλή μου».

Η αδελφή Πικ μπήκε σεμνά στο δωμάτιο, κάθισε σε μια χαμηλή πολυθρόνα και δέχτηκε το φλιτζάνι που της πρόσφερε η δεσποινίς Τράτζεον.

«Χαίρομαι πολύ που γνωριστήκατε με την αδελφή Πικ» συνέχισε εκείνη. «Είναι το πιο χρήσιμο μέλος του προσωπικού μου».

«Α, όχι». Η χλωμή, κοκκινομάλλα αδελφή αρνήθηκε τη φιλοφρόνηση ανατριχιάζοντας· ύστερα, γυρνώντας σε μένα, μουρμούρισε: «Η προϊσταμένη είναι πάρα πολύ καλή. Αλλά, βέβαια, μια λέξη δική της σημαίνει τόσα πολλά. Βλέπετε, όλοι την έχουν ψηλά. Κι είναι εδώ πέρα τόσο πολύ καιρό, που δεν μπορούμε να κάνουμε χωρίς αυτήν, έτσι είναι. Άλλωστε, οι γιατροί μας πάνε κι έρχονται. Αλλά η προϊσταμένη μένει για πάντα».

Παραφράζοντας έτσι το «Μπρουκ» του Τέννυσον για χάρη μου, τούτο το ξασπρουλιάρικο πλάσμα –ακόμα και τα κόκκινα μαλλιά της ήταν ξέθωρα, και το δέρμα της ήταν άσπρο σαν το γάλα– σώπασε όλο σεβασμό. Σε λίγη ώρα, σαν να μην τολμούσε να κάνει άλλη κατάχρηση του χρόνου μας, σηκώθηκε και, ρίχνοντας στην προϊσταμένη μια ματιά ολόιδια με ελαφίνας, γλίστρησε έξω από το δωμάτιο για ν' αρχίσει τα νυχτερινά της καθήκοντα. Κι εγώ, όμως, δεν έμεινα πολύ παραπάνω. Σηκώθηκα, κι αφού εξέφρασα στη δεσποινίδα Τράτζεον τις ευχαριστίες μου για τη θερμή υποδοχή της, δικαιολογήθηκα πως ήθελα να ταχτοποιήσω τα πράγματά μου.

«Εντάξει, γιατρέ. Οφείλουμε να τα πάμε πολύ καλά μαζί. Όπως λέει και η αδελφή Πικ, είμαι παλιά καραβάνα εδώ πέρα». Στάθηκε απότομα στα πόδια της και, με χαμόγελο που έκανε το πλατύ πρόσωπό της να ζαρώσει απ' άκρη σ' άκρη, μου χάρισε για μια στιγμή ένα διεισδυτικό βλέμμα, προσθέτοντας με κεφάτη έμφαση: «Πιστεύω ότι θα διαπιστώσετε πως οι δικές μου μέθοδοι είναι οι καλύτερες».

Με ανάμειχτα συναισθήματα περιέργειας βρήκα το δρόμο για το δικό μου διαμέρισμα, ικανοποιημένος από την υποδοχή που μου έγινε· τριγυρίζοντας άσκοπα στο δωμάτιο, εξετάζοντας την αυστηρή αλλά επαρκή επίπλωσή του με το μάτι κάποιου που πρέπει να ζήσει και να εξοικειωθεί μ' αυτά τα άγνωστα αντικείμενα, είπα μέσα μου πως, μολονότι κάπως μονοκόμματη, η δεσποινίς Τράτζεον ήταν μια χαρωπή, εγκάρδια ψυχή· και την ίδια στιγμή ένιωσα να μ' ενοχλεί κάπως το *μπρίο* στους τρόπους της και κάποιες εντυπώσεις κι αντιδράσεις που δεν μπορούσα να τις ορίσω ακριβώς.

Κεφάλαιο 2

ΩΣΤΟΣΟ ΤΙΠΟΤΑ, τίποτα δεν μπορούσε να μου χαλάσει το κέφι, ούτε να μου μειώσει την ικανοποίηση που αντλούσα από την προοπτική πως θα ξανάρχιζα την έρευνά μου, ύστερα από κείνες τις βδομάδες της καθυστέρησης που με τρέλαιναν.

Όπως το είχα υποψιαστεί, τα επίσημα καθήκοντά μου ήταν ευχάριστα και ποικίλα. Το νοσοκομείο είχε στην πραγματικότητα μικρή χωρητικότητα, δε σήκωνε περισσότερους από πενήντα ασθενείς όταν ήταν εντελώς γεμάτο, και τώρα, μια και δεν υπήρχε καμιά επιδημία, τη συγκεκριμένη τούτη εποχή είχαμε μόνο καμιά δεκαριά παιδιά, όλα στην ανάρρωση κυρίως από απλή ιλαρά· κι έτσι, ανεξάρτητα από το πόσο, λόγω ευσυνειδησίας, επιμήκυνα το χρόνο των επισκέψεών μου στους θαλάμους, μέχρι το μεσημέρι ήμουνα πια ελεύθερος κι ωραίος.

Η αίθουσα πειραμάτων ήταν καλύτερη απ' ό,τι είχα φανταστεί. Στις ντουλάπες και τα συρτάρια βρήκα αρκετό εξοπλισμό που μπορούσα να τον μετατρέψω και να τον χρησιμοποιήσω. Στα νοσοκομεία συσσωρεύεις εύκολα υλικό – το παραγγέλνεις σε μιαν έκρηξη ενθουσιασμού, το αφήνεις στην άκρη και το λησμονάς. Δεν άργησαν να εγκατασταθούν και τα δικά μου σύνεργα και, θυσιάζοντας τον πρώτο μου μισθό, πήρα πίσω το μικροσκόπιό μου από του Χίλλιερ. Ήδη, με χαρτί αλληλογραφίας του νοσοκομείου, είχα ξεκινήσει ταχτική αλληλογραφία με αρκετούς γιατρούς άλλων αγροτικών περιοχών όπου είχε εξαπλωθεί η επιδημία, και από τα δείγματα που είχαν την καλοσύνη να μου στείλουν, σε συνδυασμό μ' εκείνα που απέμεναν ακόμα από το Ντριμ, άρχισα ξανά τις προσπάθειες να καλλιεργήσω το Βάκιλο C.

Όλα αυτά, βέβαια, τα έκανα διακριτικά. Φρόντιζα να εκτελώ τα επίσημα καθήκοντά μου δίχως αντιρρήσεις και ήμουν ευχάριστα επιμελής στις φιλοφρονήσεις μου προς την προϊσταμένη, η οποία, εκείνες τις πρώτες μέρες, κάτω από τη χαμογελαστή εγκαρδιότητά της, με μελετούσε, κάπως σαν τον έμπειρο πυγμάχο που μελετάει τον αντίπαλό του στον πρώτο γύρο πάνω στο ριγκ.

Ήταν ένας παράξενος συνδυασμός ανθρώπου. Σαν ήρθε στο Ντάλναιρ, τις «παλιές, καλές μέρες» που μνημόνευε ο Πιμ, ο οποίος, όπως δεν άργησα ν' ανακαλύψω, ήταν επαγγελματίας γκρινιάρης, η διοίκηση του νοσοκομείου ήταν ανεπαρκής. Βήμα βήμα είχε αλλάξει το σύστημα, είχε καταφέρει ν' αποκτήσει την εύνοια του διοικητικού συμβουλίου του νοσοκομείου, κέρδισε με τα χέρια της την απόλυτη εξουσία. Τώρα, από τη σοφίτα ως το κελάρι, διοικούσε το μέρος με σταθερότητα, οικονομία και ακάματη αποτελεσματικότητα.

«Μ' έχει στη διάθεσή της ολημέρα» μου εμπιστεύτηκε ο Πιμ με αξιολύπητη αξιοπρέπεια μια φορά που, καθισμένος σ' έναν αναποδογυρισμένο κουβά, γυάλιζε όλο το πρωί το πανάρχαιο ασθενοφόρο. «Ό,τι μικροχαρά είχα, πάει. Αφού, να το πιστέψετε, κύριε, κάνει έλεγχο ακόμα και στο σαπούνι της υπαίθριας τουαλέτας μου!»

Μολονότι το πρόγευμα και το δείπνο τα έτρωγα μόνος, ήταν έθιμο στο Ντάλναιρ να γευματίζουν μαζί ο γιατρός κι η προϊσταμένη. Έτσι, στη μία η ώρα κάθε μέρα ερχόταν στην κάμαρά μου για «μεσημεριανό», όπως το έλεγε, καθόταν στο τραπέζι κι έστρωνε την πετσέτα στο στήθος της. Το λάτρευε το φαΐ της, ειδικά τους πικάντικους μεζέδες και το κάρι, που εμφανιζόταν συχνά στο μενού, σερβιρισμένο με μάνγκο τσάτνι και κομματάκια καρύδας. Γεμίζοντας το πιάτο της, ανακάτευε στην εντέλεια τα συστατικά, ύστερα έπεφτε με τα μούτρα στο νόστιμο φαγητό, χρησιμοποιώντας κουτάλι –ο μόνος τρόπος να φας το κάρι, μου είπε– και κατεβάζοντας τις μπουκιές της με χυμό λεμονιού και σόδα. Ήταν περήφανη για τις συνταγές της από τη Βεγγάλη, και ταίριαζε μαζί τους ένα απόθεμα ανεκδότων από τις εμπειρίες της στο στρατό, από τα οποία το αγαπημένο της ήταν μια όλο κέφι αφήγηση του πώς καταπολέμησαν τη χολέρα στην Μπόγκρα, στα 1902, η αφεντιά της μαζί με το συνταγματάρχη Σάτλερ της υγειονομικής υπηρεσίας της Βεγγάλης.

Όλες αυτές οι ιστορίες που τις επαναλάμβανε διαρκώς δεν την εμπόδιζαν να 'χει μιαν αίσθηση χιούμορ που, μολονότι παραήταν θορυβώδες για τα γούστα μου, με είχε γλιτώσει μέχρι τότε από το να την αντιπαθήσω. Μπορεί να ήταν λιγουλάκι στραβόξυλο, μα το βαθύ χαχανητό της σε αφόπλιζε, άσε που κάπου κάπου μπορούσε να γίνεται κι ευγενική. Απέναντι σε κείνες τις νοσοκόμες της που δούλευαν καλά και δεν την αμφισβητούσαν, φερόταν σε γενικές γραμμές καλόκαρδα και δίκαια. Επί σειρά ετών είχε καταβάλει κάθε προσπάθεια με το συμβούλιο –όχι κι εύκολος στόχος– προκειμένου να βελτιώσει τις εργασιακές συνθήκες και τους ανεπαρκείς μισθούς του προσωπικού της. Σ' ένα νοσοκομείο όπως εκείνο του Ντάλναιρ, διέτρεχες πάντα το σοβαρό κίνδυνο να κολλήσεις κάποια εμπύρετη λοίμωξη, κι όταν κάποια νοσοκόμα κρεβατωνόταν γι' αυτό το λόγο, η δεσποινίς Τράτζεον, που θα μπορούσε κάλλιστα να της είχε πάρει το κεφάλι την περασμένη βδομάδα, τη φρόντιζε σαν μάνα.

Μια από τις αδυναμίες της ήταν η αναντίρρητη αγάπη της για την ντάμα· και κάπου κάπου, νωρίς τα βράδια, μου έκανε την τιμή να με καλέσει στο δωμάτιό της για να παίξουμε. Εμένα ο προπάππος μου, αρχιμάστορας σ' αυτή την τέχνη, με είχε διδάξει σαν ήμουν παιδί όλες τις βαθιές και διαβολικές πονηριές του «παιγνίου», και στη διάρκεια των αμέτρητων αγώνων μας, από την άλλη άκρη της τάβλας με τα τετραγωνάκια είχα ξεσηκώσει από κείνον μια συγκεκριμένη λαμπρή κατεργαριά που παρασύρει τον αντίπαλο στην καταστροφή. Στην πρώτη μου παρτίδα με την προϊσταμένη, μου χρειάστηκε μονάχα μισό λεπτό για ν' ανακαλύψω πως με τίποτα δεν ήταν ισάξιά μου – μάλιστα, έβαλα τα δυνατά μου για να χάσω. Και πράγματι, με γερή δόση διπλωματίας και προς μεγάλη της απόλαυση, έχανα σε κάθε περίσταση. Κάθε φορά που με κέρδιζε έγερνε πίσω στην πολυθρόνα της, κομπάζοντας με ικανοποίηση, σαρκάζοντας την ανικανότητά μου να την κερδίσω, κι έκλεινε την κουβέντα κάθε, μα κάθε φορά αφηγούμενη το ιστορικό παιχνίδι που είχε παίξει ενάντια στο συνταγματάρχη Σάτλερ, στη διάρκεια της επιδημίας χολέρας, στην Μπόγκρα, στα 1902.

Η πρόκληση ήταν σοβαρή, κι όμως, κρατώντας κατά νου τον κύριο στόχο μου, την αγνόησα με αξιέπαινη υπομονή. Ένα βράδυ, ωστόσο, ξεπέρασε τα όρια κι οι σαρκασμοί της με πλήγωσαν βαθιά.

«Φουκαριάρη» με κορόιδεψε. «Πού τον έχεις το νου σου; Πώς στο καλό το πήρες το δίπλωμα ιατρικής; Πρέπει να σου δώσω μαθήματα. Σου 'χω πει ποτέ την ιστορία του παιχνιδιού μου με...»

«Σε λίγο θα τη μάθω απέξω» είπα κοφτά. «Στήστε πάλι τα πούλια σας».

Το έκανε, σκάζοντας από τα γέλια, μια που επιτέλους με προκάλεσε. Άρχισε το παιχνίδι και με πέντε κινήσεις έσπασα την άμυνά της και πήρα μαζί και το παιχνίδι.

«Τύχη που την έχεις!» φώναξε, δίχως να πιστεύει στα μάτια της. «Ας παίξουμε άλλο ένα».

«Οπωσδήποτε».

Αυτή τη φορά έπαιξε πιο συγκρατημένα, μα ούτε κατά διάνοια δεν είχε την ευκαιρία να κερδίσει. Δυο φορές της πήρα τρία πούλια με ένα δικό μου, και σε τέσσερα λεπτά είχε νικηθεί.

Απλώθηκε σιωπή γεμάτη ένταση. Το πρόσωπό της είχε γίνει

σκούρο κόκκινο. Κι όμως, ακόμα δεν πίστευε πως η δεύτερη ήττα της δεν οφειλόταν στην πιο τρομερή τύχη.

«Δε σ' αφήνω να τη γλιτώσεις έτσι. Άλλο ένα παιχνίδι».

Σ' αυτό το στάδιο όφειλα να χρησιμοποιήσω καλύτερα την κρίση μου· όμως μ' έτσουζε ακόμα η κοφτερή της γλώσσα. Άλλωστε, αυτές οι επαναλήψεις ξόδευαν το χρόνο που είχα διαθέσιμο για τη δουλειά μου· ήθελα να βάλω ένα τέλος. Χρησιμοποιώντας το άνοιγμα με δυο κινήσεις που είχε τελειοποιήσει ο γερο-Ντάντι Γκόου, θυσίασα στα γρήγορα τέσσερα πούλια στη σειρά· ύστερα, με δυο σαρωτικές κινήσεις, καθάρισα την τάβλα απ' όλα τα δικά της πούλια.

Το θριαμβευτικό χαμόγελο που είχε αρχίσει να σχηματίζεται στο πρόσωπό της έγινε ένας οργισμένος μορφασμός, ενώ οι φλέβες πρήστηκαν στο λαιμό και στο κούτελό της. ΄Εκλεισε την τάβλα κι έριξε με θόρυβο τα πούλια στο κουτί τους.

«Αυτά γι' απόψε, γιατρέ, σας ευχαριστώ».

Μετανιωμένος κιόλας γι' αυτό που έκανα, έριξα ένα γέλιο αποδοκιμασίας.

«Φοβερό πώς έρχονται αυτά τα παιχνίδια».

«Φοβερότατο» συμφώνησε στυφά. «Φαίνεται πως κρύβετε μέσα σας κάτι περισσότερο απ' αυτό που βλέπει κανείς».

«Δεν μπορώ πάντα να είμαι τόσο παράλογα τυχερός. Είμαι σίγουρος ότι θα κερδίσετε την επόμενη φορά».

Ο εκνευρισμός της τη νίκησε. Σηκώθηκε όρθια.

«Για ποια με παίρνετε; Για βλάκα;»

«Α, όχι, σας βεβαιώ, κυρία προϊσταμένη».

Με κάποια προσπάθεια ξαναβρήκε τον έλεγχο του εαυτού της.

«Τότε, κλείστε την πόρτα βγαίνοντας».

Πίσω στην κάμαρά μου, άρχισα να συνειδητοποιώ πόσο ηλίθιος υπήρξα με το να την προσβάλω, και με τα χέρια χωμένα κατσούφικα στις τσέπες έμεινα ν' ατενίζω έξω από το παράθυρό μου, πιο ενοχλημένος από μένα τον ίδιο παρά από κείνη.

Εκείνη τη στιγμή στ' αυτί μου έφτασε μια έκρηξη από κρότους που διαδέχονταν γρήγορα ο ένας τον άλλο και μια κόκκινη μοτοσικλέτα έστριψε το δρομάκι κι ήρθε και στάθηκε έξω από την κάμαρά μου. Την ώρα που ο ξεσκούφωτος αναβάτης ακουμπούσε τη βαριά μηχανή στο στήριγμά της κι έβγαζε τα προστατευτικά γυαλιά, τον αναγνώρισα και τινάχτηκα από την έκπληξη. Ήταν ο Λουκ Λο.

Άνοιξα το παράθυρο.

«Γεια σου, Λουκ».

«Γεια σου και σένα».

Το χαρούμενο χαμόγελό του έδιωξε τ' άσχημα προαισθήματά μου και, σαν μπήκε πια στην κάμαρα, πηδώντας έτσι απλά από το παράθυρο, έβγαλε τα μακριά δερμάτινα γάντια του και μου 'σφιξε το χέρι.

«Σου 'φερα τη μηχανή» ανακοίνωσε και, παρατηρώντας τη σαστισμένη μου έκφραση, πρόσθεσε: «Δε θυμάσαι; Είπα πως θα σου τη δάνειζα για λίγο καιρό».

«Δεν τη θες εσύ;»

«Όχι». Κούνησε το κεφάλι. «Τουλάχιστον όχι για τις επόμενες βδομάδες. Θα πάω στο Νιούκασλ, στα Οικοπαρασκευάσματα του Τάιν. Για να μάθω πώς ψήνουν το αλεύρι που 'χουν αλέσει στη μυλόπετρα. Ο πατέρας ξέρει το διευθυντή».

Δεν την περίμενα αυτή την καλοσύνη και βρέθηκα κάπως σε δύσκολη θέση που τη δέχτηκα, μα ο Λουκ αγνόησε τις διαμαρτυρίες μου με το πιο φυσικό ύφος του κόσμου κι απλώθηκε σε μια πολυθρόνα ανάβοντας ένα από τα τσιγάρα μου.

«Ο δικός σου απαγορεύεται να καπνίζει». Χαμογέλασε πλατιά. «Εμένα όμως μ' αρέσουν οι τζούρες – και κάνω και καμιά, άμα ξέρω πως δε θα με μυρίσουνε. Δεν έχεις ιδέα τι κοροϊδία είναι να σου σφίγγουν τα γκέμια όλη την ώρα. Θέλω να 'μαι σαν τους άλλους ανθρώπους». Φύσηξε τον καπνό αντάρτικα, κι όμως κεφάτα, κάτω από τη μύτη του. «Και μακάρι να μπορούσα να κάνω τη δουλειά που μ' αρέσει. Ποιος θέλει να ψήνει ψωμιά με το χέρι; Αλεύρι αλεσμένο στη μυλόπετρα! Πφ! Είκοσι χρόνια πίσω. Εγώ θέλω να δουλεύω με μηχανήματα, με μοτοσικλέτες κι αυτοκίνητα, να κάνω δική μου φάμπρικα. Είμαι καλός σ' αυτά... Τα βάζω τα πράγματα και δουλεύουν. Μονάχα να μπορούσα ν' ανανεώσω το εργοστάσιό μας... να βάλω μηχανικούς αναμεικτήρες... ηλεκτρικό φούρνο...»

«Θα το κάνεις... αργότερα».

«Καλά» αναστέναξε. «Μπορεί».

Το καταλάβαινα πως, παρά τα νιάτα και τον καλό του χαρακτήρα, άρχιζε πια να πνίγεται από τους περιορισμούς των γονιών του, και να ζητάει το δικαίωμα να αποφασίζει για τη ζωή του.

Έπαψε να μιλάει για λίγο κι ύστερα μου έριξε μια ματιά που, μολονότι διόλου επιτιμητική, μολονότι στην πραγματικότητα μαρτυρούσε μια μισοαστεία μισοσοβαρή αποδοκιμασία για την τρέλα και την αδυναμία ολόκληρου του γυναικείου φύλου, σ' άφηνε να μαντέψεις παρ' όλα αυτά μια κάποια αίσθηση έγνοιας κι ενδοιασμών.

«Δεν είμαστε και πολύ μέλι γάλα στο σπίτι, Ρόμπερτ. Είναι που η Τζιν...»

Για να κρύψω τα συναισθήματά μου έσκυψα κι έπιασα ένα τσιγάρο από το πακέτο. Και μόνο η αναφορά εκείνου του ονόματος έστειλε πάνω μου ένα κύμα συγκίνησης. Ο Λουκ τής έμοιαζε τόσο παράλογα, με την ανοιχτή του έκφραση, τα καστανά του μάτια, τα σγουρά μαλλιά και τα δροσερά, καστανά χρώματα, που τούτη τη στιγμή δεν τολμούσα ούτε να τον κοιτάξω.

«Δεν είναι καλά;» ρώτησα επιφυλακτικά.

«Είναι χάλια!» φώναξε. «Στην αρχή όλο τα είχε με τους μασκαράδες και τους παλιανθρώπους όλου του κόσμου». Χαχάνισε. «Εσένα εννοούσε, βέβαια. Ύστερα, σιγά σιγά, τα 'βαψε μαύρα. Και τις τελευταίες βδομάδες το μόνο που κάνει είναι να κλαίει. Προσπαθεί να το κρύψει, μα εγώ το ξέρω».

«Μπορεί ν' ανησυχεί για τις εξετάσεις της» πρότεινα. «Δε δίνει τελικές το καλοκαίρι;»

«Καμιά εξέταση δεν τάραξε ποτέ έτσι την Τζιν». Ύστερα από λίγο πρόσθεσε με το εμπιστευτικό ύφος ανθρώπου του κόσμου: «Το ξέρεις τι τρέχει, όπως το ξέρω κι εγώ. Ορίστε! Μου ζήτησε να σου δώσω αυτό το σημείωμα».

Έψαξε κάμποσο τη μέσα τσέπη στο σακάκι Νόρφολκ που φορούσε κι έβγαλε ένα διπλωμένο φύλλο χαρτί, που το πήρα κι ένιωσα, περίεργο, το σφυγμό μου να σφυροκοπάει όλο και πιο γρήγορα.

Αγαπητέ κύριε Σάννον,

Αφού διαπίστωσα από καθαρή τύχη ότι ο αδελφός μου σκέφτεται να σας επισκεφθεί για κάποια δική του δουλειά, παίρνω την ευκαιρία να σας στείλω αυτές τις λίγες αράδες.

Η αλήθεια είναι ότι έχω κάτι να σας πω, κάτι μάλλον απρόσωπο και άνευ σημασίας, κι αν τυχόν βρεθείτε στο Γουίντον την ερχόμενη Τετάρτη, αναρωτιέμαι αν θα θέλατε να πάρουμε μαζί το τσάι στου Γκραντ, στην Μποτάνικ Ρόουντ, γύρω στις πέντε. Προφανώς θα έχετε κάτι καλύτερο να κάνετε. Πιθανόν να έχετε ξεχάσει τα πάντα για μένα. Σ' αυτή την περίπτωση, δεν έχει σημασία. Παρακαλώ, συγχωρήστε την τόλμη μου.

Δική σας,
όπως πάντα,
Τζιν Λο

ΥΓ.: Περπατούσα μόνη στο Ψηλαλώνι το περασμένο Σάββατο και κατάλαβα γιατί δεν είδαμε τα Άσπρα Γελάδια. Έπεσε επιδημία στο κοπάδι και κάποια απ' αυτά πέθαναν. Δεν είναι κρίμα;

Το ξέρω πως κάνω πολλά λάθη, μα τουλάχιστον λέω την αλήθεια.

Απόθεσα το σημείωμα και κοίταξα αντίκρυ μου το ερευνητικό κι απλοϊκό πρόσωπο του νεαρού Λο, με την απορία μήπως η Τζιν ήταν εκείνη που κανόνισε τα πάντα –την επίσκεψη του Λουκ, την προσφορά της μοτοσικλέτας, την πρόσκληση για τσάι την άλλη βδομάδα– δίχως ακόμα να έχω ξεκαθαρίσει την πρόθεση. Η ακεφιά που ένιωθα νωρίτερα είχε εξαφανιστεί, ρεύματα ευθυμίας διαπερνούσαν το δέρμα μου απ' άκρη σ' άκρη.

«Θα πας;» ρώτησε ο Λουκ.

«Έτσι φαντάζομαι» αποκρίθηκα, με φωνή που δοκίμασα να την κάνω πεζή και ώριμη, μολονότι η καρδιά μου κόντευε να σπάσει.

«Μπελάς δεν είναι οι γυναίκες;» είπε ο Λουκ, με ξαφνική συμπόνια.

Γέλασα και, πάνω στο κέφι, τον πίεσα να μείνει για φαΐ. Φάγαμε μαζί ένα καλό γεύμα κι ακολούθησε καφές και τσιγάρα, στη διάρκεια των οποίων, ως ανώτερα όντα, ξεκουμπώσαμε τους γιακάδες μας και μιλήσαμε για μοτοσικλέτες, σχεδιασμό αεροπλάνων, την αδελφοσύνη των ανθρώπων, ηλεκτρικούς αναμεικτήρες και την ακατανόητη αναποδιά του αντίθετου φύλου.

Κεφάλαιο 3

ΤΟ ΓΟΥΙΝΤΟΝ ήταν μια πολιτεία μάλλον μελαγχολική, γκρίζα, κάτω από ένα σύννεφο καπνιάς, που το ξερνούσαν βροχή οι καμινάδες που την κύκλωναν, καταπλακωμένη από τη μνημειακή αρχιτεκτονική της και κάτι φριχτά αγάλματα· τη δόξα όμως, αν μπορούσε να διεκδικήσει δόξα, της τη χάριζαν οι αίθουσες τεΐου της. Έδιναν ζωή στους σκοτεινούς δρόμους, δεκάδες από δαύτες, μικρές οάσεις ανάπαυλας κι αναψυχής, όπου οι πολίτες του Γουίντον –υπάλληλοι, δακτυλογράφοι, πωλήτριες, φοιτητές, ακόμα και σοβαροί και μαζεμένοι έμποροι κι επιχειρηματίες–, αφού πρώτα είχαν περάσει από τα έξω καταστήματα που πουλούσαν σταφιδόψωμα και βουτήματα, συγκεντρώνονταν οποιαδήποτε ώρα της μέρας γύρω από τραπέζια με λευκό τραπεζομάντιλο, φορτωμένα με κέικ, κουραμπιέδες κι αμέτρητα γλυκίσματα, γυρεύοντας παρηγοριά σε μια κούπα τσάι ή καφέ.

Από κείνα τα μαγαζιά, αυτό στο οποίο σύχναζαν περισσότερο μέλη του πανεπιστημίου ήταν του Γκραντ, όπου εκτός από τη φημισμένη σπεσιαλιτέ του, τα κουλουράκια κρέμα, μπορούσες ν' απολαύσεις την εκλεκτή αίσθηση του «χρώματος» που ανάδινε ο εσωτερικός χώρος με τη σκούρα βελανιδιά, οι αυθεντικές ελαιογραφίες μελών της Σκοτσέζικης Ακαδημίας του Εδιμβούργου, ανάμεσα σε σταυρωτά σκοτσέζικα στιλέτα και σπάθες πάνω στην επένδυση των τοίχων.

Την επόμενη Τετάρτη λοιπόν, μ' ένα παράξενο, ανάμειχτο συναίσθημα λαχτάρας και φόβου, έφτασα στου Γκραντ. Είχα αποφασίσει να πάρω ρεπό από τη δουλειά όλο το απόγευμα, γιατί υπήρχε κάποια ειδική αποστολή που ήθελα να εκτελέσω σε σχέση με την έρευνά μου. Έφτασα νωρίς στο ραντεβού, μα η δεσποινίς Λο είχε φτάσει ακόμα νωρίτερα. Όπως μπήκα στο πολυσύχναστο καφέ, που ήταν γεμάτο από το βουητό των συζητήσεων και το κουδούνισμα των σερβίτσιων, μια μικροκαμωμένη σιλουέτα μισοσηκώθηκε στο βάθος, κάτω από τις πιο θαυμάσιες σπάθες, και με μια νευρική χειρονομία μού έκανε νόημα να πλησιάσω στο τραπέζι που με μεγάλο θάρρος κρατούσε για μας, αποκρούοντας πολυάριθμους αντιπάλους. Κατά τ' άλλα δε με χαιρέτησε, κι όπως στριμώχτηκα για να προχωρήσω και κάθισα σιωπηλά στο πλάι της, παρατήρησα πως, σε αντίθεση μ' εκείνες τις ήρεμες μέρες του «κουλ» και του πουλόβερ, είχε ντυθεί κάπως αυστηρά, με σκούρο γκρίζο κοστούμι και σεμνότυφο μαύρο καπέλο. Επίσης ήταν άσπρη, άσπρη σαν το πανί, σαφώς αδυνατισμένη και, μόλο που έκανε προσπάθειες να το κρύψει, πονεμένη κι ανήσυχη.

Για κάμποση ώρα δε μιλήσαμε ώσπου, λυγίζοντας το δείκτη του χεριού της και κρατώντας τον ψηλά, κατάφερε τελικά να ξεπεράσει τη δυσκολία της εξασφάλισης υπηρεσίας.

«Λεμόνι ή κρέμα;»

Αυτές ήταν οι πρώτες της κουβέντες, κι ήταν μια ερώτηση που την έκανε χαμηλόφωνα, δίχως να με κοιτάξει, ενώ η σερβιτόρα στεκόταν από πάνω μας, χτυπώντας ανυπόμονα το μολύβι της.

Παράγγειλα τσάι με λεμόνι.

«Να παίρναμε και κουλουράκια κρέμα;»

Συμφώνησα στα κουλουράκια και πρόσθεσα:

«Φυσικά, εγώ κερνάω».

«Όχι» αποκρίθηκε με χείλη που έτρεμαν, αλλά τείνοντας σταθερά το πιγούνι της. «*Εγώ* σας κάλεσα».

Μείναμε σιωπηλοί μέχρι που γύρισε η σερβιτόρα, κι ύστερα, πάλι σιωπηλοί, αρχίσαμε να τρώμε.

«Πολύ κόσμο έχει εδώ, έτσι;» αποτόλμησα τελικά. «Αρέσει αυτό το μέρος».

«Ναι, αρέσει». Παύση. «Αρέσει πάρα πολύ. Και το αξίζει».

«Α, ναι. Θαυμάσια αυτά τα κουλουράκια».

«Ναι; Χαίρομαι πολύ».

«Δε θα πάρετε ένα;»

«Όχι, ευχαριστώ. Δεν πεινάω και πολύ».

«Λυπήθηκα που έμαθα για τ' Άσπρα Γελάδια σας».

«Ναι, τα κακόμοιρα... πολύ κακό αυτό που έγινε».

Άλλη παύση.

«Μέχρι στιγμής έχει αρκετή υγρασία φέτος το καλοκαίρι, δε βρίσκετε;»

«Πολλή υγρασία. Δεν ξέρω πού το πάει ο καιρός».

Ακόμα πιο μακριά παύση. Τότε, παίρνοντας κουράγιο με μια γουλιά τσάι –και πρόσεξα πως το χέρι της έτρεμε την ώρα που απόθετε το φλιτζάνι–, γύρισε και με κοίταξε με βλέμμα που μαρτυρούσε σοβαρή πρόθεση.

«Κύριε Σάννον» φώναξε καταπίνοντας και δίχως να πάρει ανάσα. «Αναρωτιόμουν αν, ύστερα απ' όλα αυτά, θα ήταν δυνατό να είμαστε φίλοι».

Όσο την κοιτούσα δίχως να ξέρω τι να κάνω, εκείνη συνέχισε αλλάζοντας χρώματα, με φωνή που έσπαζε κάπου κάπου, μια κι έκανε αγώνα για να μείνει ήρεμη και λογική.

«Όταν λέω φίλοι, εννοώ φίλοι... τίποτα λιγότερο, τίποτα περισσότερο. Η φιλία είναι τόσο θαυμάσιο πράγμα. Και τη συναντάς τόσο σπάνια. Την αληθινή φιλία, δηλαδή. Βέβαια, μπορεί να νιώθετε ότι δε θέλετε να γίνουμε φίλοι. Εγώ δεν είμαι τίποτα. Και παραδέχομαι ότι ήταν ανόητο εκ μέρους μου να πάρω τόσο κατάκαρδα τα πράγματα και να τσακωθώ μαζί σας. Τώρα όμως βλέπω πως το κάνατε μόνο γι' αστείο, κι εγώ φέρθηκα τόσο πολύ σαν παιδί. Άλλωστε, είμαστε προσγειωμένοι, είμαστε ενήλικες, έτσι δεν είναι; Ανήκουμε σε διαφορετικές θρησκείες, αλλά όσο σοβαρό κι αν είναι αυτό, δεν είναι έγκλημα, ή τουλάχιστον δε μας εμποδίζει να πίνουμε κάπου κάπου κι ένα τσάι. Θα ήταν πολύ κρίμα αν σταματούσαμε να είμαστε φίλοι για το τίποτα... κι αν απομακρυνόμασταν... σαν τα καράβια που διασταυρώνονται οι δρόμοι τους τη νύχτα... Θέλω να πω, αν δεν ξαναβλέπαμε ποτέ πια ο ένας τον άλλο... αφού, αν είμαστε λογικοί, μπορούμε να συναντιόμαστε συχνά, μια στο τόσο δηλαδή, σαν φίλοι...»

Διέκοψε απότομα, άρχισε να παίζει με το κουταλάκι της, τα μάγουλά της βάφτηκαν κόκκινα, τα καστανά της μάτια άστραψαν κι αυτά σαν συνάντησαν τα δικά μου, μάλλον φοβισμένα, αλλά κι αποφασιστικά.

«Να σας πω» είπα αναποφάσιστος. «Δεν είναι λίγο δύσκολο; Εγώ έχω τη δουλειά μου. Κι εσείς μελετάτε σκληρά για τις εξετάσεις σας».

«Ναι, το ξέρω πως είστε πολυάσχολος. Και υποθέτω πως κι εγώ θα πρέπει να κάνω το ίδιο». Στη φωνή τούτης της άλλοτε γεμάτης λαχτάρα φοιτήτριας Παθολογίας υπήρχε μια παράξενη έλλειψη ενθουσιασμού, και πρόσθεσε γρήγορα, σαν να γύρευε να στηρίξει ορθολογικά ολόκληρο το ζήτημα της απόχτησης γνώσης: «Πρέπει να κάνουμε και διάλειμμα κάπου κάπου. Θέλω να πω, είναι αδύνατο να δουλεύει κανείς *όλη* την ώρα».

Έπεσε σιωπή. Λες και συνειδητοποίησε πως είχε γίνει κατακόκκινη, χαμήλωσε τελικά το βλέμμα και τραβήχτηκε στην καρέκλα της για να κρυφτεί από τους περίεργους της αίθουσας τσαγιού. Κρυφοκοιτάζοντάς την απόρησα που μπόρεσα κάποτε να της φερθώ με περιφρόνηση. Το κοκκίνισμά της, τα χαμηλωμένα της βλέφαρα, που της έριχναν μιαν ελαφριά σκιά στο απαλό χνούδι στο μάγουλο, της χάριζαν ένα ύφος ευαίσθητο, ναι, σχεδόν αγγελικό. Τίποτα, ούτε τα σεμνότυφα μαύρα επίσημα γάντια της, ούτε το παλιομοδίτικο στρογγυλό χρυσό ρολόι που φορούσε στον έναν καρπό, ούτε καν το γελοίο σκληρό καπελάκι της, δεν μπορούσαν να χαλάσουν τη χάρη της ομορφιάς της που μ' άγγιζε αισθητά.

Και ξαφνικά, προς μεγάλη μου έκπληξη, ένιωσα ένα ζεστό κύμα να φουσκώνει μέσα μου, βρέθηκα ν' αποκρίνομαι με λογικό κι αποφασισμένο ύφος:

«Απ' όσο ξέρω δεν απαγορεύεται και διά νόμου. Ας πούμε πως μπορούμε να βλεπόμαστε μια στο τόσο».

Το πρόσωπό της φωτίστηκε. Έγειρε μπροστά με ντροπαλό κι ευτυχισμένο χαμόγελο, και με φωνή που έδειχνε πόσο εκτιμούσε την ανώτερη σοφία μου, φώναξε:

«Πόσο χαίρομαι. Φοβόμουν πως... Θέλω να πω, με πόση ευαισθησία τα βλέπετε τα πράγματα».

«Ωραία». Δέχτηκα την κολακεία της μ' ένα μεγαλόψυχο νεύμα και, σπρωγμένος από κάποια ακατανόητη παρόρμηση, κάρφωσα το βλέμμα μου στα λαμπερά της μάτια. «Τι κάνετε απόψε;»

Ένα αδιόρατο σφίξιμο στο κορμί της υποδέχτηκε τούτη την απρόσμενη παρατήρηση.

«Λοιπόν... θα πάω να δω τις δεσποινίδες Ντίαρι... μου φέρθηκαν τόσο καλά, ξέρετε. Ύστερα θα πάρω το τρένο των εξίμισι για το Μπλαίρχιλ».

Η απερισκεψία έγινε μέσα μου πιο έντονη. Παρατήρησα ψυχρά:

«Αντί γι' αυτό, έρχεστε μαζί μου στο θέατρο;»

Τινάχτηκε, κι αυτό το είδα, και στα μάτια της ξαναγύρισε η αδύναμη έκφραση τρόμου, που μεγάλωνε όση ώρα μιλούσα.

«Έχω μια δουλειά που θα μου πάρει περίπου μια ώρα. Ας συναντηθούμε στο Βασιλικό Θέατρο στις εφτά. Παίζουν Μάρτιν Χάρβεϋ, το *Μόνο Δρόμο*. Θα σας αρέσει πολύ».

Είχε μείνει να με κοιτάζει άναυδη, λες κι η πρόσκλησή μου της είχε αποκαλύψει όλους τους μυστικούς τρόμους και κινδύνους του κόσμου. Ύστερα κατάπιε.

«Κύριε Σάννον, φοβάμαι ότι δεν καταλαβαίνετε. Δεν έχω πάει ποτέ στη ζωή μου στο θέατρο».

«Θεέ και Κύριε!» Μόλο που έπρεπε να είμαι προετοιμασμένος

για κάτι τέτοιο, δεν πίστευα στ' αυτιά μου. «Τι στο καλό, γιατί όχι;»

«Ε, ξέρετε πόσο αυστηροί είμαστε στο σπίτι».

Χαμηλώνοντας το βλέμμα, ζωγράφισε με το δάχτυλο πάνω στο τραπεζομάντιλο. «Εμείς οι Αδελφοί είμαστε αντίθετοι με τα χαρτιά, τους χορούς ή το θέατρο. Βέβαια, όχι πως ο πατέρας μάς το απαγορεύει ακριβώς... όμως να, απ' ό,τι φαίνεται ποτέ δεν το σκεφτήκαμε».

Τη μελέτησα απορημένος.

«Τότε έφτασε πια η ώρα να το σκεφτείτε. Άλλωστε» άρχισα να εξηγώ «το θέατρο ασκεί μια από τις πιο σπουδαίες πολιτιστικές επιρροές στον κόσμο. Σημειωτέον, δεν έχω και μεγάλη ιδέα για το *Μόνο Δρόμο*. Κάνει όμως γι' αρχή».

Δεν έλεγε κουβέντα, συνέχιζε να ζωγραφίζει με ανυπόφορη, σκυθρωπή αναποφασιστικότητα. Ύστερα, αργά, λες και ο σπόρος του πουριτανισμού της αρνιόταν να υποταχτεί, σήκωσε το κεφάλι και τραύλισε.

«Φοβάμαι πως δε θα μπορέσω να πάω, κύριε Σάννον».

«Μα γιατί;»

Δεν αποκρίθηκε, μα το βλέμμα της φαινόταν πολύ προβληματισμένο καθώς μαλάκωνε. Αυτό που βάραινε περισσότερο στη ζυγαριά ενάντια στις φυσικές κλίσεις της, την τόση ζωντάνια και φλόγα της, ήταν όλα εκείνα τα θλιβερά και ζοφερά που της είχαν διδάξει στα παιδικά της χρόνια, εκείνες οι αυστηρές προειδοποιήσεις κατά του κόσμου, αυτές οι προφητείες της Αποκάλυψης για την ημέρα της κρίσης.

«Ε, λοιπόν» φώναξα πειραγμένος. «Υπάρχουν και όρια. Χάνετε το μισό σας απόγευμα προσπαθώντας να με πείσετε ότι πρέπει να περνάμε κάποιο χρόνο μαζί. Κι όταν πια προσφέρομαι να σας βγάλω έξω, να σας πάω σ' έναν απολύτως αθώο χώρο ψυχαγωγίας, και τι, σε μια κλασική παράσταση βασισμένη σ' ένα γνωστό μυθιστόρημα του Καρόλου Ντίκενς, εσείς αρνείστε κατηγορηματικά να έρθετε».

«Α, του Ντίκενς...» μουρμούρισε με σβησμένη φωνή, σαν να είχε μισοπειστεί. «Του Καρόλου Ντίκενς. Ήταν πολύ αξιόλογος συγγραφέας».

Μέσα στην πίκα μου, όμως, είχα κουμπώσει το σακάκι μου και γύρευα με το βλέμμα ολόγυρα τη σερβιτόρα για το λογαριασμό.

Καψαλισμένη από τη δυσαρέσκειά μου, εκνευρίστηκε πάλι σαν κατάλαβε από τις κινήσεις μου πως σκόπευα να φύγω αμέσως· τότε, μ' ένα μικρό αναστεναγμό και παίρνοντας βαθιές ανάσες, υποτάχτηκε τρέμοντας.

«Πολύ καλά» ψιθύρισε απελπισμένη. «Θα έρθω».

Παρ' όλη την ικεσία στο βλέμμα της, δεν τη συγχώρεσα αμέσως και περίμενα πρώτα να πληρώσω το λογαριασμό –μια πράξη που δεν τόλμησε πια να την αμφισβητήσει– και να τη συνοδέψω στο δρόμο. Εκεί γύρισα, κι όπως αποχαιρετιζόμασταν της είπα, με φιλικό μα και προειδοποιητικό τόνο:

«Στις εφτά, στο θέατρο. Μην αργήσετε».

«Ναι, κύριε Σάννον» μουρμούρισε υπάκουα, και με μια τελευταία τρεμάμενη ματιά γύρισε κι έφυγε.

Αφού κοντοστάθηκα μια στιγμή, κίνησα για το Τμήμα Παθολογίας, όπου είχα την προσμονή πως θα με περίμενε ο Σπενς, μια και του είχα γράψει προηγουμένως.

Ήταν έξι και τέταρτο σαν έφτασα στο κτίριο, κι επειδή το τελευταίο πράγμα που ήθελα ήταν να πέσω πάνω στον Όσερ ή στον Σμιθ, κοίταξα αναγνωριστικά τους διαδρόμους, με πολλή προσοχή, πριν μπω στο εργαστήριο. Εκεί, όπως το έλπιζα, ήταν ο Σπενς μόνος, σκυμμένος στον πάγκο του και μελετώντας κάτι από κοντά.

Πλησίασα αθόρυβα και, πριν προλάβει να καταλάβει την παρουσία μου, βρέθηκα στο πλάι του. Τότε, προς έκπληξή μου, είδα πως δε δούλευε, αλλά εξέταζε στοχαστικά μια φωτογραφία.

«Εσύ είσαι, Ρόμπερτ». Μου έριξε μια κάπως βαριά ματιά. «Σε πεθύμησα. Πώς πάει στο Ντάλναιρ;»

«Μια χαρά» αποκρίθηκα χαρούμενα. «Τσακώνομαι με την

προϊσταμένη. Άρχισα όμως να καλλιεργώ ξανά το βάκιλό μου – καθαρό στέλεχος[1]».

«Μπράβο σου. Τον αναγνώρισες;»

«Όχι, αλλά πού θα πάει; Αυτό δουλεύω τώρα».

Κούνησε το κεφάλι.

«Μακάρι να μπορούσα να φύγω κι εγώ από δω πέρα, Ρόμπερτ. Μακάρι μόνο να μπορούσα να γίνω καθηγητής σε κάποια μικρότερη σχολή... Στο Άμπερντιν ή στο Σαιντ Άντριους».

«Θα γίνεις» του είπα ενθαρρυντικά.

«Ναι». Η φωνή του ήταν περίεργα στοχαστική. «Βασανίστηκα πολύ αυτά τα τελευταία τέσσερα χρόνια... για χάρη της Μιούριελ. Δε θα της άρεσε στο Σαιντ Άντριους».

«Ο Λόμαξ τι γίνεται;» ρώτησα.

Ο Σπενς μου έριξε μια ανέκφραστη ματιά. Έπεσε αισθητή σιωπή.

«Ωραίος και κομψός όπως πάντα. Πολύ ευχαριστημένος με τη ζωή... και με τον εαυτό του».

«Έχω κάτι χρόνια να τον δω».

«Απ' ό,τι φαίνεται, ήταν πολύ απασχολημένος τελευταία. Τέλος πάντων, χαίρομαι που μαθαίνω πως προχωράς. Μπορώ να σου δώσω τη γλυκερίνη που θέλεις».

«Σ' ευχαριστώ, Σπενς. Το ήξερα πως μπορώ να βασίζομαι σε σένα».

Έκανε μια χειρονομία αποδοκιμασίας. Αλλόκοτη σιωπή απλώθηκε. Αδέξια τράβηξα τη ματιά μου, που πήγε και στάθηκε στη φωτογραφία που είχε μπροστά του. Το βλέμμα του ακολούθησε το δικό μου.

«Κοίτα καλύτερα» είπε, και μου 'δωσε τη φωτογραφία. Έδει-

---

[1] Μικροβιακό στέλεχος, όρος που χρησιμοποιείται στην ταξινόμηση των μικροβίων. Το στέλεχος προέρχεται από μία μόνο αποικία μικροβίων και είναι καθαρό καλλιέργημα που μπορεί να έχει ενδιαφέρουσες ιδιότητες σε σχέση με μικρόβια του ίδιου είδους. (Σ.τ.Μ.)

χνε έναν ευχάριστο στην όψη νεαρό με καλοσμιλεμένα χαρακτηριστικά και ύφος όλο ντομπροσύνη και σφρίγος.

«Πολύ ωραίος» σχολίασα. «Ποιος είναι;»

Άρχισε να γελάει, παράξενος ήχος, γιατί, μολονότι χαμογελούσε συχνά, ας ήταν και συσπώντας έτσι το πρόσωπό του, μονάχα μια φορά τον είχα ακούσει να γελάει.

«Θα το πίστευες;» είπε. «Εγώ είμαι».

Έβγαλα έναν άναρθρο ψίθυρο. Δεν ήξερα τι να πω. Και τον κοίταζα αμήχανα. Ήταν τόσο αντίθετος από τον μειλίχιο και ήπιο Σπενς που γνώριζα.

«Ναι, έτσι ήμουνα στα δεκαοχτώ μου. Είναι φοβερό πόση σημασία έχει το πρόσωπο... Όχι το όμορφο πρόσωπο... μονάχα το συνηθισμένο, ακόμα και το άσχημο πρόσωπο. Ξέρεις, όπως διαβάζουμε στα μυθιστορήματα. "Το πρόσωπό του είχε μια κάποια χαριτωμένη ασχήμια". Πώς να κάνεις όμως μυθιστόρημα μισό πρόσωπο; Αδύνατο. Ρομαντικό θέαμα είναι και το Κολοσσαίο. Μόνο με φεγγάρι όμως, και για κανένα μισάωρο. Ποιος θέλει να βλέπει όλη την ώρα μπροστά του ένα διαβολεμένο ερείπιο; Και μάλιστα, αν θες τη γνώμη μου, Σάννον, σου λέω, στο τέλος σου σπάει και τα νεύρα ως εκεί που δεν παίρνει».

Όχι, δεν είχα ξαναδεί ποτέ τον Σπενς σε τέτοια ρημαγμένη, τέτοια αρρωστημένη κατάσταση. Η ήσυχη επιφυλακτικότητά του σ' έκανε να λησμονάς πως αναγκαζόταν πάντα να κρατιέται σε αυστηρή πειθαρχία για να μην ξεπέσει στην αυτολύπηση. Συγκινημένος, δίχως να ξέρω πώς να φερθώ, αναρωτήθηκα μήπως έπρεπε να μιλήσω. Όμως εκείνη την ώρα, πάνω που φαινόταν πως από στιγμή σε στιγμή θα κατέρρεε, ξαφνικά βρήκε τον έλεγχο, σηκώθηκε και τράβηξε για την αποθήκη.

«Έλα» είπε ζωηρά. «Πάμε να πακετάρουμε το υλικό σου».

Ακολούθησα αργοπατώντας.

Μαζί διαλέξαμε καμιά δεκαριά μισόλιτρες φιάλες με το υγρό και τις πακετάραμε με άχυρο σ' ένα φορητό κοφίνι από γεροφτιαγμένο ψαθί. Ύστερα έφυγα, αφού πρώτα ευχαρίστησα τον Σπενς για μία φορά ακόμα. Ανακουφίστηκα που είδα ότι φαινόταν πάλι να 'ναι σχεδόν ο εαυτός του. Η αλλόκοτη φάση του μου είχε προκαλέσει δυνατό σοκ.

Κεφάλαιο 4

ΣΤΟΥΣ ΠΡΟΠΟΔΕΣ του λόφου πήρα το κόκκινο τραμ για τον κεντρικό σταθμό κι άφησα το κοφίνι μου στο γραφείο αποσκευών. Ύστερα πήγα στο κυλικείο του σταθμού και κατέβασα μια κρύα λουκανικόπιτα κι ένα ποτήρι μπίρα για να στυλωθώ. Είχα αρχίσει να 'χω ενδοιασμούς σχετικά μ' εκείνο το βράδυ κι αναρωτιόμουν αν η ευαίσθητη συνείδηση της δεσποινίδας Τζιν θ' αποδεικνυόταν τελικά αξεπέραστο εμπόδιο για τη διασκέδασή μας.

Παρ' όλα αυτά, σαν τη συνάντησα στο θέατρο είχε απαλλαχτεί από κάθε δισταγμό, η έκφρασή της ήταν γεμάτη λαχτάρα και συγκίνηση, από τις σκούρες ίριδες των ματιών της έβγαινε μια σπίθα έξαψης.

«Κοίταξα τις αφίσες» είπε την ώρα που μπαίναμε στο φουαγιέ. «Δε βλέπω απολύτως τίποτα κακό».

Αν και όχι ακριβές, οι θέσεις μας ήταν σχετικά καλές, δυο καθίσματα στην τρίτη σειρά της πλατείας, κι όπως καθίσαμε άρχισε να κάνει δοκιμές η ορχήστρα. Η συντρόφισσά μου μου έριξε μια ματιά γεμάτη μεταδοτική φλόγα και χώθηκε μέσα στο πρόγραμμα που της έδωσα. Ύστερα, σαν να ήθελε ν' απελευθερωθεί από κάθε βάρος, έβγαλε και μου εμπιστεύτηκε το ρολόι του χεριού της.

«Φυλάξτε το μου, σας παρακαλώ. Είναι χαλαρό. Κι όλο το απόγευμα είχα το νου μου μην το χάσω».

Εκείνη τη στιγμή χαμήλωσαν τα φώτα· κι ύστερα, έπειτα από μια μικρή εισαγωγή, σηκώθηκε η αυλαία κι αποκάλυψε ένα σκηνικό Παρισιού του δέκατου όγδοου αιώνα· και μπροστά στα μάτια μας άρχισε σιγά σιγά να ξετυλίγεται το σπαραχτικό μελόδραμα της Γαλλικής Επανάστασης με τα αλληλένδετα θέματά του, τον απελπισμένο έρωτα και την ηρωική αυτοθυσία.

Ήταν το διαχρονικό θεατρικό έργο από το *Παραμύθι Δύο Πόλεων*, με το οποίο εκείνος ο λαμπρός θιασάρχης, ο Μάρτιν Χάρβεϋ, με τις υπέροχες παραστάσεις που έδινε κάθε δεύτερο βράδυ και στις απογευματινές κάθε Τετάρτη, συνάρπαζε το κοινό διαφόρων επαρχιών τουλάχιστον για καμιά εικοσαριά χρόνια τώρα.

Στην αρχή, η συντρόφισσά μου έμοιαζε προσεχτική, έτοιμη να εκφράσει την κρίση της· καθώς περνούσε η ώρα όμως, κάθισε στητή και τα καθαρά μάτια της άστραψαν με ενδιαφέρον και χαρά. Δίχως να τραβήξει το βλέμμα από τη σκηνή, μουρμούρισε σε μένα χαμηλόφωνα, ανθρώπινα:

«Τι υπέροχη σκηνή!».

Ύστερα παραδόθηκε στην ωχρή, σκοτεινή λάμψη του Σύντνυ Κάρτον, στην εύθραυστη γοητεία της συλφίδας Λούσι Μανέτ.

Στο πρώτο διάλειμμα χαλάρωσε σιγά σιγά, μ' έναν αναστεναγμό, και κάνοντας αέρα στα αναψοκοκκινισμένα της μάγουλα με το πρόγραμμα, μου έριξε μια ματιά όλο ευγνωμοσύνη.

«Είναι περίφημο, κύριε Σάννον. Τόσο διαφορετικό απ' ό,τι περίμενα. Δεν μπορώ να σας περιγράψω τι απόλαυση είναι για μένα».

«Θέλετε παγωτό;»

«Αχ, όχι, ούτε κατά διάνοια. Μετά απ' αυτό που είδαμε θα ήταν ιεροσυλία».

«Βέβαια, δεν είναι και πρώτης τάξης έργο».

«Α, πώς, πώς» επέμεινε. «Είναι υπέροχο. Πόσο λυπάμαι για το φτωχό τον Σύντνυ Κάρτον. Είναι τόσο ερωτευμένος με τη Λούσι κι εκείνη... Α, θα πρέπει να είναι φριχτό, κύριε Σάννον, ν' αγαπάς τρομερά κάποιον και κείνος να μη σ' αγαπάει».

«Μάλλον» συμφώνησα βαριά. «Βέβαια, είναι πολύ καλοί φίλοι. Κι η φιλία είναι θαυμάσιο πράγμα».

Συμβουλεύτηκε το πρόγραμμά της για να κρύψει πως κοκκίνισε.

«Όλοι μ' αρέσουν» είπε. «Η κοπέλα που κάνει τη Λούσι είναι πολύ γλυκιά, έχει τόσο υπέροχα ξανθά μαλλιά. Δεσποινίς Ν. ντε Σίλβα τη λένε».

«Στην πραγματική ζωή» αποκρίθηκα «είναι η γυναίκα του Μάρτιν Χάρβεϋ».

«Όχι!» φώναξε, σηκώνοντας το βλέμμα όλο θαυμασμό. «Πολύ ενδιαφέρον».

«Θα είναι καμιά σαρανταπενταριά χρονώ και τα ξανθά μαλλιά της είναι περούκα».

«Μη, σας παρακαλώ, κύριε Σάννον» φώναξε σοκαρισμένη. «Πώς μπορείτε κι αστειεύεστε με τέτοια πράγματα; Εγώ το λάτρεψα από την αρχή ως το τέλος. Σσστ! Σηκώνεται η αυλαία».

Άρχισε η δεύτερη πράξη με πράσινα φώτα και απαλή, λυπητερή μουσική. Κι όλο και περισσότερο, τα εύπλαστα χαρακτηριστικά της συντρόφισσάς μου άρχιζαν ν' αντανακλούν τα συναισθήματα που ξυπνούσαν μέσα της. Στο διάλειμμα, βαθιά συγκινημένη, δε μίλησε σχεδόν καθόλου. Την ώρα όμως που παιζόταν η τρίτη πράξη και ξανάγινε ένα μαγεμένο πλάσμα, συνέβη ένα παράξενο φαινόμενο, πώς, δεν ξέρω, κι όμως με κάποιο τρόπο το χέρι της, μικρό και ιδρωμένο, μπερδεύτηκε με το δικό μου. Τόσο διεγερτική ήταν η θερμή κυκλοφορία του αίματός της, που δε διέκοψα την επαφή. Κι έτσι καθίσαμε, με τα δάχτυλα πλεγμένα, ενωμένοι λες για να στηρίξουμε ο ένας τον άλλο όσο το δράμα της αυτοθυσίας του Κάρτον όδευε προς το σπαραξικάρδιο τέλος του. Την ώρα που ο ευγενής αυτός έκανε την υπέρτατη θυσία, ανεβαίνοντας στην γκιλοτίνα σταθερά, με όψη ωχρή και προσεχτικά ξεχτενισμένες τις κατάμαυρες μπούκλες του, με το εκφραστικό μάτι του να σαρώνει όλο ψυχή και εξώστη και πλατεία, ένιωσα ένα σπασμό να διατρέχει το σώμα της συντρόφισσάς μου, που ήταν πολύ κοντά στο δικό μου· τότε, ένα ένα, σαν βιαστικές ψιχάλες τον καιρό της άνοιξης, τα ζεστά, τρυφερά δάκρυά της έπεσαν στη ράχη της παλάμης μου.

Αυλαία, τέλος, μ' ένα θορυβώδες πλήθος και πολλά πολλά μπράβο για τη δεσποινίδα ντε Σίλβα και τον Μάρτιν Χάρβεϋ – που, μάλιστα, τώρα φαινόταν χαρούμενος κι ωραίος με το μεταξωτό πουκάμισό του και τις λουστραρισμένες μπότες, αναστημένος με θαυμαστό τρόπο από το μνήμα. Η δεσποινίς Τζιν Λο, παρ' όλα αυτά, παραήταν συνεπαρμένη για να χειροκροτήσει έτσι απλά. Σιωπηλά, λες και την είχαν συνταράξει συναισθήματα πολύ βαθιά για να τα εκφράσει με λέξεις, σηκώθηκε και με συνόδεψε έξω από το θέατρο. Μόνο σαν φτάσαμε στο δρόμο γύρισε και μου μίλησε.

«Αχ, Ρόμπερτ, Ρόμπερτ» ψιθύρισε, και τα μάτια της ήταν έτοιμα να δακρύσουν. «Δε θα το πιστέψεις πόσο διασκέδασα».

Πρώτη φορά με φώναζε με το μικρό μου όνομα.

Φτάσαμε δίχως άλλη λέξη στον κεντρικό σταθμό και, μια που το τρένο της, το τελευταίο της μέρας, είχε ακόμα δεκαπέντε λεπτά για να φύγει, σταθήκαμε κάπως αμήχανα μαζί κάτω από το ρολόι, στον πάγκο με τα βιβλία του σταθμού.

Ξαφνικά, σαν να ξυπνούσε από όνειρο, η δεσποινίς Τζιν κάτι θυμήθηκε και τινάχτηκε ελαφρά.

«Το ρολόι μου!» φώναξε. «Παρά λίγο να το ξεχάσω».

«Α ναι, βέβαια». Χαμογέλασα. «Κι εγώ το είχα ξεχάσει». Κι έψαξα στην τσέπη του σακακιού μου να βρω το μπιχλιμπίδι που μου είχε εμπιστευτεί.

Μα δεν το έβρισκα. Έψαξα δίχως επιτυχία σ' όλες τις τσέπες του σακακιού μου, μέσα κι έξω. Ύστερα, με κατάπληξη που γινόταν τρόμος, άρχισα να ψαχουλεύω στις τσέπες του γιλέκου μου.

«Θεέ και Κύριε» ψέλλισα. «Απ' ό,τι φαίνεται, δεν το 'χω».

«Πρέπει να το 'χεις, όμως». Η φωνή της ακουγόταν τραχιά κι αλλόκοτη. «Σου το έδωσα».

«Το ξέρω ότι μου το 'δωσες. Αλλά είμαι τόσο αφηρημένος. Χάνω τα πάντα».

Έψαχνα πια στο παντελόνι μου, μάταια και κατά κάποιο τρόπο απελπισμένα, όταν συνέβη να ρίξω μια ματιά πάνω και να δω την έκφραση στο πρόσωπο της δεσποινίδας Τζιν, την έκφραση μιας αγνής νέας που διαπιστώνει, τελικά, πως πράγματι έχει να κάνει μ' έναν αχρείο που την εξαπάτησε, την έπιασε κορόιδο, τη γέλασε με ψεύτικες ελπίδες, μια τέτοια έκφραση πόνου, αμφιβολίας και τρόμου, που μ' έκανε να σταματήσω τα μάταια ψαχουλέματα σαστισμένος.

«Τι τρέχει;»

«Δεν είναι δικό μου το ρολόι». Τα χείλια της είχαν πανιάσει σαν του νεκρού, η φωνή της ήταν πιο χαμηλή από ποτέ. «Είναι το ρολόι της μητέρας μου, που της το χάρισε ο πατέρας μου. Το δανείστηκα από ματαιοδοξία, για να σου κάνω εντύπωση. Ω Θεέ μου, ω Θεέ μου». Οι ανεξάντλητες πηγές στα μάτια της πλημμύρισαν ξανά. «Μετά απ' αυτό το υπέροχο βράδυ... που σ' εμπιστευόμουνα και... σε συμπαθούσα...»

«Θεέ και Κύριε» έβγαλα μια φωνή. «Νομίζεις ότι το 'κλεψα το καταραμένο πράγμα;»

Αντί γι' απάντηση κατέρρευσε ολοκληρωτικά. Τότε, καθώς άνοιγε το τσαντάκι της για να βρει το μουσκεμένο της μαντίλι, μια λάμψη από χρυσό φώτισε ξαφνικά τη σκοτεινιά στις καμάρες του σταθμού. Την ίδια ώρα που τιναζόταν, θυμήθηκα πως όταν μπήκαμε και κάθισε –από το φόβο πραγματικά μην το χάσω– το είχα γλιστρήσει για ασφάλεια στην τσάντα της.

«Ω!» αναστέναξε αποσβολωμένη. «Ω, σε καλό του...» Με κοίταξε μετανιωμένη, τρομοκρατημένη, και ψέλλισε: «Πώς μπορώ... να ζητήσω συγγνώμη... που σε παρεξήγησα;»

Παγερή σιωπή από την πλευρά μου.

Από πίσω μας έφτασε ο ανατριχιαστικός ήχος της σφυρίχτρας ενός φύλακα, που την ακολούθησε το προειδοποιητικό τσίριγμα μιας μηχανής.

«Ρόμπερτ!» φώναξε εκείνη άγρια. «Τι να πω... ω Θεέ μου, τι να κάνω;»

Την κοίταξα ψυχρά. Και πάλι η μηχανή τσίριξε.

«Αν δε θες να περάσεις τη νύχτα στα πεζοδρόμια του Γουίντον, σε συμβουλεύω να προλάβεις το τρένο σου».

Φρενιασμένα, πήρε το βλέμμα της από πάνω μου και τ' απόθεσε στην πλατφόρμα, όπου, με αργά τσαφ τσαφ που αντηχούσαν στ' αυτιά μας, άρχιζε να κινείται το τρένο. Για μια στιγμή δίστασε, κι ύστερα, μ' ένα μικρό βογκητό, γύρισε κι άρχισε να τρέχει.

Σαν είδα πως είχε ανέβει σώα και αβλαβής, γύρισα, μάζεψα το κοφίνι μου κι ύστερα από λίγο πήρα το τελευταίο τρένο για το Ντάλναιρ, όχι και τόσο δυσαρεστημένος από τον εαυτό μου. Έμοιαζε λιγάκι με απάτη, κι αυτό το συνειδητοποιούσα πλήρως· αλλά κατά κάποιο τρόπο, σαν τον Σύντνυ Κάρτον, με είχε περιβάλει με φωτοστέφανο, τουλάχιστον προς το παρόν, κι αυτό μου καλάρεσε.

Κεφάλαιο 5

Γυρισα στο νοσοκομειο λίγο πριν από τα μεσάνυχτα κι έκπληκτος παρατήρησα πως στο παράθυρο της δεσποινίδας Τράτζεον ήταν ακόμα αναμμένο ένα φως. Μια και το βιβλίο της εισόδου έδειχνε πως δεν υπήρχαν νέες εισαγωγές, κλείδωσα κι είχα σκοπό να πλαγιάσω αμέσως. Δεν είχα προλάβει όμως καλά καλά να μπω στο διαμέρισμά μου κι άκουσα από το διάδρομο κάτι φωνές όλο καλόπιασμα που δεν μπορούσαν ν' ανήκουν σε άλλον παρά μονάχα στην αδελφή Πικ.

«Γιατρέ... Δόκτωρ Σάννον».

Άνοιξα την πόρτα μου.

«Γιατρέ». Μου χάρισε το πειθήνιο χαμόγελό της με χαμηλωμένα τα μάτια. «Η προϊσταμένη θέλει να σας δει».

«Τι!»

«Ναι, αμέσως, γιατρέ, στο γραφείο της».

Τούτη η κατηγορηματική πρόσκληση, δοσμένη από δεύτερο χέρι και μάλιστα τέτοια ώρα, μου φάνηκε αναίδεια. Για μια στιγμή, ζητώντας με αγωνία να διαφυλάξω τη γαλήνη, σκέφτηκα να συμμορφωθώ. Ύστερα ένιωσα πως παραήταν χοντρό για να το καταπιώ.

«Δώστε στην προϊσταμένη τους χαιρετισμούς μου. Αν θέλει να μου μιλήσει, ξέρει πού να με βρει».

Η αδελφή Πικ γούρλωσε τα μάτια από κατάπληξη, κι όμως, από τον τρόπο που το 'βαλε στα πόδια καταλάβαινα πως δεν την πείραζε και τόσο να ενεργεί ως ενάρετος μεσολαβητής που θα προπαγάνδιζε τη διαφορά ανάμεσα στην προϊσταμένη και σε μένα. Μάλιστα, θα πρέπει να μετέδωσε το μήνυμά μου με αξιοσημείωτο ζήλο[2], γιατί δεν πέρασε ένα λεπτό κι η δεσποινίς Τράτζεον όρμησε πάνω μου, ντυμένη τη σκούρα στολή της, αλλά δίχως το σκουφί, τα μανικέτια και το κολάρο της. Απογυμνωμένο από κείνα τα λευκά στολίδια, το πρόσωπό της φαινόταν πιο κίτρινο από κάθε άλλη φορά.

«Γιατρέ Σάννον. Κατά τη μηνιαία επιθεώρηση που έκανα σήμερα, πέρασα από την αίθουσα πειραμάτων. Τη βρήκα μέσα στην πιο φριχτή αταξία, σπαρμένη με κάθε λογής σκουπίδια – άνω κάτω, όλα ένα κουβάρι, ανάστα ο Κύριος».

«Ε, και τι μ' αυτό;»

«Εσείς το κάνατε;»

«Ναι».

«Δεν είχατε δικαίωμα να κάνετε τέτοιο πράγμα, κανένα δικαίωμα. Έπρεπε πρώτα να με ρωτήσετε».

«Γιατί;»

«Γιατί έπρεπε. Εγώ είμαι υπεύθυνη για την αίθουσα».

«Μήπως δεν είστε υπεύθυνη για όλο το νοσοκομείο;» Άρχιζα κι έχανα την ψυχραιμία μου. «Θέλετε να έχετε το πάνω χέρι στα πάντα. Δεν είστε ικανοποιημένη παρά μόνο όταν έχετε τους πάντες να σέρνονται και να σας κάνουν τεμενάδες. Αφού φέρεστε λες κι αυτό το μέρος είναι δική σας προσωπική ιδιοκτησία. Ε, λοιπόν, δεν είναι. Έχω κι εγώ τα δικαιώματά μου, όπως κι εσείς. Συμβαίνει να κάνω αυτό τον καιρό κάποια σημαντική επιστημονική έρευνα. Γι' αυτό πήρα την αίθουσα πειραμάτων».

«Τότε, θα έχετε την καλοσύνη να τη δώσετε πίσω».

«Υπαινίσσεστε ότι πρέπει να σταματήσω την έρευνά μου;»

---

[2] Στο πρωτότυπο η γαλλική λέξη *empressement:* προθυμία, ζήλος, εγκαρδιότητα, βιασύνη. (Σ.τ.Μ.)

«Μου είναι αδιάφορο τι θα κάνετε, αρκεί να φέρνετε εις πέρας την εργασία σας. Θέλω όμως πίσω την αίθουσα πειραμάτων μου, καθαρισμένη και συγυρισμένη όπως πριν».

«Γιατί; Ποτέ δεν τη χρησιμοποιείτε αυτή την αίθουσα».

Έβγαλε ένα κοφτό γέλιο.

«Εδώ είναι που κάνετε λάθος. Τη χρησιμοποιούμε κάθε χρόνο τέτοια εποχή. Για τις διαλέξεις των νοσοκόμων μου. Δεν προσέξατε τα θρανία; Τα μαθήματα αρχίζουν το Σάββατο».

«Μπορείτε να χρησιμοποιήσετε κάποιο άλλο δωμάτιο» διαμαρτυρήθηκα, κι ένιωθα λες και μου έφευγε η γη κάτω απ' τα πόδια.

Κούνησε το κεφάλι αποφασιστικά.

«Κανένα άλλο δωμάτιο δεν έχει τόσες ευκολίες. Μόνο ο θάλαμος απομόνωσης. Κι εκεί μέσα έχει πολλή υγρασία και μιζέρια. Εκτός από τις νοσοκόμες, δε θα ήθελα ούτε κι εσείς να νιώθετε άβολα, γιατρέ. Βλέπετε» και με καυστικό χιούμορ έριξε τον τελευταίο της κεραυνό «εσείς είστε αυτός που θα δώσει τις διαλέξεις».

Τώρα, όπως μου την είχε φέρει, εντελώς στριμωγμένος στη γωνία, το μόνο που μπορούσα να κάνω ήταν να την κοιτάζω απελπισμένος, σιωπηλός. Το ειρωνικό και ικανοποιημένο ανοιγοκλείσιμο των ματιών της, έτσι όπως τραβούσε για την πόρτα, έδειξε πόσο το φχαριστήθηκε που ισοφάρισε το σκορ ανάμεσά μας και μ' έβαλε στη θέση μου.

Πλάγιασα έχοντας στο νου μου τούτη την καινούρια δυσκολία. Ψημένη από μια ζωή όλο φασαρίες και νταηλίκια, σκληραγωγημένη από τους αδιάκοπους καβγάδες με υπηρέτες, εμπόρους, νοσοκόμες κι αδελφές, τραβώντας μπροστά κουνιστή και λυγιστή, νικήτρια, με μια ματοβαμμένη ουρά γιατρών στο διάβα της, η γυναίκα αυτή ήταν σκληρό καρύδι. Όσο και να με πλήγωνε, προς το παρόν το μόνο που μπορούσα να κάνω ήταν να εφαρμόσω τη στρατηγική της υποχώρησης.

Στο μεσημεριανό, την επόμενη μέρα, έπειτα από ένα διάστημα σιωπής, της ανακοίνωσα επίσημα πως θα καθάριζα την αίθουσα πειραμάτων.

Ως επιβράβευση της συνθηκολόγησής μου, μου χάρισε ένα βλοσυρό χαμόγελο.

«Το ήξερα πως θα σκεφτόσασταν λογικά, γιατρέ. Μπορώ να έχω το τσάτνι, παρακαλώ; Θυμάμαι, τώρα, όταν ήμουν στην Μπόγκρα...»

Μου 'ρθε να της σπάσω το μπουκάλι στο κεφάλι. Αντί γι' αυτό, της το έδωσα μ' ένα χαμόγελο εξίσου βλοσυρό.

Μια ώρα αργότερα, στις δυόμισι, κατέβαινα με το πάσο μου στη μικρή απομονωμένη πτέρυγα ευλογιάς, κι ύστερα χώθηκα γρήγορα στην προστασία των χαμόκλαδων που την έκρυβαν. Η δεσποινίς Τράτζεον είχε δουλειά στο δωμάτιο με τ' ασπρόρουχα· παρ' όλα αυτά, ήθελα να είμαι προσεχτικός.

Η πτέρυγα απομόνωσης ήταν ένα ερείπιο –καμιά άλλη λέξη δεν την περιγράφει– και κατάφερα να μπω μονάχα παραβιάζοντας ένα σαπισμένο αυλακωτό τσίγκινο φάτνωμα. Ολοσκότεινη, με κλειστά τα παραθυρόφυλλα, ψυχρή σαν μνήμα και άδεια από τα πάντα εκτός από σκόνη και ιστούς αράχνης, προφανώς είχε χρόνια ν' ανοίξει. Ανάβοντας σπίρτα και καίγοντας μ' αυτά τα δάχτυλά μου, επιθεώρησα το εγκαταλειμμένο ερείπιο. Υπήρχε μια τρύπα στα σανίδια, στο σημείο απ' όπου είχαν ξηλώσει τον κλίβανο. Στο δάπεδο, κίτρινος και διαβρωμένος, κείτονταν ένας σπασμένος εμαγιέ νιπτήρας. Ακόμα και το νερό ήταν κομμένο κι η βρύση κόντευε να φαγωθεί εντελώς από τη σκουριά.

Απαρηγόρητος βγήκα έξω, βρήκα τον Πιμ στο γκαράζ και του εξήγησα την κατάστασή μου.

«Θα μετακομίσω στην παλιά πτέρυγα ευλογιάς».

Γέλασε, δε με πίστεψε.

«Εκείνο το μέρος. Είναι εντελώς άχρηστο».

«Μπορούμε να το ανακαινίσουμε».

«Ποτέ».

Συνέχισε να επιμένει πως ήταν αδύνατον· σαν του 'χωσα όμως δέκα σελίνια στην παλάμη, συμφώνησε τελικά, μολονότι απρόθυμα, να βοηθήσει στο σχέδιό μου.

Το ίδιο βράδυ, μόλις σκοτείνιασε, μεταφέραμε όλα τα σύνεργά μου από την αίθουσα πειραμάτων στην ετοιμόρροπη πτέρυγα. Ύστερα, γκρινιάζοντας όλη την ώρα, ο Πιμ άρχισε να βάζει το χώρο σε μια πρωτόγονη τάξη· μου έβαλε μια καινούρια κάνουλα, σύνδεσε τα κομμένα καλώδια του ηλεκτρικού, συνέφερε τα χειρότερα κομμάτια της σαπισμένης ξύλινης επένδυσης. Μες στη βρομιά και πτώματα από την κούραση, σταματήσαμε στις δέκα, την ώρα που είχε να φέρει κάποιες αδελφές από το σταθμό.

Χρειάστηκαν άλλες δυο νύχτες για να ολοκληρωθεί η δουλειά και τ' αποτελέσματα ήταν αρκετά φτωχά. Παρ' όλα αυτά, ήταν ο δικός μου χώρος, και μπορεί να 'μπαζε από παντού και να μην είχε θέρμανση, είχε όμως γερό πάγκο, νερό, ηλεκτρικό, τέσσερις τοίχους και σκεπή. Η αδελφή Κάμερον, που ήταν υπεύθυνη για το θάλαμο οστρακιάς, μου είχε φτιάξει από παλιές νυχτικιές τρεις κόκκινες φανελένιες κουρτίνες που, πρόχειρα ριγμένες πίσω από τα παραθυρόφυλλα, δεν άφηναν να ξεφύγει ούτε για μια στιγμή φως. Μια καινούρια κλειδαριά που είχε μπει στην πόρτα μου έδωσε το αποκλειστικό δικαίωμα εισόδου και εξόδου. Και τραβώντας ένα αόρατο καλώδιο από το κουμπί του ηλεκτρικού κουδουνιού στην πόρτα του διαμερίσματος όπου έμενα, ο Πιμ είχε φτιάξει ένα δείκτη που θα με προειδοποιούσε κάθε φορά που θα με ζητούσαν. Για να μην πολυλογώ, είχα ένα κρυφό εργαστήριο, ένα οχυρό, ένα οπλοστάσιο έρευνας, από το οποίο κανείς δε θα μπορούσε να με διώξει. Κάθε βράδυ, μετά τον τελευταίο μου γύρο στους θαλάμους, έστριβα στα χαμόκλαδα και, μες στο σκοτάδι που έπεφτε, γλιστρούσα στους χοντρούς θάμνους της δάφνης και βρισκόμουν στο άδυτο της πτέρυγας. Στις εννιά το βράδυ είχα κιόλας πιάσει δουλειά.

Στηρίζοντας τον εαυτό μου με σκέτο καφέ, που τον έψηνα μονάχος μου, συνήθως δούλευα μέχρι τη μία το πρωί· και μερικές φορές, απορροφημένος από την αναζήτησή μου, το τραβούσα μέχρι την αυγή· δεν πήγαινα καθόλου για ύπνο και μ' ένα κρύο ντους και γερό τρίψιμο έλπιζα πως θ' αντέξω για το πρωινό και τα καθήκοντα της μέρας που ερχόταν.

Έκανα γρήγορη πρόοδο, μα τούτη η διαρκής προσήλωση μου τσάκιζε τα νεύρα, και τ' απογεύματα πήρα τη συνήθεια να χρησιμοποιώ τη μοτοσικλέτα του Λουκ. Τίποτα δε μ' ανακούφιζε περισσότερο από μια γοργή γυροβολιά στους άδειους δρόμους της εξοχής, από τούτη τη μεθυστική ταχύτητα. Κι η μηχανή, λες και την πότιζε το ένστικτο του ταξιδιώτη που γυρίζει σπίτι, μ' έφερνε πάντα στα περίχωρα του Μπλαίρχιλ και με μένα στη ράχη της, μουγκρίζοντας και τριζοβολώντας, προσπερνούσε την εξώπορτα της βίλας Σιλωάμ.

Ένα απομεσήμερο, αντί να περάσω σαν αστραπή, μείωσα ταχύτητα, ανέβηκα με τη μηχανή το πίσω δρομάκι και σταμάτησα πίσω από τον τοίχο του κήπου. Ο πέτρινος τοίχος δεν ήταν ψηλός και τον σκαρφάλωσα μ' ευκολία. Κι εκεί, στο καφασωτό περίπτερο, σχεδόν κάτω απ' τα πόδια μου, βρισκόταν η θυγατέρα του φούρναρη του Μπλαίρχιλ.

Δίχως να καταλάβει ακόμα την παρουσία μου, ήταν καθισμένη σ' ένα χοντροκαμωμένο τραπέζι, φορώντας ένα κοντό σακάκι, χωρίς σκούφο, με το πιγούνι χωμένο στη χούφτα της κι έχοντας μπροστά της ένα ιατρικό εγχειρίδιο και μια χαρτοσακούλα με δαμάσκηνα. Μελετούσε, βέβαια. Κι όμως, τόσο σκεφτικό ήταν το ύφος της, τόσο αφηρημένοι οι τρόποι της, τόσο απόμακρη η ματιά της και τόσο συχνά τα δάχτυλά της βουτούσαν στη χαρτοσακούλα, που άρχισα να φοβάμαι μήπως κι η προσήλωσή της στην *Πρακτική Ιατρική* του Όσλερ δεν ήταν το μοναδικό που είχε στο νου της. Για να λέμε την αλήθεια, από την ώρα που έφτασα, δίχως να γυρίσει ούτε μια φορά σελίδα, είχε φάει όλο μελαγχολία τρία ώριμα δαμάσκηνα· και τώρα, διαλέγοντας θλιμμένη το τέταρτο, έβαζε μ' έναν πνιχτό αναστεναγμό τ' άσπρα της δόντια στην τρυφερή σάρκα του κι έκανε να της τρέξουν στο πιγούνι μικρές σταγονίτσες από τον κόκκινο χυμό του· τότε ήταν που, σηκώνοντας ξαφνικά τα μάτια, με συνέλαβε με το βλέμμα της πάνω στον τοίχο. Τινάχτηκε, και παρά λίγο να της κάτσει στο λαιμό το δαμάσκηνο.

«Ηρέμησε» είπα. «Δεν ήρθα να κλέψω τίποτα».

Ακόμα έβηχε να φτύσει το δαμάσκηνο.

«Αχ, κύριε Σάννον... Πόσο χαίρομαι που σας βλέπω... Τώρα μόλις σκεφτόμουν... τη φοβερή μας παρεξήγηση... κι αναρωτιόμουν πώς στο καλό θα μπορούσα να τη διορθώσω».

«Κι εγώ νόμιζα πως δούλευες».

«Ναι, δούλευα» παραδέχτηκε, κοκκινίζοντας όμως αχνά. «Κατά κάποιο τρόπο. Οι εξετάσεις μου είναι σε τέσσερις βδομάδες». Αναστέναξε. «Απ' ό,τι φαίνεται, δεν προχωράω».

«Μπορεί να σου χρειάζεται λίγος καθαρός αέρας» πρότεινα. «Έχω εδώ τη μηχανή του Λουκ. Δεν έρχεσαι μια βόλτα;»

Τα μάτια της άστραψαν.

«Πολύ ευχαρίστως».

Σηκώθηκε όρθια κι εγώ έσκυψα να τη βοηθήσω ν' ανέβει στον τοίχο, κάτι που ήταν περιττό, μια κι ήταν ελαφριά κι ευκίνητη. Πηδήξαμε στην άλλη μεριά. Την επόμενη στιγμή είχε κιόλας καθίσει πίσω, εγώ είχα δώσει κλοτσιά στο στάρτερ κι είχαμε φύγει.

Ήταν μια ηλιόλουστη αυγουστιάτικη μέρα, κι όπως ξεφύγαμε από τους στριφογυριστούς δρόμους του Μπλαίρχιλ, παίρνοντας θάρρος από τη λιακάδα και τη μαγευτική ταχύτητα με την οποία τρέχαμε, μα και σπρωγμένος από κάποια παράξενη νοσταλγική παρόρμηση, έβαλα μπρος για το χωριό Μάρκιντς, στη νότια όχθη του Λοχ Λόμοντ. Η εξοχή ήταν υπέροχη, οι πρόποδες του Ντάροχ αστραφτεροί με τα χωράφια με το στάρι τους κι ολόσπαρτοι μπαλώματα από κόκκινες παπαρούνες. Στις εύφορες πλαγιές του Γκάουρι τα περιβόλια με τις αχλαδιές, τις μηλιές και τις δαμασκηνές κείτονταν ολόγεμα ώριμα φρούτα, κι οι εργάτες που τα μάζευαν μας χαιρετούσαν καθώς περνούσαμε, χαζολογώντας καθώς φαίνεται όση ώρα γέμιζαν τα κοφίνια που 'χαν δεμένα γύρω από το στέρνο τους.

«Ωραία δεν είναι;» Επιζήσαμε από μια σειρά χαρούμενα ανατινάγματα κι αποφύγαμε παρά τρίχα μια καρότσα που ήταν αραγμένη έξω από ένα αγρόκτημα. «Καλά κρατιέσαι. Να υποθέσω ότι βγαίνεις συχνά βόλτες με τον Λουκ;»

Με τα χείλια της κοντά στ' αυτί μου, μου φώναξε:

«Α, ναι, αρκετά συχνά». Στον τόνο της φωνής της, όμως, υπήρχε κάτι μειωτικό για όλες τις προηγούμενες εξορμήσεις, κάτι που έβαζε τον Λουκ αυστηρά στη θέση του ως απλό αδερφό της, που εξύψωνε την τωρινή στιγμή σ' ένα επίπεδο δίχως ταίρι. Όλο και περισσότερο ένιωθα τα χέρια της γύρω από τη μέση μου, την ελαφριά επαφή του κορμιού της πίσω μου, την πίεση που δεχόντουσαν τα πλευρά μου από το μάγουλό της, όπως τρύπωνε για να προστατευτεί από τον άνεμο.

Γύρω στις πέντε φτάσαμε στην κορφή του Μάρκιντς Μπράε· κι εκεί, μπροστά μας, ήταν το Λοχ, ψυχρό κι ατάραχο, στο βαθύ γαλάζιο χρώμα του ανέφελου ουρανού, με πλούσια δασωμένες πεδιάδες ν' ανεβαίνουν από τις όχθες του ως τις ψηλές κι απόκρημνες βουνοκορφές. Μια αλυσίδα μικρών, καταπράσινων νησιών καθρεφτιζόταν κι έσπαζε την ασάλευτη, απέραντη επιφάνεια, σαν ένα περιδέραιο από νεφρίτη, και στην πιο κοντινή όχθη ήταν συγκεντρωμένο ένα χωριουδάκι με ασβεστωμένα καλύβια, σκεπασμένα μ' αγιόκλημα κι αγριοτριανταφυλλιές.

Αυτό ήταν το Μάρκιντς, το πιο αγαπημένο απ' όλα τα λημέρια των παιδικών μου χρόνων, εκεί που τόσο συχνά ερχόμουν, μόνος ή με το φίλο μου τον Γκάβιν Μπλαιρ, ν' ανακουφίσω την πληγωμένη μου ψυχή. Και τώρα, έτσι που κατεβαίναμε τις στροφές του απόκρημνου λόφου, ένιωσα ξανά, και μάλιστα πιο έντονο, κείνο το ξάναμμα που πάντα ξυπνούσε μες στα στήθια μου τούτος ο λησμονημένος κι ασήμαντος τόπος, ο ποτισμένος με την καλοκαιριάτικη γαλήνη, ο λουσμένος στο άρωμα του αγιοκλήματος, ο τόπος όπου δεν άκουγες κανένα θόρυβο πέρα από το βούισμα των μελισσών, τον παφλασμό κάποιου ψαριού στα ρηχά, και δεν έβλεπες κανένα σημάδι ζωής παρά μονάχα ένα και μοναδικό τσοπανόσκυλο, μισοκοιμισμένο φρουρό, ξαπλωμένο φαρδύ πλατύ στην άσπρη σκόνη πλάι στη μικρή προβλήτα, απ' όπου περνούσε μια φορά τη βδομάδα το ατμόπλοιο του Λοχ με το κόκκινο σαν παιχνίδι φουγάρο.

Στο τέρμα του μικρού δρόμου του χωριού σταμάτησα και κατεβήκαμε αλύγιστοι και κάπως άτολμοι από τη μηχανή, που μολονότι κάπνιζε και μύριζε καυτό λάδι, είχε αντέξει με αξιοπρέπεια τη ζέστη και το φορτίο της μέρας.

«Λοιπόν...» είπα, και μου φάνηκε παράξενα δύσκολο ν' αντικρίσω τα μάτια της μετά τη στενή επαφή που είχαμε στο ταξίδι. «Ήταν μια λαμπρή βόλτα. Ελπίζω να σου άνοιξε την όρεξη για τσάι».

Έριξε μια ματιά τριγύρω να εκτιμήσει την κατάσταση μα, όταν πια δεν κατόρθωσε ν' ανακαλύψει ούτε ένα μαγαζί στο χωριό, γύρισε σε μένα χαμογελώντας και με ύφος κρυφού συνωμότη.

«Είναι όμορφα. Όμως δεν πρόκειται ποτέ να βρούμε κάτι να φάμε».

«Δεν μπορώ να σ' αφήσω να πεθάνεις της πείνας». Τράβηξα μπροστά, στο τελευταίο λευκό καλυβάκι της σειράς, όπου πάνω από τη βεράντα, που την έκρυβε σχεδόν ολοκληρωτικά η αναρριχώμενη φούξια, υπήρχε μια φαγωμένη πινακίδα με την αινιγματική λέξη: *Μεταλλικά* – που εκεί, στα βόρεια της χώρας, υποτίθεται ότι σημαίνει «αναψυκτικά».

Χτύπησα την πόρτα και να που εμφανίστηκε μια μικροκαμωμένη, σκυφτή γυναίκα ντυμένη με σκούρο σκοτσέζικο καρό φουστάνι.

«Καλησπέρα. Μπορείτε να μας σερβίρετε λίγο τσάι;»

Σήκωσε το βλέμμα και μας κοίταξε μ' ένα αποθαρρυντικό κούνημα του κεφαλιού.

«Μπα, μπα. Δεν πουλώ μαθές άλλ' από τ' αεριούχα... Λεμονάδα Ριντ και Σιδερένιο».

Η συντρόφισσά μου μου έριξε μια δικαιωμένη ματιά, μα εγώ συνέχισα:

«Με εκπλήσσεις, Τζάνετ. Λίγες φορές μου σέρβιρες το υπέροχο τσάι σου; Δε θυμάσαι τότε που ερχόμασταν για ψάρεμα... ο Γκάβιν κι εγώ... και το σολομό που σου πιάσαμε...; Είμαι ο Ρόμπερτ Σάννον».

Με το που χρησιμοποίησα το μικρό της όνομα τινάχτηκε· και τώρα, λοξοκοιτάζοντάς με από κοντά σαν καμιά γριά μάγισσα, μ' αναγνώρισε κι έβγαλε μια φωνή όλο στοργή, εκείνη την κραυγή που βγαίνει ενστικτωδώς απ' την καρδιά των βουνίσιων, που 'ναι πάντα της τόσο αργή σαν είναι ν' αναγνωρίσουν ξένους, μα τόσο ζεστή, για πάντα ζεστή απέναντι στο φίλο.

«Καλά να σ' έχ' ο Θεός. Αν φόραγα τα γυαλιά μ' θα σ' έβλεπα. Συ 'σαι, Ρόμπερτ, συ».

«Εγώ είμαι, Τζάνετ. Κι από δω η δεσποινίς Λο. Κι αν μας διώξεις από το κατώφλι σου, θα εξαφανιστούμε και δε θα ξαναγυρίσουμε ποτέ».

«Εγώ να κάμω τέτοιο πράμα;» φώναξε ζωηρά η Τζάνετ. «Μπα, μπα. Θεός φυλάξ'. Σε δέκα λεπτούλια θα 'χετε το καλύτερο τσάι του Μάρκιντς».

«Μπορούμε να το πιούμε στον κήπο, Τζάνετ;»

«Μπορείτε, λέει! Βρε, βρε! Άκου να δεις. Ο Ρόμπερτ Σάννον, μεγάλος άντρας και γιατρός... Αχ, αχ, μην τ' αρνιέσ'. Τα διάβασα για λόγου σ' στον *Κήρυκα του Λέννοξ*...»

Μ' αυτό και με πολλά άλλα τέτοια επιφωνήματα, η Τζάνετ μάς οδήγησε στον πίσω κήπο της κι ύστερα έβαλε μια τρεχάλα με μικρά βηματάκια για τη σκοτεινή κουζινίτσα, όπου, μέσα από το παράθυρο, πιάσαμε στιγμές στιγμές τη σκυφτή σιλουέτα της να πηγαινοέρχεται όλο φούρια με μια μεγάλη σιδερένια λαμαρίνα.

Σαν αποτέλεσμα των πρόθυμων κόπων της, δεν αργήσαμε να βρεθούμε καθισμένοι κάτω από το ξύλινο καφασωτό, αντίκρυ στο ίδιο λιτό, μα πεντανόστιμο γεύμα που είχα καταβροχθίσει εδώ πέρα στο παρελθόν – φρεσκοψημένα κεκάκια και βούτυρο χτυπημένο στο σπίτι, φρέσκα βραστά αυγά, μέλι από ρείκια στην κερήθρα και δυνατό μαύρο τσάι. Η Τζιν είπε σοβαρή την προσευχή με κλειστά μάτια, κι ύστερα, όπως ήταν φυσικό, γεμάτη όρεξη, άρχισε να τρώει το υγιεινό χωριάτικο γεύμα.

Στην αρχή η γριά Τζάνετ περιφερόταν τριγύρω μας, μες στη λαχτάρα να μάθει όλα μου τα νέα και ρίχνοντάς μας ματιές όλο έμφυτη καπατσοσύνη, φέρνοντάς μας σε αρκετά δύσκολη θέση με τις ερωτήσεις της. Μετά από λίγο, ωστόσο, αφού μας ξαναγέμισε την τσαγιέρα, μας άφησε. Και μ' έναν αναστεναγμό ικανοποίησης, η δεσποινίς Τζιν γύρισε σε μένα.

«Είναι τόσο υπέροχα» φώναξε χαρούμενα, άδολα. «Και να σκεφτείς πως παρά λίγο να τα χάσουμε όλα αυτά. Αν δε σου είχα ζητήσει να είμαστε φίλοι, εκείνη τη μέρα στου Γκραντ... Δεν έχεις ιδέα πόσα νεύρα χρειάστηκαν... Έτρεμα σύγκορμη».

«Το μετανιώνεις;»

«Όχι». Κοκκίνισε αχνά. «Εσύ;»

Κούνησα σιωπηλός το κεφάλι κοιτάζοντάς την ακόμα, κάνοντας το βλέμμα της να χαμηλώσει με μια κίνηση συστολής που με πλημμύρισε μ' ένα ολοζώντανο κύμα τρυφεράδας, όπως και τότε, σαν πέρασα από μπροστά της, έτσι θλιμμένη και μοναχική που ήταν, έξω από του Χίλλιερ στο Φέννερ Χιλ. Τι όμορφη που ήταν μέσα σε τούτο το χωριάτικο σκηνικό, ανεμοδαρμένη κι αστραφτερή, παρθενική και γλυκύτατη. Σαν τσιγγάνα. Οι μπούκλες των μαλλιών της ήταν καστανές και τις είχε πιασμένες με μια καφετιά κορδέλα, καστανά όμως ήταν και τα μάτια της, μα και το πρόσωπό της, που πάνω του είχε σκόρπιες μικροσκοπικές φακίδες σε χρώμα πιο βαθύ καφέ.

Παίζοντας αμήχανα με το κουτάλι της, παρατήρησε, λες και δοκίμαζε να στρέψει την κουβέντα σ' ένα συνηθισμένο επίπεδο:

«Το μυρίζεις το αγιόκλημα; Σίγουρα θα 'χει κάπου στον κήπο».

Δεν αποκρίθηκα, μόλο που στο αίμα μου ανέβαινε το άρωμα του λουλουδιού, ή κάποιο άλλο, πιο γλυκό άρωμα. Κυριευμένος από ένα συναίσθημα παράξενο και καινούριο, δοκίμασα να κατευθύνω τους συλλογισμούς μου στη στάθμη της λογικής, στα πειράματα της έρευνάς μου, στις αναρίθμητες ανατομές που είχα κάνει ασυγκίνητος στο νεκροθάλαμο του πανεπιστημίου. Υπό το φως όλων αυτών, πώς θα μπορούσα ποτέ να βρω ομορφιά στο ανθρώπινο σώμα; Κι όμως, αλίμονο, έβρισκα. Συλλογίστηκα τότε, απελπισμένος, εκείνες τις αμοιβάδες, την ταπεινότερη μορφή κυτταρικής ζωής, που σαν τις τοποθετείς μαζί κάτω από το μικροσκόπιο, σε μια πλάκα, ελκύονται από ένστικτο. Σάμπως εγώ δεν είχα μυαλό, αντίληψη και θέληση να σωθώ από κείνη την τυφλή αντίδραση; Ανεξάρτητα από τη βούλησή μου, άκουσα τον εαυτό μου να λέει:

«Πάμε έναν περίπατο; Δεν έχουμε αργήσει. Δε θα πάμε μακριά».

Δίστασε. Κι όμως, άλλο τόσο απρόθυμη ήταν να σπάσει τα μάγια που μας κυρίευαν.

«΄Ελα» την παρότρυνα. «Ακόμα νωρίς είναι».

Άφησα ένα γενναίο πεσκέσι στο τραπέζι και κινήσαμε να φύγουμε από της Τζάνετ. ΄Υστερα πήραμε σιγά σιγά το στενό μονοπάτι που έβγαζε στη δαντελωτή όχθη του Λοχ. Είχε αρχίσει να σουρουπώνει, ένα μισοφέγγαρο αιωρούνταν ψηλά στον ουρανό της ανατολής κι άνθιζε στα μυστηριώδη βάθη του μαύρου νερού από κάτω του. Η ατμόσφαιρα ήταν γλυκιά, απαλή σαν χάδι. Κάπου στο βάθος έκρωζε ένας γκρίζος ερωδιός κι ο σύντροφός του του αποκρινόταν από μακριά. Κι ύστερα το ήσυχο πάφλασμα της λίμνης έγινε μέρος της ασάλευτης νύχτας.

Δίχως κουβέντα ακολουθήσαμε την όχθη του σιωπηλού νερού μέχρι που, φτάνοντας σ' ένα μικρό αμμουδερό ορμίσκο, κρυμμένο κάτω από στρώματα σπειραίας και δυόσμου, σταματήσαμε ξαφνικά και γυρίσαμε ο ένας στον άλλο. Μια στιγμή αναμονής. Τα χείλια της ήταν ζεστά κι υγρά, μισάνοιχτα, προσφέρονταν με την αγνή και τέλεια γνώση πως ποτέ δε φιλήθηκαν ξανά από κανέναν άντρα.

Δεν είπαμε λέξη. Κράτησα την ανάσα μου, η καρδιά μου σφυροκοπούσε στα στήθια μου, λες και φοβόταν ένα είδος θανάτου. Μα όχι, η μαγεία κράτησε, τίποτα δεν υπήρξε πέρα από κείνο το γλυκό, εκείνο το μοναδικό φιλί. Η αθωότητά της νίκησε.

Σαν πήραμε αργοπατώντας το δρόμο της επιστροφής, μια καθάρια λευκή ομίχλη σύρθηκε πάνω στο νερό σαν την ανάσα στον καθρέφτη. Πέπλα ατμού πρόβαλαν πάνω στη γη, γεμίζοντας τις κοιλάδες με μια παχνισμένη, άυλη ατμόσφαιρα. Και μολονότι για μένα το φεγγάρι είχε μια λάμψη πιο φωτεινή, παράξενο, η συντρόφισσά μου ανατρίχιασε.

Κεφάλαιο 6

ΤΟ ΑΠΟΜΕΣΗΜΕΡΟ της 29ης Σεπτεμβρίου, στο ημερολόγιο του εργαστηρίου μου, που το χρησιμοποιούσα σαν ατζέντα και σαν αρχείο της δουλειάς μου, έγραψα αυτά τα συναρπαστικά:

Σήμερα το πρωί στις 2 π.μ. επιτέλους εξακρίβωσα την ταυτότητα του Βάκιλου C.

Δεν είναι άλλος από τον *Brucella melitensis*, έναν άγνωστο κοκκοβάκιλο τον οποίο απομόνωσε ο Ντέιβιντ Μπρους το 1886 στη διάρκεια επιδημίας πυρετού στη Μάλτα, που τον προκάλεσε το γάλα μολυσμένων κατσικιών.

Αυτός ο βάκιλος, που προφανώς περιορίζεται στις παραθαλάσσιες περιοχές της Μεσογείου και, σύμφωνα με τα εγχειρίδια, μεταδίδεται μόνο από τις κατσίκες, ανέκαθεν εθεωρείτο ότι είχε μόνο ιστορικό ενδιαφέρον, ή τουλάχιστον είχε ελάσσονα σημασία στο χώρο της γενικής ιατρικής. Αυτή η αντίληψη είναι εξολοκλήρου λανθασμένη.

Αντίθετα, ο *Brucella melitensis* είναι ο αιτιώδης οργανισμός της πρόσφατης σοβαρής επιδημίας εδώ, και κατά πάσα πιθανότητα και άλλων κλινικά παρεμφερών επιδημιών που καταγράφονται σήμερα στην Ευρώπη και στις Ηνωμένες Πολιτείες. Κατόπιν προσεκτικού ελέγχου των δεδομένων που είχα στη διάθεσή μου, είμαι πεπεισμένος ότι, στην παρούσα περίπτωση, η μετάδοση από κατσικίσιο γάλα μπορεί να αποκλειστεί ως απίθανη. Υποψιάζομαι, μάλιστα, ως μολυσματικό παράγοντα, το αγελαδινό γάλα. Αν είναι έτσι, η σημασία αυτής της ανακάλυψης είναι τεράστια.

Πέταξα το μολύβι και, ρίχνοντας μια ματιά στο ρολόι, βούτηξα το σκούφο μου και κίνησα βιαστικά από το νοσοκομείο προς το σταθμό του Ντάλναιρ, να προλάβω το τρένο μου. Ήταν να συναντήσω την Τζιν στο Γουίντον στις τρεις και, λάμποντας από ενθουσιασμό, δεν έβλεπα την ώρα να της πω τα θαυμάσια νέα μου.

Ολόκληρο εκείνο το ατέλειωτο καλοκαίρι, που με την ονειρεμένη ομορφιά των ημερών του συνωμότησε για να νικήσει τη δύναμη της λογικής, μας είχε φέρει πιο κοντά τον έναν στον άλλο. Μπορεί εγώ να ήμουν ένα πρόθυμο θύμα, μα η συντρόφισσά μου, με την ιδιοσυγκρασία και τα πιστεύω της, σκεφτική με καθετί που ενδόμυχα την έφερνε αντιμέτωπη με την οικογενειακή της ζωή, ήταν πιο ικανή ν' αξιολογήσει το εμπόδιο στην αγάπη μας, που από κείνο το βράδυ στο Μάρκιντς είχε αποκαλυφτεί μπροστά της και την είχε τυφλώσει. Δεμένη στο δίχτυ των γονικών δεσμών, περιφραγμένη από τους αμείλικτους περιορισμούς του δόγματός της, δεν είχε πιο τρομαχτικό εφιάλτη από το αποτρόπαιο στοιχειό της θρησκείας μου. Πολλές φορές, δακρυσμένη, είχε διαμαρτυρηθεί πως η σχέση μας ήταν αδύνατη. Κι όμως, σαν γυρνούσα στο Ντάλναιρ ύστερα από ένα θλιμμένο αντίο, χτυπούσε το τηλέφωνο στην κάμαρά μου κι ακουγόταν τρεμουλιαστή η φωνή της από την άλλη άκρη της γραμμής.

«Α, όχι, Ρόμπερτ, όχι... δεν μπορούμε ν' αφήσουμε ο ένας τον άλλο».

Αδύναμοι μπροστά στο θαύμα τούτου του καινούριου πάθους, παρασυρμένοι λες από καταρράχτη, αγαπιόμασταν απελπισμένα.

Στο Γουίντον, μισή ώρα αργότερα, έπεφτε φθινοπωρινή μπόρα σαν κατέβηκα από το τρένο και τράβηξα βιαστικά για το ήσυχο καφέ που είχαμε ανακαλύψει κοντά στον κεντρικό σταθμό. Εκείνη ήταν κιόλας εκεί, μοναχική σιλουέτα στο βάθος του σχεδόν έρημου σαλονιού.

Σαν κάθισα πια πλάι της στον καναπέ του τοίχου, άρχισα να διηγούμαι ποτάμι την επιτυχία μου.

«Δε βλέπεις πόσο τεράστια σημασία έχει; Όχι μόνο το κατσικίσιο γάλα... στο νησί της Μάλτας. Αλλά και το αγελαδινό γάλα, παντού. Το αγελαδινό γάλα, το αγελαδινό τυρί, το βούτυρο, όλα τα γαλακτοκομικά... τα τρόφιμα που χρησιμοποιούνται πιο πολύ απ' όλα στον κόσμο... έτσι μεταδίδεται αυτό το μικρόβιο. Κι έχει κι άλλα. Το πρωί τηλεφώνησα στον Άλεξ Ντόθι. Μου είπε πως είχαν μεγάλο πρόβλημα με τα κοπάδια τους λίγο πριν ξεσπάσει η επιδημία. Πέθαναν πολλά γελάδια. Αυτό δεν είναι σύμπτωση... πρέπει να υπάρχει κάποια σχέση. Και μάλιστα είπε πως υπήρξαν πολλά κρούσματα σε άλλα κοπάδια βοοειδών σε όλη τη χώρα... κόλλησε το 35 τοις εκατό. Αν τους αρρωστήσει κι άλλο ζωντανό στο Ντριμ, ο Άλεξ θα μ' αφήσει να πάρω δείγματα από το γάλα. Δε βλέπεις τι πιθανότητα υπάρχει, Τζιν... Θεέ μου, αν υπάρχει σχέση ανάμεσα σ' αυτά τα δυο...»

Έπαψα απότομα, τα συναισθήματά μου με είχαν συνεπάρει· εκείνη με κοιτούσε με ήρεμη κατανόηση.

«Πολύ χαίρομαι, Ρόμπερτ». Δίστασε, και το χαμόγελό της έγινε πιο αχνό. «Δε θα με πείραζε να μου έβαζαν αυτή την ερώτηση στις αυριανές εξετάσεις».

Απλώθηκε σιωπή, στη διάρκεια της οποίας έπεσε σιγά σιγά η έξαψή μου. Για να λέμε την αλήθεια, είχα λησμονήσει πως ήταν η παραμονή εκείνου του σημαντικού γεγονότος, των εξετάσεών της για το πτυχίο, κι η αγωνία της για τη δοκιμασία που θ' άρχιζε το άλλο πρωί και θα κρατούσε πέντε μέρες ήταν πια τόσο φανερή, που μέσα μου, μετανιωμένος, ένιωσα ξαφνικά ένα σφίξιμο. Είχα χωθεί στην έρευνά μου, κάθε νύχτα, και συνέχιζα, γεμάτος ανεξάντλητη ενέργεια, αποφεύγοντας τις παγίδες με κάποιο μαγικό τρόπο. Εκείνη όμως; Σαν άρχιζε να μιλάει χλωμή για ώρες γεμάτες αγωνία για το μέλλον, διαμαρτυρόμουνα πως είχε και τη δουλειά της, και μάλιστα, κάπου κάπου, στο Ντάλναιρ, είναι αλήθεια πως έπιανα να της αναλύσω κάποια θέματα που νόμιζα πιθανό πως θα έπεφταν στις εξετάσεις της. Κι όμως, μήπως μπορούσα να την έχω προγυμνάσει με μεγαλύτερη επιμέλεια, μεγαλύτερη υπομονή, αντί ν' αποδεικνύομαι μια μόνιμη αναστάτωση;

«Εντάξει θα τα πας» της είπα ενθαρρυντικά. «Έχεις μελετήσει πολύ σκληρά».

«Έτσι θα 'ναι» αποκρίθηκε ασθενικά. «Φαίνεται, δεν έχω και πολλή εμπιστοσύνη στον εαυτό μου. Μας εξετάζει ο καθηγητής Κέννερλυ... κι είναι πολύ αυστηρός».

Και πάλι η καρδιά κι η συνείδησή μου με κέντρισαν. Ήταν εκείνη η ίδια λαμπρή και δραστήρια νεοφώτιστη που, όλο ζήλο για την αποστολή της, γεμάτη ενθουσιασμό να γιατρέψει, είχε έρθει στην κάμαρά μου να μελετήσει σε βάθος τα συναρπαστικά μυστήρια που έκρυβαν τα τρυπανόσωμα;

«Τζιν» είπα χαμηλόφωνα. «Ήμουνα ένα τέρας εγωισμού».

Κούνησε το κεφάλι βαριεστημένα, τα χείλια της μαράθηκαν. «Φταίω κι εγώ όσο κι εσύ».

Σιωπηλά έσκυψα μπροστά και της έσφιξα το χέρι. Ψιθύρισε: «Τουλάχιστον έχουμε ο ένας τον άλλο».

Κατηγορούσα τον εαυτό μου μέχρι την ώρα που φύγαμε από το καφέ και, καθ' οδόν για το σταθμό, σε μια προσπάθεια να της φτιάξω το κέφι, κι ίσως ακόμα να καθησυχάσω τις τύψεις μου, έκανα στάση σε μια μικρή αντικερί στη γωνιά του Γούλμαρκετ. Στις εξορμήσεις μου σ' εκείνο το φτωχό συνοικιακό δρομάκι είχα παρατηρήσει στη βιτρίνα ένα πράσινο κολιέ, εξαιρετικά απλό, μια και οι χάντρες του ήταν από σκέτο γυαλί, μα όμορφο, καλόγουστο και γνήσια παλιό. Πριν προλάβει να καταλάβει η συντρόφισσά μου τι σκόπευα να κάνω της ζήτησα να περιμένει, μπήκα μέσα και τ' αγόρασα. Την άλλη στιγμή, όπως μπαίναμε στο σταθμό και στεκόμασταν στη συνηθισμένη αποχαιρετιστήρια θέση μας, κάτω από το ρολόι του βιβλιοπωλείου, της έδωσα το κολιέ.

«Για καλή τύχη» είπα. «Το πράσινο είναι το τυχερό μου χρώμα».

Έγινε κατακόκκινη από έκπληξη και το πρόσωπό της, χάνοντας τη μελαγχολία του, φωτίστηκε από χαρά. Ποτέ δεν της είχα ξαναχαρίσει κάτι.

«Είναι υπέροχο» είπε.

«Όχι, όχι. Είναι τιποτένιο. Άφησέ με, όμως, να σου το φορέσω».

Πήρα το κολιέ και το κούμπωσα στο λαιμό της. Κι ύστερα, παρασυρμένος από τούτη την καινούρια τρυφεράδα, αδιαφορώντας για τα πλήθη που περνούσαν, για το δημόσιο χώρο, την πήρα αγκαλιά και τη φίλησα.

Έπρεπε να φύγει αμέσως να προλάβει το τρένο της. Έτσι όπως γυρνούσα να φύγω, ξαφνικά πήρε το μάτι μου μια ψηλή γυναικεία σιλουέτα, να στέκεται σαν απολιθωμένη, με το βλέμμα καρφωμένο πάνω μου, σοκαρισμένη, σαν να μην πιστεύει στα μάτια της. Την αναγνώρισα κι η καρδιά μου βούλιαξε, κατάλαβα ευθύς πως είχε γίνει μάρτυρας του δώρου μου, του κολιέ, του σφιχταγκαλιάσματος. Έκανα ένα βήμα προς το μέρος της, μα, με την πιο παγωμένη ματιά κι ένα ψυχρό, αδιόρατο γέρσιμο του κεφαλιού, είχε κιόλας πάρει δρόμο ν' απομακρυνθεί. Ήταν η δεσποινίς Μπεθ Ντίαρι.

Για το υπόλοιπο εκείνης της βδομάδας, όπως το είχαμε κανονίσει, δεν έκανα καμιά προσπάθεια να επικοινωνήσω με την Τζιν. Κι όμως, την ώρα που δούλευα σκληρά στο Ντάλναιρ τη συλλογιζόμουνα, και το πρωί της επόμενης Δευτέρας σηκώθηκα νωρίς κι έτρεξα ευθύς στο θυρωρείο να πάρω τον *Κήρυκα* πριν τον στείλουν στο σαλόνι της δεσποινίδας Τράτζεον. Οι επιτυχόντες στις εξετάσεις αποφοίτησης της Ιατρικής αναφέρονταν πάντα στο πάνω μέρος της τελευταίας σελίδας και, αφού στάθηκα στο δρομάκι με τις πιτζάμες και το πανωφόρι μου, διέτρεξα βιαστικά με τα μάτια τον τυπωμένο κατάλογο. Κι ύστερα πάλι, πιο προσεχτικά, μα με όλο και μεγαλύτερη ανησυχία, τον έψαξα με το βλέμμα.

Το όνομα της Τζιν δε βρισκόταν εκεί. Δεν μπορούσα να το πιστέψω. Είχε αποτύχει.

Μολονότι με είχε προειδοποιήσει να μην το κάνω, εγώ, παρασυρμένος από βαθιά συμπόνια, ένιωσα πως έπρεπε να της τηλεφωνήσω αμέσως. Πήγα στον τηλεφωνικό πίνακα της αίθουσας υποδοχής και κάλεσα τον αριθμό του Μπλαίρχιλ, έχοντας την αδελφή Πικ να τριγυρνάει πέρα δώθε με τ' αυτί τεντωμένο.

«Γεια σας. Θέλω να μιλήσω με τη δεσποινίδα Λο».

Η φωνή που απάντησε ήταν γυναικεία, όχι της Τζιν, αλίμονο, μα σχεδόν σίγουρα της μητέρας της.

«Ποιος τη ζητεί;»

Δίστασα.

«Ένας φίλος».

Έπεσε σιωπή, κι ύστερα η φωνή ξανακούστηκε.

«Λυπάμαι. Η δεσποινίς Λο δεν είναι εδώ».

«Ακούστε, σας παρακαλώ» είπα. Κι ύστερα σώπασα, γιατί το κοφτό κροτάλισμα που ακούστηκε στο αυτί μου μου είπε πως η άλλη πλευρά είχε κλείσει.

Όλη εκείνη τη μέρα, δίχως να ξέρω τι να κάνω, δούλεψα μες στη μελαγχολία και την κατάθλιψη. Μετά το δείπνο, σαν χτύπησε εφτά η ώρα και πάνω που ήμουνα έτοιμος να συνέλθω από τη βραδινή συνεδρία μου στο εργαστήριο, χτύπησε την πόρτα μου η Κέιτι, η υπηρέτρια, που είχε κιόλας πλύνει τα πιάτα.

«Ένας κύριος σας ζητάει, κύριε».

«Είναι ασθενής;»

«Α, όχι, κύριε».

«Συγγενής;»

«Δε νομίζω, κύριε».

Την κοίταξα μπερδεμένος: δεν είχα συνηθίσει να μ' επισκέπτονται τέτοια ώρα.

«Τέλος πάντων... πες του να έρθει».

Εκείνο το βράδυ η νοημοσύνη μου θα πρέπει να είχε πέσει σε κενό αέρος. Δέχτηκα το σοκ της ζωής μου όταν, με βήμα αποφασιστικό, μπήκε στην κάμαρα ο Ντάνιελ Λο.

Σαν έκλεισε πίσω του η πόρτα, μου χάρισε το σοβαρό και σταθερό βλέμμα του.

«Ελπίζω να μη σας ενοχλώ τέτοια ώρα, έτσι γιατρέ; Αν έχετε λίγο χρόνο, θα ήθελα πολύ να σας πω δυο λόγια».

«Μα... φυσικά» τραύλισα.

Μ' αυτά τα λόγια έσκυψε κι έβγαλε το βαρύ μαύρο παλτό του, που το δίπλωσε μεθοδικά και το απόθεσε στον καναπέ, μαζί με το καπέλο του. Ύστερα, τραβώντας κοντά μου μια καρέκλα, κάθισε πολύ επίσημα με το καλό του μαύρο σακάκι, το άσπρο πλαστρόν και τη σφιχτοδεμένη γραβάτα, ακούμπησε τα χέρια στα πόδια του και με διαπέρασε και πάλι με το αδίσταχτο βλέμμα του.

«Γιατρέ» άρχισε ήσυχα. «Δε μου ήταν εύκολο να έρθω έτσι σε σας. Πριν το κάνω αυτό πάλεψα πολύ, προσευχήθηκα». Σταμάτησε. «Βλέπετε συχνά τη θυγατέρα μου τελευταία;»

Έγινα κατακόκκινος.

«Φοβάμαι πως ναι».

«Μπορώ να ρωτήσω γιατί;»

«Ε... γιατί... την αγαπώ πολύ».

«Α!» Ούτε ειρωνεία ούτε αποδοκιμασία υπήρχε στο απλό εκείνο επιφώνημα, μονάχα μια μελαγχολική, κατά κάποιο τρόπο ψυχρή έγνοια. «Κι εμείς την αγαπάμε, γιατρέ. Πράγματι, από τότε που είδε το φως του Θεού, την είχαμε όπως έχει ο ποιμένας τον αμνό του. Θα καταλαβαίνετε, λοιπόν, πόσο μεγάλη ήταν η απογοήτευσή μας σήμερα, όταν μάθαμε πως απέτυχε στις εξετάσεις για το δίπλωμα του γιατρού. Και φοβάμαι πως ο λόγος είναι ότι, αντί να δουλεύει, έχανε το χρόνο της σε ελαφρομυαλιές».

Δεν είπα κουβέντα.

«Βέβαια» συνέχισε με ονειροπόλο ύφος «της έχω μεγάλη εμπιστοσύνη της θυγατέρας μου. Ό,τι βάσανο περνάμε είναι του Κυρίου, κι ύστερα από τούτη την πίκρα θ' αφοσιωθεί στο στόχο της. Η άγια η κυρά μου κι εγώ την ορμηνέψαμε και θα δοκιμάσει ξανά, αφού πρώτα μελετήσει δίχως διάλειμμα κάποιους μήνες. Αυτό που μας ανησυχεί είναι ένα θέμα πολύ πιο σοβαρό. Δεν ξέρω πόσο έχει προχωρήσει η γνωριμία σας, γιατρέ –από τη θυγατέρα μου δεν παίρνω κουβέντα γι' αυτό κι είμαι υποχρεωμένος στη δεσποινίδα Ντίαρι για τη μικρή πληροφορία που μου έδωσε– πάντως, φοβάμαι πως θα πρέπει να συμφωνήσετε ότι, μ' αυτές τις συνθήκες, έχει προχωρήσει πολύ».

«Δεν καταλαβαίνω» βιάστηκα να πω. «Γιατί αντιδράτε στη γνωριμία μου με την κόρη σας;»

Δεν αποκρίθηκε αμέσως. Σούφρωσε τα χείλια, συλλογίστηκε έντονα.

«Γιατρέ» είπε ξαφνικά και πιο αποφασιστικά «ελπίζω πως η θυγατέρα μου θα παντρευτεί. Μια μέρα ελπίζω πως θα γίνει μια ευτυχισμένη σύζυγος. Μα δεν πρόκειται να βρει ποτέ την ευτυχία παρά μόνο με κάποιον από τη δική της θρησκευτική πίστη».

Τώρα άρχιζαν τα δύσκολα· αδιάφορος, όμως, όρμησα μπροστά.

«Δε συμφωνώ μαζί σας» είπα. «Η θρησκεία είναι προσωπική υπόθεση. Δεν μπορούμε ν' αλλάξουμε το δόγμα με το οποίο γεννηθήκαμε. Και δυο άνθρωποι μπορούν κάλλιστα να δείχνουν ανοχή ο ένας για την πίστη του άλλου».

Κούνησε το κεφάλι του δυσοίωνα, μ' ένα ψυχρό χαμόγελο που μ' έφερε παράξενα σε αμηχανία κι έμοιαζε, αν μη τι άλλο, να δείχνει πως αυτός μονάχα γνώριζε τους τρόπους και τα τελετουργικά ενός Πάνσοφου Θεού.

«Σας δικαιολογώ, είστε νέος και άπειρος. Μόνο μία βεβαίωση πίστης στο Αίμα μπορεί να υπάρξει, μόνο ένα αληθινό ποίμνιο.

Σ' αυτό το αληθινό ποίμνιο των εκλεκτών του Κυρίου ανατράφηκε η θυγατέρα μου. Ποτέ δεν μπορεί ν' ανακατωθεί με τα ύδατα της Βαβυλώνος[3]».

Καθώς μιλούσε, τι παράξενη αντίθεση, οι συλλογισμοί μου ταξίδεψαν ξαφνικά και βυθίστηκαν στα υπέροχα νερά του Μάρκιντς, που πλάι τους είχαμε περιπλανηθεί εγώ και η Τζιν για ν' ανταλλάξουμε κάτω απ' το θαμπό, τον επιεική θόλο τ' ουρανού το πρώτο μας γλυκό φιλί.

«Νεαρέ μου». Παρατηρώντας την πικρία μου και τα σημάδια εξέγερσης στο πρόσωπό μου, η φωνή του έγινε σκληρή. «Θέλω το καλό σου κι εύχομαι κάποια μέρα να δεις το φως. Μα το σωστό είναι να καταλάβεις, τελικά, πως η θυγατέρα μου δεν είναι για σένα. Στην κοινότητά μας υπάρχει ένας αδελφός βοηθός που τον έχει σχεδόν αρραβωνιαστεί. Μιλάω για τον Μάλκολμ Χόντεν. Τον γνώρισες κάτω απ' τη στέγη μου. Προς το παρόν είναι δάσκαλος, μα ποθεί μια μέρα να γίνει ιερέας που θ' αναγιγνώσκει το Ευαγγέλιο και θα μεταφέρει τη δάδα εις την έρημο. Με τη συγγένεια του μυαλού και του πνεύματός του απέδειξε πως είναι άξιος να τραβήξει μπροστά και να την οδηγήσει μέσα από τα μονοπάτια τούτης της επίγειας ζωής».

Απλώθηκε σιωπή. Περίμενε να μιλήσω μάλλον, μα σαν εγώ δεν είπα τίποτα, χωμένος στην πολυθρόνα μου, σηκώθηκε πιο ήσυχος από κάθε άλλη φορά και φόρεσε μεθοδικά το παλτό του. Σαν κούμπωσε πια και το τελευταίο κουμπί, με κοίταξε και το βλέμμα του μαρτυρούσε τόσο θλιμμένη αυτοκυριαρχία όσο και παγερή επιτιμητικότητα.

«Χαίρομαι που η κουβέντα μας ήταν ωφέλιμη, γιατρέ. Πρέπει όλοι μας να μάθουμε να υποτασσόμαστε στον Κύριο... για να μάθουμε τελικά ποια στ' αλήθεια είναι η θέλησή Του... Τώρα που χωρίζουμε, σας παραδίδω στις φροντίδες Του».

---

[3] Υβριστική έκφραση για τον παπισμό και το Βατικανό. (Σ.τ.Μ.)

Πήρε το καπέλο του και, με αποφασιστικό βήμα κι εκείνο το ύφος της μακάριας κι ακλόνητης πειθαρχίας, βγήκε από την κάμαρα.

Έκανα κάμποση ώρα να κουνηθώ από τη θέση μου. Μ' όλες τις άκαμπτες και στενοκέφαλες απόψεις του, αν ήθελα να είμαι τίμιος, ήμουν αναγκασμένος να ομολογήσω πως τόσο του έκοβε, τόσο έκανε. Αυτό δε με βοήθησε. Ο τόνος του κηρύγματός του, λες και κάθε λέξη ήταν ιερή και προφητική, παρμένη από την Αποκάλυψη, με πλήγωσε βαθιά. Κι ο Χόντεν... α, εκείνο εκεί δεν μπορούσα να το καταπιώ με τίποτα.

Πληγωμένος, οργισμένος κι ερωτευμένος, συλλογίστηκα την Τζιν. Σήκωσα το πιγούνι αποφασιστικά. Τουλάχιστον δεν είχα υποσχεθεί πως δε θα την έβλεπα.

Κεφάλαιο 7

ΜΕ ΤΟΥΤΗ τη νευρική κι ανήσυχη διάθεση έκανα το βραδινό μου γύρο στους θαλάμους. Σαν απόσωσα να δίνω οδηγίες στην αδελφή Πικ, πήγα όπως συνήθως στην πτέρυγα απομόνωσης, μα δεν μπορούσα να συγκεντρωθώ. Ο στόχος της καθαρής επιστήμης στον οποίο είχα αφοσιωθεί απαιτούσε απόλυτη αδιαφορία για κάθε μπέρδεμα της ζωής. Κι όμως, τώρα δεν έδινα δυάρα για κείνη την επίσημη ομολογία πίστεως. Είχα μπροστά μου το όραμα της Τζιν, λυγερής κι όλο φρεσκάδα, με τον ανθό της νιότης να θολώνει τα καστανά μάτια της. Την αγαπούσα. Έπρεπε να τη δω.

Το άλλο απόγευμα, μόλις κατάφερα να ελευθερωθώ, έτρεξα στο γκαράζ. Είχα κιόλας τηλεφωνήσει δυο φορές στη βίλα Σιλωάμ, μα και τις δυο είχε απαντήσει η φωνή της κυρίας Λο και, δίχως λέξη, είχα πετάξει το ακουστικό στο άγκιστρό του λες κι ήταν πυρωμένο σίδερο. Τώρα, μ' όλο το ψιλόβροχο, έβαλα πλώρη με τη μοτοσικλέτα για το Μπλαίρχιλ.

Στο πίσω μέρος του Σιλωάμ, όλο καρδιοχτύπι, τράβηξα για το περίπτερο του κήπου. Το βρήκα άδειο, την καρέκλα έρημη, το χοντροφτιαγμένο τραπέζι γυμνό από την *Πρακτική Ιατρική* του Όσλερ. Αβέβαιος, κάθισα στον τοίχο και παρακολουθούσα τη βροχή να στάζει από το πρασινοβαμμένο καφασωτό· ύστερα, πηδώντας κάτω, έκανα το γύρο του κήπου κι έφτασα στο μπροστινό μέρος του σπιτιού. Για κανένα μισάωρο σχεδόν, τριγύρισα κρυμμένος στους θάμνους, τεντώνοντας τα μάτια κατά τη μεριά των μυστηριωδών παράθυρων με τις δαντελένιες κουρτίνες. Μολονότι όμως κάμποσες φορές το μάτι μου έπιασε τη μητέρα της να πηγαινοέρχεται στο σκοτεινό εσωτερικό του «μπροστινού δωματίου», ούτε μια φορά δεν είδα γι' ανταμοιβή την Τζιν.

Ξαφνικά άκουσα το θόρυβο βημάτων που πλησίαζαν στο δρόμο. Στην αρχή νόμισα πως θα ήταν ο Ντάνιελ Λο, μα την επόμενη στιγμή η σιλουέτα του Λουκ φάνηκε μπροστά μου. Εμφανίστηκα.

«Λουκ!» φώναξα. «Δεν ήξερα πως γύρισες».

«Ναι, γύρισα» παραδέχτηκε.

«Γιατί δε μου το 'πες; Μονάχα εσύ μπορείς να με βοηθήσεις».

«Σοβαρά;»

«Ναι, Λουκ. Άκου, τώρα». Μίλησα βιαστικά και με πόνο. «Πρέπει να δω αμέσως την Τζιν».

«Δε θα τη δεις» αποκρίθηκε διστακτικά, ρίχνοντας ματιές μια σε μένα, μια στη σιωπηλή πρόσοψη του σπιτιού. Κατόπιν, παίρνοντας προφανώς απόφαση ευνοϊκή για μένα, πρόσθεσε: «Δεν μπορούμε να μιλήσουμε εδώ. Βγες μαζί μου στο δρόμο».

Με οδήγησε πίσω στην πόλη, κοιτάζοντας κάπου κάπου προς τα πίσω, κι ύστερα, σε μια μάλλον κακόφημη γωνιά κοντά στην πλατεία της αγοράς, χώθηκε σε μια φανταχτερά βαμμένη ταβέρνα με μια πινακίδα που έγραφε: Το Μπαρ των Αθλητων του Μπλαιρχιλ. Σαν καθίσαμε σ' έναν πάγκο στο πίσω μέρος τούτου του καταθλιπτικού μαγαζιού, που έτσι όπως είδα να 'χει παρατάξει πρόχειρα τραπέζια μπιλιάρδου και μηχανήματα με φρουτάκια, κατάλαβα πως ήταν το στέκι της χρυσής νεολαίας του Μπλαίρχιλ, ο Λουκ παράγγειλε δυο ποτήρια μπίρα. Ύστερα μου χάρισε ένα μακρύ, διφορούμενο βλέμμα.

«Τα κατάφερες αυτή τη φορά» είπε στο τέλος. «Αν ρωτάς τη γνώμη μου... άσ' τα να πάνε».

Γρήγορα γρήγορα, έσκυψα μπροστά.

«Τι συνέβη;»

«Το χειρότερο από κάθε άλλη φορά που θυμάμαι. Όταν τα

'μαθε η μαμά από τη δεσποινίδα Ντίαρι, για σένα δηλαδή, πήρε κατά μέρος την Τζιν, πολύ ήσυχη και στενοχωρημένη, και την έκανε ν' αρχίσει να πηγαινοέρχεται στο σπίτι κλαίγοντας. Όταν ήρθε ο πατέρας την ώρα του τσαγιού, άρχισε για πολλή ώρα οικογενειακό συμβούλιο. Ύστερα η μαμά πήγε να φέρει τον Μάλκολμ κι ο πατέρας ανέβηκε πάνω, στην κάμαρα της Τζιν, και την ικέτευε για καμιά ώρα. Στην κουζίνα ήμουν και την άκουγα να κλαίει, να φανταστείς, λες και της είχε ραγίσει η καρδιά. Όταν κατέβηκαν κάτω είχε σταματήσει. Ήταν άσπρη, αλλά είχε ησυχάσει. Βλέπεις, όλα είχαν τελειώσει εκείνη την ώρα».

«Λουκ! Τι θες να πεις;»

«Νομίζω πως την έβαλαν να υποσχεθεί ότι δε θα σε ξαναδεί ποτέ».

Μου πήρε ένα λεπτό να καταλάβω τι ακριβώς εννοούσε, αλλά στο τέλος έπεσε πάνω μου σαν σίδερο η πίστη πως είπε την αλήθεια. Μολονότι σε τούτη την εποχή της προόδου δύσκολα θα το πίστευες, υπήρχε σ' αυτή την οικογένεια μια εξουσία που η αρχή της γύριζε πίσω σε κείνες τις μέρες της Παλαιάς Διαθήκης, όταν οι φυλές των Γαλααδιτών και των Γαδαρηνών ακολουθούσαν το πεπρωμένο τους στις κοιλάδες του Μωάβ, φυλάγοντας τα κοπάδια και τις αγέλες τους, δείχνοντας υποταγή στους μεγαλύτερους, πιστεύοντας τυφλά στον Κύριο.

Τέτοιος πατριάρχης ήταν ο Ντάνιελ Λο. Ζούσε ακόμα μέσα στα βιβλία των Βασιλειών, των Αριθμών και του Δευτερονομίου και μόνο μ' αυτά. Και μέσα στο βόμβο της μηχανικής εποχής, στα δυνατά σαλπίσματα της τζαζ που σε ξεσήκωναν και τις κινηματογραφικές εικόνες που σε ξελόγιαζαν, είχε μεγαλώσει τα παιδιά του μ' εκείνη την παράδοση, όχι με φόβο, γιατί δεν ήταν τύραννος, μα εφαρμόζοντας μια σκληρή κι αυστηρή εξουσία και πάνω απ' όλα κάνοντας επίδειξη της ακλόνητης πίστης του, φωτίζοντας με το αταλάντευτο φως του παραδείγματός του. Η λαϊκή, κάπως κωμική ιδέα που έχουμε για τον ευαγγελιστή που στέκει στη γωνιά του δρόμου είχε τόση σχέση με τον Ντάνιελ Λο όσο ένα αρρωστιάρικο αγριόχορτο με μια ρωμαλέα βελανιδιά. Δεν ήταν απ' αυτούς που προσπαθούν να σου μοιράσουν φυλλάδια ενώ τρέμουν τα γόνατά τους, ούτε απ' αυτούς που ψέλνουν κλαψουρίζοντας. Στην πραγματικότητα ήταν ένας σωστός Παύλος, ενάρετος και γενναίος. Είχε ελαττώματα, βέβαια, σαν αντιστάθμισμα των προτερημάτων του. Το βλέμμα του ήταν σταθερό, μα έβλεπε μονάχα ευθεία μπροστά. Ο συμβιβασμός ήταν κάτι πέρα από κείνον – για τον ίδιο, τα πράγματα ήταν ή μαύρα ή άσπρα. Έξω από τη λαμπερή τροχιά του δικού του εσωτερικού φωτός υπήρχε μονάχα σκοτάδι, περιστοιχισμένο με πειρασμούς για τους εκλεκτούς, και οι παγίδες του Σατανά, σαν στριμμένες ρίζες σ' ένα σκοτεινό δάσος. Η ανοχή ήταν απαγορευμένη αδυναμία, ή μάλλον μια λέξη που δεν την καταλάβαινε. Αν κάποιος δε «λυτρωνόταν», τότε αλίμονο, καταδικαζόταν εις τον αιώνα τον άπαντα. Γι' αυτό τόσα χρόνια είχε κρατήσει τη θυγατέρα του στο πέτρινο μονοπάτι, την είχε σώσει από τις ανομίες των χορών, των χαρτοπαιγνίων και του θεάτρου, την είχε περιορίσει να διαβάζει μονάχα τα *Καλά Λόγια*[4] και το *Ταξίδι του Προσκυνητή*[5], και τώρα, με τη μέθοδο της ικεσίας και των πιέσεων, της είχε αποσπάσει εκείνη τη δακρύβρεχτη υπόσχεση ν' απαρνηθεί τον ανάξιο εραστή της.

Όλα τούτα πέρασαν σαν αστραπή από το νου μου την ώρα που καθόμουν αντίκρυ στον Λουκ, στη φτηνή και κρύα μπιραρία, και μολονότι με τις σκέψεις μου είχα ζαλιστεί λες κι είχα πέσει σε πέτρινο τοίχο, μολονότι επίσης ένιωσα μια κρυφή αποστροφή για

---

[4] *Good Words*, μηνιαίο θρησκευτικό περιοδικό που εξέδιδε ο Norman Macleod (1812-1872), Σκότος πρεσβυτεριανός ιερέας της Εκκλησίας της Σκοτίας. (Σ.τ.Μ.)

[5] *The Pilgrim's Progress* (1678), το βιβλίο που θεωρείται η πιο χαρακτηριστική έκφραση του δόγματος των πουριτανών, έργο του John Bunyan (1628-1688). (Σ.τ.Μ.)

την Τζιν που παραιτήθηκε από μένα, εγώ δεν μπορούσα, έτσι απλά, δεν μπορούσα να την παρατήσω.

«Λουκ» είπα έντονα. «Πρέπει να με βοηθήσεις».

«Ναι;» ρώτησε με αμφιβολία. Δεν είχε πειστεί και πολύ.

«Μονάχα να δω την αδερφή σου». Έκανα τη δήλωση με κάποια απελπισία.

Δεν αποκρίθηκε. Σκουπίζοντας τα χείλια με το αλευρωμένο του μανικέτι, με κοίταξε μ' ένα λυπημένο χαμόγελο.

«Μπορείς να το κάνεις αυτό, ξέρεις» συνέχισα. «Θα περιμένω εδώ, κι εσύ πήγαινε πίσω στο σπίτι και πες στην Τζιν να βγει και να με συναντήσει».

Ακόμα σιωπηλός κι όλο οίκτο, κούνησε το κεφάλι του.

«Η Τζιν δεν είναι στο σπίτι. Έφυγε».

Έμεινα ασάλευτος να τον κοιτάζω, κι εκείνος έγνεψε με το κεφάλι.

«Πώς φαίνεται ότι δεν ξέρεις τον πατέρα. Την έστειλε χτες το βράδυ στη θεία Ελίζαμπεθ, στο Μπέθναλ Γκριν. Θα μείνει εκεί να μελετήσει τις επόμενες τέσσερις βδομάδες, μέχρι να ξαναδώσει τις εξετάσεις της». Σταμάτησε. «Κι η κυρία Ράσελ, η θεία μας δηλαδή, έχει οδηγίες ν' ανοίγει όλα της τα γράμματα».

Το Μπέθναλ Γκριν, ένα προάστιο του Λονδίνου, περισσότερο από τριακόσια μίλια μακριά – απρόσιτος προορισμός για το ρεμάλι τον Σάννον. Κι όχι γράμματα, παρακαλώ! Αχ, σοφέ, πολυμήχανε Ντάνιελ. Εδώ που τα λέμε, Δανιήλ θα πει δίκαιος κριτής. Έμεινα σχεδόν ακίνητος εκεί πέρα, μα χαμήλωσα όλο λύπη τα μάτια.

Από την παρατεταμένη σιωπή που επικράτησε με έβγαλε η φωνή του Λουκ, που ρωτούσε με συμπάθεια:

«Θες άλλη μπίρα;»

Σήκωσα το γερμένο μου κεφάλι.

«Όχι, ευχαριστώ, Λουκ». Τουλάχιστον ήταν καλοπροαίρετος. «Και τώρα που το θυμήθηκα. Θες πίσω τη μηχανή σου».

«Α, δεν τη βιάζομαι».

«Ναι, πρέπει». Κατάλαβα πως αρνιόταν μόνο από ευγένεια. «Είναι στην αυλή, στο πίσω μέρος του σπιτιού σου. Τη φρόντισα καλά. Πάρε και το κλειδί».

Δέχτηκε το κλειδί της μίζας δίχως αντιρρήσεις· ύστερα σηκωθήκαμε και βγήκαμε έξω. Στο δρόμο, αφού κοίταξε πάνω κάτω, μου έσφιξε το χέρι μελαγχολικά, σαν καλός φίλος. Κίνησα με τα πόδια για το σταθμό.

Η βροχή έπεφτε πια πιο βαριά, έτρεχε μέσα από τις υδρορρόες, έστρωνε με λάσπη το στενό σοκάκι, έκανε τα πάντα να μοιάζουν γκρίζα και μελαγχολικά.

Ω Θεέ μου, είπα μέσα μου κι η καρδιά μου πήγε να σπάσει, τι κάνω σε τούτη τη μαύρη, τούτη την εγκαταλειμμένη πολιτεία; Θέλω να βγω στη λιακάδα, πέρα απ' αυτό το ανακάτωμα, την αβεβαιότητα και τον αγώνα δίχως τέλος. Θα 'θελα να 'μουν σ' ένα *ντουμπέχ*, να κατεβαίνω πλέοντας το Νείλο, ή στους ηλιόλουστους λόφους του Σορρέντο, να λιάζομαι πάνω από το γαλανό Τυρρηνικό Πέλαγος. Όχι, διάβολε, καλύτερα να 'μουν μέσα στην ομίχλη και στην κάπνα του Μπέθναλ Γκριν.

Μα ήξερα πως δεν μπορούσα να είμαι εκεί.

Κεφάλαιο 8

ΥΣΤΕΡΑ ΑΠ' ΑΥΤΟ, όλα έπεσαν πάνω μου μεμιάς... μα θα προσπαθήσω ήρεμα να κρατήσω τη σειρά. Δεν το 'χω σκοπό να μιλάω διαρκώς για την πνευματική μου κατάσταση. Ήταν σαν τον καιρό, που συνέχιζε με ακατάπαυστη βροχή και άγριες θύελλες σαν του Ισημερινού, που έσπαγαν από τα δέντρα μας φύλλα και κλώνια που δεν είχαν πεθάνει ακόμα, στρώνοντας στον αμαξόδρομο ένα μουσκεμένο στρώμα από σκουπίδια.

Τώρα πια είχαμε πάρα πολλή δουλειά στους θαλάμους, από κρούσματα διφθερίτιδας – μια επιδημία αυτής της ασθένειας είχε εξαπλωθεί στη δυτική περιφέρεια του Γουίντονσαϊρ. Είχα πάθει κι εγώ παλιά αυτή την αρρώστια και το γεγονός, τολμώ να πω, μ' έκανε να συμπάσχω σαν φίλος με τα παιδιά που έρχονταν και την είχαν. Μέχρι στιγμής, μπορούσαμε να καυχηθούμε πως είχαμε λευκό ποινικό μητρώο, ούτε ένα θάνατο δηλαδή, κι η δεσποινίς Τράτζεον παρήλαυνε με περηφάνια ολόγυρα στο χώρο, λες κι η ίδια προσωπικά ευθυνόταν γι' αυτό. Κι ίσως να ευθυνόταν – η αποδοτικότητά της μ' εντυπωσίαζε όλο και περισσότερο, και μέσα στην καρδιά μου, δίχως να το θέλω, είχα αρχίσει να θαυμάζω τούτο το ευσυνείδητο, ικανό, αδάμαστο μικρό πολεμικό άτι, που τα κρυμμένα του προτερήματα ξεπερνούσαν τα φανερά και λιγότερο ελκυστικά γνωρίσματα. Φρόντισα όμως να μην της το πω. Με τη διάθεση που είχα τώρα, ήμουν βαρύς κι αγενής απέναντι σε όλους.

Τότε, τη νύχτα της τρίτης Νοεμβρίου –τούτη η ακριβής και μοιραία ημερομηνία είναι χαραγμένη ανεξίτηλα στη θύμησή μου– γύρισα από την πτέρυγα στο διαμέρισμά μου με σκυφτό το κεφάλι, σέρνοντας το βήμα και ρίχτηκα σε μια πολυθρόνα.

Ούτε δεκάλεπτο δεν είχα μείνει εκεί κι ένας επίμονος βόμβος ήχησε στ' αυτί μου. Ήταν το τηλέφωνο στο κομοδίνο μου και το κουδούνισμα ακουγόταν αμυδρά γιατί είχα λησμονήσει να γυρίσω πίσω το διακόπτη πριν φύγω από την πτέρυγα. Πήγα στην κάμαρά μου και σήκωσα βαριεστημένα το ακουστικό.

«Ναι;»

«Ναι; Εσύ είσαι, γιατρέ; Πολύ χαίρομαι που σε βρήκα». Μολονότι ήταν κακή η γραμμή, η ανακούφιση της φωνής ήταν φανερή. «Είμαι ο Ντόθι, ο Άλεξ Ντόθι, από το Ντριμ. Γιατρέ... Ρόμπερτ... πρέπει να κάνεις κάτι για μένα».

Πριν καταφέρω ν' απαντήσω συνέχισε:

«Είναι ο Σάιμ μας. Εδώ και μια βδομάδα έχει πάθει διφθερίτιδα. Και δε λέει να συνέρθει. Θέλω να σου τόνε φέρω στο νοσοκομείο».

Δε δίστασα στιγμή. Ήμασταν ήδη πλήρεις κι ο Άλεξ, που ζούσε έξω από τα σύνορα της κομητείας, δεν είχε δικαίωμα να χρησιμοποιήσει τους πόρους μας. Κι όμως, ούτε στον ύπνο μου δε θα μπορούσα να του αρνηθώ.

«Εντάξει. Πες στο γιατρό σας να του γράψει ένα πιστοποιητικό και σου στέλνω το ασθενοφόρο αύριο, πρωί πρωί».

«Όχι, όχι» αντιγύρισε αμέσως η φωνή του. «Το παιδί είναι σε κακά χάλια, Ρόμπερτ. Έχουμε αμάξι στην πόρτα και τον έχουμε τυλίξει σε κουβέρτες. Θέλω να σου τόνε φέρω τώρα».

Δεν ήμουν σίγουρος πως ήταν σωστό να κάνω τούτη την αντικανονική εισαγωγή έτσι απροειδοποίητα. Όμως σεβόμουν βαθιά τον Άλεξ κι έπρεπε να το διακινδυνεύσω.

«Προχώρα, τότε. Σε περιμένω σε καμιά ώρα. Έχε το νου σου να τον κρατάς ζεστό στο δρόμο».

«Θα φροντίσω. Και σ' ευχαριστώ, παλικάρι μου... σ' ευχαριστώ».

Έβαλα στη θέση του το ακουστικό και διέσχισα το διάδρομο κατά το δωμάτιο της προϊσταμένης. Εδώ, ωστόσο, τα φώτα ήταν σβηστά κι αναγκάστηκα να χτυπήσω το νυχτερινό κουδούνι, που καλούσε την αδελφή Πικ. Σαν έφτασε της έδωσα ξερές οδηγίες να ετοιμάσει μια κουκέτα στο πλαϊνό δωμάτιο του Θαλάμου Β, ένα βολικό μικρό παράρτημα που συνήθως το κρατούσαμε για τους ασθενείς που πλήρωναν και τώρα ήταν ο μοναδικός ελεύθερος χώρος που απόμενε. Ύστερα κάθισα και περίμενα.

Δεν ήταν μακρύ το νυχτέρι. Λίγο πριν από τα μεσάνυχτα, ένα κλειστό νοικιασμένο αμάξι ανέβηκε στην μπροστινή είσοδο, κι όπως άνοιξα την πόρτα κόντρα στον άνεμο και τη δυνατή, ορμητική βροχή, φάνηκε ο Άλεξ να κουβαλάει στα χέρια το γιο του, τυλιγμένο απ' την κορφή ως τα νύχια σε κουβέρτες. Τον οδήγησα στην αίθουσα υποδοχής. Το πρόσωπό του ήταν άσπρο και τραβηγμένο.

Σαν απόθεσε πια το παιδί στον καναπέ, όπου η αδελφή Πικ άρχισε να το ετοιμάζει για τις εξετάσεις, ο Άλεξ σκούπισε το κούτελό του με την ανάστροφη του χεριού του και στάθηκε σιωπηλός στο πλάι, ρίχνοντάς μου ένα τσακισμένο, ερωτηματικό βλέμμα.

«Μη φοβάσαι τόσο πολύ. Πότε αρρώστησε ο Σάιμ;»

«Στην αρχή της βδομάδας».

«Κι έκανε τις ενέσεις αντιτοξίνης του;»

«Δυο δόσεις. Αλλά δεν τον βοήθησαν και πολύ». Ο Ντόθι άρχισε να μιλάει πιο γρήγορα. «Είναι βαθιά στο λαιμό. Σαν είδαμε πως κάθε λεπτό γινόταν και χειρότερα, το μόνο που μπορούσα ήτανε να τον φέρω εδώ. Πιστεύουμε σε σένα, Ρόμπερτ. Ρίχ' του μια ματιά, για το Θεό».

«Εντάξει. Μην ταράζεσαι».

Γύρισα στον καναπέ κι αμέσως η καθησυχαστική έκφραση που

είχα πάρει για το καλό του Ντόθι εγκατέλειψε το πρόσωπό μου. Και μάλιστα, όπως έπεφτε η ματιά μου πάνω στο μαυροκίτρινο παιδί που πάλευε να πάρει την κάθε του ανάσα με κλειστά μάτια και σφιγμένες γροθιές, ένιωσα ένα οδυνηρό σοκ. Σιωπηλά, άρχισα να τον εξετάζω. Είχε πυρετό 39,5 κι ο σφυγμός του ήταν τόσο αδύνατος, που σχεδόν δεν τον ένιωθες. Δε δοκίμασα να μετρήσω τις αναπνοές του. Μια σκληρή κίτρινη μεμβράνη κάλυπτε το πίσω μέρος του λαιμού κι απλωνόταν με μοχθηρία ως το λαρύγγι. Το παιδί, δίχως αμφιβολία, ήταν κιόλας *στα τελευταία του*, σχεδόν ετοιμοθάνατο.

Έριξα μια ματιά στον Ντόθι που στεκόταν παράμερα αμίλητος και προσπαθούσε να διαβάσει το πρόσωπό μου με όλο και μεγαλύτερη αγωνία· και μολονότι ένιωθα οίκτο, μ' έπιασε ένας οξύς θυμός εναντίον του, για τη δύσκολη θέση στην οποία με είχε φέρει.

«Δεν έπρεπε με τίποτα να τον βγάλεις έξω. Είναι πάρα πολύ άρρωστος».

Ξεροκατάπιε.

«Τι έχει πάθει;»

«Διφθερίτιδα του λάρυγγα. Η μεμβράνη φράζει την τραχεία... τον εμποδίζει ν' ανασάνει».

«Δεν μπορεί να γίνει τίποτα;»

«Τραχειοτομία... και μάλιστα αμέσως. Αλλά δεν μπορούμε να την κάνουμε εδώ. Δεν έχουμε χειρουργείο, ούτε άλλες δυνατότητες. Έπρεπε να 'χει μεταφερθεί από καιρό σε κάποιο από τα μεγάλα νοσοκομεία λοιμωδών της πόλης». Τράβηξα κατά το τηλέφωνο. «Θα τηλεφωνήσω τώρα στο Αλεξάνδρα και θα κανονίσω να τον βάλουν μέσα αμέσως».

Είχα αρχίσει να σχηματίζω τον αριθμό έκτακτης ανάγκης όταν ξαφνικά το παιδί άρχισε να βήχει σπασμωδικά, να βγάζει ένα λεπτό, απελπισμένο σφύριγμα που τέντωσε τα νεύρα όπως αντήχησε στο δωμάτιο.

Ο Άλεξ με τράβηξε από το χέρι.

«Δεν πρόκειται να τον πάμε σε άλλο νοσοκομείο. Ένας Θεός το ξέρει πόσο άσχημα ήταν που ήρθε ως εδώ. Κάνε εσύ αυτό που πρέπει».

«Δεν μπορώ. Είναι δουλειά ειδικού».

«Έλα, κάν' το, κάν' το».

Έμεινα όπως με σταμάτησε, να τον κοιτάζω ξαφνιασμένος κι ανήμπορος, σαν ηλίθιος. Όπως εξήγησα σε άλλο σημείο, είχα την ελάχιστη εμπειρία στην άσκηση της ιατρικής και ποτέ στη ζωή μου δεν είχα δοκιμάσει να κάνω σοβαρή εγχείριση. Από τα καθάρια ύψη της γνήσιας επιστήμης πάντα έκανα πως απεχθανόμουν τον πολυάσχολο γιατρό που στην ανάγκη καταπιανόταν με τα πάντα. Κι όμως δεν μπορούσα ν' αρνηθώ πόσο τρομερά επείγουσα ήταν αυτή η περίπτωση. Με άλλα λόγια, ήταν θέμα λεπτών – γιατί τώρα αντιλήφθηκα πως αν απέφευγα το ζήτημα, με την πρόφαση της μεταφοράς της περίπτωσης στο Αλεξάνδρα, το παιδί δε θα 'φτανε ποτέ ζωντανό σε κείνο το νοσοκομείο. Και, γνωρίζοντας τη δική μου απελπιστική ανεπάρκεια, βόγκηξα από μέσα μου.

«Φώναξε την προϊσταμένη». Γύρισα στην αδελφή Πικ. «Και πήγαινε αμέσως τον ασθενή στο πλαϊνό δωμάτιο».

Έξι λεπτά αργότερα βρισκόμασταν στο πλαϊνό δωμάτιο η δεσποινίς Τράτζεον, η αδελφή Πικ κι η αφεντιά μου, μαζεμένοι γύρω από το μεγάλο τραπέζι των συσκέψεων, που πάνω του, μέσα σε μια καθαρή νυχτικιά του νοσοκομείου, κείτονταν το λαχανιασμένο κορμί του λιπόθυμου παιδιού. Πέρα από κείνη τη σπασμωδική ανάσα, νεκρική σιωπή βασίλευε στον περιορισμένο χώρο του μικρού δωματίου. Είχα διπλώσει τα μανίκια μου, είχα πλύνει βιαστικά τα χέρια μου σε διάλυμα φαινόλης και τώρα ένιωθα τέτοιο θανάσιμο φόβο, που, δύσκολα θα το πίστευε κανείς, έριξα από ένστικτο μια ματιά στην προϊσταμένη, να πάρω κουράγιο.

Τη θαύμαζες έτσι όπως ήταν ήρεμη, απρόσωπη, δραστήρια και σωστά ντυμένη, μολονότι είχε μόλις σηκωθεί από τον ύπνο κι είχε ρίξει πάνω της στα γρήγορα τη στολή. Ακόμα και το κολλαρισμένο σκουφί της το είχε φορέσει έτσι που να μην πετάει ούτε τρίχα. Η βεντέτα ανάμεσά μας δεν μπόρεσε να με κάνει να πνίξω ένα κύμα θαυμασμού μα και φθόνου μαζί. Ήξερε τη δουλειά της απέξω κι ανακατωτά, και το κουράγιο της ήταν έξοχο.

«Δε θα θελήσετε αναισθητικό;» με ρώτησε πνιχτά.

Κούνησα το κεφάλι. Η κατάσταση της αναπνοής ήταν τέτοια που απλώς δεν το επέτρεπε. Έτσι κι αλλιώς, το παιδί είχε πέσει σε βαθύ κώμα.

«Πολύ καλά, τότε» είπε χαρούμενα η δεσποινίς Τράτζεον. «Παίρνω το κεφάλι και τα χέρια. Εσείς κρατήστε σταθερά τα πόδια, αδελφή Πικ».

Όπως μιλούσε μου έδωσε ένα νυστέρι από την τετράγωνη λευκή γάζα στον εμαγέ νιπτήρα και, πηγαίνοντας με αφοσίωση στην κεφαλή του τραπεζιού, έπιασε γερά τα χέρια του Σάιμ. Η νυχτερινή νοσοκόμα άρπαξε τρέμοντας τους αστραγάλους του παιδιού.

Μολονότι δεν υπάρχει αμφιβολία, ήταν μονάχα μια στιγμή, εμένα μου φάνηκε πως στάθηκα ολόκληρη αιωνιότητα εκεί, με το μαχαίρι στο αδέξιο κι ασάλευτο χέρι μου.

«Έτοιμοι όλοι, λοιπόν, γιατρέ» μου θύμισε η προϊσταμένη και, αν θέλετε το πιστεύετε, στη φωνή της υπήρχε και πάλι μια αποφασιστική νότα ενθάρρυνσης.

Πήρα μια βαθιά ανάσα, έσφιξα τα δόντια και, κρατώντας το δέρμα τεντωμένο, έκανα μια τομή στο λαιμό του παιδιού. Το αίμα κύλησε πηχτό και σκούρο, κρύβοντας την πληγή. Την καθάρισα ξανά και ξανά, κι έκοψα πιο βαθιά. Ο Σάιμ ήταν αναίσθητος, είμαι σίγουρος, και δεν ένιωθε τίποτα· κι όμως κάθε φορά που τον άγγιζα σφάδαζε και στριφογύριζε πάνω στο τραπέζι, σαν να 'νιωθε μια ασθενική αγωνία. Την ίδια στιγμή, κατά διαστήματα ερχόταν εκείνο το φριχτό βογκητό γι' ανάσα, που συγκλόνιζε όλο το κορμί του, σαν να 'ταν ψάρι που σπάραζε πάνω στην πλάκα. Αυτές οι ξαφνικές ανεξέλεγκτες κινήσεις έκαναν μεγαλύτερες τις δυσκολίες μου. Προσπάθησα να βάλω ένα διαστολέα στο άνοιγμα. Μπήκε, μα αμέσως πετάχτηκε έξω κι έπεσε κροταλίζοντας στο πάτωμα. Ύστερα το αίμα κύλησε πιο πηχτό, όχι σαν ένα ανοιχτόχρωμο, ορμητικό στρώμα που εύκολα θα το είχα ελέγξει, αλλά σαν ένας αργός, σιροπιαστός χείμαρρος που έπνιξε τα πάντα. Δεν μπορούσα πια να χρησιμοποιήσω το νυστέρι. Είχα φτάσει πολύ κοντά στα μεγάλα αγγεία του λαιμού. Μια λάθος χαρακιά και θα 'κοβα την τραχηλική φλέβα. Δοκίμασα με το δείχτη μου να χωρίσω τους ιστούς, σκαλίζοντας μέσα στο χάος, γυρεύοντας απελπισμένα την τραχεία. Αν δεν την έβρισκα γρήγορα, όλα θα τέλειωναν για τον Σάιμ. Το πρόσωπο του παιδιού είχε πια γίνει σχεδόν κατάμαυρο. Οι προσπάθειές του να πάρει ανάσα, που του ρουφούσαν το θώρακα, μέχρι που το μικρό, άσπρο στέρνο του φαινόταν κούφιο, ήταν πια πιο πυρετώδεις, μα λιγότερο συχνές και πιο αδύναμες. Υπήρχαν μεγάλα διαστήματα στα οποία δεν ανάσαινε καθόλου. Το κορμί του είχε αρχίσει κιόλας να κρυώνει και κολλούσε.

Ιδρώτας βγήκε σε χοντρές στάλες από το κούτελό μου. Ένιωσα τέτοια ναυτία, που νόμισα πως θα έπεφτα λιπόθυμος. Δεν έβρισκα την τραχεία, δεν μπορούσα να τη βρω, και το παιδί κόντευε να φύγει. Ω Χριστέ μου... για τ' όνομα του Θεού... βοήθησέ με να βρω εκείνη την τραχεία.

«Καθόλου σφυγμός τώρα, γιατρέ». Ήταν ένα απαλό, παραπονεμένο βέλασμα από την αδελφή Πικ, που από καιρό σε καιρό άπλωνε τα δάχτυλά της στον καρπό του παιδιού. Κι όμως, από την κεφαλή του τραπεζιού, η προϊσταμένη δεν είπε ούτε μια λέξη όλη αυτή την ώρα.

Δεν ξέρω τι μ' έπιασε – με το κουράγιο που σου δίνει η απελπισία έπιασα το νυστέρι κι έκοψα βαθιά. Ξαφνικά, σαν από κάποια μαγεία, το αντικείμενο της αδέξιας, πυρετώδους αναζήτησής μου τινάχτηκε πάνω στην πληγή, λεπτό, λευκό και λαμπερό σαν ασημένιο γλωσσίδι. Από το ίδιο μου το στήθος βγήκε μια μεγάλη σπασμωδική ανάσα και, σκουπίζοντας τον ιδρώτα από τα μάτια μου, έσκισα την εκτεθειμένη τραχεία. Στη στιγμή, ελεύθερος ο αέρας όρμησε μέσα σφυρίζοντας, σ' ένα ευλογημένο ρεύμα που γέμισε τούτα τα πνιγμένα στην ασφυξία πνευμόνια. Μια φορά, δυο φορές, το διψασμένο στέρνο ανάσανε βαθιά, μέχρι εκεί που δεν έπαιρνε άλλο. Ξανά και ξανά, σαν μέσα στην έκσταση που χαρίζει η ανακούφιση. Ύστερα, αργά στην αρχή, μα με ολοένα και μεγαλύτερη δύναμη, το ετοιμοθάνατο παιδί άρχισε ν' ανασαίνει κανονικά. Το σκούρο χρώμα υποχώρησε στο δέρμα του, τα μπλαβιασμένα χείλια έγιναν σιγά σιγά κόκκινα, έπαψε να παλεύει.

Γρήγορα, με δάχτυλα που έτρεμαν, γλίστρησα μέσα το διπλό σωλήνα της τραχειοτομίας, έραψα τα ελάχιστα μικρά σημεία που αιμορραγούσαν, έραψα και την πληγή και την έδεσα με επιδέσμους, έτσι που να εξέχει το στενό μεταλλικό στόμιο του σωλήνα. Τα γόνατά μου έτρεμαν, η καρδιά μου σφυροκοπούσε στα πλευρά μου και το χειρότερο με τη συγκίνησή μου ήταν πως έπρεπε να την κρύψω. Στάθηκα σαν παράλυτος στο πλάι, μούσκεμα στον ιδρώτα κι αναμαλλιασμένος, με ματωμένα δάχτυλα, ενώ η προϊσταμένη έχωσε επιδέξια τον Σάιμ στην κουκέτα του πλαϊνού δωματίου, με καυτές μποτίλιες ολόγυρά του και κάμποσα μαξιλάρια να του στηρίζουν το κεφάλι.

«Αυτό ήταν» παρατήρησε τελικά η δεσποινίς Τράτζεον. «Τώρα πρέπει να τα πάει καλά. Αναλάβετε αυτή την περίπτωση, αδελφή, και μείνετε κοντά του όλη τη νύχτα».

Τη στιγμή που γύριζε να φύγει, μου έριξε μια γρήγορη λοξή ματιά, όχι επιδοκιμασίας ή αποδοκιμασίας, μα σαν να 'λεγε: Παρά τρίχα, αλλά τα 'βγαλες πέρα καλύτερα απ' όσο σου άξιζε. Για πρώτη φορά καταλάβαμε ο ένας τον άλλο.

Ακόμα κι όταν έφυγε πια η προϊσταμένη, ήταν αδύνατο να σηκωθώ να φύγω. Η αδελφή Πικ είχε τραβήξει μια καρέκλα κοντά στην κουκέτα, μ' ένα δίσκο με ταμπόν πρόχειρο για να καθαρίζει τη βλέννα που ξεχείλιζε κάπου κάπου από το στόμιο του σωλήνα, και πίσω της εγώ, να 'χω μείνει να κοιτάζω το αγόρι που αναπαυόταν τώρα, με καλό χρώμα στα μάγουλα. Μόνο και μόνο από την εξάντληση είχε λαγοκοιμηθεί, μα ξαφνικά, για λίγο, τα μάτια του άνοιξαν κι από παράξενη τύχη συνάντησαν τα δικά μου. Για μια στιγμή χαμογέλασε, ή τουλάχιστον μια υποψία χαμόγελου κάπως σαν να έκανε τα χείλια του να σαλέψουν. Ύστερα έπεσαν τα βλέφαρά του κι αποκοιμήθηκε.

Τίποτα δε θα μπορούσε να με συγκινήσει τόσο βαθιά όσο εκείνο το τρεμουλιαστό και παιδιάστικο χαμόγελο. Δε θα μπορούσα να ζητήσω μεγαλύτερη ανταμοιβή.

«Φεύγω τώρα, αδελφή» είπα πεζά. «Ξέρετε τι να κάνετε;»

«Α, ναι, γιατρέ».

Μόνο σαν βγήκα έξω θυμήθηκα τον Άλεξ Ντόθι που περίμενε ακόμα στην αίθουσα υποδοχής, και για να δώσω τέλος στο μαρτύριό του επιτάχυνα το βήμα, κάτω από τα λαμπερά, μελωδικά άστρα. Ναι, ήταν εκεί, καθισμένος στητός σε μια σκληρή καρέκλα, αντίκρυ στην πόρτα, κρατώντας την κρύα κι άδεια πίπα του λες και δεν είχε σαλέψει από την ώρα που τον αφήσαμε. Σαν μπήκα, η στάση του έγινε ακόμα πιο άκαμπτη, κι ύστερα σηκώθηκε κι ήρθε σιωπηλός να μ' αντιμετωπίσει, με τα μάτια του να καίνε και να ρωτάνε αυτό που δεν τολμούσε να ξεστομίσει ο ίδιος.

«Είναι εντάξει τώρα».

Τόσο τεντωμένη ήταν η έκφρασή του, που δεν μπόρεσε να τη χαλαρώσει αμέσως. Έβλεπα τα νεύρα των μυών του σαγονιού να τεντώνουν κάτω από το δέρμα. Κι ύστερα, μεμιάς, το στόμα του άρχισε να συσπάται. Είπε τελικά, χαμηλόφωνα:

«Τα κατάφερες;»

Έγνεψα.

«Τώρα μπορεί ν' ανασαίνει. Και μάλιστα αποκοιμήθηκε. Όταν του περάσει η διφθερίτιδα, σε καμιά δεκαριά μέρες, θα βγάλουμε το σωλήνα κι η πληγή θα κλείσει. Ούτε σημάδι δε θα μείνει».

Ο Ντόθι έκανε ένα βήμα μπροστά και μου άρπαξε το χέρι, το έσφιξε με τόση ευγνωμοσύνη, με τόση ζέση και συναίσθημα, που μόρφασα από πόνο.

«Ποτέ δε θα ξεχάσω τι έκανες για μας τούτη τη νύχτα. Ποτέ, ποτέ. Σου το 'πα πως πιστεύουμε σε σένα, εγώ κι η κυρά μου». Φιλεύσπλαχνα, μου άφησε τα τσακισμένα δάχτυλα. «Μπορώ να της τηλεφωνήσω; Περιμένει στο σπίτι του διευθυντή της φάρμας».

Την επόμενη στιγμή είχε κιόλας βρεθεί στην τραπεζαρία κι αφηγούνταν άναρθρα τα καλά νέα. Σαν τελείωσε γύρισα κοντά του και τον έβγαλα έξω στη νοικιασμένη λαντολέτα, που πλάι της ο ξεχασμένος οδηγός έκοβε βόλτες πάνω κάτω, υπομονετικά, με το σκούφο τραβηγμένο ως τ' αυτιά.

«Όλα καλά, Τζο!» φώναξε ο Ντόθι με δυνατή φωνή. «Ο μικρός τα πέρασε τα χειρότερα».

Όλο ευγνωμοσύνη, ο καλός εκείνος άνθρωπος έβγαλε το κεφάλι από το παράθυρο, με φωνή σφιγμένη από το συναίσθημα.

«Θα 'ρθω αύριο, παλικάρι μου, και θα φέρω και την κυρά. Και πάλι... μέσα απ' την καρδιά μου... *σ' ευχαριστώ*».

Σαν έφυγε πια το αυτοκίνητο έμεινα εκεί, στο κρύο, ανεμόδαρτο σκοτάδι. Ύστερα, σαν άκουσα το ρολόι του προθάλαμου να χτυπάει μία, τράβηξα ζαλισμένος για την κάμαρά μου. Ένιωθα τέτοιο μπέρδεμα, που δεν ήθελα να σκεφτώ τίποτα. Ήξερα μονάχα πως, μέσα στην απογοήτευση και την παραζάλη μου, η καρδιά μου ένιωθε μιαν αλλόκοτη γαλήνη. Αποκοιμήθηκα σχεδόν αμέσως, την ώρα που συλλογιζόμουνα πάνω απ' όλα το χαμόγελο του Σάιμ.

Κεφάλαιο 9

ΘΑ 'ΧΑ ΚΟΙΜΗΘΕΙ για κανένα τετράωρο όταν με ξύπνησε ξανά, και μάλιστα απότομα, κάποιος που με τραβούσε από το χέρι. Άνοιξα τα μάτια κι είδα αναμμένο το φως και την αδελφή Πικ πλάι στο κρεβάτι μου, με πανικόβλητο πρόσωπο, να φωνάζει υστερικά μέσα στ' αυτί μου:

«Ελάτε αμέσως... αμέσως».

Παρά λίγο να με ρίξει από το κρεβάτι, κι όπως πάλευα να φορέσω το πανωφόρι και τις παντούφλες μου, μολονότι μισοκοιμισμένος, συνειδητοποίησα πως μονάχα μια καταστροφή θ' ανάγκαζε τούτο το μαζεμένο πλάσμα να ορμήσει στην κάμαρά μου με τέτοιο τρόπο και τέτοια ώρα. Πραγματικά, έμοιαζε να μην ξέρει πια τι να κάνει, κι όπως κίνησα κι εγώ μαζί της, σχεδόν τρέχοντας, για το Θάλαμο Β, όλο έλεγε και ξανάλεγε σαν μάθημα που είχε μάθει απέξω, όσο έτρεχε με μικρά βηματάκια:

«Δε φταίω εγώ. Δε φταίω εγώ».

Στο μισοσκότεινο, ζεστό πλαϊνό δωμάτιο ο Σάιμ ήταν ξαπλωμένος στα μαξιλάριά του, στηριγμένος ψηλά όπως τον είχα αφήσει, πολύ γαλήνιος και ήσυχος. Κι όμως φαινόταν αφύσικα ακίνητος, κι όπως τράβηξα κι έβγαλα το αμπαζούρ της βεγιέζας και κοίταξα από πιο κοντά, είδα, και τινάχτηκα, πως έλειπε από τους επιδέσμους του το γυαλιστερό στόμιο κι ο σωλήνας δε βρισκόταν πια στο λαιμό του. Βιαστικά, άρπαξα μια λαβίδα και καθάρισα το στρώμα της βλέννας από την πληγή κι ύστερα, πιάνοντας τα χέρια του που κρέμονταν άτονα, άρχισα να του κάνω τεχνητή αναπνοή.

Δούλεψα με τον Σάιμ σαν τρελός για μία ώρα και βάλε. Ωστόσο το παιδί είχε πεθάνει, είχε πεθάνει για τα καλά πριν ακόμα φτάσω εκεί πέρα. Σταμάτησα, κούμπωσα την τσαλακωμένη νυχτικιά, συμμάζεψα εκείνο το ανάξιο λόγου κορμάκι που είχε παλέψει τόσο σκληρά κι είχε βασανιστεί τόσο, ξάπλωσα πάλι το κεφάλι του στο μαξιλάρι.

Ξαφνικά, όπως σηκωνόμουνα να φύγω απ' το κρεβάτι, ανακάλυψα το σωλήνα της τραχειοτομής μέσα σε κάποια πτυχή των ζαρωμένων σεντονιών, φραγμένο απ' άκρη σ' άκρη και γεμάτο μεμβράνη. Τον κοίταξα σαν ηλίθιος κι ύστερα γύρισα στην αδελφή Πικ, που όλη αυτή την ώρα είχε μείνει κολλημένη στην πόρτα.

«Έχει φράξει» είπα με απορημένη φωνή. «Θα πρέπει να του έφυγε την ώρα που έβηχε».

Τότε κατάλαβα τα πάντα, και πριν ακόμα προλάβω να την κατηγορήσω, η έκφραση στο πρόσωπό της μου μαρτύρησε πως οι υποψίες μου ήταν σωστές. Άλλη μια σκέψη με τάραξε, την προσπέρασα αργά και πήγα στην κουζίνα του θαλάμου. Ναι, πάνω στο τραπέζι –το ίδιο εκείνο τραπέζι συσκέψεων πάνω στο οποίο δόθηκε η μάχη για τη ζωή του Σάιμ– έστεκε μια τσαγιέρα, ένα πιάτο με σάντουιτς σαρδέλας και μια κρύα, μισοτελειωμένη κούπα τσάι. Ένα δελεαστικό ελαφρύ γεύμα.

«Αχ, γιατρέ». Με είχε ακολουθήσει στρίβοντας και ξεστρίβοντας τα χέρια της. «Ποτέ δε μου πέρασε από το νου... κοιμόταν τόσο ήρεμα... Μια στιγμούλα μονάχα τον άφησα».

Δεν το βαστούσα άλλο. Έλεγα πως η καρδιά μου θα σπάσει. Βγήκα από την κουζίνα, πέρασα από το θάλαμο και βγήκα στον καθαρό αέρα. Έξω, τα ελάχιστα αστέρια ξεθώριαζαν και τα πρώτα αχνά δάχτυλα της αυγής είχαν σβήσει τη σκοτεινιά από τον ουρανό της ανατολής. Χτυπώντας το κούτελό μου με τις σφιγμένες μου γροθιές, βρέθηκα στο καθιστικό μου, όπου έπεσα σε μια πολυθρόνα πλάι στο τραπέζι. Δεν ήταν ότι μου 'χαν αρπάξει το ασήμαντο κατόρθωμά μου. Αυτό που μ' έκαιγε και με πονούσε μες στο στήθος μου, και μου δηλητηρίαζε ολόκληρο το είναι, ήταν η παράλογη μεταστροφή της νίκης σε ήττα, η εγωιστική, εγκληματική απώλεια της ζωής. Βυθισμένος σε μια τυφλή χαύνωση, υποτάχτηκα στην απελπισία.

Θα πρέπει να έκατσα έτσι ασάλευτος γι' αρκετή ώρα, γιατί ήμουν ακόμα εκεί, με το πανωφόρι και τις πιτζάμες, σαν εμφανίστηκε η Κέιτι στις εννιά να στρώσει το τραπέζι για το πρωινό. Ανίκανος να βαστάξω τις ματιές που μου έριχνε όλο έγνοια, πέρασα από την κάμαρά μου και μπήκα στο μπάνιο, ξυρίστηκα μηχανικά και ντύθηκα. Σαν γύρισα πίσω με περίμενε ένα ασυνήθιστα καλό πρόγευμα, φρυγανιά, καφές, μπέικον κι αυγά, κάτω από το μεταλλικό σκέπασμα. Μολονότι όμως κάτι έπρεπε να βάλω στο στόμα μου, δεν μπορούσα να καταπιώ μπουκιά, το στομάχι μου επαναστατούσε ακόμα και με δυο γουλιές καφέ. Πήγα στο παράθυρο και κοίταξα έξω. Ήταν ένα κρύο κι ομιχλώδες πρωινό, προάγγελος της χειμωνιάτικης υγρασίας και της συννεφιάς.

Ένα χτύπημα στην πόρτα. Όπως γύρισα, είδα τη δεσποινίδα Τράτζεον να μπαίνει σιγά σιγά στο δωμάτιο, συγκροτημένη όπως το συνήθιζε, μα με κάποια σημάδια έντασης στα μάτια. Ο τρόπος της ήταν φιλικός. Πλησίασε το τζάκι, όπου κάτι λίγα πράσινα κλαριά τσίριζαν και πετούσαν ολόγυρα στρόβιλους υγρού καπνού.

«Η αδελφή Πικ ήρθε και με είδε». Η φωνή της, όταν μίλησε, ήταν σοβαρή και συγκρατημένη. «Είναι πάρα πολύ αναστατωμένη».

«Δεν εκπλήσσομαι» είπα πικρά.

«Ξέρω πώς θα πρέπει να νιώθετε, γιατρέ. Ειδικά μετά απ' όλες αυτές τις προσπάθειες που κάνατε. Όλη αυτή η ιστορία είναι θλιβερή». Σταμάτησε. «Από τη δική μου πλευρά λυπάμαι βαθύτατα, αφού κανείς δεν μπορεί να πάρει πιο προσωπικά από μένα τα συμφέροντα αυτού του νοσοκομείου. Τέτοια ατυχήματα συμβαίνουν, όμως, γιατρέ, ακόμα και στα πιο καλοκουρδισμένα ιδρύματα. Και η μακρόχρονη εμπειρία μου μου δείχνει ότι μόνο ένα πράγμα μπορούμε να κάνουμε γι' αυτά».

«Και ποιο είναι αυτό;» Δεν άντεχα να μη ρωτήσω.

«Να τα παραβλέπουμε».

Μου κόπηκε η ανάσα.

«Δεν παραβλέπεται τέτοιο πράγμα. Δεν ήταν ατύχημα. Ήταν περίπτωση βαρύτατης αμέλειας, που πρέπει να τιμωρηθεί».

«Ας πούμε ότι κάνουμε αυτό που προτείνετε. Τι γίνεται τότε; Η αδελφή Πικ απολύεται, αρχίζουν τα λόγια και το σκάνδαλο, το νοσοκομείο αποκτά κακό όνομα και κανείς δεν ωφελείται καθόλου».

«Πρέπει να φύγει» αποκρίθηκα με πείσμα. «Είναι κακή νοσοκόμα και κείνο το παιδί το πλήρωσε με τη ζωή του».

Η δεσποινίς Τράτζεον έκανε μια χειρονομία κατευνασμού.

«Καταλαβαίνω την άποψή σας, γιατρέ. Και συμπάσχω μ' αυτήν. Όμως... σ' αυτό το νοσοκομείο... υπάρχουν κι άλλα θέματα πρακτικής φύσης που πρέπει να σκεφτόμαστε».

«Δεν μπορεί να της επιτραπεί να μείνει εδώ και να ξανακάνει το ίδιο πράγμα».

«Δε θα το ξανακάνει» είπε βιαστικά η δεσποινίς Τράτζεον. «Αυτό θα είναι μάθημα που δε θα το ξεχάσει ποτέ. Σας το εγγυώμαι, γιατρέ, η αδελφή Πικ έχει πολλά καλά στοιχεία και θα ήταν γενικώς ασύνετο, δε θα πω άδικο, να της καταστρέψουμε τη σταδιοδρομία, γιατί έτσι θα γίνει, λόγω αυτού του μοναδικού συμβάντος».

Την κοίταξα βαριά, ξανάφερα στο νου μου πόσο γενναίες προσπάθειες έκανε να είναι συμπαθητική στα μάτια της νυχτερινής νοσοκόμας. Αναρωτήθηκα μήπως κι η Έφι Πικ απολάμβανε κάποια αόριστης μορφής ασυλία. Πάνω που πήγαινα να μιλήσω ακούστηκε ένα υπόκωφο χτύπημα στην πόρτα κι εμφανίστηκε ξανά η Κέιτι στο κατώφλι.

«Ο κύριος και η κυρία Ντόθι περιμένουν να σας δουν στην αίθουσα υποδοχής, γιατρέ».

Ένιωσα να με λούζει κρύος ιδρώτας, μάλιστα μια αθέλητη ανατριχίλα διέτρεξε όλα μου τα μέλη. Η απόκρισή μου στην προϊσταμένη πάγωσε στα χείλια μου. Κοίταξα σαν χαζός το πάτωμα για μια στιγμή· ύστερα, με κάποια προσπάθεια, ανάγκασα τον εαυτό μου να κινηθεί κατά την πόρτα.

Όπως έβγαινα με πλησίασε η δεσποινίς Τράτζεον και, με φωνή αλάθητα ειλικρινή, με παρακίνησε:

«Προσοχή, γιατρέ. Στα συμφέροντά σας... και στα δικά μου».

Η όρασή μου ήταν τόσο θολή κι αβέβαιη, ο διάδρομος έμοιαζε να 'ναι γεμάτος ομίχλη· όμως, σαν μπήκα τρεκλίζοντας στην αίθουσα υποδοχής, είδα αρκετά καθαρά πως ο Ντόθι κι η γυναίκα του χαμογελούσαν σαν να μην άντεχαν να συγκρατήσουν κάποια βαθιά κι απόκρυφη ευτυχία. Μάλιστα, σαν μπήκα, ο Άλεξ σηκώθηκε με πρόσωπο που αστραφτοβολούσε και με βούτηξε από το χέρι.

«Ελπίζω να μη σε σηκώσαμε απ' τον ύπνο, παλικάρι μου. Όμως δεν κρατιόμασταν με τίποτα σήμερα το πρωί, εγώ κι η κυρά. Σ' όλο το δρόμο για δω, μόνο που δεν τραγουδούσαμε».

«Έτσι είναι, γιατρέ». Η Άλις Ντόθι είχε σηκωθεί κι έστεκε πλάι στον άντρα της, ενώ το απλό, σκαμμένο από τις έγνοιες πρόσωπό της έλαμπε σαν φεγγάρι. «Κι όλα τα χρωστάμε στην ικανότητά σας και στην εξυπνάδα σας».

Στηρίχτηκα στο τραπέζι. Τα πόδια μου ήταν έτοιμα να με προδώσουν, το κεφάλι μου ήταν λες και το 'χες παραγεμίσει με μπαμπάκι και, το χειρότερο απ' όλα, ένιωθα πως από τη μια στιγμή στην άλλη θα ξέσπαγα και θα 'βαζα τα κλάματα.

«Ε, παλικάρι μου!» φώναξε ο Άλεξ. «Είσαι έτοιμος να πέσεις κάτω. Και πώς να μην είσαι, αφού έχασες τον ύπνο σου για χατίρι μας. Δε θα σ' ενοχλήσουμε ούτε μια στιγμή παραπάνω. Θα πάμε μονάχα λίγο να ρίξουμε μια ματιά στον Σάιμ».

«Σταμάτα...» Τη λέξη αυτή την ξεστόμισα αδύναμα και τσακισμένα.

Με κοίταξαν, στην αρχή άναυδοι, έπειτα με ανησυχία, στο τέλος με μεγάλη αγωνία.

«Τι τρέχει, δηλαδή;» είπε ο Άλεξ με αλλαγμένη φωνή. Κατόπιν, μετά από μια παύση, λες και του το 'βγαζες με το τσιγκέλι: «Είναι πάλι άσχημα το παιδί μας;»

Κούνησα το κεφάλι τυφλά.

«Πολύ πιο άσχημα; Κύριε των δυνάμεων, άνθρωπέ μου, μη στέκεσαι έτσι, πες μας πώς είναι».

Δε βαστούσα να κοιτάξω την Άλις· φτάνει που άντεξα να δω το πρόσωπο του Άλεξ ν' αδειάζει από το φως του, να γίνεται γκρίζο κι αξιολύπητο.

«Θεέ και Κύριε» είπε με χαμηλή, σβησμένη φωνή. «Όχι *αυτό*».

Απλώθηκε μακριά σιωπή, πόσο μακριά δεν ξέρω. Ο χρόνος έπαψε να 'χει οποιαδήποτε σημασία, όλα θάμπωσαν κι έγιναν άσπρα. Έβλεπα όμως την Άλις να κλαίει με λυγμούς και τον Ντόθι να 'χει περάσει το χέρι του γύρω της. Σαν μίλησε τελικά, η φωνή του ήταν ψυχρή και σκληρή.

«Μπορούμε να πάμε να τον δούμε;»

«Ναι» ψέλλισα. «Να έρθω μαζί σας;»

«Αν δε σε πειράζει, θα πάμε μόνοι μας».

Στο δρόμο για την πόρτα γύρισε και με κοίταξε σαν να ήμουν ξένος.

«Θα 'ταν πιο εύκολο αν δε με είχες αφήσει να πιστεύω χτες το βράδυ πως έσωσες το παιδί μας. Δε θέλω να σ' αντικρίσω ξανά στα μάτια μου».

Γύρισα στην κάμαρά μου, όπου άρχισα να κόβω βόλτες, άσκοπα, πιάνοντας πράγματα κι αφήνοντάς τα πάλι κάτω.

Κι ύστερα, όπως κοιτούσα έξω από το παράθυρο, είδα τον Άλεξ και την κυρία Ντόθι να στρίβουν τη γωνία του κτιρίου και να κατεβαίνουν αργά τον αμαξόδρομο. Η σιλουέτα του έμοιαζε σκυμμένη και τσακισμένη, το χέρι του ήταν ακόμα περασμένο γύρω από τους ώμους της κυράς του, την κρατούσε σφιχτά και τη στήριζε καθώς εκείνη προχωρούσε μπροστά, τυφλή κι ανήμπορη μες στους λυγμούς της.

Τότε ξέσπασα μέσα μου. Έκανα μια στροφή και κατέβηκα το διάδρομο για το καθιστικό των αδελφών. Όπως το είχα μαντέψει, η αδελφή Πικ ήταν εκεί, μόνη της. Καθόταν σε μια άνετη πολυθρόνα μπροστά σε μια γερή φωτιά, με κόκκινα τα μάτια, μα με έκφραση κάπως ανακουφισμένη, λες και, μετά από «ένα καλό κλάμα», ένιωθε πια πως το χειρότερο είχε περάσει. Μόλις είχε αποφάει εκείνο το πρωινό που έτρωγε πριν τελειώσει η βάρδιά της, και στο πιάτο της διέκρινα δυο κόκαλα από μπριζόλα, καθαρά και γλειμμένα.

Ένας σπασμός οργής, άγριας και παράλογης λύσσας μ' έπνιξε.

«Εσύ, φτηνή, άχρηστη, αναίσθητη τσούλα! Πώς τολμάς να κάθεσαι εδώ πέρα στη ζέστη, να τα κοπανάς και να περιδρομιάζεις μετά απ' αυτό που έκανες; Δεν καταλαβαίνεις ότι η δικιά σου εγωιστική αδιαφορία κόστισε τη ζωή σ' εκείνο το φουκαριάρικο παιδί; Δικό σου λάθος είναι, δικό σου καταραμένο, απαίσιο λάθος που κείτεται εκεί πέρα πεθαμένο, αυτή τη στιγμή».

Η όψη του προσώπου μου θα πρέπει να την τρομοκράτησε. Γλίστρησε από την πολυθρόνα κι αποτραβήχτηκε στη γωνιά του δωματίου. Την ακολούθησα, την έπιασα απ' τους ώμους και την ταρακούνησα μέχρι που τα δόντια της κροτάλισαν μεταξύ τους.

«Και θες να λέγεσαι νοσοκόμα. Που να σε πάρει και να σε σηκώσει, ακόμα κι οι γάτες θα γελάνε μαζί σου. Αν μείνεις εδώ, θα φροντίσω να τη φας κατακέφαλα. Θα 'πρεπε να σε κρεμάσουν γι' αυτό που έκανες. Να το σκεφτείς την επόμενη φορά που θα θελήσεις να φύγεις στη ζούλα από τον ασθενή σου για να πας να πιεις τσάι».

Δε δοκίμασε ν' απαντήσει. Όπως είχε ζαρώσει εκεί, άτονη και

συγκλονισμένη, τα πράσινα μάτια της άστραψαν όπως τα σήκωσε πάνω μου.

Της γύρισα την πλάτη κι έφυγα. Μολονότι δεν το μετάνιωνα, ήξερα –και πονούσα γι' αυτό– πως το ξέσπασμά μου ήταν ένα ηλίθιο λάθος. Κι όμως, πόσο ηλίθιο δεν το είχα καταλάβει ακόμα.

Κεφάλαιο 10

Τρεις βδομαδες αργοτερα, την ώρα που καθόμασταν και πίναμε τον καφέ μας μετά το μεσημεριανό, η δεσποινίς Τράτζεον έβγαλε με γλυκό ύφος ένα γράμμα. Εκείνη η νύχτα της τραχειοτομίας είχε σηματοδοτήσει το τέλος της σύγκρουσής μας. Δεν τσαντιζόταν πια μαζί μου, κι εγώ ήμουν έτοιμος να ορκιστώ για την εντιμότητα και την αξιοπιστία της. Για να λέμε την αλήθεια, είχα σχεδόν αρχίσει να νιώθω πως, μολονότι διστακτικά, σε λίγο θα με συμπαθούσε κιόλας.

«Σήμερα το απόγευμα θα έχουμε την ετήσια επίσκεψη της επιτροπής διαχείρισης του νοσοκομείου».

Μελέτησα το δακτυλογραφημένο σημείωμα που μου έδωσε.

«Καλά θα κάνω να φορέσω καθαρό γιακά προς τιμήν του γεγονότος».

«Θα σας το συμβούλευα». Τα μικρά της μάτια έλαμψαν φευγαλέα. «Υπάρχουν μόνο τρία μέλη... ο Μάστερς, ο Χόουν και ο Γκλόουγκ. Είναι σημαίνοντα, όμως. Φέτος έρχονται νωρίτερα απ' ό,τι συνήθως».

«Ποια είναι η διαδικασία;»

«Τους ταΐζουμε –αυτή είναι η μισή μάχη– κι ύστερα τους κάνουμε ένα γύρο». Μου έριξε μια ειρωνική ματιά. «Μην ανησυχείτε. Σε μένα ρίχνουν τις ξυλιές, συνήθως».

Δεν έδωσα και μεγάλη σημασία στην επικείμενη επίσκεψη. Ακόμα τυραννιόμουν και υπέφερα, και δεν ήταν πολύς καιρός που είχα αρχίσει ξανά να καταπιάνομαι με την έρευνά μου. Από την Τζιν δεν είχα πάρει ούτε λέξη και δυο γράμματα που της έγραψα είχαν σταλεί πίσω, με γραμμένη τη διεύθυνσή μου από χέρι ξένου. Αόριστα, όλο το απόγευμα, καταλάβαινα μια ατμόσφαιρα προετοιμασίας, σκουπισμάτων και τρεχαλητών στους διαδρόμους, ενός λούστρου να μπαίνει τελικά στα δάπεδα και στους τοίχους, που ήταν έτσι κι αλλιώς αλέκιαστοι. Επίσης, στην κάμαρά μου, ένα μπαράκι με ποτά έφτασε πάνω στον μπουφέ, ενώ κι άλλα φύλλα μπήκαν στο τραπέζι που μέχρι εκείνη την ώρα το είχαν στολίσει μ' ένα καρεδάκι με λουλούδια κι ένα σερβίτσιο με φαγητά για πολύ κόσμο.

Στις τεσσερισήμισι, ένα κλειστό αμάξι ανέβηκε μέχρι την μπροστινή πόρτα, κι ύστερα από μερικών λεπτών κουβέντα και γέλια στον προθάλαμο, εμφανίστηκε η προϊσταμένη, όλο χαμόγελα, με την καλύτερη στολή της, φέρνοντας στην κάμαρα τα μέλη της επιτροπής.

«Γιατρέ Σάννον... από δω ο κύριος Μπεν Μάστερς... ο κύριος Χόουν... και ο κύριος Γκλόουγκ».

Με σύστησε με μια πρόσχαρη, σχεδόν ντροπαλή σπίθα στα μάτια της, λες και ποτέ δεν ήμασταν άλλο από καλύτεροι φίλοι και πάντα ζούσαμε μαζί μέσα σε τέλεια αρμονία, κι αμέσως μετά προχώρησε στο σερβίρισμα μεγάλων ποτηριών ουίσκι για τους νιόφερτους που, με αξιοπρεπές και υπεύθυνο ύφος, τα δέχτηκαν δικαιωματικά.

Ο επικεφαλής της ομάδας, ο κύριος Μάστερς, ήταν ένας ψηλός, ξερακιανός, άξεστος απ' ό,τι φαινόταν άντρας γύρω στα πενήντα, με σκληρά, ανεμοδαρμένα χαρακτηριστικά, μάτια χωμένα στις κόγχες τους και τη δυνατή, τραχιά φωνή του ανθρώπου που έχει συνηθίσει να φωνάζει διαταγές στην ύπαιθρο. Εμένα μου θύμιζε εργοδηγό, κι όπως ανακάλυψα αργότερα, ήταν μεροκαματιάρης οικοδόμος κι εργολάβος στην πόλη Πρέντον, εκεί κοντά. Όπως έπινε το ουίσκι του, ακούγοντας δίχως να σχολιάζει το χείμαρρο από καθημερινές κουβέντες της προϊσταμένης, τον ένιωθα να 'χει καρφώσει ερευνητικά το βλέμμα του σε μένα, πάνω από το σκελετό των γυαλιών του.

Στο μεταξύ, εμένα με είχε στριμώξει το δεύτερο μέλος της επιτροπής, ο κύριος Χόουν, ένας παχουλός, περιποιημένος τύπος με μαντέκα στο μουστάκι, στενό μπλε κοστούμι και γκέτες. Φαινόταν εξεζητημένος και πολυλογάς, μα ο τρόπος του, μολονότι έδειχνε πως είχε το νου του στο εμπόριο, ήταν ευχάριστος.

«Ξέρετε, γιατρέ» μου εμπιστεύτηκε, «τίποτα δεν ταιριάζει καλύτερα στον άνθρωπο από το να υπηρετεί τους συνανθρώπους του σε μια νοσοκομειακή επιτροπή. Σκεφτείτε πόσο χρόνο παίρνει, κι ο χρόνος είναι χρήμα σήμερα, ειδικά όταν έχεις δική σου επιχείρηση –εγώ προσωπικά εμπορεύομαι υφάσματα και ταπετσαρίες–, αλλά δείτε τι καλό που κάνεις... Ευχαριστώ, κυρία προϊσταμένη, θα πάρω ένα. Άξιος γαρ ο εργάτης του μισθού αυτού εστί. Πολύ καλό ουίσκι αυτό, αναρωτιέμαι πόσο μας κοστίζει... Και τι ωφέλιμο που είναι, γιατρέ, δεν έχετε ιδέα πόσα έχω μάθει για την ιατρική. Εδώ, τις προάλλες, η σύζυγος μού έδειξε ένα εξάνθημα στο μικρότερό μας παιδί –ένα υγιέστατο μωρό, αν και δε θα 'πρεπε να λέω μεγάλα λόγια– κι όταν της είπα να μην ανησυχεί –ήταν μόνο από το αίμα, καταλαβαίνετε– αχ, Άλμπερτ, μου λέει, πρέπει να σου δώσω συγχαρητήρια, κι ας είσαι ο άντρας μου, ξέρεις όλους τους πυρετούς, κι εδώ που τα λέμε, τι άλλο θα 'κανε ένας γιατρός; Θα σας δώσω αυτή την κάρτα!» Βγάζοντας μια επαγγελματική κάρτα από την πάνω τσέπη του γιλέκου του, μου την έχωσε εμπιστευτικά στο χέρι. «Όπως παρατηρείτε, αναλαμβάνω και κάποιες συμπληρωματικές επιχειρήσεις. Στην περίπτωση που οι τεθλιμμένοι συγγενείς κάποιων από τους πιο εύπορους ασθενείς σας χρειαστούν τη βοήθειά μου, καλό θα ήταν να είμαστε έτοιμοι. Η δουλειά μας είναι πάντα πολύ αξιοπρεπής, γιατρέ. Και σε λογικές τιμές».

Μέχρι στιγμής, ο κύριος Γκλόουγκ, το τελευταίο μέλος της

ομάδας, ένας μικροκαμωμένος μεσήλικας με κοφτερό βλέμμα, είχε μείνει σιωπηλός· παρ' όλα αυτά, είχε έναν τρόπο να στυλώνει το κεφάλι εκεί που γινόταν κουβέντα λες κι ήταν αποφασισμένος να μην αφήσει να του ξεφύγει τίποτα, και κάπου κάπου, σαν σημάδι ότι συμφωνούσε με τους συναδέλφους του, έβγαζε ένα επιφώνημα συγκατάθεσης που έμοιαζε λιγάκι με γρύλισμα.

«Λοιπόν, κύριοι» παρατήρησε η δεσποινίς Τράτζεον με την πιο γλυκιά φωνή της «ελπίζω να σας έχει ανοίξει η όρεξη. Δεν καθόμαστε;»

Οι καλεσμένοι μας δε δίστασαν και πολύ να δεχτούν την πρόσκληση. Δίχως αμφιβολία είχαν έρθει έτοιμοι να τιμήσουν δεόντως τούτο το ετήσιο δωρεάν γεύμα, και μολονότι, από την κεφαλή του τραπεζιού, ο κύριος Μάστερς δώστου και πετούσε κάποιο ευφυολόγημα από καιρό σε καιρό, την περισσότερη ώρα που κράτησε το φαγητό το μόνο που άκουγες ήταν το κροτάλισμα των μαχαιροπίρουνων, το σταθερό θόρυβο των σαγονιών καθώς άλεθαν.

Στο τέλος όμως, παρ' όλες τις φιλόξενες παραινέσεις της δεσποινίδας Τράτζεον, οι προσπάθειες της επιτροπής εξασθένησαν κι έσβησαν. Έπειτα από μια παύση, ο κύριος Μάστερς έσπρωξε πίσω την καρέκλα του και σηκώθηκε όρθιος, καθαρίζοντας τα ψίχουλα από το γιλέκο του, με ύφος επιχειρηματία.

«Τώρα, κυρία προϊσταμένη, αν δε σας είμαστε ενόχληση, θα θέλαμε να κάνουμε ένα γύρο μαζί σας. Και με το γιατρό».

Ο επίσημος τρόπος του καθόρισε το γενικότερο τόνο όπως άρχισαν την επιθεώρησή τους, και δεν άργησα ν' αντιληφθώ από την τεντωμένη έκφραση της προϊσταμένης και το ελαφρό ξάναμμά της πως επρόκειτο για μεγαλύτερη δοκιμασία απ' ό,τι είχε αποφασίσει να παραδεχτεί μπροστά μου.

Στο κτίριο της διοίκησης τα επισκεπτόμενα μέλη επιθεώρησαν συστηματικά το γραφείο, τη λάντζα και την κουζίνα, ενώ ειδικά ο κύριος Γκλόουγκ έδειξε να 'χει αξιοπρόσεχτο ταλέντο να ψαχουλεύει τα ντουλάπια, να μυρίζει τις σκοτεινές γωνιές και να σηκώνει τα καπάκια σε κάθε δοχείο και κατσαρόλι για να δοκιμάσει τι γεύση είχε το φαγητό του προσωπικού.

Κατόπιν η ομάδα μας πέρασε στους θαλάμους, όπου οι άνθρωποι της επιτροπής, αντιμέτωποι με το βασικό τους στόχο, ξεκίνησαν μια αργή, σχεδόν βασιλική πορεία. Αποφασισμένος να μη χάσει τίποτα, ο Γκλόουγκ πήγαινε παντού, κρυφοκοιτούσε ακόμα και κάτω από τα κρεβάτια στην προσπάθειά του ν' ανακαλύψει απαγορευμένη σκόνη. Μια φορά τον χάσαμε στο αποχωρητήριο του Θαλάμου Β, αλλά εμφανίστηκε ξανά με μιαν έκφραση ήττας, μια και τα βρήκε όλα σε καλή κατάσταση. Άλλο τόσο εξονυχιστικά έψαχνε κι ο Μάστερς, ανακρίνοντας τους ασθενείς, ρωτώντας τον καθένα τους με βραχνούς ψιθύρους, που τους άκουγαν όλοι, αν είχε κανένα παράπονο. Ο Χόουν, στο μεταξύ, έκανε καθήκον του να βολιδοσκοπεί τα μέλη του προσωπικού, ιδιαίτερα τις πιο νεαρές νοσοκόμες, ρωτώντας με γλυκερή εξοικείωση για την υγεία και τις συνήθειές τους. Κάποια στιγμή σταμάτησε και, δείχνοντας έναν ασθενή που έπασχε ολοφάνερα από ιλαρά, παρατήρησε σε μένα, γυρνώντας πίσω το κεφάλι θεατρικά, με το ύφος του ειδήμονα:

«Ωραίο εξάνθημα, γιατρέ. Ανεμοβλογιά, ε; Θα τ' ορκιζόμουνα και με κλειστά τα μάτια».

Δεν του έφερα αντίρρηση. Και μάλιστα έμεινα παράμερα όσο περισσότερο μπορούσα. Αυτή εδώ ήταν προφανώς ευθύνη της προϊσταμένης και, μολονότι δεν μπορούσα παρά να συμπάσχω μαζί της, δεν είχα καμιά όρεξη να τραβήξω πάνω μου τα πυρά του εχθρού.

Μπορεί να ήμουν προκατειλημμένος κι η επιτροπή να έφερνε εις πέρας το στόχο της με τα υψηλότερα κίνητρα, όμως δε γινόταν να πνίξω τη σκέψη πως ο καθένας απ' αυτούς τους τρεις ήταν ένας ένστολος και κακότροπος παπατρέχας, ο καθένας με τον τρόπο του ένας επαρχιώτης πολιτικάντης απ' αυτούς που ανακατεύονται με τα κοινά για να εξασφαλίσουν κάποιο προσωπικό όφελος και, από τη στιγμή που θ' αποκτήσουν μια μικροεξουσία, φροντίζουν να την ασκήσουν στο έπακρο.

Επιτέλους τέλειωσε· από τον τελευταίο θάλαμο βγήκαμε στην παγερή νοεμβριάτικη ατμόσφαιρα και, με μια αίσθηση ανακούφισης, ήμουν έτοιμος να δω τους ανεπιθύμητους καλεσμένους μας να φεύγουν, όταν ξαφνικά, με αποφασιστική φωνή, ο Μάστερς φώναξε:

«Τώρα θα ρίξουμε μια ματιά στην Πτέρυγα Ε».

Για μια στιγμή σάστισα και, για να λέμε την αλήθεια, και στην ομάδα γενικότερα επικράτησε έκπληξη· ύστερα, μ' ένα τίναγμα, παρατήρησα προς τα πού πήγαινε η ματιά του.

«Θέλετε να πείτε στον παλιό θάλαμο ευλογιάς;» ρώτησε η προϊσταμένη, σαν να μην πίστευε στ' αυτιά της.

«Τι άλλο;» αποκρίθηκε δοκιμαστικά ο Μάστερς. «Είναι μέρος των κτιρίων του νοσοκομείου. Θέλω να τον δω, όπως και τους υπόλοιπους». Δίστασε για μια στιγμή. «Λέω μήπως τον ανακαινίσουμε».

«Βέβαια» –η προϊσταμένη μίλησε δίχως να σαλέψει– «έχει κάμποσο καιρό να χρησιμοποιηθεί».

«Ναι, πράγματι» μπήκα βιαστικά στη μέση. «Είναι ετοιμόρροπος».

«Αυτό θα το κρίνουμε εμείς. Άντε, πάμε λοιπόν».

Άφησα τον εαυτό μου να παρασυρθεί μπροστά με τους άλλους, δίχως να ξέρω πώς έγινε και μου προέκυψε τώρα αυτό. Από την έκπληξη και την αμηχανία της, που δύσκολα τις έκρυβε, πείστηκα απόλυτα πως δεν είχε βάλει το χεράκι της η προϊσταμένη. Ο Μάστερς είχε φτάσει πια στην πόρτα, γυρίζοντας το πόμολο, πέφτοντας με τον ώμο στο φάτνωμα. Μια κι αυτό κρατούσε γερά, πήρα μια εντελώς λάθος απόφαση.

«Προφανώς θα την έχουν καρφώσει. Δε θα καταφέρουμε να μπούμε».

Η σιωπή που έπεσε ήταν αλλόκοτη. Ύστερα ο Λόουν παρατήρησε μειλίχια:

«Δε θέλετε να μπούμε, γιατρέ;»

Στο μεταξύ ο Μάστερς είχε βρει ένα σπίρτο και, σκυφτός, έπαιζε με την κλειδαρότρυπα. Με μια φωνή σαν ν' ανακάλυψε κάτι, φώναξε:

«Αυτή η κλειδαριά είναι καινούρια... ολοκαίνουρια». Ίσιωσε την πλάτη του. «Τι τρέχει εδώ πέρα; Γκλόουγκ, τράβα πες στον Πιμ να φέρει ένα λοστό».

Τότε κατάλαβα πως έπρεπε να το αντιμετωπίσω. Δεν ήθελα ν' ανακατευτεί ο Πιμ, κι η προϊσταμένη φαινόταν ανήσυχη, κι έτσι έψαξα στη μέσα τσέπη μου κι έβγαλα το κλειδί.

«Θα σας βάλω εγώ μέσα». Κάνοντας ό,τι μπορούσα να διορθώσω τ' αδιόρθωτα, ξεκλείδωσα την πόρτα κι άναψα το φως.

Με το ένστικτο του ανιχνευτή σε πλήρη εγρήγορση, κι οι τρεις όρμησαν μπροστά και κοίταξαν, σοκαρισμένοι λες, τον εξοπλισμό μου. Μετά την άκαρπη εξόρμησή τους μέχρι εκείνη την ώρα, η ανακάλυψη τούτης της ανομίας ήταν για κείνους το ψωμί τους.

«Να πάρει ο διάβολος!» φώναξε ο Μάστερς. «Τι είναι όλ' αυτά;»

Τους χαμογέλασα εξευμενιστικά.

«Πολύ απλό, κύριοι. Κάνω κάποια έρευνα, κι αφού η πτέρυγα αυτή ήταν εντελώς άδεια, επωφελήθηκα για να τη χρησιμοποιήσω εγώ σαν εργαστήριό μου».

«Ποιος σας έδωσε άδεια;»

Παρά την πρόθεσή μου να μείνω πράος, κοκκίνισα σαν άκουσα τη φωνή του Μάστερς.

«Έπρεπε να πάρω άδεια;»

Ο Μάστερς συνοφρυώθηκε. Μου έριξε μια ματιά.

«Δεν αντιλαμβάνεστε πως είστε υπόλογος στην επιτροπή για τα πάντα; Δεν είχατε απολύτως κανένα δικαίωμα να πάρετε τέτοια ελευθερία».

«Δεν καταλαβαίνω την άποψή σας. Παίρνω ελευθερία όταν αφοσιώνομαι στην επιστημονική έρευνα;»

«Και βέβαια παίρνετε. Γιατρός είστε σ' αυτή την κλινική λοιμωδών, να πάρει η ευχή, όχι κανένας πειραματιστής».

Ο Χόουν έβηξε μαλακά πίσω από την παλάμη του.

«Μπορούμε να ρωτήσουμε ποιανού το χρόνο χρησιμοποιήσατε γι' αυτή την έρευνά σας, όπως τη λέτε; Θεωρώ ότι το κάνατε την ώρα που θα έπρεπε να βρίσκεστε στους θαλάμους να φροντίζετε τους ασθενείς σας».

«Εργάστηκα στον ελεύθερο χρόνο μου, τη νύχτα, όταν τέλειωναν τα επίσημα καθήκοντά μου».

«Τα επίσημα καθήκοντά σας δεν τελειώνουν ποτέ» διέκοψε με αγένεια ο Μάστερς. «Αυτή η δουλειά είναι πλήρους απασχόλησης. Σας πληρώνουμε για να είστε στο πόδι είκοσι τέσσερις ώρες το εικοσιτετράωρο, όχι για να κάνετε κοπάνα και να κλειδαμπαρώνεστε μ' ένα τσούρμο μικρόβια. Τι στο καλό κάνατε μ' αυτά;»

Ξεχνώντας το σοφό παράδειγμα της προϊσταμένης –ότι ο μόνος τρόπος ν' αντιμετωπίζεις ένα φαντασμένο αξιωματούχο είναι να τον κολακεύεις και να τον καλοπιάνεις– έχασα την ψυχραιμία μου.

«Τι στο καλό πιστεύετε πως έκανα; Τα είχα για οικόσιτα;»

Ειλικρινά σοκαρισμένος, παρενέβη ο Χόουν.

«Η θρασύτητα δε θα σας βοηθήσει, γιατρέ. Είναι ανάρμοστη. Αυτό το έργο είναι δυσάρεστο, είναι πολύ δυσάρεστο. Ποιος, λέτε, πληρώνει το ρεύμα που καίτε και το γκάζι που ανάβετε σ' αυτούς τους καυστήρες; Εμείς εκπροσωπούμε τους φορολογούμενους της περιφέρειας. Δεν μπορείτε να κάνετε δική σας δουλειά σε δημόσιο χρόνο και με δημόσιο χρήμα».

«Θα πρέπει να τ' αναφέρουμε όλα αυτά στην κεντρική επιτροπή» ανακοίνωσε ο Μάστερς. «Θα το αναλάβω εγώ».

«Αχά» πρόσθεσε ο Γκλόουγκ.

Δάγκωσα τα χείλια μου αδύναμα. Ο σπόρος αλήθειας που υπήρχε μέσα τους έκανε ακόμα πιο δυσάρεστες τις παρατηρήσεις του Χόουν. Μολονότι δεν είχα ποτέ φανταστεί πως θα ήταν απαραίτητο, κατάλαβα τώρα πως θα ήταν πιο συνετό για μένα, με την πρώτη ευκαιρία, να έπαιρνα άδεια. Το μόνο που μπορούσα να κάνω τώρα ήταν να τρίζω τα δόντια μου, με σιωπηλή λύσσα και με δυστυχία, που την έκανε ακόμα πιο έντονη η αλλόκοτη ματιά συμπόνιας που μου έριξε η δεσποινίς Τράτζεον σαν έκλεισα την πόρτα εκείνης της μοιραίας πτέρυγας κι ακολούθησα τους άλλους στο κυρίως κτίριο, όπου, μετά από μια γουλιά οινοπνεύματος στα γρήγορα για ν' αντέξουν το κρύο, οι τρεις καταπιεστές μου τυλίχτηκαν στα παλτά και στα κασκόλ τους κι ετοιμάστηκαν να πάρουν δρόμο.

Αποχαιρέτησαν εγκάρδια την προϊσταμένη, μα εμένα ίσα ίσα μου είπαν ένα ξερό αντίο, μαζί με την πιο παγερή ματιά τους.

Σκυθρωπός, πήρα το δρόμο για την κάμαρά μου. Η κακή μου τύχη δεν είχε όρια· κι όμως, δεν το πίστευα πως θα με τιμωρούσαν αυστηρά. Δεν ήταν έγκλημα αυτό που έκανα, κι όταν θα το ξανασκεφτόντουσαν πιο ήρεμα, σίγουρα θα καταλάβαιναν πως τα κίνητρά μου ήταν τίμια. Αποφασισμένος να μην αφήσω τίποτα στην τύχη, πήγα επιτόπου στο γραφείο μου και τους έγραψα μια πλήρη έκθεση με όλα όσα προσπαθούσα να κάνω στην έρευνά μου. Σαν το 'στειλα πια, ένιωσα μεγαλύτερη αυτοπεποίθηση.

Εκείνη τη νύχτα, σαν γύρισα από τον τελευταίο μου γύρο, συνάντησα στο διάδρομο την αδελφή Πικ. Δεν είχε πιάσει βάρδια – το βιβλίο συμβάντων της νύχτας το κρατούσε σφιχτά κάτω από τη μασχάλη της. Προφανώς με περίμενε. Όταν εμφανίστηκα πήρε μια γρήγορη ανάσα.

«Καλησπέρα, γιατρέ Σάννον. Ελπίζω να περάσατε όμορφα το απόγευμα».

«Τι λες;» τη ρώτησα.

«Ελπίζω να σας άρεσε η επίσκεψη το απόγευμα».

Η φωνή της ήταν παράξενα τσιριχτή, και μάλιστα το ίδιο το

γεγονός ότι ήρθε και μου μίλησε απευθείας ήταν από μόνο του αρκετά αλλόκοτο ώστε να μου τραβήξει την προσοχή. Τον τελευταίο καιρό δεν έμπαινε στα πόδια μου, και σαν συναντιόμασταν με προσπερνούσε δίχως να σηκώσει τα μάτια. Λοξοκοιτώντας τη μέσα στο μισοσκότεινο διάδρομο, είδα πως είχε ζαρώσει, είχε γίνει ένα, λες, με τον τοίχο. Κι όμως, όσο μικρή κι αν είχε γίνει, συνέχισε αγκομαχώντας, δίχως να πάρει ανάσα.

«Όμορφα θα ήταν όταν τους είδατε να μπαίνουν στην πτέρυγα απομόνωσης. Και να βρίσκουν το ωραίο σας εργαστήριο. Σίγουρα θα σας άρεσε πάρα πολύ».

Συνέχισα να κοιτάζω το πρόσωπό της. Απόρησα πόσο πολύ με μισούσε.

«Α, ναι, βέβαια, αγαπητέ μου γιατρέ Σάννον. Δεν είμαι εγώ αυτή που θα πετάξουν έξω με τις κλοτσιές. Ορίστε, λοιπόν! Ίσως αυτό να σας μάθει να μην προσβάλλετε ποτέ μια κυρία. Γιατί, στην περίπτωση που δεν το ξέρετε» κόμπιασε, κι ύστερα μονορούφι, με φοβισμένο θρίαμβο, είπε «*ο πρόεδρος της επιτροπής, ο κύριος Μάστερς, είναι γαμπρός μου*».

Πριν προλάβω να μιλήσω, σαν να φοβόταν μην τη χτυπήσω, έκανε στροφή και το 'βαλε στα πόδια.

Έμεινα ασάλευτος... για πολλή ώρα από τότε που έφυγε.

Τώρα πια ήταν όλα ξεκάθαρα, το τελευταίο πράγμα στον κόσμο που είχα φανταστεί ποτέ πως θα συνέβαινε. Κάποτε είχα φοβηθεί μη μ' αναφέρει η προϊσταμένη, μα ποτέ αυτός ο άνθρωπος, ποτέ η Έφι Πικ. Στη νυχτερινή βάρδιά της με είχε δει να φεύγω από την πτέρυγα, κι αφού με κατασκόπευσε λιγάκι παραπάνω, είχε ενημερώσει για μένα τον άξιο συγγενή της. Η εκδίκηση ήταν γλυκιά. Σαν έσβησε η πρώτη μου άγρια οργή, ένιωσα άρρωστος κι απελπισμένος. Πώς να το πολεμήσεις τέτοιο πράγμα; Είχα προσβάλει ασυγχώρητα τις περιορισμένες ευαισθησίες της. Δεν ήταν συνηθισμένη μνησικακία ή πείσμα, μα κάτι περισσότερο. Προφανώς ήταν το θύμα μιας νευρωτικής καταπιεστικής παρόρμησης, δεν μπορούσε να συγκρατηθεί. Κι όμως, αυτό δε με ικανοποιούσε. Κι όλα τούτα δε μου είχαν αφήσει ούτε σπίθα ελπίδας.

Την τελευταία μέρα του μήνα έλαβα ένα επίσημο μήνυμα από την επιτροπή διαχείρισης, με την υπογραφή του Μπεν Μάστερς, με το οποίο μου ζητούσαν να παραιτηθώ από τη θέση του γιατρού στην κλινική του Ντάλναιρ. Διάβασα το γράμμα με παγερή έκφραση.

Το προσωπικό με συμπόνεσε πολύ. Με πρωτοβουλία της προϊσταμένης έκαναν έρανο και, σε μια μικρή τελετή, ύστερα από διάφορους ευχάριστους λόγους, μου έκαναν δώρο μια όμορφη ομπρέλα. Ύστερα, με ύφος μελαγχολικής δικαίωσης, ο Πιμ με πήγε στο σταθμό με το παλιό ασθενοφόρο. Ήμουν και πάλι χαμένος στον κόσμο, αντιμέτωπος με την προοπτική να κάνω τα πειράματά μου στο δρόμο. Και γι' αρχή, όπως προχωρούσα στα τυφλά από την αποβάθρα του σταθμού του Γουίντον, άφησα την καινούρια μου ομπρέλα στο τρένο και την έχασα.

ΒΙΒΛΙΟ ΤΡΙΤΟ

Κεφάλαιο 1

ΣΤΟ ΕΜΠΟΡΙΚΟ ξενοδοχείο Υφήλιος, σ' έναν άθλιο δρόμο έξω από το Τρόνγκεϊτ, στη θορυβώδη καρδιά της πολιτείας, βρήκα ένα δωμάτιο δίχως χαλί, που μύριζε κλεισούρα, μια και τα παράθυρα δεν είχαν ανοίξει για καιρό, κι είχε ξεθωριασμένη ταπετσαρία κι ένα ξύλινο λαβομάνο σημαδεμένο από καύτρες τσιγάρων. Δε μ' άρεσε το δωμάτιο, γιατί έμοιαζε ξένο, βρομισμένο από τους αμέτρητους ταξιδιώτες που είχαν μείνει σ' αυτό. Μα ήταν φτηνό.

Έπειτα από μια κούπα τσάι στη λιγδιασμένη καφετέρια, στο ισόγειο, κίνησα για το Πάρκσαϊντ Κρέσεντ, στην άλλη άκρη του Γουίντον. Σαν έφτασα σ' εκείνη την ήσυχη γειτονιά διαπίστωσα, προς μεγάλη μου ανακούφιση, πως ο καθηγητής Τσάλλις ήταν στο σπίτι και θα μ' έβλεπε.

Ήρθε σχεδόν αμέσως στο μισοσκότεινο δωμάτιο μελέτης με τις κουρτίνες στο χρώμα του κάστανου και τις σειρές των βιβλίων, προχωρώντας κάπως αβέβαια, απλώνοντας το τρεμάμενο λεπτό χέρι του με τις γαλάζιες φλέβες και καλωσορίζοντάς με σοβαρά με το βλέμμα των σταχτόγκριζων ματιών του, που, μολονότι διαυγή, είχαν χωθεί βαθιά μέσα από τα χρόνια.

«Αυτή είναι ευχάριστη έκπληξη, Ρόμπερτ. Με είχες ζητήσει πριν από λίγους μήνες. Κρίμα που δε σε είδα».

Ο Ουίλφρεντ Τσάλλις ήταν πια πάνω από εβδομήντα χρονών, μια εύθραυστη, μικροκαμωμένη σκυφτή μορφή, ντυμένη με παλιομοδίτικη ρεντιγκότα, στενό μαύρο παντελόνι και κουμπωτά παπούτσια, που του χάριζαν μια εμφάνιση του παλιού καιρού, εξίσου συγκινητική όσο και γελοία. Λόγω της κλονισμένης υγείας του είχε συνταξιοδοτηθεί από το πανεπιστήμιο, είχε παραγκωνιστεί από τον καθηγητή Όσερ και, πέρα από έναν περιορισμένο κύκλο ειδικών στη Γαλλία και στην Ελβετία, όπου είχε ολοκληρώσει μεγάλο μέρος του καλύτερου έργου του, το όνομά του ήταν σχεδόν άγνωστο. Κι όμως ήταν ένας αληθινός επιστήμονας που, μέσα από την αγνότητα των κινήτρων του και την ευγένεια του πνεύματός του, δίχως καμιά υλική ανταμοιβή, είχε φωτίσει το σκοτάδι του κόσμου. Στη διάρκεια των σπουδών μου είχε γίνει πρότυπό μου και μου είχε αποδείξει με πολλούς τρόπους την εκτίμησή του. Το γερασμένο του πρόσωπο, πρόσωπο διανοούμενου με την όψη της ήρεμης υπεροχής, της ζεστής ανθρωπιάς, ήταν γλυκό και γαλήνιο.

Έφερε πλάι μου μια πολυθρόνα, ακολουθούμενος από τον Γκάλλιβερ, το γέρικο καφετί σπάνιελ, που ξάπλωσε αμέσως στα πόδια του· κατόπιν, δίνοντάς μου όλη του την προσοχή, μ' άκουσε με συμπόνια να του αφηγούμαι την ιστορία μου. Ύστερα από μια σύντομη παύση, μου έκανε κάποιες ερωτήσεις τεχνικής φύσης, κι έπειτα πέρασε σκεφτικός τα μακριά, ευαίσθητα δάχτυλά του μέσα από τα απαλά άσπρα μαλλιά.

«Ενδιαφέρον» είπε. «Πολύ ενδιαφέρον. Το ήξερα πως δε θα με απογοήτευες ποτέ, Ρόμπερτ».

Απρόσμενα ένιωσα τα μάτια μου να πλημμυρίζουν δάκρυα.

«Αν μπορούσα μονάχα να πάρω μια υποτροφία, κύριε» τον παρακάλεσα θερμά. «Δεν έχω δικαίωμα; Δε θέλω να δεσμευτώ με κάποια άλλη δουλειά. Είδατε πόσο μ' εμπόδισε η έλλειψη χρημάτων».

«Χρυσό μου παιδί...» Χαμογέλασε γλυκά. «Η εμπειρία μιας ζωής με έχει διδάξει πως το πιο δύσκολο κομμάτι της επιστημονικής έρευνας είναι να βρεις τα χρήματα να την κάνεις».

«Σίγουρα όμως, κύριε, γι' αυτό υπάρχει το Ερευνητικό Συμβούλιο... Το μόνο που χρειάζομαι είναι ένα εργαστήριο και καμιά εκατοστή λίρες. Αν τους προσεγγίσετε, έχετε τόση επιρροή».

Κούνησε το κεφάλι χαμογελώντας αχνά, λυπημένα.

«Τώρα πια έχει περάσει η μπογιά μου, είμαι ένας αρτηριοσκληρωτικός γέρος που τον έχουν αφήσει στα αζήτητα. Κι αυτό που ζητάς είναι δύσκολο. Σε βεβαιώνω όμως ότι θα προσπαθήσω. Όχι μόνο να σου βρω την υποτροφία, αλλά να σε βοηθήσω με όποιο τρόπο μπορώ». Σταμάτησε. «Κάποια μέρα, Ρόμπερτ, θα το 'θελα πραγματικά να σου βρω ένα διορισμό στην Ευρώπη. Εδώ είμαστε ακόμα καθηλωμένοι με τη νησιώτικη προκατάληψη. Στο Παρίσι ή στη Στοκχόλμη θα είχες πιο ελεύθερα τα χέρια σου».

Δε μ' άφηνε να τον ευχαριστήσω, μα με οδήγησε με θερμό ενδιαφέρον πίσω στο θέμα της έρευνάς μου. Όση ώρα μιλούσα, ο σκύλος, ο Γκάλλιβερ, του έγλειφε το χέρι, η φωτιά έκαιγε φωτεινή, από το πάνω πάτωμα άκουγα τις χαρούμενες κουβεντούλες των εγγονιών του. Ένιωσα την καρδιά μου ν' ανοίγει για τούτο τον καλό γέροντα που, μέσα από την απέχθειά του για το πομπώδες, έμοιαζε ακόμα νέος κι απέπνεε μιαν αίσθηση γλυκού κεφιού. Μισή ώρα αργότερα, σαν κίνησα να φύγω, σημείωσε προσεχτικά τη διεύθυνσή μου και υποσχέθηκε πως θα επικοινωνούσε μαζί μου σύντομα.

Με ανεβασμένο το κέφι κι έχοντας πάρει κουράγιο, τράβηξα και πάλι το δρόμο μου για πίσω, μέσα από την πολιτεία. Τούτο το απομεσήμερο ήταν καθάριο, με σύννεφα φωτεινά ψηλά στον ουρανό, και τα πεζοδρόμια της οδού Μάνφιλντ, του κύριου εμπορικού δρόμου, έσφυζαν από κόσμο που εκμεταλλεύτηκε το γλυκό καιρό για να δει τις ευκαιρίες που πρόσφεραν οι εαρινές εκπτώσεις. Κοντά στο κεντρικό ταχυδρομείο πέρασα στη νότια πλευρά του δρόμου.

Τότε, μεμιάς τινάχτηκα, πάει κι η αφηρημάδα μου, το κορμί μου ξαφνικά ζωντάνεψε. Κατευθείαν αντίκρυ μου, μαζί με τη μητέρα της, κρατώντας ένα σωρό δέματα και κοιτάζοντας τη βιτρίνα ενός από τα μεγάλα πολυκαταστήματα, έστεκε η Τζιν.

Μολονότι ήξερα πως έπρεπε να γυρίσει για τις εξετάσεις της, που τώρα απείχαν μόλις δυο βδομάδες, τούτο το αναπάντεχο θέαμα της γυναίκας αυτής μ' έπιασε απροετοίμαστο και μου 'κοψε την ανάσα. Η καρδιά μου άρχισε να χτυπάει σαν τρελή. Τινάχτηκα προς το μέρος της, κι ύστερα κρατήθηκα. Την παρακολούθησα με έντονο βλέμμα. Φαινόταν μεγαλύτερη, πιο ώριμη, και μολονότι στην έκφρασή της δε διέκρινες φανερή τη λύπη, το ενδιαφέρον της για τις κουβέντες της μητέρας της, που αναμφίβολα περιστρέφονταν γύρω από ένα μαύρο παλτό που υπήρχε πίσω από την κρυστάλλινη βιτρίνα, δεν ήταν άλλο από παθητικό και πειθήνιο. Κάπου κάπου, μάλιστα, η προσοχή της ξέφευγε και κοιτούσε ολόγυρά της με ερευνητικό, στοχαστικό βλέμμα που μου 'στειλε άλλη μια μαχαιριά. Γιατί, αχ γιατί να μην είναι μονάχη;

Εκείνη τη στιγμή, κουνώντας με σοφία το κεφάλι, η κυρία Λο έπιασε την Τζιν απ' το χέρι κι οι δυο γυναίκες απομακρύνθηκαν από τη βιτρίνα. Απ' ό,τι κατάλαβα, είχαν τελειώσει τα ψώνια τους και προχωρούσαν προς την κατεύθυνση του κεντρικού σταθμού για να γυρίσουν σπίτι. Τις ακολούθησα σαν κλέφτης, με την καρδιά να φλέγεται από πόθο, όλο λαχτάρα να τις πλησιάσω, μα συγκρατημένος από το θέαμα της κατάπληξης και του φόβου που σίγουρα θα προκαλούσε η εμφάνισή μου.

Έξω από ένα γαλακτοπωλείο, η κυρία Λο σταμάτησε και κοίταξε το ρολόι της. Συνεννοήθηκαν κι ύστερα μπήκαν μέσα και κάθισαν σ' ένα τραπεζάκι με μαρμάρινη πλάκα. Απ' έξω, διαλυμένος κομμάτια από τον έρωτα και την αναποφασιστικότητα, τις παρακολούθησα να παραγγέλνουν και να πίνουν ζεστό γάλα. Σαν βγήκαν έξω, τις πήρα από πίσω ώσπου μπήκαν στον πολύβουο σταθμό. Εκεί, ανάμεσα στο πλήθος, ήμουν τόσο κοντά, που λίγο ακόμα και θ' άγγιζα την Τζιν. Γιατί δε γύρισε να με δει; Απελπισμένα, μ' όλη μου τη δύναμη, ευχήθηκα να γυρνούσε. Όμως όχι, αλά μπρατσέτα με τη μητέρα της, πέρασε αργά τον έλεγχο των εισιτηρίων, μπήκε στο σταματημένο τρένο και χάθηκε απ' τα μάτια μου.

Την ίδια στιγμή που έφυγε τα 'βαλα με τον εαυτό μου για την ηλιθιότητά μου που έχασα τούτη την ευκαιρία, κι έτσι, αφού γύρισα βιαστικά στο άθλιο δωμάτιό μου κι έκανα κάμποσες βόλτες νευρικά απ' τη μιαν άκρη ως την άλλη, πήρα μια κόλλα χαρτί και την πένα μου και κάθισα στο κρεβάτι που έτριζε. Ήθελα να ελευθερώσω σ' ένα χείμαρρο λέξεων τα συναισθήματά μου, που τα 'χα πνίξει τόσο καιρό, μα συγκρατήθηκα σαν συλλογίστηκα πως το γράμμα δε θα 'φτανε τελικά στον προορισμό του. Τελικά, χρησιμοποιώντας για προκάλυμμα ένα φάκελο με τη διεύθυνση του Λουκ, έστειλα τούτο το μήνυμα:

Αγαπητή Τζιν,
Σε είδα σήμερα στο Γουίντον, αλλά δεν είχα την ευκαιρία να σου μιλήσω. Απ' ό,τι καταλαβαίνω, σύντομα θα δώσεις ξανά τις εξετάσεις σου και δε θα ήθελα καθόλου να σ' ενοχλήσω πριν ή στη διάρκεια αυτού του γεγονότος. Όταν τελειώσεις όμως, θα ήθελα οπωσδήποτε να συναντηθούμε. Μου έχεις λείψει τρομερά κι έχω τόσα πολλά να σου πω. Σε παρακαλώ, απάντησε σ' αυτή τη διεύθυνση. Καλή σου τύχη στις εξετάσεις.

Δικός σου,
Ρομπερτ

Τις επόμενες μέρες παρακολουθούσα πυρετωδώς το ταχυδρομείο του ξενοδοχείου, περιμένοντας μιαν απάντηση σε τούτο το γράμμα, με την αγάπη μου για κείνη να 'χει ξυπνήσει και να 'χει γεννηθεί από την αρχή. Μήπως θα έπρεπε σίγουρα ν' απαντήσει; Η λαχτάρα μου να είμαι μαζί της ήταν ακατανίκητη.

Την ίδια στιγμή, μια κι οι οικονομίες μου ήταν σε τόσο επικίνδυνα χαμηλά επίπεδα ώστε έπρεπε γρήγορα να πάρω μια απόφαση για το μέλλον, ανυπομονούσα να μάθω νέα από τον καθηγητή Τσάλλις. Δεν ήθελα να δεσμευτώ με άλλη δουλειά, από φόβο μήπως και μου 'διναν τελικά την υποτροφία από το Ερευνητικό Συμβούλιο. Όμως, με την οικονομία που άρχισα πια να κάνω στο φαΐ, να τρώω για μεσημέρι μονάχα μια λουκανικόπιτα και λίγο αργότερα να παραλείπω ολόκληρο το δείπνο μου, άρχισα να εύχομαι να 'χα τονίσει περισσότερο την κρισιμότητα των συνθηκών στον παλιό μου καθηγητή. Λες να το είχε ξεχάσει, να είχε διαφύγει από την ασθενική μνήμη του ο κύριος σκοπός της επίσκεψής μου; Προληπτικά πήγα στην Υπηρεσία Απασχόλησης Ιατρικού Προσωπικού κι άφησα εκεί το όνομά μου, μα στην πορεία είχα μια διαφωνία με τον αρμόδιο υπάλληλο, μια ανταλλαγή λέξεων που δε βελτίωσε και πολύ τις προοπτικές μου. Το γεγονός πως δεν είχα νέα από τον Τσάλλις, η σιωπή της Τζιν που συνεχιζόταν, οι άθλιες συνθήκες ζωής μου και, πάνω απ' όλα, η αίσθηση της ολοένα και μεγαλύτερης καθυστέρησης στην πρόοδο της δουλειάς μου είχαν αρχίσει να μου γίνονται αβάσταχτο μαρτύριο.

Απελπισμένος, έψαξα κι έβγαλα μια φιάλη από τον εξοπλισμό που κάλυπτε το δάπεδο του δωματίου μου γύρω από τα πόδια του κρεβατιού κι άρχισα να δοκιμάζω πάνω μου μια σειρά δερματοαντιδράσεων, ξύνοντας την επιδερμίδα στο μπράτσο μου και εμβολιάζοντας το γδάρσιμο με διαλύματα εξασθενημένων με θερμότητα καλλιεργειών. Προς μεγάλη μου χαρά, αναπτύχτηκε μια σειρά χαρακτηριστικών ελκών, που μου 'δωσαν τη δυνατότητα να μελετήσω τη σημαντική διαδικασία της δερματικής αντίδρασης. Τα παρακολούθησα προσεχτικά και, μια που δεν μπορούσα να κάνω τίποτ' άλλο, κράτησα σημειώσεις και σκίτσα όσο εξαπλωνόταν η πάθηση.

Στα μεσοδιαστήματα έκανα ατέλειωτες βόλτες στην πόλη κι απόχτησα για στέκι μου τους δρόμους που οδηγούσαν στον κεντρικό σταθμό του Γουίντον, σε μια προσπάθεια μήπως και δω την Τζιν να βγαίνει από το τρένο του Μπλαίρχιλ. Κάμποσες φορές μέσα στο πλήθος έπιανε το μάτι μου κάποιο κορίτσι που τόσο πολύ της έμοιαζε, ώστε η καρδιά μου σταματούσε να χτυπάει. Έτσι όμως όπως έτρεχα να πλησιάσω, όλο λαχτάρα κι αγωνία, το μόνο που κατάφερνα ήταν να βρεθώ να κοιτάζω τα μάτια μιας ολότελα ξένης.

Μια βροχερή νύχτα που περιπλανιόμουν μάταια στο σταθμό, μετά από μια μέρα τελείως ταλαίπωρη, ένιωσα ένα χέρι στον ώμο μου.

«Πώς πάει, Ρόμπερτ;»

Έκανα στροφή και γύρισα, και το πρόσωπό μου φωτίστηκε από προσμονή. Μα ήταν ο Σπενς, με το αδιάβροχό του κουμπωμένο μέχρι πάνω και την απογευματινή εφημερίδα που μόλις είχε αγοράσει χωμένη κάτω απ' τη μασχάλη του. Χαμήλωσα το κεφάλι γρήγορα, χαρούμενος βέβαια που τον είδα, κι όμως συγχυσμένος που με βρήκε εδώ πέρα, σ' αυτή την κατάσταση.

Για λίγο δε μιλήσαμε. Ο Νιλ ποτέ δεν ήταν τύπος της κουβέντας, μα ύστερα από μια στιγμή αμηχανίας είπε, κομπιάζοντας όπως συνήθως:

«Τι κάνεις στο Γουίντον; Πήρες μια μέρα άδεια;»

Κράτησα μακριά το βλέμμα μου, φοβόμουνα τον οίκτο του.

«Ναι» είπα. «Μόλις έφτασα από το Ντάλναιρ».

Με κοίταξε από την κορφή ως τα νύχια, με τον πλάγιο, απολογητικό τρόπο του.

«Έλα σπίτι να φάμε μαζί απόψε».

Δίστασα. Το μόνο που είχα να προσμένω ήταν άλλο ένα χαμένο, σκυθρωπό βράδυ στην Υφήλιο, όπου αν δεν ήθελα ν' ακούω τις θορυβώδεις κουβέντες των εμπορικών αντιπροσώπων στο σαλόνι που έμπαζε από παντού, έπρεπε να κλειδαμπαρωθώ στο δωμάτιό μου. Ήμουν μούσκεμα, κρύωνα και πεινούσα. Το κεφάλι μου κόντευε να σπάσει από μιας μέρας περιπλάνηση στους δρόμους, το χέρι μου παλλόταν ακόμα και πονούσε. Είχα να φάω της προκοπής εδώ και μια βδομάδα, και μάλιστα τις προηγούμενες είκοσι τέσσερις ώρες δεν είχα φάει σχεδόν τίποτα. Ένιωσα εξαντλημένος κι άρρωστος. Ο πειρασμός ήταν μεγάλος.

«Κανονίστηκε» είπε, πριν προλάβω ν' αρνηθώ.

Πήραμε το λεωφορείο που πήγαινε στο Μάουντ Πλέζαντ, την απομακρυσμένη γειτονιά όπου, από τότε που παντρεύτηκαν, ο Σπενς κι η γυναίκα του είχαν νοικιάσει ένα μικρό σπιτάκι, το μισό ξύλινο, ένα από τα πολλά που έστεκαν στη σειρά πάνω σ' ένα μετρημένο προαστιακό αμαξόδρομο. Σ' όλη τη διαδρομή δε μιλήσαμε. Κάνοντας πως διάβαζε την εφημερίδα του, ο Σπενς μ' άφησε στην ησυχία μου, μα μια δυο φορές ένιωσα τη ματιά του πάνω μου και, σαν κατεβήκαμε και πλησιάσαμε στο σπίτι του, είπε σαν να 'θελε να νιώσω άνετα:

«Η Μιούριελ θα χαρεί πολύ που ήρθες».

Το σπίτι, μολονότι όχι απλόχωρο, ήταν κατάφωτο και ζεστό. Σαν μπήκαμε, η αλλαγή από την ψύχρα έξω μου 'φερε μια παράλογη ζαλάδα, έτσι που χρειάστηκε να στηριχτώ στον τοίχο. Πριν ακόμα αφήσει τα πράγματά του, ο Σπενς με πήγε από το διάδρομο στο δωμάτιο μελέτης του, κι αφού με κάθισε μπροστά στη φωτιά, επέμεινε και μου 'δωσε ένα ποτήρι τσέρι κι ένα κουλούρι. Το έντιμο πρόσωπό του έδειχνε ανησυχία, κι αυτό μ' έκανε να νιώσω ακόμα πιο άβολα.

«Σίγουρα είσαι εντάξει;»

Γέλασα βεβιασμένα.

«Γιατί να μην είμαι;»

Για μια δυο στιγμές ψευτοασχολήθηκε με κάτι, καμώθηκε πως δε με κοίταζε, κι ύστερα έφυγε με την παρατήρηση:

«Σα στο σπίτι σου... Η Μιούριελ θα κατέβει τώρα».

Έγειρα πίσω κι έκλεισα τα μάτια, νιώθοντας ακόμα αδύναμος και παλεύοντας να πνίξω μιαν ανόητη λαχτάρα να καταρρεύσω εξαιτίας της καλοσύνης που μου 'χε δείξει ο Σπενς. Χαλάρωσα λιγάκι πια· το τσέρι με είχε αναζωογονήσει κι η άνετη πολυθρόνα λίγο ακόμα και θα βοηθούσε να πάρω έναν υπνάκο. Δέκα λεπτά αργότερα ξύπνησα μ' ένα τίναγμα και βρήκα την κυρία Σπενς να στέκει στην πόρτα.

«Μη σηκώνεσαι». Μπαίνοντας έκανε μια χειρονομία να με συγκρατήσει.

Μ' όλες τις διαβεβαιώσεις του Νιλ και το δικό της ευγενικό χαμόγελο, δε φαινόταν και τόσο χαρούμενη που μ' έβλεπε. Ήταν ελκυστική όπως κάθε άλλη φορά, κι ακόμα περισσότερο, συλλογίστηκα, με το ροζ, νεανικό φουστάνι που φορούσε, με το χαμηλό ντεκολτέ και το εφαρμοστό μπούστο, που ήταν καλυμμένο με πούλιες. Τα μαλλιά της ήταν φρεσκοφτιαγμένα κι είχαν πάνω τους κόκκινες ανταύγειες, που δεν τις είχα προσέξει ποτέ πριν. Φορούσε κάμποσο μακιγιάζ και το βαρύ κραγιόν χάριζε στα χείλια της μια τεχνητή ζεστασιά.

«Ελπίζω να μη σου χαλάω τα σχέδια» είπα άχαρα.

«Α, όχι». Κούνησε το κεφάλι κι άναψε ένα τσιγάρο με μικρές, επιτηδευμένες κινήσεις. «Θα ερχόταν άλλωστε κι ο κύριος Λόμαξ. Τώρα που θα βρεθείτε κι οι τρεις, θα είναι σαν τον παλιό καλό καιρό».

Σιωπή απλώθηκε ανάμεσά μας, μια σιωπή που γέμιζε με αμηχανία την ώρα που εμφανίστηκε ο Σπενς, πλυμένος κι αλλαγμένος. Είχε φορέσει μαύρη γραβάτα και βραδινό σακάκι.

«Με συγχωρείς γι' αυτά τα γιορτινά, Σάννον». Χαμογέλασε εξευμενιστικά στη γυναίκα του. «Η Μιούριελ επιμένει».

«Δε διασκεδάζουμε και πολύ» είπε κοφτά η κυρία Σπενς. «Τουλάχιστον ας το κάνουμε σαν άνθρωποι».

Ο Σπενς κοκκίνισε λιγάκι, μα δεν είπε τίποτα, μονάχα άρχισε να γεμίζει τις καράφες, ίσα για να κάνει κάτι. Η Μιούριελ, με το ένα μάτι στο ρολόι και με μιαν αδιόρατη γκριμάτσα δυσαρέσκειας, άρχισε ν' αλλάζει τη σειρά των φιλντισένιων ελεφάντων που έστεκαν πάνω στο ράφι του τζακιού.

«Να σε βοηθήσω, αγάπη μου;» είπε ο Σπενς. «Αυτά τα πράγματα ποτέ δε στέκονται όρθια».

Κούνησε το κεφάλι της. «Μακάρι να είχαμε στολίδια της προκοπής».

Κατά κάποιο τρόπο με πλήγωσε που είδα τον Σπενς να δείχνει τόσο ενδιαφέρον, τόση αγωνία να ευχαριστήσει τη γυναίκα του – παρατήρησα επίσης πως είχε βάλει και δεύτερο ουίσκι, και πολύ μεγαλύτερη δόση απ' ό,τι συνήθως.

Κατά τις οχτώ παρά, όταν πια το δείπνο είχε μισή ώρα έτοιμο, ακούστηκε ο θόρυβος ενός ταξί κι έφτασε ο Λόμαξ, όλο συγγνώμες για την αργοπορία του. Ήταν γοητευτικός, ανέμελος κι ατάραχος, πολύ χαρούμενος που μ' έβλεπε, όπως είπε, με άψογα ρούχα αλλά και τρόπους.

Στην τραπεζαρία το τραπέζι ήταν καλυμμένο μ' ένα ύφασμα με δαντέλες στις άκρες και φωτισμένο με πράσινα σπαρματσέτα με πλισαρισμένα χάρτινα σκιάστρα. Στο παρελθόν, κάθε φορά που έκανα επίσκεψη στον Σπενς, συνήθως το φαγητό ήταν άφθονο κι απλό, μα τώρα το δείπνο ήταν εξεζητημένο, με πολλά πιάτα και στην ουσία τίποτα για να φας. Δε σκοτιζόμουν, μια και, μολονότι πριν από μια ώρα πεινούσα σαν λύκος, τώρα το στομάχι μου ανακατευόταν στην ιδέα του φαγητού και μου είχε κοπεί τελείως η όρεξη. Η τραπεζοκόμος που περίμενε, εκπαιδευμένη από την κυρία της στις συνήθειες του «καλού κόσμου», στεκόταν προσοχή πλάι στην πόρτα στα διαλείμματα του σερβιρίσματος, ανασαίνοντας με το στόμα και κοιτάζοντάς μας όσο τρώγαμε. Ο Σπενς μιλούσε ελάχιστα, μα η Μιούριελ φλυαρούσε όλη την ώρα, κυρίως προς τη μεριά του Λόμαξ, χαρωπά κι όλο ζωντάνια, κουβεντιάζοντας γνωστά της κοινωνικά θέματα, που τα μάθαινε αναμφίβολα από τα περιοδικά μόδας που μελετούσε με λαχτάρα, και καλύπτοντας τις καθυστερήσεις στο σερβίρισμα κάνοντας τέτοια κατάχρηση στους καλούς της τρόπους, που μου 'φερνε ανατριχίλα.

Επιτέλους τέλειωσε, έπαψε το σφυροκόπημα των πήλινων στην κουζίνα, εξαφανίστηκε η σερβιτόρα κι η κυρία Σπενς γύρισε χαριτωμένα κατά τη μεριά μας.

«Εσείς οι τρεις μπορείτε να πάτε να καπνίσετε τις πίπες σας στη βιβλιοθήκη. Ελάτε να με βρείτε στο σαλόνι σε μισή ώρα». Στην πόρτα κράτησε τον Λόμαξ μ' ένα γελάκι. «Πρώτα πρέπει να με βοηθήσεις να σβήσουμε τα κεριά».

Ο Σπενς κι εγώ μεταφερθήκαμε στη βιβλιοθήκη, όπου, δίχως κουβέντα, συνδαύλισε τη φωτιά, σερβιρίστηκε λίγο ουίσκι και μου 'δωσε ένα τσιγάρο. Κοίταξε στο ράφι του τζακιού, ύστερα έψαξε τις τσέπες του.

«Έχεις ένα σπίρτο, Ρόμπερτ;»

«Θα φέρω μερικά» είπα.

Γύρισα στο καθιστικό, κι εκεί, από την ανοιχτή πόρτα της τραπεζαρίας, είδα τον Λόμαξ και την κυρία Σπενς. Αγκαλιασμένη από τα χέρια του, έστεκε κοντά του, με τα δικά της χέρια ν' αναπαύονται με οικειότητα στους ώμους του και το βλέμμα της να τον κοιτάζει στα μάτια με λατρεία. Δε μ' άφησε άναυδο μονάχα η στάση της, μα κι ο τρόπος που έδειχνε τελείως ξεμυαλισμένη. Στάθηκα μια στιγμή κι ύστερα, σαν κόλλησαν τα χείλη τους, γύρισα κι έφυγα, βρήκα ένα κουτί σπίρτα στην τσέπη του παλτού μου και γύρισα στη βιβλιοθήκη.

Ο Σπενς ήταν γερμένος μπροστά στην πολυθρόνα του κι ατένιζε τη φωτιά. Άναψε την πίπα του με αργές κινήσεις.

«Αυτά τα βράδια τής φτιάχνουν το κέφι της Μιούριελ» είπε δίχως να με κοιτάξει. «Νομίζω πως ο Λόμαξ τής κάνει καλό».

«Βέβαια» συμφώνησα.

«Μερικές φορές εύχομαι να μην ήμουν τόσο βαρετός τύπος, Ρόμπερτ. Προσπαθώ να 'μαι ξύπνιος, μα δεν μπορώ. Δεν είμαι καθόλου καλός στα λόγια».

«Να δοξάζεις το Θεό γι' αυτό, Νιλ».

Μου έριξε μια ματιά όλο ευγνωμοσύνη.

Την επόμενη στιγμή ήρθε και μας βρήκε ο Λόμαξ. Μια σύντομη σιωπή ακολούθησε την εμφάνισή του, μα δεν τον πτόησε· τίποτα, απ' όσο φαινόταν, δε σάστιζε ποτέ τον Έιντριαν Λόμαξ.

Παίρνοντας ένα τσιγάρο από το πακέτο του, πήγε στο χαλάκι μπροστά στο τζάκι κι άρχισε να περιγράφει την κουβέντα του με τον ταξιτζή που τον είχε φέρει. Ήταν κομψός και διασκεδαστικός και, πριν περάσει λίγη ώρα, ο Σπενς, που στην αρχή τον κοίταζε με μελαγχολικά μάτια, τον άκουγε χαμογελαστός. Εγώ όμως δεν μπορούσα να χαμογελάσω. Δεν ήμουνα σεμνότυφος, άσε που απ' την αρχή τον είχα μισοϋποψιαστεί τον Λόμαξ, ακόμα κι έτσι όμως, ένιωσα κάτι σαν ναυτία να μου καίει τα σωθικά. Αν ήταν άλλος κι όχι ο Σπενς... Αυτό συλλογιζόμουν διαρκώς.

Δεν μπόρεσα να συγκρατηθώ. Όσο συνέχιζε να μιλάει ο Λόμαξ σηκώθηκα, βγήκα από τη βιβλιοθήκη ψελλίζοντας κάποια δικαιολογία και διέσχισα το καθιστικό για να φτάσω στο σαλόνι.

Η κυρία Σπενς στεκόταν μπροστά στη φωτιά, με το ένα πόδι πάνω στο μπρούντζινο κιγκλίδωμα, στηριγμένη με τον αγκώνα στο ράφι του τζακιού και με το βλέμμα καρφωμένο στην αντανάκλασή της στον καθρέφτη, χαμογελώντας αφηρημένη. Φαινόταν ξένοιαστη, ευχαριστημένη με τον εαυτό της, κι όμως σε ανήσυχη εγρήγορση. Όπως μπήκα κι έκλεισα πίσω μου την πόρτα, γύρισε απότομα.

«Α, εσύ είσαι. Πού είναι οι άλλοι;»

«Στη βιβλιοθήκη».

Θα πρέπει να μάντεψε από τον τόνο μου πως κάτι δεν πήγαινε καλά. Σηκώνοντας ξαφνικά τα ματοτσίνορά της, μου 'ριξε μιαν αστραπιαία ματιά.

«Κυρία Σπενς» είπα τελικά με ανέκφραστη φωνή «σας είδα με τον Λόμαξ πριν από λίγο».

Χλώμιασε ελαφρά, κι ύστερα το πρόσωπό της βάφτηκε έντονα και οργισμένα.

«Ώστε μας κατασκόπευες».

«Όχι. Σας είδα εντελώς τυχαία».

Άφωνη, πάλεψε να βρει λόγια να πει, ενώ τα μάγουλά της είχαν πυρώσει από τον εκνευρισμό. Συνέχισα:

«Ο άντρας σας είναι ο καλύτερός μου φίλος. Κι ο καλύτερος άνθρωπος του κόσμου. Δεν μπορώ με τίποτα να σας επιβάλω κάτι. Σας ικετεύω όμως, σκεφτείτε τον».

«Να τον σκεφτώ!» φώναξε. «Γιατί δε σκέφτεται και μένα κάποιος, έτσι, γι' αλλαγή;» Πνίγηκε, την πλημμύρισε ένα ξαφνικό κύμα παθιασμένης απέχθειας. «΄Εχεις ιδέα τι περνάω τούτα τα τελευταία πέντε χρόνια;»

«΄Ησασταν ευτυχισμένη μέχρι που ήρθε ο Λόμαξ».

«Αυτό το λες εσύ. Δυστυχισμένη ήμουνα».

«Γιατί παντρευτήκατε τον Νιλ;»

«Γιατί μου 'χε στρίψει, γιατί με παρέσυρε το συναίσθημα, ο οίκτος, κι όλοι οι άλλοι που συμφώνησαν μαζί μου... Τι καλό κορίτσι, που κάνει τέτοιο πράγμα, κάτι τόσο ευγενικό». Τα χείλια της τραβήχτηκαν. «Δεν καταλάβαινα πού πήγαινα να μπλέξω. Α, ήταν όλα καλά στην αρχή, όσο κράτησε ο πόλεμος. Τότε καλοπερνούσαμε. ΄Επαιζαν οι μπάντες κι ανέβαιναν οι σημαίες. Κάθε που πηγαίναμε στο θέατρο σηκωνόντουσαν όλοι, φαντάσου, και χειροκροτούσαν. Τώρα όμως τέλειωσαν όλα και τον ξέχασαν. Δεν είναι πια ήρωας. Είναι ένα τέρας. Οι άνθρωποι τον κοιτάνε στο δρόμο. Τα παιδιά τον κοροϊδεύουν. Φαντάζεσαι τι νιώθω εγώ; Εδώ, τις προάλλες, ήμασταν σ' ένα εστιατόριο και μια παρέα από το διπλανό τραπέζι άρχισε να γελάει μαζί του πίσω απ' την πλάτη του, μέχρι που μ' έκαναν να θέλω ν' ανοίξει η γη και να με καταπιεί».

Την κοίταξα ψυχρά, παγωμένος από τη φτήνια του μυαλού της, μα δεν τα παράτησα.

«Οι άνθρωποι γίνονται τρομερά αγενείς, μερικές φορές. Δε χρειάζεται να βγαίνετε έξω. Το σπίτι σας είναι όμορφο».

«΄Ενα στενάχωρο σπιτάκι στα προάστια» μου αντιγύρισε περιφρονητικά. «Δε γεννήθηκα εγώ γι' αυτό. Βαριέμαι, ναι, βαριέμαι μέχρι θανάτου. Μου 'ρχεται να βάλω τις φωνές, έτσι που περνάω εδώ μέσα τις νύχτες. ΄Οταν τον αρραβωνιάστηκα κάναμε σχέδια πως θα γινόταν συμβουλεύων γιατρός. Τον φαντάζεσαι τώρα μέσα σ' ένα μοντέρνο ιατρείο, μ' αυτή την τσαλακωμένη εμφάνιση; Μια φορά τον φώναξαν να δει ένα κοριτσάκι στο δρόμο μας, κι όταν έσκυψε στο προσκεφάλι του, το παιδάκι παρά λίγο να πάθει νευρική κρίση. Στη ζωή του, το μόνο που θα μπορέσει να κάνει είναι να μείνει γραφιάς σε εργαστήριο».

«Αυτό θα 'πρεπε να σας κάνει να του φέρεστε πολύ γλυκά».

«Αχ, βούλωσ' το, πια!» μου πέταξε. «Εσείς οι χαζοϊδεαλιστές όλοι ίδιοι είσαστε. Αρκετά τού έδωσα. Κουράστηκα πια να του φτιάχνω σούπες. Δεν μπορώ άλλο να χάνω τα καλύτερα χρόνια της ζωής μου».

«Σας αγαπάει» είπα. «Κι αυτό έχει κάποια αξία και για τους δυο σας. Μην το πετάξετε».

Τα μάτια της συνάντησαν τα δικά μου, άγρια σαν χαστούκι. Περίμενα να ξεσπάσει. Αντίθετα, γύρισε και βάλθηκε να κοιτάζει τη φωτιά. Το αργό τικ τακ του ρολογιού αντηχούσε στο δωμάτιο σαν καρδιοχτύπι μιας μηχανικής κούκλας. Σαν με αντίκρισε ξανά, η έκφρασή της ήταν ήρεμη, το βλέμμα της ανοιχτό κι απατηλό.

«Άκου, λοιπόν, Ρόμπερτ. Δημιουργείς θέμα από το τίποτα. Στ' αλήθεια, με τον ΄Εϊντριαν ένα φλερτάκι είναι μόνο. Σου ορκίζομαι, δεν κάνουμε τίποτα κακό».

Προχώρησε μπροστά κι απόθεσε απαλά το χέρι της στο μανίκι μου.

«Η ζωή είναι βαρετή σ' αυτό το απαίσιο προάστιο. Κάπου κάπου μας αξίζει να το ρίχνουμε λίγο έξω. Κάθε γυναίκας της αρέσει να την κολακεύουν και να την κάνουν να... να νιώθει πως είναι κάπως γοητευτική. Αυτό είν' όλο. Δε θα το πεις στον Νιλ, έτσι;»

Κούνησα το κεφάλι, την κοίταξα επίμονα, αναρωτήθηκα αν κάτι απ' όλα αυτά που είπε ήταν αλήθεια.

«Τον αποζημιώνω. Του φέρομαι καλά, αλήθεια». Χαμογέλασε πειστικά, έχοντάς με ακόμα πιασμένο απ' το μανίκι. «Μου υπόσχεσαι πως δε θα πεις λέξη;»

«Όχι» είπα. «Δε θα του το πω. Φεύγω τώρα. Καληνύχτα, κυρία Σπενς».

Στη βιβλιοθήκη, με την πρόφαση πως έπρεπε να προφτάσω το τρένο των δέκα για το Ντάλναιρ, ανήγγειλα πως έπρεπε να φύγω και καληνύχτισα τον Λόμαξ. Ο Σπενς μ' έβγαλε ως την πόρτα, μάλλον αναστατωμένος από την ξαφνική μου αναχώρηση. Στην εξώπορτα γλίστρησε το χέρι του γύρω απ' τους ώμους μου.

«Μακάρι να μη βιαζόσουνα, Ρόμπερτ». Τα σκούρα μάτια του έμειναν να κοιτάζουν τα δικά μου. «Εδώ που τα λέμε... ήμουν έτοιμος να σου ζητήσω να μείνεις εδώ μερικές μέρες... αν σου ερχόντουσαν δύσκολα τα πράγματα».

«Δύσκολα;» επανέλαβα.

Απομάκρυνε το βλέμμα του.

«Τηλεφώνησα στο Ντάλναιρ την περασμένη βδομάδα. Μου είπαν πως έφυγες». Έψαχνε διστακτικά να βρει λόγια που θα φαινόταν πως έβγαιναν από τα βάθη της ανιδιοτελούς καρδιάς του. «Βλέπεις, θα 'θελα πολύ να βοηθήσω... Εγώ είμαι τόσο ευκατάστατος εδώ πέρα... Δε μ' αρέσει να σε σκέφτομαι να παραδέρνεις εδώ κι εκεί, στα τυφλά».

«Σ' ευχαριστώ, Σπενς, σ' ευχαριστώ. Είμαι εντάξει». Τα συναισθήματα με πλημμύρισαν, δεν μπόρεσα να συνεχίσω. Του έσφιξα το χέρι, κατέβηκα τρεχάλα τα σκαλιά και βγήκα στην υγρή σκοτεινιά της νύχτας.

Τράβηξα με τα πόδια όλο το δρόμο για την πολιτεία, σε μια προσπάθεια να συνέλθω. Το μπράτσο μου έκαιγε κι είχε πρηστεί, μα ο πόνος εκείνος ήταν μικρότερος από τον πόνο που μου 'καιγε το στέρνο. Με πλημμύρισε η αίσθηση της σκληρότητας της ζωής.

Είχε πάει έντεκα σαν έφτασα στην Υφήλιο, κι όπως μπήκα στον παγωμένο προθάλαμο, είδα στο ράφι ένα γράμμα για μένα. Το πήρα βιαστικά.

Αγαπητέ μου Σάννον,

Βρίσκομαι στη δυσάρεστη θέση να σου ανακοινώσω ότι, παρά τις εντονότατες διαμαρτυρίες μου, το Ερευνητικό Συμβούλιο αρνήθηκε να χορηγήσει υποτροφία για την εργασία σου. Αυτό, φοβάμαι, είναι οριστικό. Ωστόσο, θα συνεχίσω να έχω κατά νου τις ανάγκες σου. Αν, εν τω μεταξύ, χρειαστείς ένα χώρο για τον εξοπλισμό σου, κανόνισα να τον έχεις στο Μέγαρο των Φαρμακοποιών, στην οδό Σαιντ Άντριους. Μη χάνεις το κουράγιο σου.

Ειλικρινά φίλος σου,
Ουίλφρεντ Τσάλλις

Δε βαστούσα άλλο να διαβάσω· πολύ απλά, δεν έβλεπα τις λέξεις. Χρειάστηκε να σφίξω τα δόντια για να κρατήσω τα δάκρυα που ήταν έτοιμα να κυλήσουν από τα μάτια μου.

Κεφάλαιο 2

ΤΟ ΑΛΛΟ ΠΡΩΙ, σαν ανειδίκευτος μποξέρ που πρέπει να παλέψει να σταθεί στα πόδια του, μολονότι νικήθηκε, πήγα στο Μέγαρο των Φαρμακοποιών, μα δίχως πολλές ελπίδες. Ήταν ένα παλιό κτίριο γεμάτο διαδρόμους και παραδιαδρόμους, που βρισκόταν κοντά στο Γουέλγκεϊτ, κλάδο της Φαρμακευτικής Εταιρείας, όπου έκαναν μαθήματα οι φοιτητές για το δίπλωμα της Ένωσης Φαρμακοποιών. Από οποιαδήποτε άποψη, η Ένωση ήταν κατώτερη από το πανεπιστήμιο.

Ο θυρωρός είχε ειδοποιηθεί ότι θα πήγαινα, κι όταν του έδωσα το όνομά μου, με οδήγησε σ' ένα δωμάτιο στο ισόγειο, ένα στενόμακρο, χαμηλοτάβανο δωμάτιο, μάλλον σκοτεινό, μ' ένα τραπέζι, ένα δερμάτινο καναπέ, μια ζυγαριά από αχάτη σε μια γυάλινη προθήκη, έναν πάγκο με σωλήνες δοκιμής και δυο μικρά ράφια με απλά χημικά αντιδραστήρια. Για να λέμε την αλήθεια, ήταν το είδος του δωματίου που φοβόμουν πως θα 'βρισκα, ένα δωμάτιο κατάλληλο για φοιτητή Φαρμακευτικής, κι όπως επιθεωρούσα τους περιορισμούς του, αναρωτήθηκα αν θα μπορούσα ποτέ στη ζωή μου να εξασφαλίσω το κατάλληλο υπόβαθρο για τη δουλειά μου. Εδώ, αν αυτοσχεδίαζες συνέχεια κι είχες τεντωμένα όλα σου τα νεύρα, μπορούσες να προχωρήσεις. Μονάχος όμως, δίχως λεφτά και δίχως αρκετή βοήθεια, αυτή η πρόοδος θα ήταν αργή.

Έξω πια, έδωσα στο θυρωρό ένα σελίνι και του ζήτησα να

περάσει από την Υφήλιο μ' ένα καροτσάκι και να μου φέρει τα σύνεργά μου. Τουλάχιστον θα είχα τσάμπα αποθήκη για τα πράγματά μου. Αυτό θα ήταν ένα πλεονέκτημα, μια και δεν ήξερα πόσο καιρό θα μπορούσα να μείνω στο ξενοδοχείο. Δεν ήταν της στιγμής ν' αποφασίσω αν θα έκανα την προσπάθεια να συνεχίσω εδώ. Στην καρδιά μου, όπως διέσχιζα την αψίδα του Μεγάρου, τη σκεπασμένη με κισσό, συνειδητοποίησα πως ένιωθα μια κάποια μνησικακία απέναντι στον καθηγητή Τσάλλις. Κι όμως, δεν πίστευα πως θα με πρόδινε σκόπιμα.

Στο γυρισμό προς το ξενοδοχείο, παλεύοντας με τούτες τις σκέψεις, πέρασα από το Τρόνγκεϊτ Κρος. Ήταν ένα πολύβουο τρίστρατο γεμάτο στενά, δρομάκια με κίνηση που έσφυζαν από φτηνομάγαζα και ψηλά συγκροτήματα λαϊκών πολυκατοικιών. Όλη η κίνηση από τους ντόκους περνούσε από κει, ένα σταθερό ρεύμα από κάρα και φορτηγά, που ανακατευόταν κι ενωνόταν με τα τραμ και τα λεωφορεία της παλιάς λεωφόρου.

Ήμουν έτοιμος να στρίψω τη γωνία για να μπω στο κυρίως Τρόνγκεϊτ, όταν ξαφνικά έλαμψε μέσα μου εκείνο το παράξενο προαίσθημα που σου προκαλεί η καταστροφή. Ανάμεσα στο πλήθος, στο αντικρινό πεζοδρόμιο, μια μαθήτρια γύρω στα δεκατέσσερα χρόνια της, με τη σχολική σάκα κάτω απ' τη μασχάλη, στεκόταν με μια φίλη της και περίμενε την ευκαιρία να περάσει απέναντι. Εκείνη την ώρα, θαρρώντας πως το σταυροδρόμι είχε αδειάσει, αποχαιρέτησε γελώντας τη φιλενάδα της και βγήκε στο κράσπεδο. Την ίδια στιγμή, ένα μηχανοκίνητο αμάξι έστριψε από την Παλιά Λεωφόρο με απροσδόκητη ταχύτητα. Το παιδί το είδε κι έτρεξε μπροστά. Φάνηκε πως θα τη γλίτωνε. Ακριβώς τότε, όμως, ένα βαρύ φορτηγό ανέβαινε φορτωμένο από την άλλη κατεύθυνση. Ο χώρος ανάμεσα στα δυο οχήματα μίκρυνε. Το κορίτσι στάθηκε σαστισμένο, είδε πως είχε παγιδευτεί, έκανε μιαν αδέξια προσπάθεια να γυρίσει πίσω κι ύστερα γλίστρησε κι έπεσε φαρδύ πλατύ στη βρεγμένη άσφαλτο. Η σάκα της πετάχτηκε στην άλλη άκρη του δρόμου και τα σχολικά βιβλία της σκορπίστηκαν στα πόδια μου. Ακούστηκε ένα τρίξιμο φρένων, μια στριγκλιά φόβου, και μ' ένα τσιριχτό θόρυβο η ρόδα του φορτηγού, βαρυφορτωμένη με χυτοσίδηρο από τους ντόκους, πέρασε πάνω απ' το κορμί της.

Μια κραυγή τρόμου σηκώθηκε, όλοι έτρεξαν μπροστά κι αμέσως ένα πλήθος τριγύρισε το θύμα. Δε βάσταξα. Μολονότι με κάθε ένστικτο που διέθετα απέφευγα να εκθέτω δημόσια το επάγγελμά μου, άνοιξα δρόμο μέσα από τον κόσμο που περιστρεφόταν ολόγυρα και γονάτισα πλάι στο τραυματισμένο κορίτσι. Κάτω από τη λάσπη που βρόμιζε το πρόσωπό της είχε μια νεκρική χλωμάδα, ήταν ακίνητη και βογκούσε αδύναμα. Ένας αστυνομικός τής στήριζε το κεφάλι με λυγισμένο χέρι, τριγυρισμένος από καλοπροαίρετους που είχαν πλησιάσει και πρόσφεραν συμβουλές.

«Πάρτε την κάπου» είπα. «Είμαι γιατρός».

Το κόκκινο, χολωμένο πρόσωπό του φωτίστηκε μεμιάς. Πρόθυμα χέρια κατέβασαν μια σανίδα από το σταματημένο φορτηγό. Ανάμεσα στις φωνές και τη σύγχυση που όλο και μεγάλωναν, το κορίτσι τοποθετήθηκε σ' αυτό το αυτοσχέδιο φορείο, μεταφέρθηκε στο πίσω μέρος ενός ιατρείου που βρισκόταν ανάμεσα στα μαγαζιά, στην απέναντι μεριά του δρόμου, και ξαπλώθηκε σ' έναν καναπέ. Καμιά εικοσαριά περίεργοι μπήκαν μέσα μαζί μας. Αμέσως ο αστυνομικός τηλεφώνησε να 'ρθει ασθενοφόρο. Σαν ήρθε όμως ξανά κοντά μου στον καναπέ, είπε:

«Θα κάνει τουλάχιστον κάνα δεκάλεπτο, μ' αυτή την κίνηση».

«Σας παρακαλώ, διώξτε από δω μέσα αυτούς τους ανθρώπους» του είπα.

Όση ώρα εκκένωνε το παλιό ιατρείο, έσκυψα κι άνοιξα τη λεκιασμένη και ξεσκισμένη μπλούζα του παιδιού. Η σκισμένη φανέλα της έπεσε κι άφησε να φανεί το επίπεδο στηθάκι της. Ήταν ο αριστερός ώμος, όπως είδα, ένα ενσφηνωμένο πολλαπλό κάταγμα του βραχιόνιου οστού. Το σπασμένο αριστερό χέρι της κρεμόταν παραμορφωμένο κι άτονο, μα χειρότερο ακόμα ήταν το φαρδύ μελανό πρήξιμο που μεγάλωνε σταθερά στην αριστερή μασχάλη. Με τα δάχτυλά μου στον καρπό της, έριξα μια γρήγορη, αγωνιώδη ματιά στο πρόσωπό της, που είχε πανιάσει πια εντελώς, και στα μάτια της, που ήταν ασάλευτα κι ελαφρώς γυρισμένα προς τα πάνω.

Ο αστυνομικός είχε έρθει ξανά στο πλάι μου. Κοντά μας βρέθηκε ο παρασκευαστής του ιατρείου, ένας ηλικιωμένος άντρας με κοντό άσπρο σακάκι.

«Σε ποιον ανήκει αυτό το μέρος;» τον ρώτησα.

«Στο δόκτορα Μάθερς. Δυστυχώς δεν είναι εδώ».

«Δε φαίνεται και πολύ καλά» είπε χαμηλόφωνα ο αστυνομικός.

Με το βλέμμα καρφωμένο σ' εκείνο το παλλόμενο πρήξιμο, συλλογίστηκα γρήγορα. Η βραχιόνιος αρτηρία είχε αναμφίβολα διαρραγεί, ήταν πολύ ψηλά για να μπει αιμοστατικός επίδεσμος κι η αιμορραγία ήταν τόσο ακατάσχετη, που εύκολα θ' αποδεικνυόταν μοιραία πριν φτάσει το ασθενοφόρο.

Δε γινόταν να διστάσω άλλο. Δίχως να πω λέξη στους άλλους, έσυρα τον καναπέ στο παράθυρο, πήγα στο μικρό εμαγέ ντουλάπι των εργαλείων, στη γωνία, έβγαλα ένα χειρουργικό νυστέρι, μια λαβίδα Σπένσερ κι ένα γυάλινο δοχείο με ράμματα. Η μποτίλια με τον αιθέρα ήταν στο κάτω ράφι. Έσταξα λίγο σε μια γάζα και την έβαλα πάνω στα ρουθούνια του παιδιού. Το κορίτσι κλαψούρισε λιγάκι κι ύστερα έμεινε ακίνητο.

Δεν υπήρχε χρόνος για αντισηψία ρουτίνας. Έριξα λίγο ιώδιο στα χέρια μου, καθάρισα την πρησμένη μασχάλη με το ίδιο καυστικό υγρό. Οι άλλοι δυο με παρακολουθούσαν με γουρλωμένα μάτια. Πλαισιωμένη από το κατώφλι της πόρτας, φαινόταν μια παρέα σιωπηλών θεατών. Τους αγνόησα, έπιασα το μαχαίρι κι έκοψα το φουσκωμένο μπράτσο.

Αμέσως ξεπήδησε ένας μεγάλος θρόμβος αίματος. Μέσα απ'

αυτόν είδα το ακανόνιστο χάσμα που ανάβλυζε στη διαλυμένη αρτηρία. Στη στιγμή την έσφιξα με τη λαβίδα. Ύστερα, επίτηδες, σχεδόν με το πάσο μου, απολίνωσα το αγγείο. Ήταν πανεύκολο, τέλειωσε σε πέντε λεπτά. Βγάζοντας τη μάσκα του αιθέρα, ξέσφιξα τη λαβίδα, συμμάζεψα λιγάκι την πληγή κι έβαλα επίδεσμο, ανάποδο στάχυ, για να κρατήσει περισσότερο. Ο σφυγμός ήταν κιόλας πιο δυνατός, η ανάσα πιο βαθιά και πιο κανονική. Έπιασα τη χοντρή γκρίζα κουβέρτα από τα πόδια του καναπέ και τύλιξα μέσα σφιχτά το κοκαλιάρικο κορμάκι της. Μπορεί στο νοσοκομείο να της έκαναν μετάγγιση, μπορεί να της χορηγούσαν ενδοφλεβίως καθαρτικό άλας, αλλά το πραγματικά επείγον είχε πια τελειώσει.

«Τώρα θα τα βγάλει πέρα» είπα απλά.

Ο αστυνομικός έβγαλε ένα στεναγμό όλο ικανοποίηση κι από το κατώφλι ακούστηκε ένα μουρμουρητό επιδοκιμασίας. Όπως γυρνούσα όμως, είδα να με κοιτάζει με μάτια διόλου φιλικά ένας κοντόχοντρος, γεροδεμένος άντρας με ευέξαπτη όψη και σγουρά μαλλιά.

Τούτη η παράφωνη προσωπικότητα μ' ενόχλησε.

«Νομίζω πως είπα να καθαρίσουν το δωμάτιο».

«Εντάξει, λοιπόν» είπε τραχιά. «Στρίβε».

«Εσύ στρίβε» αποκρίθηκα με κάποια έξαψη.

«Γιατί; Δικό μου είναι το ιατρείο».

Κατάλαβα πως βρισκόμουν ενώπιον του δόκτορος Μάθερς.

Εκείνη τη στιγμή έφτασε το ασθενοφόρο, κι η διακοπή αυτή προξένησε μεγάλη φασαρία. Όταν επιτέλους τακτοποίησαν καλά τη μικρή ασθενή και τη μετέφεραν με προσοχή, ο αστυνομικός έκλεισε το σημειωματάριό του, μου έσφιξε το χέρι με επισημότητα κι έφυγε. Ο παρασκευαστής πήγε στο μπροστινό δωμάτιο, ό,τι είχε απομείνει από το πλήθος διαλύθηκε, η κίνηση ξαναβρήκε το βουητό της. Ο δόκτωρ Μάθερς κι εγώ μείναμε μόνοι.

«Έχεις κότσια» άρχισε ξανά να μιλάει. «Να μπαίνεις στο γραφείο μου. Να το κάνεις χάλια με το αίμα. Κι ούτε αμοιβή δεν πήρα γι' αυτό».

Κατέβασα τα μανίκια μου και φόρεσα το σακάκι μου.

«Όταν βρω λεφτά θα σου στείλω επιταγή για δέκα γκινέες».

Για μια στιγμή δάγκωσε τον αντίχειρά του, λες κι αναμασούσε την παρατήρησή μου. Όλα του τα νύχια ήταν καταφαγωμένα.

«Πώς σε λένε;»

«Σάννον».

«Φαντάζομαι ότι θα 'σαι κάτι σαν γιατρός».

Έριξα μια ματιά στο δίπλωμά του, που κρεμόταν κορνιζαρισμένο στον τοίχο πίσω του. Ήταν πιστοποιητικό του Ηνωμένου Συμβουλίου, ο κατώτερος πιθανός τίτλος σπουδών με τον οποίο είχες δικαίωμα ν' ασκήσεις την ιατρική.

«Ναι» είπα. «Εσύ;»

Κοκκίνισε ελαφρά και, με ύφος ανθρώπου που αποκαλύπτει μια απάτη, γύρισε απότομα στο γραφείο του κι έπιασε την *Ιατρική Επετηρίδα*. Ψάχνοντας μέσα στις σελίδες με την ενεργητικότητα που χαρακτήριζε καθεμιά του κίνηση, βρήκε γρήγορα τ' όνομά μου.

«Σάννον» είπε. «Ρόμπερτ Σάννον. Για να δούμε». Μα, όπως διάβαζε τον κατάλογο των τίτλων μου και τα βραβεία που είχα πάρει, του έπεσαν τα μούτρα. Έκλεισε το βιβλίο, κάθισε στην περιστρεφόμενη καρέκλα του από δερματίνη, έκανε πίσω στο κεφάλι του το μελόν που φορούσε ακόμα και πήρε να με μελετάει με διαφορετικό τρόπο.

«Έχεις ακούσει για μένα» είπε τελικά.

«Ποτέ».

«Δεν μπορεί. Τζέιμς Μάθερς. Έχω το μεγαλύτερο ιατρείο σε τούτη την πόλη. Τρεις χιλιάδες ασθενείς. Τους περισσότερους. Όλοι οι άλλοι γιατροί με μισούν. Τους κόβω τα πόδια. Είμαι πολύ δημοφιλής στον κόσμο».

Συνεχίζοντας να με κοιτάζει, έστριψε επιδέξια ένα τσιγάρο με το αριστερό του χέρι και το 'χωσε στο στόμα του σκύβοντας το κεφάλι. Η ξιπασιά του ήταν φοβερή. Ήταν ντυμένος με φανταχτερό επαγγελματικό στιλ, φαρδιά παντελόνια με τιράντες, κοντό μαύρο σακάκι, τσακιστό κολάρο και γραβάτα με διαμαντένια καρφίτσα. Το πιγούνι του όμως ήταν γαλαζωπό· ήθελε ξύρισμα.

«Ώστε σε πέταξαν έξω;» ρώτησε ξαφνικά. «Τι είναι... πιοτό ή γυναίκες;»

«Και τα δυο» είπα. «Επίσης είμαι και μορφινομανής».

Δεν αποκρίθηκε – ύστερα, με μια κοφτή κίνηση, σηκώθηκε.

«Πώς θα σου φαινόταν να δουλέψεις για μένα; Τρεις νύχτες τη βδομάδα. Ιατρείο και νυχτερινές κλήσεις. Θέλω λίγο χρόνο ελεύθερο. Η ιατρική με σκοτώνει».

Έκπληκτος, συλλογίστηκα μια στιγμή.

«Τι μου δίνεις;»

«Τρεις γκινέες τη βδομάδα».

Συλλογίστηκα ξανά. Ήταν αρκετά γενναιόδωρη προσφορά, που θα μου επέτρεπε να μείνω στην Υφήλιο και θα με γλίτωνε από την ταπείνωση να μπω στην ουρά της Υπηρεσίας Απασχόλησης. Θα είχα και χρόνο για την έρευνά μου, αρκεί να μπορούσα να βάλω τα πράγματα σε τάξη στο Μέγαρο των Φαρμακοποιών.

«Εντάξει».

«Σύμφωνοι, τότε. Να 'σαι εδώ απόψε, στις έξι ακριβώς. Σε προειδοποιώ, είχα και πριν βοηθούς. Κανένας τους δεν ήξερε πού πάν' τα τέσσερα. Τους πέταξα απ' τ' αυτί έξω».

«Ευχαριστώ για την πληροφορία».

Τραβούσα κιόλας για την πόρτα, όταν, μ' ένα μακάβριο χαμόγελο, με φώναξε πίσω.

«Πάρε. Απ' ό,τι βλέπω, σου χρειάζεται μια προκαταβολή».

Από την κωλότσεπή του έβγαλε ένα παραφουσκωμένο δερμάτινο πορτοφόλι και, διαλέγοντας προσεχτικά τα χαρτονομίσματα, μου άπλωσε τρία σελίνια και τρεις λίρες.

Είχα μάθει το μάθημά μου. Δίχως κουβέντα, πήρα τα λεφτά με την ίδια προσοχή που είχε δείξει κι αυτός σαν τ' άπλωσε κάτω.

Κεφάλαιο 3

ΤΟ ΙΔΙΟ ΕΚΕΙΝΟ ΒΡΑΔΥ, στις έξι, κι από κει και πέρα τρεις νύχτες τη βδομάδα, πήγαινα στο ιατρείο του Τρόνγκεϊτ Κρος. Σαν έφτανα, η αίθουσα αναμονής ήταν πάντα φίσκα ως την πόρτα με ασθενείς –γυναίκες με μαντίλες, χτυπημένα παιδιά, εργάτες από τους ντόκους– και το όλο ένταση διάστημα που ακολουθούσε τραβούσε συχνά μέχρι τις έντεκα τη νύχτα, κι έπειτα απ' αυτό συνήθως υπήρχαν μια δυο επείγουσες επισκέψεις που έπρεπε να κάνω και μου τις έδινε ο Τόμσον, ο παρασκευαστής, την ώρα που επιτέλους έκλεινε. Ήταν σκληρή δουλειά. Ο δόκτωρ Μάθερς δυστυχώς δεν είχε υπερβάλει καθόλου όταν μιλούσε για την τεράστια πελατεία του. Δεν άργησα ν' ανακαλύψω πως είχε εκπληκτική φήμη ανάμεσα στους φτωχούς ανθρώπους που κατοικούσαν σ' εκείνη τη φτωχογειτονιά.

Και μόνο η παράφορη προσωπικότητά του του χάριζε μεγάλο κύρος, κι οι μέθοδοί του ήταν απότομες, δυνατές και δραματικές. Είχε μια ενστικτώδη ικανότητα να κάνει διαγνώσεις και δε δίσταζε να δώσει τη γνώμη του, συνήθως στην κοινή ντοπιολαλιά. Δε λυπόταν ποτέ τον εαυτό του, δούλευε σαν σκλάβος σε γαλέρα κι έβαζε τις φωνές στους ανθρώπους του με κάθε ευκαιρία. Κι εκείνοι τον συμπαθούσαν γι' αυτό. Οι συνταγές του ήταν δραστικές. Χρησιμοποιούσε τη μέγιστη δόση κάθε φαρμάκου και κάποιος ασθενής που θα του είχε δώσει βαρύ καθαρτικό ή που θα τον είχε κάνει να γίνει μούσκεμα στον ιδρώτα θα παρατηρούσε κουνώντας το κεφάλι με σημασία: «Αχ, κάτι θα 'χει *μέσα* το φαρμακο του γιατρού».

Ο Μάθερς αρπαζόταν με το παραμικρό σαν του μιλούσες για τη δεσποτική φύση του· κι όμως είχε όλα τα χαρακτηριστικά του τρελού κι όλο και κοκορευόταν για την επιτυχία του. Ζούσε για τη μέρα που θα τα κατάφερνε εκεί που απέτυχαν οι γιατροί της γειτονιάς και κάγχαζε σε περιπτώσεις που «την είχε σκάσει» σε κάποιον από τους συναδέλφους του. Πιο πολύ απ' όλα, όμως, έβρισκε ευχαρίστηση στο γεγονός ότι από τούτο το μικρό, γκριζόμαυρο ιατρείο, σε μια γειτονιά των φτωχών, με τίποτα περισσότερο από ένα δίπλωμα του Ηνωμένου Συμβουλίου, μπορούσε να ζει με στιλ σε μια παλιά βίλα στα προάστια, να οδηγεί αυτοκίνητο Σάνμπιμ, να σπουδάζει γενναιόδωρα τη μοναχοκόρη του, να κάνει δώρο στη γυναίκα του ένα ωραίο γούνινο παλτό, με λίγα λόγια, να ζει σαν λόρδος, όπως το έθετε. Η αίσθηση των χρημάτων ήταν για κείνον ιδιαίτερα ισχυρή. Μολονότι έπαιρνε μόνο μικρές αμοιβές, από ένα σελίνι μέχρι μισή κορόνα, επέμενε να πληρώνεται τοις μετρητοίς.

«Μόλις μάθουν πως μπορούν να σ' έχουνε στο τσάμπα, γιατρέ» με προειδοποιούσε «την έχεις κάνει».

Σ' ένα συρτάρι στο γραφείο του είχε μια μακριά τσάντα από δέρμα σαμουά που κάποτε είχε μέσα μαιευτικές λαβίδες και τώρα συσσώρευε όλες τις αμοιβές. Κατά το τέλος των ωρών λειτουργίας του ιατρείου ήταν παραφουσκωμένο με λεφτά. Την πρώτη μου νύχτα, την ώρα που έκλεινε το ιατρείο, ο δόκτωρ Μάθερς μπήκε μέσα απρόσμενα, πήρε την τσάντα και τη ζύγισε επιδέξια. Μου έριξε μια ματιά, μα δεν είπε τίποτα. Μολονότι προσπάθησε να μην το δείξει, καταλάβαινα πως ήταν ευχαριστημένος.

Στην αρχή της δεύτερης βδομάδας, σαν έφτασα τη Δευτέρα το βράδυ για ν' αρχίσω τη βάρδιά μου, έβαλα το χέρι στην τσέπη μου κι έβγαλα ένα χαρτονόμισμα της μιας λίρας.

«Αυτό είναι δικό σου». Ενώ μου έριχνε μια κοφτερή ματιά,

συνέχισα. «Το παιδί που χτυπήθηκε τα πηγαίνει πάρα πολύ καλά. Ήρθε ο πατέρας της την περασμένη Παρασκευή κι επέμενε να πληρώσει αυτή την αμοιβή. Είναι τίμιος άνθρωπος και πολύ ευγνώμων».

Η έκφραση του Μάθερς ήταν εξαιρετικά αλλόκοτη. Έστριψε ένα τσιγάρο κι έπιασε με τα χείλια του τις ίνες που κρεμόντουσαν. Ύστερα τις έφτυσε στο πάτωμα.

«Κράτα το» είπε τελικά.

Αρνήθηκα οργισμένος.

«Με πληρώνεις μισθό. Ό,τι κερδίζω είναι δικό σου».

Απλώθηκε σιωπή. Πήγε στο παράθυρο και ξαναγύρισε, έχοντας ξεχάσει ν' ανάψει το τσιγάρο του.

«Να σου πω κάτι, Σάννον;» είπε αργά. «Είσαι ο πρώτος σωστός βοηθός που είχα στη ζωή μου. Ας πάρουμε τη λίρα κι ας στείλουμε στο παιδί ένα τσαμπί μαύρα σταφύλια και λουλούδια».

Αυτό ήταν το παράξενο με τούτο τον ανθρωπάκο – αγαπούσε το χρήμα, μα δεν ήταν κακός και ξόδευε αβέρτα για τον εαυτό του και για τους άλλους.

Μετά από τούτο το συμβάν η στάση του δόκτορος Μάθερς έγινε πολύ πιο εγκάρδια. Θα 'λεγα μάλιστα πως έγινε φίλος μου, μια και μου 'δειχνε με περηφάνια φωτογραφίες της γυναίκας του και της δεκαεφτάχρονης κόρης του, της Έιντα, που τώρα τελείωνε τις σπουδές της στο ιδιωτικό και πανάκριβο Μοναστήρι της Αγίας Καρδιάς, στο Γκράντλυ. Μου έδειξε επίσης φωτογραφία της μεγαλόπρεπης βίλας του με το μεγάλο γκαράζ στην είσοδο και πέταξε υπαινιγμούς πως δε θ' αργούσε να με καλέσει εκεί. Κάπου κάπου μου έδινε συμβουλές πώς να κάνω τη δουλειά μου, και μια μέρα, με φιλική διάθεση, ομολόγησε πως στην πραγματικότητα έβγαζε τρεις χιλιάδες λίρες το χρόνο. Έτοιμος να σκάσει από περιέργεια σχετικά με τον τρόπο που περνούσα τον ελεύθερο χρόνο μου, συχνά προσπαθούσε να μου αποσπάσει και καμιά πληροφορία, μα εγώ κρατούσα πάντα μια φρόνιμη επιφυλακτικότητα. Μολονότι δε μου άρεσε η δουλειά, το κέφι μου είχε φτιάξει, αφού είχα το αλλόκοτο προαίσθημα ότι γύρισε επιτέλους η τύχη μου. Και πράγματι, έτσι φαινόταν.

Την Πέμπτη εκείνης της βδομάδας, όπως γυρνούσα στην Υφήλιο αργά το απόγευμα, πήρε το μάτι μου μέσα στο σούρουπο που έπεφτε, στην απέναντι πλευρά του δρόμου, μια αντρική σιλουέτα που φαινότανε γνωστή. Μόλις εμφανίστηκα, παράτησε τη στάση της υπομονετικής αναμονής και με πλησίασε αργά. Μου ήρθαν στο νου οι συνθήκες στις οποίες είχαμε χωρίσει κι η καρδιά μου σφίχτηκε σαν αναγνώρισα τον Άλεξ Ντόθι.

Μια ατέλειωτη σιωπή ακολούθησε τη συνάντησή μας και, προς μεγάλη μου έκπληξη, κατάλαβα πως ο δισταγμός κι η συγκίνησή του ήταν μεγαλύτερα από τα δικά μου. Τελικά είπε χαμηλόφωνα:

«Θα 'θελα να σου πω δυο λόγια, Ρόμπερτ. Μπαίνουμε μέσα;»

Τον πέρασα από τις περιστρεφόμενες θύρες κι ανεβήκαμε στο δωμάτιό μου, όπου, αφού απόθεσε στο πάτωμα το κουτί που κουβαλούσε παραμάσχαλα, κάθισε στην άκρη μιας καρέκλας. Στρίβοντας το στρογγυλό, σκληρό σκουφί του στα άξια χέρια του, κάρφωσε πάνω μου προβληματισμένο, ευθύ, το βλέμμα του.

«Ρομπ... ήρθα να σου ζητήσω σχώρεση».

Του χρειάστηκε προσπάθεια για να ξεστομίσει τούτα τα λόγια, μα σαν το 'κανε πια, η ανάσα του βγήκε πιο ανάλαφρη.

«Την περασμένη βδομάδα πήγαμε στο Ντάλναιρ. Είχαμε μαζέψει από τη σοφίτα όλα τα παιχνίδια του Σάιμ κι η σύζυγος σκέφτηκε να τ' αφήσει στο νοσοκομείο για τα παιδιά. Σαν φτάσαμε εκεί, μιλήσαμε πολλή ώρα με τη διευθύντρια. Εμπιστευτικά, μας είπε τα πάντα. Συγγνώμη που σε κατηγόρησα, Ρόμπερτ. Μακάρι να μου κοβόταν η γλώσσα τώρα δα».

Δεν ήξερα τι να πω. Ήταν απίστευτο σε πόσο δύσκολη θέση μ' έφερνε η κάθε λογής ευγνωμοσύνη. Την ίδια στιγμή, η ρήξη στη φιλία μου με τον Ντόθι με είχε φοβίσει, κι ήταν ανακούφιση που δεν ήμουν πια παρεξηγημένος στα μάτια του. Δίχως κουβέντα, άπλωσα το χέρι. Το άρπαξε σαν μέγκενη κι ένα αργό, σοβαρό χαμόγελο απλώθηκε στο κοκκινωπό πρόσωπό του.

«Τότε, είμαστε πάλι εντάξει, Ρόμπερτ».

«Και βέβαια, Άλεξ».

«Θα 'ρθεις να ψαρέψουμε μαζί το φθινόπωρο;»

«Αν το θέλεις».

«Το θέλω» αποκρίθηκε αργά. «Ο χρόνος τα γιατρεύει όλα κάποτε, ξέρεις, Ρόμπερτ».

Για λίγο έπεσε σιωπή. Έτριψε τα χέρια του και, με ερωτηματικό ύφος, έριξε μια ματιά ολόγυρα στο δωμάτιο.

«Την προχωράς ακόμα την έρευνά σου;»

«Ναι».

«Έτσι μπράβο. Θυμάσαι τα δείγματα του γάλακτος που μου 'χες ζητήσει; Σου τα 'φερα μαζί σήμερα».

Τεντώθηκα, ηλεκτρισμένος.

«Είχατε κι άλλο κρούσμα στα γελάδια;»

Έγνεψε.

«Σοβαρό;»

«Πολύ σοβαρό, Ρόμπερτ. Πέντε δαμάλες μας έριξαν τα μοσχάρια τους και ψόφησαν, όσα κι αν κάναμε για δαύτες».

«Και μου φύλαξες δείγματα γάλακτος;» Από την έξαψη είχα κοκαλώσει.

«Απ' όλες τους. Σε αποστειρωμένα δοχεία». Έγειρε το κεφάλι κατά το πακέτο που είχε αποθέσει κάτω. «Σ' εκείνο το τσίγκινο κουτί».

Τον κοίταξα κι ένα κύμα ευγνωμοσύνης με πλημμύρισε. Τόσα πολλά μού είχαν πάει ανάποδα, που δεν μπορούσα να πιστέψω τούτο το θαυμάσιο χτύπημα της τύχης.

«Άλεξ» είπα έξαλλος από χαρά «δεν έχεις ιδέα τι σημαίνει αυτό για μένα. Ακριβώς αυτό που ήθελα...»

«Δεν είναι τόσο μονόπλευρο» αποκρίθηκε σοβαρός. «Σ' το

λέω στα ίσα, Ρόμπερτ, τούτη η δουλειά μάς έχει ανησυχήσει πολύ στην Εταιρεία. Απ' ό,τι φαίνεται, το 'χουν πάθει και τα καλύτερα κοπάδια. Ο διευθυντής λέει, αν μπορείς να μας βοηθήσεις με οποιονδήποτε τρόπο, θα το εκτιμήσει στα σίγουρα».

«Θα προσπαθήσω, Άλεξ, σου υπόσχομαι πως θα προσπαθήσω». Για μια στιγμή δε βάσταξα να συνεχίσω. «Δε θα μπορούσες να βρεις καλύτερο τρόπο... αν ήθελες να επανορθώσεις...»

«Αν χαίρεσαι εσύ, χαίρομαι κι εγώ». Έριξε μια ματιά στο μεγάλο ασημένιο ρολόι του. «Ώρα να φεύγω τώρα».

«Κάτσε λιγάκι» τον πίεσα. «Άσε με να σε κεράσω ένα ποτό».

Με χαρά μου θα του 'δινα ό,τι είχα και δεν είχα.

«Όχι, παλικάρι μου... Πρέπει να προλάβω κείνο το παλιολεωφορείο των εξίμισι». Μου χάρισε το αργό, ήσυχο χαμόγελό του. «Περίμενα απ' έξω καμιά ώρα να εμφανιστείς».

Τον συνόδεψα κάτω και τον αποχαιρέτησα με τα πιο θερμά ευχαριστώ μου. Σαν είδα πια τη γεροδεμένη σιλουέτα του να εξαφανίζεται στη σκοτεινιά, γύρισα στο ξενοδοχείο όλο λαχτάρα κι ευτυχία.

Εκεί που ήμουν έτοιμος να τρέξω πάνω να βρω το κουτί μου από τη Γεωργική Εταιρεία του Ντριμ, είδα στο ράφι της εισόδου ένα γράμμα για μένα. Ο γραφικός χαρακτήρας δε γινόταν να 'ναι άλλου, ήταν αναμφίβολα της Τζιν. Δίχως ανάσα, σφίγγοντας στα χέρια μου το γράμμα, πήρα το δρόμο για πάνω, βρόντηξα την πόρτα και, με δάχτυλα που έτρεμαν, ξέσκισα το φάκελο.

Αγαπητέ Ρόμπερτ,

Ο Λουκ είχε πάει στο Τάινκασλ τις τελευταίες τρεις βδομάδες. Γι' αυτό έλαβα το γράμμα σου μόλις σήμερα το απόγευμα, και τώρα δεν ξέρω πώς ν' απαντήσω. Για να πω την αλήθεια, δεν μπορώ ν' αρνηθώ πως μου έδωσε χαρά που έμαθα νέα σου, γιατί μου έλειψες πολύ. Ίσως κάνω λάθος που σου το λέω αυτό. Ίσως δε θα έπρεπε να γράψω καθό-

λου αυτό το γράμμα. Όμως έχω κάποια νέα κι είναι μια καλή ευκαιρία να σου τα πω.

Τις τελευταίες μέρες δίνω ξανά τις εξετάσεις μου και, παρ' ότι έκανα κάποια λάθη, μετά χαράς σου λέω πως δεν ήταν πολύ σοβαρά. Ο καθηγητής Κέννερλυ, δεν ξέρω πώς, μα ήταν πολύ ευγενικός. Και χτες, μόλις έδωσα την τελευταία μου προφορική εξέταση, με πήρε παράμερα και με πληροφόρησε ότι πέρασα με διάκριση, σε όλα τα μαθήματα. Απροσδόκητη τύχη, βέβαια, αλλά τι ανακούφιση!

Η τελετή αποφοίτησης θα γίνει, βέβαια, μόλις τελειώσει το έτος, στις 31 Ιουλίου. Μέχρι τότε, σκοπεύω να κάνω σεμινάριο πάνω στην Τροπική Ιατρική, που αρχίζει την άλλη βδομάδα στο Ινστιτούτο Σάντερσον. Το μάθημα αρχίζει στις 9 το πρωί και διαρκεί μία ώρα.

Δική σου,
Τζιν Λο

Πέρασε... πέρασε με διάκριση... και της έλειψα... της έλειψα πολύ. Τα μάτια μου βούρκωσαν πάνω σε τούτα τα λόγια, που έπειτα από τόσους ατέλειωτους μήνες θλίψης κι απογοήτευσης άγγιξαν τη μοναχική καρδιά μου σαν θείο βάλσαμο. Το άθλιο δωμάτιό μου είχε μεταμορφωθεί. Ήθελα να πηδήξω, να γελάσω, να τραγουδήσω. Ξανά και ξανά διάβασα εκείνες τις γραμμές που, επειδή της είχε γράψει εκείνη, έμοιαζαν ντυμένες μια μοναδική, ντελικάτη ομορφιά. Στο γράμμα υπήρχε μια κρυφή νότα ανυπομονησίας που μ' ανέβασε σ' ένα είδος έκστασης κι αυτό μου 'δωσε ξαφνικά μια ιδέα, ένα σχέδιο για μελλοντική δράση που έστειλε γρήγορα το αίμα μου στο κεφάλι, ενώ με διαπερνούσε ένα ρίγος χαράς. Έπιασα το χαρτί τετραδίου που τόσο πρόσφατα είχε αγγίξει εκείνη και το 'σφιξα στα χείλια μου.

Κεφάλαιο 4

Το ΙΝΣΤΙΤΟΥΤΟ Σάντερσον βρισκόταν στην πέρα άκρη του ποταμού, σ' ένα σχεδόν λησμονημένο σημείο της πόλης, ανάμεσα στο Γηροκομείο και την παλιά εκκλησιά του Αγίου Ενόχ. Ήταν ήσυχη γειτονιά κι οι κήποι της πλατείας του Αγίου Ενόχ τής έδιναν εξοχική όψη. Την περασμένη νύχτα είχε πέσει βροχή, μια απαλή ανοιξιάτικη βροχή, κι όπως προχωρούσα στο πλακοστρωμένο πεζοδρόμιο της παλιάς Τζορτζ Στριτ, στην ατμόσφαιρα υπήρχε διάχυτο το άρωμα των χυμών στα δέντρα και του φρέσκου χορταριού. Ζεστό αεράκι ερχόταν από το ποτάμι και κουνούσε τα μπουμπούκια των ψηλών φτελιών, όπου τιτίβιζαν τα σπουργίτια. Μεμιάς φάνηκε να 'χουν περάσει τα μεγάλα κρύα του χειμώνα και η υγρή γη ανοιγόταν στη λιακάδα κι άφηνε να βγει μια μεθυστική γλύκα που με γέμιζε λαχτάρα κι ανείπωτο πόθο, πόθο που έμοιαζε με πόνο.

Έξω από το Γηροκομείο είχε τον πάγκο της μια γριά λουλουδού. Ακολουθώντας μια παρόρμηση, στάθηκα κι αγόρασα ένα μπουκέτο των έξι πενών, γάλανθους που κρεμόντουσαν από την άκρη του καλαθιού της. Πολύ ντροπαλός για να τα κρατήσω φανερά στο χέρι, τύλιξα τους εύθραυστους ανθούς στο μαντίλι μου και τους έβαλα στην τσέπη. Όπως έτρεχα βιαστικά στο προαύλιο του Ινστιτούτου κι έπαιρνα θέση έξω από την αίθουσα διαλέξεων, το παλιό ρολόι του Αγίου Ενόχ, λες και βουρλίστηκε από το μυρωμένο αέρα, χτύπησε δέκα χαρούμενες φορές.

Λίγα λεπτά αργότερα η αίθουσα διαλέξεων του Ινστιτούτου άρχισε ν' αδειάζει. Δεν είχε περισσότερους από πέντ' έξι φοιτητές. Τελευταία απ' όλους, με αφηρημένο ύφος, βγήκε μονάχη η Τζιν. Φορούσε γκρίζα, που πάντα τής πήγαιναν τόσο καλά, το δροσερό αεράκι τραβούσε το ύφασμα του φουστανιού ολόγυρά της και τόνιζε τις γραμμές της ελαφριάς, λεπτής σιλουέτας της. Τα χείλια της ήταν μισάνοιχτα. Στα χέρια της φορούσε γάντια και κρατούσε ένα τετράδιο. Τα γλυκά καστανά της μάτια ήταν χαμηλωμένα.

Ξαφνικά κοίταξε ψηλά, τα βλέμματά μας συναντήθηκαν και, προχωρώντας μπροστά, έκλεισα τα δυο της χέρια στα δικά μου.

«Τζιν... επιτέλους».

«Ρόμπερτ».

Είχε προφέρει τ' όνομά μου κομπιάζοντας, σαν να πάλευε με τη συνείδησή της. Τώρα όμως το πρόσωπό της είχε γεμίσει φως, μια φωτεινή ζεστασιά έβαφε τα μάγουλά της. Ήθελα να την κρατήσω σφιχτά στην αγκαλιά μου. Όμως όχι, δεν τόλμησα. Τα λόγια βγήκαν ξερά.

«Πόσο θαυμάσιο είναι που σε ξαναβλέπω».

Για μια στιγμή κανείς μας δεν μπόρεσε να μιλήσει, κοιταζόμασταν μονάχα στα μάτια μέσα σε μια εκστατική μέθη. Πίσω μας, στις φτελιές, τερέτιζαν τα σπουργίτια και κάτω μακριά, στον ποταμό, γάβγιζε ένα σκυλί. Επιτέλους, με κομμένη ακόμα την ανάσα, φώναξα:

«Και πέρασες τις τελικές... με διάκριση... τα συγχαρητήριά μου».

«Δεν είναι τίποτα». Χαμογέλασε.

«Είναι θαύμα. Και θα το είχες κάνει από πριν, δίχως την ολέθρια επίδρασή μου».

Γέλασε ντροπαλά. Γελάσαμε κι οι δυο. Ακόμα της κρατούσα τα χέρια λες και δε θα τ' άφηνα ποτέ.

«Έφυγες από το Ντάλναιρ;» ρώτησε.

«Ναι» αποκρίθηκα χαρούμενα. «Με πέταξαν έξω με τις κλοτσιές. Βλέπεις τι ακαμάτης που είμαι. Τώρα δουλεύω βοηθός μερικές ώρες σ' ένα γιατρό, στη φτωχογειτονιά του Τρόνγκεϊτ».

«Η έρευνά σου, όμως;» Μίλησε γρήγορα.

«Α» είπα. «Γι' αυτό ακριβώς θέλω να σου μιλήσω».

Την οδήγησα απέναντι στο δρόμο, στους κήπους της πλατείας. Καθίσαμε σ' έναν πράσινο πάγκο που ήταν γύρω από τον κορμό ενός ροζιασμένου δέντρου. Περιστέρια φτεροκοπούσαν και κορδοπερπατούσαν μπροστά μας, ζαλισμένα όπως και τ' άλλα πουλιά με τη θεσπέσια πλημμυρίδα της άνοιξης. Άνθρωπος κανείς, απ' όσο βλέπαμε, παρά μονάχα ένας γέροντας συνταξιούχος που κατέβαινε κουτσαίνοντας ένα μονοπάτι, φορώντας το μαύρο μυτερό σκουφί του και το φωτεινό, άλικο πανωφόρι του. Έβγαλα από την τσέπη μου το μπουκέτο τους γάλανθους και της το 'δωσα.

«Ω!» φώναξε με ευχαρίστηση, κι ύστερα σταμάτησε, φοβήθηκε μήπως τα λόγια ή η όψη της έλεγαν πάρα πολλά.

«Φόρεσέ τα, Τζιν» είπα χαμηλόφωνα. «Δεν είναι έγκλημα. Πες μου, σ' έβαλαν να υποσχεθείς πως δε θα με ξαναδείς;»

Ξαφνικά έπεσε σιωπή.

«Όχι» είπε αργά. «Αν το είχα υποσχεθεί δε θα βρισκόμουν εδώ αυτή τη στιγμή».

Την παρακολούθησα ν' ανασαίνει βαθιά τη λεπτή ευωδιά, με μια έκφραση κάπως θλιμμένη, ύστερα να καρφιτσώνει στο μπούστο της, κάτω από το μαλακό γούνινο γιακαδάκι γύρω απ' το λαιμό της, αυτά τα άσπρα κι εύθραυστα λουλουδάκια που της πήγαιναν θαυμάσια. Καθισμένος κοντά της, ένιωσα μια φλόγα να διατρέχει τα μέλη μου, τα μάγουλα και το κούτελό μου έκαιγαν. Ήξερα πως, αν δεν άνοιγα γρήγορα συζήτηση για το θέμα που είχα στο νου μου, τούτο το τρομερό συναίσθημα θα με κυρίευε.

«Τζιν» είπα, πασχίζοντας να κυριαρχήσω στον εαυτό μου. «Εκτός από το σεμινάριό σου, τώρα πια έχεις ελεύθερο χρόνο...

Θέλω να πω, μετά τις δέκα δεν έχεις και πολλά να κάνεις, έτσι;»

«Ναι». Υπήρχε μια ερωτηματική νότα στα μάτια της, κι όπως δε μίλησα, πρόσθεσε: «Γιατί;»

«Χρειάζομαι τη βοήθειά σου» αποκρίθηκα αποφασιστικά και ντόμπρα, ξέροντας πως έλεγα την αλήθεια. Με το βλέμμα καρφωμένο σταθερά πάνω της, συνέχισα. «΄Εχω κάνει το μισό δρόμο στην έρευνά μου, είμαι έτοιμος ν' αρχίσω το επόμενο βήμα κι έχω ενθουσιαστεί αφάνταστα. Ξέρεις τι δυσκολίες αντιμετώπισα, έτσι που προχωρούσα μόνος μου... Α, δεν παραπονιέμαι, μα τώρα, γι' αυτή τη νέα φάση, πρέπει να 'χω κάποια βοήθεια. Υπάρχουν δοκιμές που δεν μπορώ να τις κάνω μόνος μου. Ο καθηγητής Τσάλλις μου έδωσε ένα δωμάτιο». Σταμάτησα. «Θα... θα δουλέψεις μαζί μου;»

Είχε κοκκινίσει ελαφρά και τώρα, για μια στιγμή, με κοίταξε με λαχτάρα, κι ύστερα χαμήλωσε αργά το βλέμμα. ΄Επεσε σιωπή.

«Αχ, Ρόμπερτ, μακάρι να μπορούσα. Δεν μπορώ, όμως. Σίγουρα ξέρεις πώς είναι τα πράγματα τώρα με μένα. Οι γονείς μου... τους χρωστάω τόσα πολλά... έχουν επενδύσει τα πάντα πάνω μου... τους αγαπώ... τη μητέρα, ειδικά... είναι η καλύτερη σ' ολόκληρο τον κόσμο. Και δεν... βέβαια, δε με ανάγκασαν ακριβώς» –έμοιαζε να γυρεύει τις λέξεις που θα μαλάκωναν το χτύπημα– «δε θέλουν να σε βλέπω. Ακόμα κι αυτή τη στιγμή... δείχνω ανυπακοή απέναντί τους».

Δάγκωσα τα χείλια μου. Μ' όλη τη γλύκα της, είχε πάνω της κάτι το ασυμβίβαστο, μια ισχυρή πίστη, αρχές που δεν ήταν δικές μου, μια αίσθηση καθήκοντος που την έκανε να τρομάζει με την προσποίηση.

«Θα πρέπει να με μισούν μ' όλη τους την καρδιά».

«΄Οχι, Ρόμπερτ. Απλώς καταλαβαίνουν πως οι δρόμοι μας πρέπει να είναι χωριστοί».

«Ούτε προσωπικό ζήτημα να ήταν» ξέσπασα. «Τώρα είσαι γιατρός και σου μιλάω για επιστήμη».

«Πολύ ευχαρίστως θα το 'κανα. Μ' ενδιαφέρει πολύ. Μα είναι αδύνατον».

«Είναι απόλυτα δυνατό» επέμεινα. «Δε χρειάζεται να το μάθει κανείς. Οι δικοί σου θα σκεφτούν απλά ότι κάνεις κάποια εξάσκηση στην τροπική ιατρική...»

Μ' έκανε να σωπάσω με μια ματιά όλο ένταση.

«Δεν είναι πως φοβάμαι, Ρόμπερτ».

«Τότε τι;»

«Θα είμαστε μαζί».

«Κι είναι τόσο φοβερό;»

Σήκωσε τα μαύρα ματοτσίνορά της και με κοίταξε πένθιμα.

«Ξέρω πως φταίω εγώ... Δεν κατάλαβα στην αρχή ότι τα αισθήματα που είχε ο ένας για τον άλλο ήταν... τόσο βαθιά. Κι αν συνεχίσουμε θα γίνουν βαθύτερα. Και το μόνο που θα γίνει είναι να χειροτερέψουν τα πράγματα για μας στο τέλος».

Τούτη η απλή δήλωση ξανάφερε ζεστασιά στην καρδιά μου. Πήρα μια γρήγορη ανάσα, αποφασισμένος να την πείσω με κάθε τίμημα.

«Άκου, Τζιν. Αν σου υποσχεθώ, σου ορκιστώ πως ποτέ, ούτε μια φορά δε θα ερωτοτροπήσω μαζί σου, ούτε ποτέ θ' αναφέρω καν τη λέξη έρωτας, θα με βοηθήσεις; Χρειάζομαι βοήθεια τόσο πολύ. Αν δεν τη βρω, χάθηκα».

Ατέλειωτη, ασάλευτη σιωπή. Με κοίταξε με αμφιβολία, άλλαξε χρώματα, χαμένη σε μια έκσταση αβεβαιότητας. Και γρήγορα κατέφυγα στο πλεονέκτημά μου.

«Είναι τόσο θαυμάσια ευκαιρία. Βρίσκομαι στο κατώφλι μιας τεράστιας ανακάλυψης. Έλα να δεις και μόνη σου».

Παρασυρμένος, έδωσα μια, σηκώθηκα όρθιος κι άπλωσα το χέρι. Την επόμενη στιγμή σηκώθηκε κι εκείνη.

Δεν ήταν μακρύς ο δρόμος για το Μέγαρο των Φαρμακοποιών. Σε δέκα λεπτά είχαμε φτάσει. Την οδήγησα κατευθείαν στο εργαστήριό μου, κι εκεί, βγάζοντας από το μικρό κλίβανό μου έναν από τους σωλήνες καλλιέργειας που είχα μπολιάσει με τα πρόσφατα δείγματα του Ντόθι, τον κράτησα με λαχτάρα μπροστά της.

«Ορίστε» είπα. «Το έχω. Και αναπτύσσεται γρηγορούτσικα. Δεν το αναγνωρίζεις;»

Κούνησε το κεφάλι, το ενδιαφέρον της ενεργοποιήθηκε, ένα στιγμιαίο ερωτηματικό βλέμμα στις μεγάλες, σκούρες κόρες των ματιών της.

Γύρισα το σωλήνα στο υδατόλουτρο, έριξα μια ματιά στη ρυθμιστική συσκευή κι έκλεισα την τσίγκινη πόρτα. Ύστερα, πολύ απλά, της εξήγησα τι είχα στο νου μου.

Τα μάγουλά της ρόδισαν από ένα κύμα ενθουσιασμού. Τα μάτια της, λαμπερά μα και βαθιά προβληματισμένα, περιπλανήθηκαν στο δωμάτιο, γύρισαν στην καλλιέργεια, κι ύστερα ξανά σε μένα. Η καρδιά μου χτυπούσε σαν να πήγαινε να σπάσει. Για να κρύψω τα συναισθήματά μου, πήγα στο παράθυρο και το άνοιξα, αφήνοντας να μπει μέσα η λιακάδα. Απ' έξω, αφράτα σύννεφα έκαναν αγώνα δρόμου στον καταγάλανο ουρανό. Γύρισα σ' εκείνη.

«Ρόμπερτ» είπε αργά. «Αν δουλέψω μαζί σου... γιατί πιστεύω πως η δουλειά σου είναι σημαντική... μου υπόσχεσαι, τίμια, πως θα κρατήσεις το λόγο σου;»

«Ναι» είπα.

Είδα το στήθος της ν' αφήνει έναν ξαφνικό στεναγμό. Κι όσο την κοιτούσα, εκείνη απόθεσε το τετράδιό της, έβγαλε το καπέλο της κι άρχισε να βγάζει και τα γάντια της.

«Πολύ καλά» είπε. «Ας αρχίσουμε».

Κεφάλαιο 5

ΚΑΘΕ ΠΡΩΙ, ταχτικά, λίγο μετά τις δέκα, όταν είχε πια τελειώσει η διάλεξή της, η Τζιν ερχόταν στο δωμάτιο όπου είχα κιόλας πιάσει δουλειά, έπαιρνε την μπλούζα της από την κρεμάστρα πίσω απ' την πόρτα, τη φορούσε κι άρχισε να δουλεύει μεθοδικά, στην άλλη άκρη του στενόμακρου τραπεζιού. Μονάχα λίγες λέξεις αλλάζαμε, για να μην πω ότι το μόνο που κάναμε ήταν να χαιρετιόμαστε μ' ένα χαμόγελο. Κάπου κάπου, σαν ήμουν απασχολημένος με κάποιο υπολογισμό, έκανα ότι δεν πρόσεχα καθόλου πως είχε έρθει – μια απρόσωπη στάση που ένιωθα πως μπορεί να την καθησύχαζε. Κι όμως ήταν εκεί, κι αργότερα, σαν σήκωνα προσεχτικά το βλέμμα, την έβλεπα να μετράει και να βρίσκει την πυκνότητα των υγρών πίσω από τους συνδεδεμένους δοκιμαστικούς σωλήνες, καταγράφοντας κάθε ένδειξη στο στραπατσαρισμένο μαύρο ημερολόγιο, με έκφραση σοβαρή και προσηλωμένη.

Όπως είχα προβλέψει, η τάξη κι η προσεγμένη ακρίβειά της με βοηθούσαν στο έπακρο, ειδικά στην προετοιμασία των εκατοντάδων πλακών που ήταν απαραίτητο να εξεταστούν. Ήταν μια δύσκολη τεχνική χρώσης, μα κι επικίνδυνη, μια και τούτες οι μαζικές καλλιέργειες ήταν πολύ υψηλής τοξικότητας. Κι όμως, δουλεύοντας ήσυχα, με σταθερό χέρι, με χαρακτηριστικά βαθιά απορροφημένα και μάτια ασάλευτα, δεν έκανε λάθος ούτε μια φορά. Σαν ένιωθε το βλέμμα μου πάνω της, διέκοπτε τη δουλειά της και μου χάριζε ένα βλέμμα, σιωπηλή, μα με μάτια που μιλούσαν και μας έφερναν πιο κοντά στο πλαίσιο αυτής της κοινής μας προσπάθειας. Το ελαφρύ ανοιξιάτικο αεράκι έμπαινε από το ορθάνοιχτο παράθυρο στο μισοσκότεινο δωματιάκι μας, φέρνοντας μαζί του σβησμένους τους θορύβους ενός άλλου κόσμου – το βουητό της κίνησης, το σφύριγμα κάποιου ατμόπλοιου, μια μελωδία από τα κουδουνάκια μιας λατέρνας, πέρα μακριά. Η παρουσία της, έτσι ήσυχη κι ελεγχόμενη που ήταν, με παρακινούσε κι έφτανα σε ρυθμούς που δεν τους είχα γνωρίσει ποτέ ξανά.

Στη μία η ώρα σταματούσαμε για μεσημεριανό. Μολονότι υπήρχαν κάνα δυο καλά καφέ σε τούτη τη γειτονιά, ήταν πιο εύκολο, πιο ευχάριστο και πιο φτηνό να παίρνουμε το κολατσιό μας στο εργαστήριο. Γι' αυτό το σκοπό κάναμε ρεφενέ κι από την αγορά απ' όπου περνούσε, ερχόμενη από το τρένο, η Τζιν έφερνε κάθε μέρα μια ποικιλία προμηθειών. Αφού μουσκεύαμε τα χέρια μας για τρία λεπτά σε διάλυμα διχλωριούχου υδράργυρου, μια προφύλαξη για την οποία επέμενα με ακλόνητη σταθερότητα, καθόμασταν στο περβάζι του παραθύρου και, ισορροπώντας ένα πιάτο στα πόδια μας, απολαμβάναμε το γεύμα. Σαν ήταν γκρίζα και κρύα η μέρα, τρώγαμε σούπα, που τη ζεσταίναμε στον καυστήρα Μπούνσεν. Συνήθως όμως το φαΐ μας το αποτελούσαν φρεσκοψημένα κεκάκια, φέτες κρύο λουκάνικο και τυρί Ντάνλοπ, μ' ένα μήλο ή μια σακούλα κεράσια για επιδόρπιο. Στην αυλή, απ' έξω, ήταν ένα κοτσύφι που ερχόταν πιστά κάθε μέρα να μοιραστεί μαζί μας τα καλούδια μας. Σαν έβλεπε πως είχαμε κεράσια, κούρνιαζε στον καρπό της Τζιν, κελαηδώντας μ' όλη του την καρδιά, όλο χαρά.

Το έβδομο απόγευμα, την ώρα που δουλεύαμε σιωπηλοί, άκουσα ένα βήμα και γύρισα. Στο κατώφλι έστεκε ο καθηγητής Τσάλλις, σκυφτός και με κουμπωμένη μέχρι πάνω την ξεθωριασμένη ρεντιγκότα του, πειράζοντας το ασημί του μουστάκι, με τα μάτια καρφωμένα πάνω μας.

«Είπα να σου ρίξω μια ματιά, Ρόμπερτ» είπε «να δω πώς τα πας».

Σηκώθηκα αμέσως και τον σύστησα στην Τζιν, στην οποία έκανε μια ρεβεράντζα καταπώς το συνήθιζαν τον παλιό καιρό. Είχε μείνει έκπληκτος, απ' όσο έβλεπα, και μολονότι η ευγένειά του δεν του επέτρεπε να το δείξει, ένιωθε τόσο περιέργεια όσο κι αμφιβολία. Δεν άργησε όμως να γίνει φανερό πως έμεινε ικανοποιημένος από κείνη και, ήσυχος πια, μου χάρισε το στιγμιαίο χαμόγελό του.

«Τη μισή μάχη στην έρευνα, Ρόμπερτ, την κερδίζεις με τον κατάλληλο βοηθό».

Γέλασε λίγο με τούτα τα λόγια, λες κι είχε κάνει κανένα εξαιρετικό αστείο, κι ύστερα άρχισε να κόβει βόλτες ολόγυρα στο δωμάτιο, ενεργοποιώντας με χέρι απαλό τις καλλιέργειες, εξετάζοντας τις πλάκες, κρυφοκοιτάζοντας τις σελίδες των σημειώσεών μας, σιωπηλά, μα και με μια ήσυχη επιδοκιμασία που μας συγκινούσε περισσότερο απ' όσο τα λόγια.

Σαν ολοκληρώθηκε η εξέταση, γύρισε και μας κοίταξε.

«Θα σας φέρω κι άλλα δείγματα, κι άλλες αιμοληψίες από άλλες περιοχές... από την Ευρώπη... εκεί που ακόμα με σέβονται». Σώπασε απότομα κι άπλωσε τα χέρια. «Συνεχίστε, συνεχίστε. Μη δίνετε σημασία σ' ένα γέρικο απολίθωμα σαν και μένα. Απλώς συνεχίστε».

Τα λόγια δεν ήταν τίποτα, μα στα μάτια του είδα μια ζωντανή σπίθα που δεν υπήρχε πριν.

Ύστερα απ' αυτό ερχόταν ταχτικά να μας δει, συχνά την ώρα του φαγητού, κι έφερνε όχι μονάχα τις αιμοληψίες που είχε υποσχεθεί αλλά, πάνω από μια φορά, και τη συνεισφορά του στο γεύμα μας. Καθισμένος σε μια καρέκλα, με το μπαστούνι ανάμεσα στα πόδια του, γέρνοντας με κάποια αστάθεια πάνω στην κοκάλινη λαβή, μας παρακολουθούσε κάτω από τα πυκνά φρύδια του, με μάτια που έλαμπαν, να μοιραζόμαστε μια κρεατόπιτα ή ένα βάζο με πατέ από το Στρασβούργο. Η αγάπη του για την Τζιν σιγά

σιγά μεγάλωνε κι η συμπεριφορά του απέναντί της ήταν αξιολάτρευτη, γλυκά ιπποτική, κι όμως κατά κάποιο τρόπο σκανταλιάρικα καλοσυνάτη, σαν του σχολιαρόπαιδου. Ποτέ δεν έτρωγε τίποτα, μα όταν εκείνη έφτιαχνε καφέ δεχόταν μια κούπα και, αφού της ζητούσε την άδεια με κείνη τη συγκεκριμένη αβροφροσύνη που έδειχνε πια απέναντί της, έκοβε στην άκρη κι άναβε ένα από τα μικρά πούρα που επέτρεπε στον εαυτό του μια στο τόσο. Κι όσο οι γκρίζες σπείρες ανέβαιναν στριφογυρίζοντας προς τα πάνω και σκορπίζονταν, μας εξιστορούσε τις νεανικές εμπειρίες του σαν ήταν νέος ερευνητικός σπουδαστής στο Παρίσι, στη Σορβόννη, όπου εργαζόταν υπό τις οδηγίες του μεγάλου Ντυκλό.

«Δεν είχα χρήματα τότε». Γέλασε σαν μας περιέγραψε μια Κυριακή που είχε περάσει στο Μπαρμπιζόν. «Κι ούτε τώρα έχω. Αλλά πάντα ήμουν ευτυχισμένος, αφού έκανα τη δουλειά που δε μοιάζει με τίποτ' άλλο στον κόσμο».

Σαν έφυγε πια, η Τζιν έβγαλε μια βαθιά ανάσα. Τα μάτια της έλαμπαν.

«Είναι γλυκός, Ρόμπερτ. Σπουδαίος άνθρωπος. Και τον αγαπώ».

«Απ' όσο μπορώ να κρίνω, κι ο γέρος σ' αγαπάει». Χαμογέλασα κομματάκι πικρόχολα. «Μα θα τον ενέκρινε η οικογένειά σου;»

Χαμήλωσε το βλέμμα.

«Ας ξαναρχίσουμε δουλειά».

Μέχρι εκείνη την ώρα είχαμε απομονώσει σε καθαρή κατάσταση, από τα πολυάριθμα δείγματα γάλακτος, έναν αρνητικό κατά Γκραμ οργανισμό, που αναγνώρισα πως ήταν ο βάκιλος του Μπανγκ, αυτός που είχε ανακαλύψει ο Δανός επιστήμονας Μπανγκ[1] κι απέδειξε πως ήταν η αιτία βαρύτατης ασθένειας που

---

[1] Bang Bernhard Lauritz Frederick (1848-1932), Δανός κτηνίατρος που ανακάλυψε το βακτηρίδιο της βρουκέλωσης (μελιταίου πυρετού) και απέδειξε ότι η ασθένεια αυτή μπορεί να μεταδοθεί και στον άνθρωπο. Ο Μ. μελέτησε επίσης τη φυματίωση των προβατοειδών κι έκανε έρευνες για το εμβόλιο της ευλογιάς και τις βακτηριακές ασθένειες των ζώων. (Σ.τ.Μ.)

είχε εξαπλωθεί στα βοοειδή ολόκληρου του κόσμου. Αυτός, συνεπώς, ήταν η αιτία του προβλήματος στα κοπάδια που παρήγαγαν γάλα. Και πράγματι, από στοιχεία που βρήκα, υπολογίσαμε ότι πιθανόν και το 35% όλων των βοοειδών της χώρας, για να μη μιλήσω για τα πρόβατα, τα κατσίκια κι άλλα κοπάδια, ήταν φορείς αυτού του μικροβίου που το είχαμε καλλιεργήσει τώρα μαζικά σ' έναν ειδικό φορέα.

Είχαμε επίσης στην κατοχή μας, σε καθαρή κατάσταση, το βάκιλο Μπρους του μελιταίου πυρετού, που βέβαια τον είχα ανακαλύψει κατά τη διαμονή μου στο Ντάλναιρ, από ανθρώπους που είχαν προσβληθεί στη διάρκεια της επιδημίας της λεγόμενης γρίπης, και που επίσης τον είχαμε σε τόσες περιπτώσεις απομονώσει από τις πρόσφατες ανθρώπινες αιμοληψίες που μας έφερε ο Τσάλλις. Έτσι, ήμασταν σε θέση να συγκρίνουμε αυτούς τους δυο οργανισμούς –τον έναν από τα γελάδια, τον άλλο από τους ανθρώπους– και ν' αναλύσουμε τις ποικίλες αντιδράσεις τους, καθώς και ν' ανακαλύψουμε την πιθανή σχέση ανάμεσά τους.

Οι δοκιμές που κάναμε ήταν εξαιρετικά περίπλοκες και στην αρχή ήταν δύσκολο να εκτιμήσουμε την αξία τους. Σταδιακά όμως, έτσι όπως το ένα θετικό αποτέλεσμα διαδεχόταν το άλλο, γεννήθηκε μια υπόθεση, βασισμένη αρχικά σε εικασίες, αργότερα όμως σε γερές αποδείξεις, που στ' αλήθεια μας συγκλόνισαν. Μόλις αρχίσαμε να την αντιλαμβανόμαστε, κοιταχτήκαμε δίχως να πιστεύουμε στα μάτια μας.

«Δεν μπορεί» είπα αργά. «Είναι αδύνατο».

«Θα μπορούσε» αποκρίθηκε εκείνη λογικά. «Κι είναι πιθανότατο».

Πίεσα το κεφάλι με τα δυο μου χέρια, εκνευρισμένος για πρώτη φορά με την ήσυχη απλότητά της. Ο δόκτωρ Μάθερς με είχε κρατήσει αργά στο ιατρείο την περασμένη νύχτα, όλο κι αύξανε τις απαιτήσεις του από μένα, κι η ένταση τούτου του διπλού καθήκοντος άρχιζε πια να φαίνεται.

«Για όνομα του Θεού» είπα «μην περνάμε γέφυρες πριν ακόμα τις συναντήσουμε. Μας περιμένουν βδομάδες δουλειάς πριν κάνουμε την τελική δοκιμή αντιγόνου».

Κι όμως οι αποδείξεις συσσωρεύονταν και, μόλις συμπληρώσαμε τρεις μήνες, όπως πλησιάζαμε στην κρίσιμη εκείνη δοκιμή, μια βαθιά κι ολοένα μεγαλύτερη έξαψη μας καταλάμβανε. Τις ώρες που ήμασταν αναγκασμένοι να περιμένουμε να ολοκληρωθεί η διαδικασία συγκολλήσεως, ανακαλύψαμε πως ήταν αβάστακτη τούτη η νευρική ένταση – και μια και δεν υπήρχε ανάγκη να μείνουμε στο εργαστήριο, βρήκαμε ανακούφιση ξεφεύγοντας για καμιά ωρίτσα στην εξοχή που ήταν ακριβώς έξω από το Γουίντον.

Τώρα πια δε γινόταν λόγος να πάρω τη μοτοσικλέτα, αφού ακόμα κι ο Λουκ δεν ήξερε πως ήμασταν μαζί· όμως μας βόλευε το τραμ και σε είκοσι λεπτά μάς μετέφερε στο αγαπημένο μας καταφύγιο, το Λόγκραγκ Χιλ, ένα δασωμένο ύψωμα δίχως σπίτια ακόμα, που έβλεπε από ψηλά τον ποταμό. Εδώ, σ' ένα χορταριασμένο βράχο, καθόμασταν κι ατενίζαμε τα φέρι μπόουτ και τα μικροσκοπικά τροχήλατα ατμόπλοια που εκτελούσαν δρομολόγια πάνω κάτω στο πλατύ ποτάμι, ενώ η πολιτεία, χαμένη μέσα σε μια χρυσαφένια αχλύ, αποκαλύπτονταν μονάχα από έναν αστραφτερό τρούλο ή κάποιο ψηλό καμπαναριό, πέρα μακριά, κάτω απ' τα πόδια μας. Μιλούσαμε κυρίως για τα προβλήματα που αντιμετωπίζαμε στη δουλειά μας κι όλο ελπίδα και συγκίνηση συζητούσαμε τις προοπτικές επιτυχίας μας. Μερικές φορές, αποκαμωμένος, μα και παρασυρμένος από τη μαγεία της στιγμής, έγερνα πίσω, έκλεινα τα μάτια, και μ' όλη τη λαχτάρα της επαρχιώτικης ψυχής μου ονειρευόμουν δυνατά, ονειρευόμουν τη Σορβόννη, που τόσο ζωντανά μας την περιέγραφε ο Τσάλλις, ονειρευόμουν μια ζωή καθαρής, ανεμπόδιστης έρευνας.

Πιστός στην υπόσχεσή μου, μολονότι δεν ήταν εύκολο, δεν της μίλησα ούτε μια φορά για έρωτα. Γνωρίζοντας τους ενδοιασμούς της, τα λεπτά θέματα συνείδησης που είχε ξεπεράσει για να με βοηθήσει, ήμουν αποφασισμένος να της αποδείξω πόσο λάθος ήταν η υποψία της πως δεν μπορούσε να μ' εμπιστευτεί αληθινά. Μονάχα έτσι θα μπορούσα να δικαιώσω τον εαυτό μου στα μάτια της και στα δικά μου.

Σαν έφτασε η αποφασιστική μέρα τοποθετήσαμε την τελευταία ομάδα σωλήνων συγκολλητίνης και βγήκαμε. Ήταν Πέμπτη, η τελευταία μέρα του Ιούνη, ένα απομεσήμερο πιο υπέροχο απ' ό,τι συνήθως· και, με το φόβο σχεδόν του τι θα βρίσκαμε στην επιστροφή μας, ήμασταν απρόθυμοι να φύγουμε από το Χιλ. Όπως καθόμασταν εκεί, ένα μικρό ατμόπλοιο, πέρα μακριά από κάτω μας, κινούσε για μια βραδινή βαρκάδα στα νησιά της κάτω εκβολής, και στο κατάστρωμα της πρύμνης του βλέπαμε τις μικροσκοπικές σιλουέτες μιας γερμανικής μπάντας. Έπαιζαν ένα βαλς του Στράους. Το καραβάκι κατέβαινε χαρούμενα το ποτάμι με τις σημαίες του ν' ανεμίζουν και τα κουπιά του να ταράζουν το νερό, κι εξαφανίστηκε απ' τα μάτια μας. Πίσω του όμως άφησε ένα ψίθυρο της μελωδίας του, που ανέβαινε ως τ' αυτιά μας σβησμένη μα γλυκάκουστη, απαλή σαν χάδι. Ήταν μια ανεκτίμητη στιγμή. Δεν τόλμησα να κοιτάξω τη συντρόφισσά μου, μα μέσα σε μιαν αναλαμπή που με θάμπωσε ένιωσα την έκσταση τούτων των ημερών της κοινής προσπάθειας, που, σχεδόν δίχως να το ξέρω, είχε βαθύνει και δυναμώσει την αγάπη μας. Ήξερα τώρα πια πως μου είχε γίνει απαραίτητη από κάθε πλευρά.

Σηκωθήκαμε να φύγουμε. Δεν είχα ιατρείο εκείνο το απόγευμα κι η Τζιν, μια κι η περίσταση ήταν πολύ σημαντική, είχε κανονίσει να μείνει στο Γουίντον ως τις οχτώ.

Χτυπούσε πέντε σαν φτάσαμε στο μικρό μας εργαστήριο. Ή τώρα ή ποτέ. Πήγα στον κλίβανο, κι όπως άνοιγα την πόρτα, έκανα μιαν απότομη χειρονομία προς τη συντρόφισσά μου να βγάλει τη σχάρα με τους σωλήνες. Σ' εκείνη τη σχάρα υπήρχαν είκοσι τέσσερις σωλήνες, ο καθένας τους μ' ένα υγρό, πεντακάθαροι πριν από λίγες ώρες, μα που, αν είχε πετύχει η δοκιμή, τώρα θα φαινόταν ένα θολό κατακάθι. Κρατώντας την ανάσα μου, την παρακολούθησα νευρικά να βγάζει τη σχάρα. Κι ύστερα έβγαλα έναν κοφτό στεναγμό.

Κάθε σωλήνας μέσα στη σχάρα είχε ένα λευκό ίζημα. Δεν μπορούσα να βγάλω άχνα. Πλημμυρισμένος από μια ξαφνική αδυναμία, κάθισα στο δερμάτινο καναπέ όσο η Τζιν, κρατώντας ακόμα τη σχάρα με τους σωλήνες, συνέχισε να με κοιτάζει με μεταμορφωμένο πρόσωπο.

Ήταν λοιπόν αλήθεια: αυτοί οι δυο οργανισμοί, που για είκοσι ένα χρόνια τους θεωρούσαν ξεχωριστά και άσχετα είδη, ήταν οι ίδιοι. Ναι, το είχα αποδείξει. Μορφολογικά, με καλλιέργεια και με δοκιμές συγκόλλησης, ήταν ένα και το αυτό. Τούτη η εξαπλωμένη ασθένεια των βοοειδών μεταδιδόταν εύκολα στον άνθρωπο, όχι μόνο με άμεση επαφή, μα και μέσα από το γάλα, το βούτυρο, το τυρί και κάθε λογής γαλακτοκομικό προϊόν. Η ζωική ασθένεια του Μπανγκ ήταν ο μελιταίος πυρετός του Μπρους και η επιδημία της «γρίπης», όλα ένα πράγμα, όλα συνέπεια του ίδιου βάκιλου, που τον είχαμε καλλιεργήσει εδώ, στο εργαστήριο. Έκλεισα τα μάτια, είχα ζαλιστεί. Είχαμε πραγματικά αποδείξει την ύπαρξη και την αιτία μιας νέας μόλυνσης του ανθρώπου, όχι καμιά απλή κατάσταση τοπικού ενδιαφέροντος, μα μια σοβαρή ασθένεια, ικανή να προκαλέσει σοβαρότατες επιδημίες, όπως και διαρκή φιλασθένεια στις ηπιότερες και πιο χρόνιες μορφές της, μια ασθένεια που θα πρέπει να μετρούσε τα θύματά της σε εκατοντάδες χιλιάδες, σε κάθε χώρα ολόκληρου του κόσμου. Όπως συλλογιζόμουν αυτά τα παρακλάδια, ξεροκατάπια. Όπως κι ο Κορτές, πάνω στο κορφοβούνι του, έτσι κι εγώ είδα, και ξαφνιάστηκα πόσο καθαρά, πόσο απέραντη ήταν η ανακάλυψή μας.

Επιτέλους η Τζιν έσπασε τη σιωπή.

«Είναι θαυμάσιο» είπε χαμηλόφωνα. «Αχ, Ρόμπερτ, τώρα μπορείς να τα δημοσιεύσεις όλα».

Κούνησα το κεφάλι. Αντίκρυ μου, εκτυφλωτικά λαμπερό, είδα

ασάλευτο ένα ακόμα πιο θεσπέσιο όραμα. Συγκρατώντας την έξαψή μου που πήγαινε να με πνίξει, δοκιμάζοντας να φερθώ με ταπεινότητα κι αξιοπρέπεια, σαν πραγματικός επιστήμονας, αποκρίθηκα:

«Ανακαλύψαμε την ασθένεια. Και το μικρόβιο που προκαλεί αυτή την ασθένεια. Τώρα πρέπει να παραγάγουμε το εμβόλιο που θα τη θεραπεύει. Όταν θα το έχουμε αυτό, θα έχουμε τα πάντα, τέλεια κι ολοκληρωμένα».

Ήταν μια λαμπρή, εκτυφλωτική σκέψη. Τα μάτια της άστραψαν.

«Πρέπει να τηλεφωνήσουμε στον καθηγητή Τσάλλις».

«Αύριο» είπα. Ένιωθα με ζήλια πως, προς το παρόν, ο θρίαμβός μας έπρεπε ν' ανήκει μονάχα σε μας.

Φάνηκε να καταλαβαίνει, κι όπως χαμογέλασε, κι άλλο κύμα αγαλλίασης με πλημμύρισε, κλονίζοντας την αξιοπρέπειά μου, υπονομεύοντας την επίφαση ηρεμίας μου.

«Αγαπητή μου δόκτωρ Λο» της αντιγύρισα το χαμόγελο «αυτή εδώ είναι μια περίσταση που θα μείνει στην ιστορία. Και οφείλουμε να τη γιορτάσουμε. Θα δειπνήσετε μαζί μου απόψε;»

Δίστασε, τα μάγουλά της ήταν ακόμα ζεστά από το πάθος, και κοίταξε το ρολόι της.

«Με περιμένουν στο σπίτι».

«Αχ, έλα» είπα με λαχτάρα. «Νωρίς είναι ακόμα. Θα το προλάβεις το τρένο σου».

Όπως με κοίταξε με λαμπερά μάτια, που είχαν μέσα τους και μια δόση ικεσίας, σηκώθηκα όρθιος, γεμάτος εμπιστοσύνη και χαρά. Γέλασα την ώρα που τη βοηθούσα να φορέσει το παλτό της.

«Δουλέψαμε σκληρά. Μας αξίζει ένα κερασματάκι».

Της έπιασα το χέρι χαρωπά όπως βγαίναμε έξω.

Κεφάλαιο 6

ΣΤΗΝ ΠΑΛΙΑ ΤΖΟΡΤΖ ΣΤΡΙΤ, όχι μακριά από κει, ήταν ένα μικρό γαλλικό εστιατόριο, το Κοντινεντάλ, που ήμουν παλιά τακτικός πελάτης του μαζί με τον Σπενς και που τώρα αποφάσισα πως ήταν ό,τι έπρεπε για τη σημερινή μας ψυχαγωγία. Μια χήρα το είχε, μια Αλσατή με τ' όνομα Μαντάμ Μπροσάρ, που ο άντρας της είχε διδάξει ξένες γλώσσες στο γειτονικό δημόσιο σχολείο, κι ήταν ένα ταπεινό οικοδόμημα, μα καθαρό, με καλή κουζίνα, και κρατούσε και λίγη από τη μεσογειακή ατμόσφαιρα, ακόμα και σε τούτο το βόρειο κλίμα. Το πάτωμα ήταν στο χρώμα της άμμου, οι τραχιές καρό πετσέτες ήταν διπλωμένες σαν βεντάλιες και χωμένες σε χρωματιστά ποτήρια του κρασιού, το κάθε τραπέζι είχε πάνω του ένα λυχνάρι με κόκκινο καπέλο, που πρόσθετε μια ρομαντική λάμψη στα μαχαιροπίρουνα με την κοκάλινη λαβή.

Όπως μπήκαμε, η μαντάμ μάς έκανε ένα νεύμα με το κεφάλι πίσω από το ταμείο κι ο νεαρός σερβιτόρος, ντυμένος μ' ένα λιωμένο βραδινό ένδυμα που του έπεφτε πολύ φαρδύ, μας οδήγησε σ' ένα τραπέζι στη γωνιά. Είχαμε πάει νωρίς και, πέρα από κάποιους τακτικούς πελάτες που δειπνούσαν σ' ένα στενόμακρο τραπέζι στη μέση της αίθουσας, ο χώρος ήταν ευχάριστα άδειος. Συζητήσαμε με πολύ κέφι για το μενού, που ήταν γραμμένο με βιολετί μελάνι πολύγραφου και άγαρμπο γραφικό χαρακτήρα, και παραγγείλαμε *soupe aux oignons*, *escalope de veau*, *soufflé à l'orange*[2] και καφέ.

«Είναι φοβερά εδώ» είπε η Τζιν, κοιτάζοντας γύρω της με ζωηρή έκφραση. «Θα μπορούσαμε να είμαστε και στο Παρίσι». Έκανε μια μικρή γκριμάτσα. «Απ' όσο ξέρω».

«Ας κάνουμε πως είμαστε» αποκρίθηκα χαρούμενα. «Έχουμε έρθει από τη Σορβόννη... όπως μας την περιέγραψε ο φίλος μας ο Τσάλλις. Είμαστε πασίγνωστοι επιστήμονες... δε βλέπεις το μούσι μου!... Και μόλις κάναμε μια ανακάλυψη που θα συγκλονίσει τον κόσμο και θα μας φέρει απέραντη δόξα».

«Αυτό κάναμε» φώναξε σαν πρακτικός άνθρωπος που ήταν.

Ξέσπασα σ' ένα σύντομο γέλιο. Συνεπαρμένος από μια αίσθηση θριάμβου, έχοντας ξεφύγει από το βαρύ ζυγό της ρουτίνας, είχα χάσει πια τη συνηθισμένη μου επιφυλακτικότητα, μια χαρούμενη μέθη με είχε κυριέψει. Σαν έφερε ο σερβιτόρος τη σούπα μας και μια μακριά, λεπτή, κριτσανιστή μπαγκέτα, του μίλησα στα γαλλικά. Όπως κούνησε το κεφάλι και μου αποκρίθηκε σε βέρα σκοτσέζικα με ύφος σαν να ζητούσε συγγνώμη, η Τζιν ξέσπασε κι εκείνη σε γέλια.

«Τι του 'λεγες του φουκαριάρικου του παιδιού;» ρώτησε σαν έφυγε πια ο σερβιτόρος.

«Κάτι που είναι πολύ μικρός για να το καταλάβει». Έγειρα μπροστά στο τραπέζι. «Θα σου πω αργότερα».

Αρχίσαμε να τρώμε τη σούπα μας, που ήταν πεντανόστιμη, γεμάτη λεπτές φέτες τραγανού κρεμμυδιού και πασπαλισμένη με τριμμένο τυρί. Η αγαλλίαση που νιώθαμε μας είχε ανεβάσει στα ύψη, ανάλαφροι όπως νιώθαμε στο απόγειο της επιτυχίας. Ο σερβιτόρος, φίλος μας πια, έφερε με ύφος την καράφα το κόκκινο κρασί που περιελάμβανε το *ταμπλ ντοτ*. Τρέμοντας από έξαψη, με την καρδιά να πάλλεται από ευτυχία, σέρβιρα σε δυο ποτή-

---

[2] Κρεμμυδόσουπα, μοσχαρίσια μπριζόλα, σουφλέ πορτοκάλι. (Σ.τ.Μ.)

ρια τούτη την απλή σοδειά που ακόμα άφριζε από το βαρελάκι.

«Ας πιούμε στην επιτυχία μας».

Η ματιά της περιπλανήθηκε ελαφρά, μα μονάχα για μια στιγμή, αφού, λες κι ενθουσιάστηκε συνειδητοποιώντας ποια ήταν η περίσταση, ρούφηξε πρώτα μια γουλιά κι ύστερα αποτέλειωσε το ποτήρι.

«Καλό». Έγνεψα επιδοκιμαστικά. «Στο Παρίσι είμαστε, ας κάνουμε ό,τι κάνουν κι οι Παριζιάνοι. Άλλωστε... μην ξεχνάς, τώρα είσαι μια σωματώδης, αν κι ακόμα ελκυστική μεσόκοπη γυναίκα που μόλις πέρασε μια σκληρή μέρα κυνηγώντας συγκολλητίνες στη Σορβόννη. Όπως υπέδειξε και ο Σαιν Πολ, το στομάχι σου χρειάζεται λίγο κρασί».

Με κοίταξε αποδοκιμαστικά, κι ύστερα, απρόσμενα, η αυτοκυριαρχία της έγινε καπνός, χαμογέλασε και την επόμενη στιγμή είχε ξεσπάσει ξανά σε γέλιο, ένα χαρούμενο και παιχνιδιάρικο γέλιο που δεν πήγαζε από τίποτ' άλλο παρά μονάχα από τη γλυκιά, εύθυμη διάθεσή της.

«Αχ, Ρόμπερτ, μη...» φώναξε σκουπίζοντας τα μάτια της. «Σαν παιδιά κάνουμε».

Πίσω από το ταμείο, η μαντάμ Μπροσάρ, μια επιβλητική μορφή, μας κοιτούσε με βλέμμα καλοκάγαθο, σαν να συμμεριζόταν τη χαρά μας.

Σαν έφτασε το *escalope*, ξαναγέμισα τα ποτήρια μας και, μες στην ακατανίκητη κούρασή μας, αρχίσαμε να κουβεντιάζουμε για τις περιπέτειές μας τους τελευταίους τρεις μήνες, χαμογελώντας τώρα πια με τις δυσκολίες που είχαμε συναντήσει, απολαμβάνοντας ξανά με κάθε λεπτομέρεια το θαυμαστό επίτευγμά μας.

«Θυμάσαι τη μέρα που έχασες την ψυχραιμία σου, Ρόμπερτ;»

«Αρνούμαι κατηγορηματικά πως έχω χάσει έστω και μια φορά την ψυχραιμία μου».

«Α, ναι, την έχασες. Όταν έσπασα το φυγοκεντρωτή. Παρά λίγο να με μπατσίσεις!»

«Τώρα που το ξανασκέφτομαι, μακάρι να το είχα κάνει».

Αυτό ήταν αρκετό για να μας κάνει ξανά να λυθούμε.

Όπως έγειρα κατά τη συντρόφισσά μου, που τώρα έλαμπε κι ήταν τόσο ζωντανή, με αναψοκοκκινισμένα μάγουλα και σκανταλιάρικα, γελαστά μάτια, είδα πιο καθαρά από κάθε άλλη φορά τη διπλή φύση της προσωπικότητάς της. Η σοβαρή, αφοσιωμένη καλβινίστρια είχε σβήσει, και κάτω από κείνη τη σφραγίδα της ανατροφής της πρόβαλλε τώρα ένα ζεστό κι όλο ζωή πλάσμα που έβγαλε το καπέλο του, ακούμπησε τα χέρια όλο οικειότητα στο τραπέζι κι υποτάχτηκε ασυνείδητα στα γυναικεία ένστικτά του.

Μια φουσκοθαλασσιά ανέβηκε μέσα μου. Όπως άστραφτε αντίκρυ μου το όραμα της σχέσης μας, ένιωσα ξαφνικά πως δεν μπορούσα άλλο να βαστάξω τα εναλλακτικά χτυπήματα δυστυχίας και χαράς που του είχαν δώσει μορφή. Είχα κρατήσει το λόγο μου σε τούτη την παράξενη συντρόφισσα· κι όμως, δίχως να το ξέρω, η βαθιά κι οδυνηρή χάρη της παρουσίας της στο εργαστήριο με είχε λυγίσει. Ελευθερωμένος από την εμμονή της δουλειάς μου, δεν μπορούσα πια να πνίξω το φυσικό ένστικτο της καρδιάς μου. Κατάπια την τελευταία γουλιά του καφέ μου για να ξεφορτωθώ τον ξαφνικό κόμπο που μου 'χε κάτσει στο λαιμό.

«Τζιν» είπα. «Με βοήθησες τόσο πολύ αυτούς τους τελευταίους τρεις μήνες. Γιατί;»

«Αίσθηση καθήκοντος». Χαμογέλασε.

«Τότε, δε σε πείραξε που δούλεψες μαζί μου;»

«Ήταν ό,τι καλύτερο!» φώναξε, και πρόσθεσε αφηρημένη: «Η εμπειρία θα μου είναι τόσο χρήσιμη όταν πάω στην ιεραποστολή στο Κουμάσι».

Η παρατήρηση, που την ξεστόμισε δίχως να σκεφτεί, μου 'στειλε ένα χτύπημα στην καρδιά.

«Μη» είπα. «Για τ' όνομα του Θεού... όχι απόψε».

«Όχι, Ρόμπερτ». Μου χάρισε μια γοργή και ζαλισμένη ματιά.

Αμέσως έπεσε σιωπή. Σαν να φοβόταν μην και προδόθηκε, άφησε τα μάτια της να χαμηλώσουν.

Απόψε είχε πάνω της μια ζεστασιά, ένα γρήγορο και ζωηρό σφυγμό ζωής που μου 'κοβε την ανάσα. Συνεπαρμένος από τον έρωτα, πάλεψα να κρατήσω τα λογικά μου απέναντι σε τούτη τη γοητεία. Χαμένος κόπος, τα πάντα υποχωρούσαν μπροστά στην άγρια γλύκα τούτης της ώρας. Στο πλευρό μου, θρεμμένος από τη στενή επαφή μας, ήρθε ένας πραγματικός πόνος, μια ανείπωτη λαχτάρα που βρήκε για μια στιγμή ησυχία, όταν, άθελά μου, της έπιασα το χέρι και το 'σφιξα στο δικό μου.

Δεν μπήκε στον κόπο να τραβήξει τα φυλακισμένα της δάχτυλα, μα, λες κι εκείνη επίσης έκανε προσπάθεια να μείνει ήρεμη, τελικά αναστέναξε:

«Νομίζω πως πρέπει να φύγουμε».

Όσο κράτησαν εκείνες οι σιωπηλές στιγμές που μας έφεραν πιο κοντά από κάθε άλλη φορά, στιγμές που έμοιαζαν να 'χουν πάρει μορφή από τη λαχτάρα που στροβιλιζόταν ανάμεσά μας, είχα χάσει την αίσθηση του χρόνου. Τώρα, όπως καλούσα το γκαρσόνι για το λογαριασμό κι η Τζιν φορούσε σιγά σιγά το καπέλο της με υποταγμένο ύφος, το βλέμμα μου έπεσε στο ρολόι πάνω από το ταμείο. Έδειχνε οχτώ και πέντε.

«Πέρασε η ώρα» είπα χαμηλόφωνα. «Φοβάμαι πως έχασες το τρένο σου».

Γύρισε και κοίταξε το ρολόι, κι ύστερα γύρισε σε μένα. Η ζεστασιά στα μάγουλά της είχε γίνει πιο βαθιά, τα μάτια της έλαμπαν σαν αστέρια, τόσο φωτεινά, που γι' άλλη μια φορά χαμήλωσε τα βλέφαρά της για ν' αμυνθεί.

«Φαντάζομαι δεν έχει σημασία».

«Πότε είναι το επόμενο;»

«Αργεί, στις δέκα παρά τέταρτο».

Έπεσε σιωπή. Σχεδόν με ταραχή, είχε αρχίσει να τρίβει ένα κομμάτι μπαγκέτα. Η νευρική κίνηση των χεριών της, το χαμηλωμένο βλέμμα της, ο γρήγορος σφυγμός στο λαιμό της έκαναν την καρδιά μου να πάψει να χτυπάει για μια στιγμή.

«Πάμε, τότε».

Πλήρωσα το λογαριασμό και βγήκαμε έξω. Ο δρόμος ήταν ήσυχος, ο ουρανός σκοτεινός, η ατμόσφαιρα της νύχτας ζεστή κι ασάλευτη.

«Τι κάνουμε;» Μίλησα μονάχα για να πω κάτι. «Πάμε μια βόλτα στους Κήπους;»

«Δεν κλείνουν τις πύλες στις οχτώ;»

«Το ξέχασα» μουρμούρισα. «Νομίζω ναι».

Στεκόμασταν κάτω από ένα φανοστάτη του έρημου σοκακιού. Ένα κύμα αποκοτιάς με πλημμύρισε. Την είχα κοντά μου, τόσο κοντά, που όλες μου οι αποφάσεις σαρώθηκαν από έναν άγριο χείμαρρο πόθου. Η καρδιά μου χτυπούσε σαν τρελή. Δεν μπορούσα να βγάλω κουβέντα.

«Πάμε λιγάκι στο εργαστήριο».

Όπως κινήσαμε να περπατάμε στο πεζοδρόμιο, της έπιασα το χέρι. Δεν είπαμε λέξη. Σαν φτάσαμε στο Μέγαρο, άνοιξα την πόρτα του εργαστηρίου μας με το κλειδί μου. Ήταν σκοτεινό, μα από την παλιά λάμπα γκαζιού στην αυλή έμπαινε κλεφτά μια αμυδρή λάμψη, που έριχνε ένα μαγικό φως, σταλμένο από τη μοίρα, στο γυρισμένο προς τα πάνω πρόσωπό της. Τα μάτια της ήταν κλειστά, οι βλεφαρίδες σχεδόν διάφανες, όλο προσμονή και προκαταδικασμένες. Τα περασμένα ξεχάστηκαν, το μέλλον έσβησε, τούτη η στιγμή ήταν τώρα το παν. Το κεφάλι της έγειρε πίσω κι άφησε να φανεί η λεπτή αψίδα του λαιμού της, η απαλή κοιλάδα του αυχένα της. Τα μάτια της έμεναν κλειστά αντίκρυ στο απόκοσμο φως, και το χλωμό της μέτωπο, αυλακωμένο βαθιά, παράξενα, είχε τραβηχτεί λες και πονούσε. Τότε, μέσα από τη γρήγορη, αναστατωμένη ανάσα της και το δυνατό σφυροκόπημα της καρδιάς της, που σκιρτούσε πάνω στη λεπτή, ανοιχτή μπλούζα της, σαν φοβισμένο πουλί, ένιωσα όλο της το είναι ν' ανεβαίνει ψηλά, να ενώνεται με το δικό μου, να υψώνεται μαζί του στη λησμονιά. Τίποτα, κανένας δεσμός, ουράνιος ή επίγειος, δεν εμπόδιζε κείνη την έκσταση του πετάγματος.

Κεφάλαιο 7

Το ΑΠΟΜΕΣΗΜΕΡΟ της Δευτέρας, τέσσερις μέρες αργότερα, ήρθε να με δει ο καθηγητής Τσάλλις. Είχε λείψει το Σαββατοκύριακο σε κάτι ιαματικά λουτρά στο Μπουτ, που τα επισκεπτόταν πού και πού για να γιατρέψει την αρθρίτιδα που τον σακάτευε σιγά σιγά. Σαν βρήκε το μήνυμά μου επιστρέφοντας, πήρε ένα ταξί κι ήρθε από το σπίτι του στο εργαστήριό μου.

Αφού σφίξαμε τα χέρια απόθεσε το καπέλο του και, τινάζοντας τις σταγόνες της βροχής από την ομπρέλα του, έριξε μια ματιά ολόγυρα στο δωμάτιο με ύφος κάπως ερωτηματικό.

«Πού είναι η νεαρή φίλη μας;»

Μολονότι ήμουν προετοιμασμένος για την ερώτηση, προς μεγάλη μου ενόχληση κοκκίνισα ελαφρά.

«Δεν ήρθε σήμερα».

Στέκοντας μπροστά στο μικρό φούρνο ξυλοκάρβουνου και τρίβοντας τα χέρια του να ζεσταθούν, μου έριξε μιαν αλλόκοτα απορημένη ματιά, λες κι εξεπλάγη που με βρήκε εδώ πέρα μονάχο, σιωπηλό.

«Ώστε όλα πήγαν καλά».

«Ναι».

Κούνησε το κεφάλι.

«Υποφέρεις, Ρόμπερτ. Κουράστηκες. Κάτσε ακίνητος κι άσε με να κοιτάξω μόνος μου».

Λίγα λεπτά αργότερα γύρισε στον πάγκο και για το επόμενο μισάωρο ασχολήθηκε όλο προσήλωση με την έκθεση που είχα ετοιμάσει, κάνοντας υπολογισμούς με μολύβι στο περιθώριο. Ύστερα, με μεγάλη περίσκεψη εξέτασε όλες μου τις καλλιέργειες. Έμεινε σκυμμένος ώρα πολλή πάνω από το μικροσκόπιο και τελικά σωριάστηκε αλύγιστος στο σκαμνί. Φαινόταν γέρος, εξαντλημένος και κάπως παραπονεμένος, τα μάγουλά του είχαν βαθουλώσει περισσότερο από πριν. Κατάλαβα πως ήταν βαθιά συγκινημένος.

«Ρόμπερτ...» είπε τελικά, με τα ήπια μάτια του καρφωμένα στα δικά μου: «Μην το πάρεις πάνω σου. Ποτέ. Η επιστήμη δε χωράει ούτε ματαιοδοξία ούτε ιδιοτέλεια. Κι άλλωστε είσαι μονάχα στην αρχή της σταδιοδρομίας σου. Υπήρξες τυχερός. Έχεις όμως ακόμα πολλά να μάθεις, για να μην πω τα πάντα. Αυτό που έκανες, όμως, μου ζεσταίνει τη γέρικη καρδιά μου».

Ύστερα από μια στιγμή απόλυτης σιωπής συνέχισε.

«Και βέβαια θα μπορούσες ν' ανακοινώσεις αμέσως την ανακάλυψή σου. Αναμφίβολα είναι τεράστιας σημασίας. Συμφωνώ, όμως, ότι θα ήταν καλύτερο, πιο τέλειο κι επιστημονικό, να περιμένεις άλλους τρεις μήνες και να ολοκληρώσεις τελείως το έργο, παράγοντας ένα εμβόλιο που θα ενεργεί θεραπευτικά στον έλεγχο αυτής της νέας ασθένειας. Αυτό θέλεις να κάνεις;»

«Ναι».

«Τότε θα το κάνεις. Όμως», σάρωσε με τα μάτια το δωμάτιο, «δεν μπορείς να το κάνεις εδώ».

Δέχτηκε το έκπληκτο βλέμμα μου μ' ένα αργό νεύμα του κεφαλιού.

«Θα ήταν μάλλον αδύνατο να πραγματοποιήσεις τα τελικά, τόσο εξειδικευμένα στάδια της έρευνάς σου σ' αυτές τις συνθήκες προχειρότητας. Δεν απολογούμαι, Ρόμπερτ, ήταν το καλύτερο που μπόρεσα να κάνω για σένα εκείνη τη στιγμή. Τώρα όμως πρέπει να κάνω κάτι καλύτερο. Σου χρειάζεται οπωσδήποτε ένα σύγχρονο, καλά εξοπλισμένο εργαστήριο. Και υπάρχουν τρεις τρόποι με τους οποίους μπορείς να το εξασφαλίσεις».

Μ' όλο τον πόνο μου, τον άκουγα με προσοχή.

«Καταρχάς, μπορείς να πας σε κάποιο φαρμακευτικό οίκο, όπως του Γουίλσον ή του Χάρλετ. Οποιοσδήποτε δει τι έχεις ανακαλύψει, δεν υπάρχει αμφιβολία ότι πολύ ευχαρίστως θα σου προσφέρει ό,τι έχει και δεν έχει, προσωπικό υψηλής εξειδίκευσης και μεγάλο μισθό για να παραγάγεις το εμβόλιό σου προκειμένου να διατεθεί μαζικά στο εμπόριο». Πρόσθεσε: «Κάτι τέτοιο θα ήταν επικερδέστατο για όλους».

Περίμενε. Ύστερα, μια και συνέχισα να τον κοιτάζω σιωπηλός, δίχως να προσπαθήσω ν' αποκριθώ, ένα αχνό χαμόγελο φώτισε τα ρυτιδιασμένα χαρακτηριστικά του.

«Πάει καλά» είπε. «Η δεύτερη πιθανότητα: Να πας στον καθηγητή Όσερ».

Τούτη τη φορά τινάχτηκα άθελά μου, μα πριν προλάβω να πω κουβέντα έκανε μια χειρονομία για να με συγκρατήσει με το λεπτό, σκούρο χέρι του.

«Ο καλός αυτός καθηγητής αρχίζει να το μετανιώνει που σ' άφησε να φύγεις». Χαχάνισε κοφτά, όχι από κακία, μάλλον το διασκέδαζε. «Κάπου κάπου τον κάνω και νιώθει κάποια περιέργεια... για να μην πω πίκρα... μιλώντας του για τη δουλειά σου».

«Όχι» είπα χαμηλόφωνα, κι όλη η ταραχή που έκρυβα μέσα μου βρήκε τώρα έκφραση σε κείνη τη μοναδική λέξη.

«Γιατί όχι; Σε διαβεβαιώ πως θα σε δεχόταν πίσω στο πανεπιστήμιο με ανοιχτές αγκάλες».

«Μ' έδιωξε από το πανεπιστήμιο» αποκρίθηκα μέσα από τα δόντια μου. «Πρέπει να το προχωρήσω μόνος».

«Πολύ καλά» είπε ο Τσάλλις. «Τότε απομένει... το Ίστερσος».

Λησμονώντας προς στιγμή τον αναβρασμό μέσα στα στήθια μου, τον κοίταξα άφωνος από την κατάπληξη. Έκανε πλάκα; Ή μπας και του 'στριψε ξαφνικά;

«Το ξέρεις αυτό το μέρος;» ρώτησε.

«Και βέβαια».

Και πάλι μου χάρισε το αχνό, σοβαρό χαμόγελό του.

«Σοβαρολογώ, Ρόμπερτ. Έχουν μια άδεια θέση εκεί πέρα για έναν εσωτερικό γιατρό. Μίλησα στο διευθυντή, το δόκτορα Γκούντολ, και είναι σύμφωνος να σου δώσει τη θέση για λίγους μήνες. Είναι παλιό ίδρυμα, όπως καταλαβαίνεις, αλλά πρόσφατα έκαναν μια προσθήκη, ένα πλήρες σύγχρονο εργαστήριο, στο οποίο θα έχεις απόλυτη κι απεριόριστη ευκαιρία να ολοκληρώσεις το έργο σου».

Απλώθηκε σιωπή. Κοίταξα ολόγυρα την αυτοσχέδια αίθουσα δοκιμών που στην αρχή την περιφρονούσα, μα τώρα, με κάθε έννοια, είχα δεθεί μαζί της. Κι άλλη αλλαγή, συλλογίστηκα· γιατί δε μ' αφήνουν στην ησυχία μου μια φορά;

«Προτιμώ να μη φύγω» είπα αργά. «Έχω συνηθίσει εδώ πέρα».

Κούνησε το κεφάλι.

«Είναι μια ανάγκη που προέκυψε, αγόρι μου. Ούτε ο Παστέρ δε θα παρήγαγε εμβόλιο με τούτα τα εφόδια. Γι' αυτό κι εγώ γύρευα τόσο καιρό για σένα άλλη ευκαιρία». Μια κι ακόμα δίσταζα, ρώτησε γλυκά: «Μήπως έχεις αντίρρηση να μείνεις σ' ένα μέρος όπως το Ίστερσος;»

«Όχι» αποκρίθηκα ύστερα από μια στιγμή. «Νομίζω πως θα μπορούσα να το υποφέρω».

«Τότε, ξανασκέψου το και πες μου απόψε τι αποφάσισες. Αναμφίβολα, είναι ένα εργαστήριο που θα τ' ονειρεύονταν πολλοί». Σηκώθηκε, με χτύπησε χαϊδευτικά στον ώμο και φόρεσε τα ζωηρόχρωμα γάντια του. «Πρέπει να φύγω τώρα. Και πάλι συγχαρητήρια». Πήρε την ομπρέλα του, μου 'ριξε μια ματιά φεύγοντας. «Και μην ξεχάσεις να δώσεις τους χαιρετισμούς μου στη δόκτορα Λο».

Όπως έβγαινε, έδωσα μιαν ακαταλαβίστικη απάντηση.

Δε βαστούσα να του πω ότι είχα τέσσερις μέρες να δω την Τζιν, πως στην τσέπη μου έκαιγε ένα γράμμα δικό της, ένα αξιοθρήνητο, μουσκεμένο από τα δάκρυα σημείωμα, γεμάτο τύψεις, με την πιο βαθιά, την πιο απελπισμένη αγωνία της μεταμέλειας.

Ω Θεέ μου, τι τρελός που ήμουνα. Στο ζεστό παραλήρημα εκείνων των ανεπανόρθωτων στιγμών δεν είχα πάψει να συλλογίζομαι πόσο θα πλήγωνε η αίσθηση του λάθους την απονήρευτη κι ανεπιτήδευτη ψυχή της. Ακόμα την έβλεπα, την ώρα που μ' άφησε, αργά εκείνη τη νύχτα, με πρόσωπο πανιασμένο κι αξιολύπητο, τα χείλια να τρέμουν, και στα μάτια της το βλέμμα πληγωμένου πουλιού, ένα βλέμμα τόσο πονεμένο, τόσο πένθιμο κι απελπισμένο, που λίγο ακόμα και θα μου ξέσχιζε την καρδιά.

Η αρετή είναι κάτι που δεν το σκέφτεσαι, ή που μπορεί και να γελάς μαζί του. Κι όμως ήταν η ίδια η ουσία της ύπαρξής της.

Μια φορά, σαν ήμουν παιδί, έσπασα ένα εύθραυστο κρυστάλλινο βάζο. Η ίδια σκληρή αίσθηση της απαρηγόρητης απώλειας που προξένησαν εκείνα τα σκόρπια κομμάτια με χτυπούσε και τώρα. Το 'ξερα, υπήρχαν άλλοι που ζούσαν «μια ερωτοδουλειά» με φανερή ανεμελιά. Κι όμως εμείς, αλίμονο, ανόμοιοι σ' όλα τ' άλλα, είχαμε αυτό κοινό: δεν μπορούσαμε να ρίξουμε στις πληγές μας το βάλσαμο της αδιαφορίας. Μια φράση από το γράμμα της σβούριζε διαρκώς στο νου μου.

Το λάθος που κάναμε είναι που πιστέψαμε πως μπορούσαμε να είμαστε μαζί. Δεν πρέπει ποτέ να ξανακάνουμε το ίδιο λάθος. Δεν μπορώ, δεν πρέπει να σε ξαναδώ ποτέ.

Ένας βαθύς στεναγμός βγήκε από μέσα μου. Ένιωθα έρημος, λες κι είχα πετάξει και χάσει για πάντα ένα μαργαριτάρι ανεκτίμητης αξίας. Κουρασμένος κι ανάστατος, γεμάτος με κάτι που έμοιαζε με αρρώστια που μ' έκαιγε, τα 'βαλα όλο πίκρα με τον εαυτό μου. Κι όμως, εκείνο το αόρατο κατώφλι το 'χαμε διαβεί όχι τόσο γιατί ήμασταν μαζί, μα γιατί υπήρχαν εκείνες οι δυνάμεις που θα μας χώριζαν. Και τώρα; Το τέλος της μαγείας... θάνατος της ψυχής; Όχι. Τη λαχταρούσα πιο πολύ από ποτέ, την ποθούσα μ' όλη μου την ψυχή.

Απότομα, σηκώθηκα. Μολονότι δε συλλογιζόμουνα και τίποτ' άλλο από τότε που πήρα το γράμμα της, έκανα τώρα μια μεγάλη προσπάθεια ν' αποτινάξω τη μελαγχολία μου και να συγκεντρωθώ σ' αυτή την προσφορά που μου είχε κάνει ο Τσάλλις. Μέσα μου δεν είχα συνηθίσει στην ιδέα, έπρεπε όμως να παραδεχτώ την ορθότητα των επιχειρημάτων του. Κι αφού έκανα βόλτες πέρα δώθε σ' όλο το πάτωμα για καμιά ώρα, ανήσυχος και σκεφτικός, αποφάσισα να δεχτώ. Μια κι είχε κιόλας πάει πεντέμισι, κλείδωσα και κίνησα για το ιατρείο του Τρόνγκεϊτ.

Η αίθουσα αναμονής, όπως συνήθως, ήταν φούρνος και φίσκα από κόσμο, γεμάτη με μια χαρακτηριστική μυρωδιά, σιγανά μουρμουρητά, βήχες, βαριές ανάσες και το σύρσιμο ποδιών στο γυμνό πάτωμα. Συμπυκνωμένη υγρασία κυλούσε από τους τοίχους στο χρώμα της σοκολάτας. Όπως πήρα τη θέση μου στο γραφείο μπήκε φουριόζος ο δόκτωρ Μάθερς μ' ένα φύλλο χαρτί στο χέρι του.

«Απαρτία απόψε, Σάννον. Καλά πάνε οι δουλειές. Αναρωτιέμαι αν σε πειράζει να κάνεις αυτές τις επισκέψεις για λογαριασμό μου όταν τελειώσεις».

Υπήρχαν πέντε επισκέψεις στο φύλλο που μου έδωσε. Σταδιακά, δίχως διατυπώσεις, πρόσχαρα, μου αύξανε τη δουλειά κι είχα φτάσει τώρα να κάνω πολύ περισσότερα απ' όσα είχαμε συμφωνήσει οι δυο μας στην αρχή.

«Εντάξει» είπα άχρωμα. «Αλλά θα ήθελα να σας μιλήσω».

«Σφύρα το».

«Φοβάμαι ότι φεύγω».

Όπως το συνήθιζε, είχε αρχίσει να μεταφέρει χούφτες λεφτά, τις αμοιβές που είχε πάρει στις απογευματινές επισκέψεις του, από τις τσέπες του παντελονιού του στην τσάντα σαμουά, μα τώρα σταμάτησε απότομα και με κοίταξε κοφτά. Την επόμενη στιγμή έβαλε τα γέλια.

«Αναρωτήθηκα πόσο καιρό θα σου 'παιρνε μέχρι να μ' αναγκάσεις να σου δώσω αύξηση. Πόσα θες;»

«Τίποτα».

«Άσ' τα αυτά, Σάννον. Δεν είσαι κακό παιδί. Θα σου δώσω άλλη μια γκινέα τη βδομάδα».

«Όχι» είπα αποστρέφοντας το βλέμμα.

«Δυο γκινέες τότε, που να σε πάρει».

Σαν κούνησα το κεφάλι η έκφρασή του άλλαξε κι έγινε σοβαρή. Με το πόδι έκλεισε την πόρτα στα μούτρα των ασθενών που περίμεναν, κάθισε στην άκρη του γραφείου και άρχισε να μ' εξετάζει.

«Ωραία τη φέρνεις έτσι σ' έναν άνθρωπο που ετοιμάζεται να βγει για βράδυ. Πάω την κυρά και την Έιντα στο Τσίρκο του Χένγκλερ. Δεν έχεις ιδέα πόσο σε συμπάθησαν όταν σε γνώρισαν τις προάλλες. Πες μου τώρα. Πόσα θες στ' αλήθεια;»

Χρειάστηκε να προσπαθήσω για να συγκρατηθώ. Στην κατάσταση που ήταν τώρα το μυαλό μου, μου προκαλούσε αποτροπιασμό ο τρόπος με τον οποίο υποβάθμιζε τα πάντα και τα μετρούσε μονάχα με την κοινή αξία των μετρητών.

«Δεν έχει να κάνει με τα λεφτά».

Δε με πίστεψε – αδύνατο να μη νοιάζομαι για το πολύτιμο αυτό πράγμα. Δάγκωσε το νύχι του αντίχειρά του, κοιτάζοντάς με όλη την ώρα σαν να λογάριαζε.

«Κοίτα, Σάννον». Του βγήκε με σπουδή. «Σ' έχω πάρει από καλό μάτι. Όλοι σ' έχουμε πάρει από καλό μάτι. Δε λέω πως λες πολλά ακόμα σαν γιατρός, μα μπορώ να σε μάθω. Το θέμα είναι πως είσαι αξιόπιστος. Είσαι τίμιος. Δε σου παραπέφτουν στην τσέπη οι μισές κορόνες. Ήθελα πολύ καιρό τώρα να σου κάνω αυτή την πρόταση. Άκου, λοιπόν. Έλα εδώ πέρα μαζί μου σαν βοηθός, πλήρες ωράριο, με δυόμισι, όχι, ας πούμε τρία κατοστάρικα το χρόνο. Αν τα πας καλά, σε δώδεκα μήνες σε κάνω συνέταιρο και σ' αφήνω να πληρώνεσαι με την επίσκεψη. Τι λες γι' αυτό; Τούτο το ιατρείο είναι σωστό χρυσωρυχείο. Θα το δουλέψουμε μαζί. Κι αν η ΄Ειντα κι εσύ τα πάτε καλά, μπορούμε να το κάνουμε οικογενειακή επιχείρηση κι όταν έρθει η ώρα να με διαδεχτείς».

«Οχ, τράβα στο διάολο». Τα νεύρα μου ξαφνικά υποχώρησαν. «Δε θέλω να σε διαδεχτώ. Δε θέλω τα λεφτά σου. Ούτε τίποτ' άλλο».

«Α, έλα τώρα» ψέλλισε ξαφνιασμένος. «Σου έδωσα δουλειά, δε σου 'δωσα, όταν ήσουνα μπατίρης;»

«Ναι» ξεφώνισα σχεδόν. «Και σ' ευγνωμονώ γι' αυτό. Και γι' αυτό σ' άφησα να μου βγάλεις το λάδι μέχρι θανάτου το τελευταίο τρίμηνο. Τώρα όμως δεν πάει άλλο. Βαρέθηκα να μαζεύω μισές κορόνες από τρώγλες του ενός δωματίου για να τις χώσω στη δερμάτινη τσάντα σου. Κράτα το χρυσωρυχείο σου για πάρτη σου. Δε θέλω να συμμετέχω».

«Δεν είναι δυνατόν» είπε κοιτάζοντάς με. «Σου κάνω μια σίγουρη προσφορά. Και μου την πετάς στα μούτρα. Είσαι τρελός».

«Εντάξει» είπα. «Ας τ' αφήσουμε έτσι. Τώρα άσε με να κάνω τη δουλειά μου».

Χτύπησα το κουδούνι εισαγωγής πάνω στο γραφείο κι ευθύς αμέσως ο πρώτος ασθενής, ένας γέροντας, μπήκε μέσα σέρνοντας τα πόδια του. ΄Οπως άρχισα να τον εξετάζω, ο δόκτωρ Μάθερς συνέχισε να με κοιτάζει με το καπέλο σπρωγμένο πίσω στο κεφάλι του, σε ολοκληρωτική σύγχυση. Τελικά έπιασε την τσάντα με τα λεφτά, την κλείδωσε με ασφάλεια στο χρηματοκιβώτιο και, δίχως άλλη κουβέντα, βγήκε. Μετάνιωσα για το ξέσπασμά μου αμέσως μετά το φευγιό του. Δεν είχε κακή καρδιά τούτος ο άνθρωπος, και πρόσφερε καλές υπηρεσίες στη γειτονιά, μα το αμείλικτο κυνήγι μιας τσάντας γεμάτης με λεφτά ήταν περισσότερο απ' όσο θα μπορούσα να βαστάξω.

΄Ηταν περασμένες έντεκα σαν τέλειωσα την τελευταία επίσκεψη. Πήρα το δρόμο μου για την Υφήλιο, εξαντλημένος μα και ξέροντας πως δε θα μ' έπαιρνε ο ύπνος. Τώρα που δεν ήμουν πια απασχολημένος, ο πόνος ξαναγύρισε και, σαν ζώο με κοφτερά δόντια, άρχισε να μου κατατρώει τα σωθικά. Κι όμως, έτσι όπως βημάτιζα βαριά στους νοτερούς δρόμους, γέλασα σαρκαστικά με τα βάσανά μου. Τι πρότυπο που θα 'μουν για το γλεντζέ, τον πετυχημένο Δον Ζουάν! Το νεαρό Ρωμαίο... τον Καζανόβα... τέτοια ονόματα πετούσα κατάμουτρα στον εαυτό μου περιγελώντας τον.

Σαν έφτασα στο δωμάτιο του ξενοδοχείου μου, πέταξα από πάνω μου τα ρούχα και ρίχτηκα στο κρεβάτι. Έμεινα ξαπλωμένος εκεί, στη σκοτεινιά, ασάλευτος, με κλεισμένα σφιχτά τα μάτια. Όμως, έτσι όπως προσπαθούσα ν' αποκοιμηθώ, τούτα τα λόγια αναβόσβηναν στο νου μου: *Δεν πρέπει να σε ξαναδώ ποτέ... ποτέ... ποτέ.*

ΒΙΒΛΙΟ ΤΕΤΑΡΤΟ

Κεφάλαιο 1

ΜΙΑ ΒΔΟΜΑΔΑ ΑΡΓΟΤΕΡΑ, γύρω στις εννιά το βράδυ, διέσχιζα με το σακίδιό μου έναν ερημικό δρόμο, προσπαθώντας να δω μες στην ομίχλη και τη σκοτεινιά μήπως και για πρώτη φορά διακρίνω το ίδρυμα Ίστερσος, που ακόμα το κρατούσε στην αφάνεια η απατηλή κενότητα της νύχτας. Είχα χάσει το τρένο μου στο Γουίντον και, φτάνοντας με μία ώρα καθυστέρηση στη συμβολή Σος, που βρίσκεται στα ερημικά, δασωμένα βοσκοτόπια του Λόθιαν, κάπου εξήντα πέντε χιλιόμετρα από την πολιτεία, δε βρήκα αμάξι να με περιμένει. Στο σταθμό του χωριού μού είχαν δώσει οδηγίες, κι όμως σ' εκείνη την ερημιά σχεδόν σίγουρα θα είχα χάσει το δρόμο μου αν δεν έπεφτα πάνω σ' έναν ψηλό, γεροφτιαγμένο τοίχο, που είχε στην κορφή του μια σειρά σιδερένια καρφιά. Τον ακολούθησα για κάνα δεκάλεπτο και τώρα, στρίβοντας ξαφνικά, μ' έβγαζε στις πύλες της εισόδου, που τις φρουρούσε ένα πέτρινο σπιτάκι θυρωρού σαν πυργίσκος, μ' ένα φανάρι στο παράθυρο.

Απόθεσα το σακίδιό μου, χτύπησα τη βαριά, στολισμένη με καρφιά πόρτα που οδηγούσε στο σπιτάκι του θυρωρού. Ύστερα από λίγο κάποιος, μια αθέατη σιλουέτα που κρυφοκοίταζε από την πύλη, τράβηξε το φανάρι από το παράθυρο και βγήκε απ' το σπιτάκι.

«Ποιος είναι;»

Του έδωσα το όνομά μου και πρόσθεσα:

«Νομίζω πως με περιμένετε».

«Δεν ξέρω τίποτα για σένα. Πού είναι το πάσο σου;»

«Δεν έχω πάσο. Σίγουρα όμως θα σας είπαν πως θα 'ρθω».

«Δε μου 'παν».

Ο φύλακας φαινόταν έτοιμος να ξαναγυρίσει στο σπιτάκι και να μ' αφήσει έξω στη σκοτεινιά. Εκείνη τη στιγμή όμως, άλλο ένα φανάρι εμφανίστηκε κουνιστό και λυγιστό και μια γυναικεία φωνή, δυνατή, καλλιεργημένη με μάλλον εξεζητημένο τρόπο και με βαριά ιρλανδέζικη προφορά, ακούστηκε πίσω από το θυρωρό.

«Ο δόκτωρ Σάννον είναι; Εντάξει, Γκαν, άνοιξέ του να μπει».

Όχι δίχως κάποια μουρμούρα από την πλευρά του φύλακα, οι πύλες από σφυρήλατο σίδερο άνοιξαν διάπλατα. Μάζεψα το σακίδιό μου και τράβηξα μπροστά.

«Έχετε και τα πράγματά σας μαζί. Ωραία. Ελάτε».

Η συνοδός μου, όσο μπορούσα να συμπεράνω από το ασθενικό φως του φαναριού, ήταν μια γυναίκα γύρω στα σαράντα, χωρίς σκούφο, με μπλε ματογυάλια και μια ξεκούμπωτη κάπα από τραχύ τουίντ. Την ώρα που βρόντηξαν κλείνοντας οι πύλες, κι ενώ είχαμε κιόλας κινήσει για τη μακριά πορεία μας μέσα στο σκοτάδι, μου συστήθηκε.

«Είμαι η δόκτωρ Μέιτλαντ, υπεύθυνη του Γυναικείου Τομέα». Έπεσα πάνω σε μια συστάδα χαμόδεντρων και παρά λίγο να σκοντάψω. «Ήταν να σας προϋπαντήσει ο δόκτωρ Πάλφρι... είναι υπεύθυνος για την Ανατολική και Δυτική Πτέρυγα Αντρών, αλλά σήμερα έχει το ρεπό του και πήγε στο Γουίντον». Μετά τη δέουσα παύση, πρόσθεσε: «Μπροστά μας βλέπετε το κεντρικό μας κτίριο».

Σήκωσα τα μάτια. Αντίκρυ μας, σε κάποια απόσταση, πάνω σ' ένα υψωματάκι, έβλεπες με κάποιο κόπο μια πυργωτή μορφή, μια κυψέλη φώτων που κολυμπούσαν νωχελικά στην υγρή σκοτεινιά. Η ομίχλη απάλυνε τα φώτα αυτά, τους χάριζε μια ποιότητα φωτεινή και απατηλή. Όπως τα κοίταζα βαδίζοντας με μεγάλες δρασκελιές, πότε έσβηναν κάποια φώτα και πότε εμφανίζονταν άλλα, κι έτσι ο αστερισμός έμοιαζε να χορεύει και να κυματίζει.

Το τέρμα του δρόμου μάς έβγαλε επιτέλους κάτω απ' την ψηλή πρόσοψη κι η Μέιτλαντ προχώρησε μπροστά, σε μια πέτρινη σκεπαστή είσοδο που τη φώτιζε πάνω από τα κεφάλια μας μια λάμπα μέσα σ' ένα μεταλλικό δίχτυ, και σταμάτησε στην κορφή της σκάλας με τα πλατιά και χαμηλά γρανιτένια σκαλοπάτια. Με το κλειδί στο χέρι, μου εξήγησε:

«Είμαστε στη Νότια Πτέρυγα Αντρών. Εδώ είναι το διαμέρισμά σας».

Μέσα, η αίθουσα ήταν μεγάλη και ψηλοτάβανη, στρωμένη με ασπρόμαυρο μωσαϊκό, κι είχε στο βάθος ένα αλαβάστρινο άγαλμα και στους τοίχους τρία σκούρα τεράστια τοπία, λαδομπογιά και επίχρυση κορνίζα. Δυο γραφεία μπουλ με πρασινόχρυσες προεδρικές καρέκλες πίσω τους ολοκλήρωναν μια εικόνα που άφηνε άναυδες τις αισθήσεις με τη ροκοκό μεγαλοπρέπειά της.

«Ελπίζω να σας αρέσει». Η Μέιτλαντ μιλούσε σαν να προσπαθούσε να κρύψει ένα χαμόγελο. «Είσοδος στη Βαλχάλλα[1], έτσι;»

Δίχως να περιμένει απάντηση, άρχισε ξανά ν' ανεβαίνει την πλατιά, στρωμένη με χαλί σκάλα, μέχρι που φτάσαμε στο τρίτο πάτωμα. Εδώ, χρησιμοποιώντας με αξιοσημείωτη δεξιοτεχνία το ίδιο κλειδί, που τώρα είδα πως ήταν δεμένο στο λαιμό της μ' ένα λεπτό ατσάλινο σύρμα, άνοιξε την πόρτα μιας αυτόνομης σουίτας.

---

[1] (Μυθ.) Κατά τη σκανδιναβική μυθολογία, η ουράνια κατοικία του θεού Όντιν, όπου ζούσαν μακάρια οι πολεμιστές που έπεφταν στο πεδίο της μάχης. Η Β. περιγράφεται σαν ένα τεράστιο οίκημα με 540 πύλες και αίθουσες διακοσμημένες με ασπίδες, τόξα και βέλη. Εκεί οι πολεμιστές τρέφονται με το κρέας ενός αγριόχοιρου που αναγεννιέται κάθε μέρα, πίνουν ένα ηδύποτο που ρέει άφθονο από τους μαστούς μιας αίγας και μονομαχούν όλη τη μέρα μεταξύ τους, ενώ οι πληγές τους επουλώνονται μόνες τους κάθε πρωί. (Σ.τ.Μ.)

«Εδώ είμαστε. Και ξέρετε το χειρότερο. Κρεβατοκάμαρα, σαλόνι και μπάνιο είναι εξολοκλήρου βικτοριανά – για να μην πω γοτθικά».

Το κρύο της αστείο δε μ' εμπόδισε να δω πως τα δωμάτια, μολονότι αρχαϊκά στο στιλ της επίπλωσης, ήταν ασυνήθιστα ευρύχωρα. Στο σαλόνι, όπου οι σενίλ κουρτίνες ήταν κιόλας τραβηγμένες, μια φωτιά από κάρβουνα έριχνε ζεστή τη λάμψη της πάνω στο μπρούντζινο κιγκλίδωμα του τζακιού και στο παχύ κόκκινο χαλί. Υπήρχαν δυο βαθιές πολυθρόνες κι ένας καναπές, ένα αμπαζούρ πλάι σ' ένα σεκρετέρ που είχε ράφια με δερματόδετα βιβλία. Στην κρεβατοκάμαρα, πιο πέρα, φαινόταν ένα αναπαυτικό μαονένιο κρεβάτι, ο νιπτήρας στο μπάνιο ήταν φτιαγμένος από χοντρή, καμπυλωτή πορσελάνη. Νιώθοντας μέσα μου κάποια πίκρα, μπήκα στον πειρασμό να πω στην ανώτερη συντρόφισσά μου πως, σε αντίθεση με τις ατέλειες που είχα βιώσει στην Υφήλιο, τούτο εδώ ήταν σκέτη πολυτέλεια.

«Θέλετε να ταχτοποιηθείτε;» ρώτησε, στημένη διακριτικά κοντά στο κατώφλι. «Ή μήπως θα θέλατε να σας ανεβάσουν κάτι να φάτε;»

«Ναι, θα το ήθελα. Αν δεν είναι μεγάλο πρόβλημα».

Πέταξα το σακίδιό μου πίσω από τον καναπέ, κι όσο εκείνη χτυπούσε το κουδούνι πλάι στο ράφι του τζακιού και κάτι μου παράγγελνε, την κοίταξα καλύτερα. Ήταν εξαιρετικά λιτή στην εμφάνιση, με κατακόκκινο πρόσωπο όλο κηλίδες και γκριζόμαυρα μαλλιά άταχτα μαζεμένα σε κότσο πίσω από το κεφάλι της. Τα μάτια της ήταν προφανώς αδύναμα, γιατί, ακόμα και πίσω από τους βιολετί φακούς τους, έβλεπες πως τα βλέφαρα ήταν κόκκινα και πρησμένα. Λες και προσπαθούσε επίτηδες να τονίσει την έλλειψη ομορφιάς της, ήταν κακοντυμένη: κάτω από την κάπα της φορούσε μια φανελένια μπλούζα με ροζ ρίγες και μια σακουλιασμένη τουίντ φούστα.

Σε πέντε λεπτά μια υπηρέτρια με μαύρη στολή σαν σακί και

κολλαριστή άσπρη ποδιά μπήκε σιωπηλά με το δίσκο. Ήταν κοντόχοντρη, σχεδόν σαν νάνος, με μυώδεις γάμπες χωμένες σε μαύρες κάλτσες και γκρίζο, ανέκφραστο πρόσωπο.

«Ευχαριστώ, Σάρα» είπε χαρούμενα η Μέιτλαντ. «Ωραίο φαίνεται. Παρεμπιπτόντως, από δω ο δόκτωρ Σάννον. Ξέρω πως θα τον φροντίσεις καλά».

Η υπηρέτρια κράτησε τα μάτια της καρφωμένα στο χαλί, δίχως να χαλαρώσει διόλου τα ανέκφραστο πρόσωπό της. Ξαφνικά όμως τινάχτηκε απότομα, μια μικρή μηχανική υπόκλιση. Δίχως κουβέντα βγήκε έξω.

Την ακολούθησα με τα μάτια κι ύστερα γύρισα στη συντρόφισσά μου με βλέμμα ερωτηματικό, όλο σημασία.

«Ναι» έγνεψε ανέμελα η Μέιτλαντ. Με παρακολούθησε με το προκλητικό, μισοκοροϊδευτικό χαμόγελό της να σερβίρομαι μια κούπα καφέ κι άρχισε να τρώει ένα σάντουιτς.

«Κάποιοι τα πάνε αρκετά καλά εδώ πέρα. Η δεσποινίς Άιντρι, που φροντίζει το νοικοκυριό, είναι πάρα πολύ καλή. Τώρα που το ’φερε η κουβέντα, δε σκοπεύω να σας σύρω πέρα δώθε να γνωρίσετε το προσωπικό. Ο Πάλφρι είναι εκείνος που θα βλέπετε περισσότερο, θα τρώτε μαζί πρωινό στην Ανατολική Αντρών κάθε πρωί. Ύστερα είναι ο δόκτωρ Γκούντολ... ο διευθυντής μας... αριστερά στην πόρτα σας, αυτό με τα κόκκινα στόρια, ήταν το σπίτι του».

«Δε θα έπρεπε να του δώσω αναφορά απόψε;» Σήκωσα τα μάτια.

«Θα του πω εγώ ότι ήρθατε» αποκρίθηκε η Μέιτλαντ.

«Ποια είναι τα καθήκοντά μου;»

«Πρωινοί και βραδινοί γύροι. Αντικαθιστάτε τον Πάλφρι τη μέρα του ρεπό του κι εμένα στο δικό μου. Τα επίσημα καθήκοντα είναι στην τραπεζαρία. Τα περιστασιακά, εξαρτάται. Σε γενικές γραμμές, να είστε χρήσιμος κι ευχάριστος απέναντι στ’ ανθρωπάκια που έχουμε στο μικρόκοσμό μας. Είναι πολύ απλό. Απ’ ό,τι κατάλαβα, κάνετε κάποια έρευνα. Θα έχετε άπειρες ευκαιρίες γι' αυτήν στα διαλείμματά σας. Ορίστε και το κλειδί σας».

Από την τσέπη της κάπας της έβγαλε ένα κλειδί, ίδιο με το δικό της, δεμένο σε μια μακριά, λεπτή ατσάλινη αλυσίδα.

«Δε θ' αργήσετε να εξοικειωθείτε με τη χρήση του. Σας προειδοποιώ, στο Ίστερσος δεν πάτε πουθενά χωρίς αυτό. Μην το χάσετε».

Δεν υπήρχε κοροϊδία στο ύφος της Μέιτλαντ όπως μου έδινε το μεγάλο, παλιομοδίτικο κλειδί, που ήταν απίστευτα λείο και γυαλιστερό σαν ασήμι μετά από τόσο συνεχή χρήση.

«Λοιπόν, απ' ό,τι βλέπω τελειώσαμε. Φεύγω τώρα, πάω στη Δούκισσα. Ήταν κάπως ατίθαση σήμερα και της χρειάζεται ένα καλό κήρυγμα και μια σταλιά ηρωίνη».

Σαν έφυγε πια αποτελείωσα το γεύμα μου, που διέφερε πολύ από το συνηθισμένο φαΐ των νοσοκομείων και ταίριαζε τόσο με τούτο το πολυτελές κτίριο. Αναρωτήθηκα μήπως έπρεπε να κάνω μια μικρή επιθεώρηση με το καινούριο, απαραίτητο κλειδί μου. Όπως ανέβαινα τη σκάλα μαζί με τη Μέιτλαντ, είχα παρατηρήσει σε κάθε κεφαλόσκαλο μια μαονένια πόρτα με ξεθωριασμένα γράμματα πάνω της, και χοντρά γυάλινα χωρίσματα που από μέσα τους έβλεπες μια στενόμακρη, μισοσκότεινη αίθουσα, που έβγαζε κατά μυστήριο τρόπο σε άλλη μια πόρτα, άλλη μια στενόμακρη αίθουσα.

Παρ' όλες τις συστάσεις του καθηγητή Τσάλλις, που είχαν κιόλας επαληθευτεί, πως τούτο το μέρος ήταν από τα καλύτερα του είδους του, μια αόριστη ανησυχία μού τριβέλιζε το νου. Στο επάγγελμά μας έχουμε πάντα την τάση να λοξοκοιτάζουμε τη δουλειά σε άσυλο, σαν ν' αποκλίνει λιγάκι από το φυσιολογικό. Υπάρχουν έξοχοι άνθρωποι σ' αυτή την υπηρεσία, βέβαια, αλλά από την άλλη και κάποιοι που είναι σαφώς αλλόκοτοι – κι όσο περνάει ο καιρός γίνονται πιο αλλόκοτοι. Είναι εύκολη ζωή και πολλοί γιατροί μπορεί να καταλήξουν σ' αυτήν. Άλλωστε, από τη στιγμή που θα μπεις, κατά κάποιο τρόπο είναι λιγότερο εύκολο να βγεις. Για να το πω σταράτα, κάποιες απ' αυτές τις πνευματικές ιδιορρυθμίες είναι τόσο «κολλητικές» όσο και οι λοιμώδεις εμπύρετες νόσοι.

Ωστόσο, έπρεπε να το ρισκάρω. Σηκώθηκα απότομα. Το κρεβάτι μου ήταν στρωμένο και από τα γυρισμένα σκεπάσματα φαίνονταν τα σεντόνια, πιο λευκά και απαλά απ' όλα όσα είχα δει στη ζωή μου. Πιάνοντας το σακίδιό μου πίσω από τον καναπέ, έβγαλα και ταχτοποίησα όσο καλύτερα μπορούσα τα σημειωματάρια, τα χαρτιά μου και τα ελάχιστα φτωχικά πράγματά μου. Ο προηγούμενος ένοικος, αγνώστου ταυτότητος, δεν είχε μπει στον κόπο να πάρει ό,τι είχε και δεν είχε, κι είχε αφήσει ένα μισό πακέτο τσιγάρα, ένα παλιό μπουρνούζι με κόκκινες ρίγες, κάμποσα μυθιστορήματα κι ένα σωρό μπιχλιμπίδια σκορπισμένα ανέμελα εδώ κι εκεί.

Όσο για μένα, είχα μονάχα μια μικρή φωτογραφία περασμένη σε μια φτηνή κορνίζα πασπαρτού, ένα στιγμιότυπο παρμένο μια ηλιόλουστη μέρα στα βαλτοτόπια πίσω από το Γκόουρι: ένα απλό, ανοιχτό προσωπάκι σε σέπια, με μπούκλες ανάστατες από τον άνεμο και δυνατό, θεληματικό πιγούνι... με μαύρα χαμογελαστά μάτια... ποιος να το πίστευε... και μάλιστα, μ' ένα χαμόγελο χαρισμένο από μια παράξενη, καινούρια ευτυχία. Άραγε, χαμογελούσε τώρα; Εγώ, τουλάχιστον, δε χαμογελούσα την ώρα που την τοποθετούσα στο ράφι του τζακιού, πλάι στο ρολόι. Αντίθετα, πήγα στο ημερολόγιο πάνω στο σεκρετέρ και με αλλόκοτη, παγωμένη έκφραση σημάδεψα την ημερομηνία, 31 Ιουλιου.

Εκείνη τη στιγμή, ένα γρήγορο χτύπημα στην πόρτα μ' έκανε να τιναχτώ από ένστικτο και, σαν είδα την ψηλή κι απόκρημνη σιλουέτα στο κατώφλι, κατάλαβα πως ο επισκέπτης μου ήταν ο διευθυντής.

«Καλησπέρα, δόκτωρ Σάννον». Η φωνή του ήταν μειλίχια και διστακτική. «Καλώς ορίσατε στο Ίστερσος».

Ψηλός κι ατσούμπαλος, ο δόκτωρ Γκούντολ έμοιαζε αποστεωμένος, με τα γκρίζα μαλλιά του, που ήθελαν κούρεμα, να κρέμονται άταχτα πάνω απ' το γιακά του. Το πρόσωπό του ήταν μακρύ και κατσούφικο, με μεγαλούτσικη μύτη, πεταχτό πιγούνι και κιτρινιάρικα μάτια με βαριές βλεφαρίδες, που, μολονότι επιφυλακτικά, ήταν βαθιά ανθρώπινα, είχαν τη ζεστασιά της κατανόησης και κάτι παράξενο στο βάθος που σε υπνώτιζε.

«Άκουσα πολλά για σας από τον καθηγητή Τσάλλις». Χαμογέλασε στοχαστικά. «Μόλις μου πέρασε από το νου ότι μάλλον θ' ανυπομονείτε να δείτε το εργαστήριό μας».

Με μια χειρονομία μού έδειξε πως έπρεπε να τον συνοδεύσω. Κατεβήκαμε κάτω και, μέσα από μια πλακοστρωμένη υπόγεια διάβαση, φωτισμένη από ηλεκτρικές λάμπες με θαμπό γυαλί, με οδήγησε για αρκετή απόσταση κάτω από το κεντρικό κτίριο κι ύστερα, από μια ράμπα, μ' έβγαλε σε μια μικρή αυλίτσα μες στη μέση, ανοιχτή στ' αστέρια μα κυκλωμένη από ψηλούς τοίχους. Ξεκλειδώνοντας σιωπηλά άλλη μια πόρτα, άναψε το φως.

«Εδώ είμαστε, δόκτωρ Σάννον. Πιστεύω ότι θα το βρείτε ικανοποιητικό».

Μου είχε κοπεί η λαλιά. Το μόνο που μπόρεσα να κάνω ήταν να καρφώσω το βλέμμα μου βουβός από θαυμασμό, απόλυτα συνεπαρμένος. Φυσικά και περίμενα ένα σχετικά καλό εργαστήριο, μολονότι, με βάση την προηγούμενη εμπειρία μου, δεν τολμούσα να βασιστώ σε κάτι τέτοιο. Τούτο εδώ όμως ξεπερνούσε και τις πιο ενθουσιώδεις προσδοκίες μου. Ήταν η καλύτερη μικρή μονάδα που είχα δει ποτέ, καλύτερη ακόμα κι από το εργαστήριο του πανεπιστημίου, έβλεπες μέσα αντιδραστήρια με γυάλινο πώμα τοποθετημένα σε ράφια το 'να πάνω στ' άλλο, ένα φασματοσκόπιο Έξτον, προσαρμοσμένα καλύμματα, ηλεκτρικό λειαντήρα και θόλο αποστείρωσης – όλα προσαρμοσμένα, από τα πλακάκια στους τοίχους μέχρι το τελευταίο σταγονόμετρο, χωρίς την έγνοια για τα έξοδα.

«Φοβάμαι» παρατήρησε γλυκά ο Γκούντολ «πως δεν το χρησιμοποιούμε πολύ. Ορισμένες συσκευές ίσως χρειαστούν προσαρμογή».

«Μα είναι τέλειο». Η φωνή μου με πρόδωσε.

Χαμογέλασε αχνά.

«Το προσθέσαμε πρόσφατα. Και πήραμε τις καλύτερες τεχνικές συμβουλές όταν το εγκαταστήσαμε. Χαίρομαι που μαθαίνω πως θα φανεί χρήσιμο».

Μ' εκείνο το απόμακρο μα συμπονετικό ύφος κατέληξε:

«Περιμένουμε σπουδαία πράγματα από σας. Είμαι ένας μοναχικός εργένης, δόκτωρ Σάννον. Το Ίστερσος είναι παιδί μου. Θα είμαι πολύ ευτυχής αν μπορέσετε να του χαρίσετε φήμη».

Πήραμε το δρόμο του γυρισμού. Στην αίθουσα υποδοχής, στην αρχή της σκάλας που οδηγούσε στα διαμερίσματά μου, σταμάτησε και η ματιά του ίσα που άγγιξε τη δική μου κάτω από τις βαριές βλεφαρίδες του.

«Πιστεύω ότι είστε ικανοποιημένος με όσα κάνει για σας το Ίστερσος. Τα διαμερίσματά σας είναι άνετα;»

«Άνετα, δε λέτε τίποτα».

Άλλη μια παύση.

«Καληνύχτα, τότε, δόκτωρ Σάννον».

«Καληνύχτα».

Σαν έφυγε πια, μπήκα στην κάμαρά μου με το κεφάλι να γυρίζει σαν σβούρα από την επίδραση της παράξενης, ακαταμάχητης προσωπικότητάς του.

Ξεντύθηκα αργά, έκανα ένα καυτό μπάνιο και χώθηκα στο κρεβάτι. Όπως μ' έπαιρνε ο ύπνος, μες στην απειλητική σιγαλιά άκουσα μιαν απότομη γοερή κραυγή. Ήρθε στ' αυτιά μου σαν τ' άγριο κι απελπισμένο σκούξιμο μιας κουκουβάγιας. Το 'ξερα πως δεν ήταν κουκουβάγια, κι όμως δε μ' ένοιαξε, δεν είχα τόπο πια για τρόμους κι αγωνίες.

Η κραυγή ακούστηκε ξανά, σβήνοντας αργά έξω στο σκοτάδι.

Κεφάλαιο 2

ΤΟ ΑΛΛΟ ΠΡΩΙ, από το μικρό σιδερένιο εξώστη του παραθύρου μου, κατάφερα να δω την εντυπωσιακή θέα του Ίστερσος.

Η έπαυλη, φτιαγμένη από γκρίζο γρανίτη, αστραφτερή μέσα στην πρωινή ατμόσφαιρα, ήταν χτισμένη σε αρχοντικό στιλ, με πυργωτά αετώματα και τέσσερις συμπαγείς πυργίσκους. Μπροστά είχε έναν πλατύ χώρο κλεισμένο με κιγκλίδωμα, μ' ένα κεντρικό σιντριβάνι που το περιέβαλλαν θάμνοι με διάφορα διακοσμητικά σχέδια. Πέρα απλωνόταν μια αυλή με τριανταφυλλιές σε παρτέρια στις άκρες της, ενωμένη με μια έκταση γκαζόν που τη χρησιμοποιούσε ένα μικρό τυρολέζικο σαλέ. Πλατιοί δρόμοι διέσχιζαν διαγώνια τις πράσινες εκτάσεις, κι ο ψηλός πέτρινος τοίχος που κύκλωνε το μεγάλο κτήμα το έκανε να μοιάζει ιδιωτικό, λες κι ήταν ιδιοκτησία κανενός προνομιούχου.

Ξυρίστηκα και ντύθηκα· ύστερα, σαν χτύπησε οχτώ η ώρα, κίνησα να πάρω πρωινό με το δόκτορα Πάλφρι. Στο καθιστικό πάνω από την Ανατολική Αντρών ανακάλυψα έναν κοντό, χοντρούλη, ροδοκόκκινο φαλακρό άντρα γύρω στα πενήντα, να κάθεται στο τραπέζι και να τρώει όλο υγεία πίσω από την πρωινή εφημερίδα του. Οι ματιές μας διασταυρώθηκαν.

«Αγαπητέ συνάδελφε, ελάτε κοντά μου». Ενώ έτρωγε ακόμα, σήκωσε το χέρι να με υποδεχτεί κι ύστερα ολοκλήρωσε τη χειρονομία γεμίζοντας το στόμα του με βουτυρωμένη φρυγανιά. «Είστε ο Σάννον, βέβαια. Είμαι ο Πάλφρι – από το Εδιμβούργο, πήρα το δίπλωμά μου το '99. Πιλάφι, μπέικον κι αυγά από κει... κι από δω... ο καφές. Ωραία μέρα σήμερα... γαλανός ουρανός, καθαρός αέρας... "μια αυθεντική μέρα Ίστερσος", έτσι το λέμε εμείς».

Ο Πάλφρι είχε ένα ζεστό, άκακο και λιγουλάκι χαζό ύφος, τα μάγουλά του ήταν μαλακά και φουσκωτά – με κάθε του κίνηση τρεμόπαιζαν σαν ζελές. Φαινόταν καλοπλυμένος και με περιποιημένα στην εντέλεια τα χέρια, τα μανικέτια του ήταν κολλαρισμένα, χρυσά γυαλιά της μύτης κρέμονταν επιτηδευμένα από το λαιμό του μ' ένα αόρατο κορδόνι. Τριγύρω από το ρόδινο κρανίο του κάτι τούφες ξεπλυμένο μαλλί, πιτσιλισμένες με λίγο πυρρόξανθο, ήταν προσεχτικά τακτοποιημένες σε πόλκα πίσω από τ' αυτιά του. Όλο και πασπάτευε τα ρόδινα χείλια και το λευκό μουστάκι με την πετσέτα του.

«Θα 'πρεπε να σας έχω συναντήσει χτες το βράδυ. Είχα βγει έξω όμως. Έξω στην ξενιτιά, όπως λέμε. Στην όπερα. *Κάρμεν*. Α! Θαυμάσιος, δυστυχισμένος Μπιζέ. Να σκεφτείτε πως πέθανε με ραγισμένη την καρδιά, μετά την αποτυχία της πρώτης παρουσίασης στην Όπερα Κομίκ, δίχως ιδέα για τη λαμπρή επιτυχία που θα είχε στη συνέχεια. Έχω πάει σ' αυτή την όπερα ακριβώς τριάντα εφτά φορές. Έχω ακούσει Μπρέσσλερ–Γκιανόλι, Λέμαν, Μαίρη Γκάρντεν, Ντεστίν... τον ντε Ρέτσκε ως Δον Χοσέ, τον Αμάτο ως Εσκαμίγιο. Είμαστε πολύ τυχεροί που έχουμε περίοδο Καρλ Ρόζα στο Γουίντον». Μουρμούρισε μερικά κομμάτια από το «Τραγούδι του Ταυρομάχου», κοπανώντας με τα δάχτυλα τον *Κήρυκα* που είχε μπροστά του. «Στην κριτική εδώ λέει ότι ο Σκόττι ήταν σε καλή φόρμα. Αυτό λέω κι εγώ! Α, εκείνη τη στιγμή που η Μικαέλα, έμβλημα γλυκύτητας, μπαίνει στο άγριο και δύσβατο στενό του λημεριού των λαθρεμπόρων! "*Προσπαθώ να μην παραδεχτώ πως τρέμω*". Εξαίσιο... μελωδικό... έξοχο! Σας αρέσει η μουσική;»

Έβγαλα ένα άναρθρο μουρμουρητό.

«Α! Θα πρέπει να κατέβετε μαζί μου στο πιάνο, στην αίθουσα

συναυλιών. Σχεδόν κάθε βράδυ πηγαίνω εκεί να επαναλάβω μερικά πράγματα. Θα πρέπει να παραδεχτώ, βέβαια, πως η μουσική είναι η χαρά μου. Τρεις είναι οι μεγάλες στιγμές που έζησα στη ζωή μου... όταν άκουσα την Πάττι να τραγουδάει τους "Σικελικούς Εσπερινούς", τον Γκάλλι–Γκούρτσι στο "Όμορφο Πουλί" από το *Μαργαριτάρι της Βραζιλίας*, και τη Μέλμπα στη "Σεβιγιάνα" του Μασσενέ».

Έτσι το πήγε μέχρι που απόφαγα το πρωινό μου· κατόπιν, με μιαν αρχοντική χειρονομία, ταιριαστή σε κυρία, εξέτασε το ρολόι του χεριού του.

«Ο διευθυντής μού ζήτησε να σας ξεναγήσω. Ελάτε».

Άρχισε να με ξεναγεί πολύ φασαριόζικα, τα κοντά, παχουλά του πόδια διέσχιζαν με απρόσμενη ταχύτητα την υπόγεια διάβαση – ύστερα, με μια αποφασιστική στροφή αριστερά, σαν αστρική ενσάρκωση, μας έβγαλε απρόσμενα στο ηλιόφως, στο διάδρομο κάτω από τα δικά μου διαμερίσματα.

Εδώ, ένας παχύσαρκος άντρας γύρω στα πενήντα, με ηλίθιο βλέμμα, που φορούσε μια γκρίζα φόρμα λεκιασμένη με γράσο και παπούτσια με λαστιχένιες σόλες, βημάτιζε απαλά πάνω κάτω με υπερβάλλοντα ζήλο. Μόλις εμφανίστηκε ο Πάλφρι, πέταξε έξω το στομάχι του και χαιρέτησε με δουλοπρέπεια ανάμειχτη με στόμφο.

«Καλημέρα, Σκάμμον. Δόκτωρ Σάννον, από δω ο Σάμουελ Σκάμμον, ο επικεφαλής προσωπικού μας... κι επίσης, πρέπει να προσθέσω, ο πολύτιμος διευθυντής της Ορχήστρας Πνευστών μας».

Παρέα με το βοηθό του Σκάμμον, τον Μπόγκαν, ένα νεαρό, καλόβολο ανθρωπάκο με θαρραλέα γαλάζια μάτια, προχωρήσαμε στην πρώτη αίθουσα, που πάνω της είδα τώρα γραμμένο με χρυσά ξεθωριασμένα γράμματα το όνομα Μπαλακλαβα[2]. Σαν τα-

[2] Η τοποθεσία όπου έγινε η ομώνυμη μάχη (25 Οκτωβρίου 1854) ανά-

χυδακτυλουργός, ο Σκάμμον χειρίστηκε επιδέξια το κλειδί του. Βρεθήκαμε μέσα.

Η αίθουσα ήταν στενόμακρη, ψηλοτάβανη και γαλήνια, καλοφωτισμένη από μια σειρά ψηλά παράθυρα στη μια μεριά και με κάμποσες πόρτες, που οδηγούσαν στις ανεξάρτητες κρεβατοκάμαρες, στην άλλη. Η επίπλωση, όπως κι εκείνη κάτω στην είσοδο, ήταν από μπουλ, τα χαλιά και οι κουρτίνες, μολονότι ξεβαμμένα, ήταν πλούσια. Υπήρχαν άφθονες προεδρικές καρέκλες, στοίβες βιβλίων και περιοδικών, στη μια γωνιά μια περιστρεφόμενη υδρόγειος. Η ατμόσφαιρα θύμιζε άνετη μα παλιομοδίτικη λέσχη, που αναδίνει τη μυρωδιά του χρόνου, του σαπουνιού, του δέρματος και του βερνικιού, κι η μυρωδιά της πάπιας μόνο ελάχιστα την είχε ποτίσει.

Καμιά εικοσαριά καλοντυμένοι κύριοι κάθονταν ήσυχα κι απολάμβαναν τις ανέσεις της αίθουσας αυτής. Σε πρώτο πλάνο, δύο ήταν απασχολημένοι με μια παρτίδα σκάκι. Άλλος ένας, στη γωνιά, με στοχαστικό δάχτυλο, γύριζε την υδρόγειο. Κάμποσοι διάβαζαν την πρωινή τους εφημερίδα. Άλλοι δεν έκαναν τίποτα, μονάχα κάθονταν ακίνητοι, στητοί σαν μπαστούνια, στις καρέκλες.

Ο Πάλφρι, αφού διέτρεξε με τα μάτια την έκθεση που του έδωσε ο Σκάμμον, κίνησε εύθυμα μπροστά.

«Καλημέρα, κύριοι. Καλό το παιχνίδι;» Σκύβοντας, τοποθέτησε συντροφικά το χέρι του στον ώμο κάθε παίκτη. «Καλύτερη μέρα δεν έχει ξανακάνει έξω. Θα τον χαρείτε το μικρό σας περίπατο, σας το υπόσχομαι. Ούτε λεπτό δε θα σας κουράσω... ύστερα είστε ελεύθεροι».

μεσα στα ρωσικά και αγγλοτουρκικά στρατεύματα κατά τον Κριμαϊκό Πόλεμο (1853-1856). Στη μάχη αυτή οι Ρώσοι κατάφεραν ν' αποκρούσουν επίθεση του αγγλικού ιππικού, αλλά δεν κατάφεραν ν' αποκόψουν τους Άγγλους, Γάλλους και Τούρκους από τα κέντρα εφοδιασμού στη Νότια Κριμαία. (Σ.τ.Μ.)

Προχώρησε πιο μέσα στην αίθουσα, παύοντας να μιλάει πού και πού, όλο κέφι και καταδεκτικές συμβουλές. Το σχεδόν ακατάπαυστο κουβεντολόι του, μολονότι έμοιαζε ν' ακολουθεί κάποιο πρότυπο, ήταν πάντα καίριο. Άκουγε παράπονα με συγκαταβατικό και καθησυχαστικό αυτί. Σιγομουρμούραγε πού και πού. Κι όμως δεν έχανε λεπτό στο εκστρατευτικό πέρασμά του.

Η Αλμα ήταν η επόμενη αίθουσα, κι ύστερα ο Ινκερμαν· στο σύνολό τους ήταν έξι, κι όταν επιτέλους φτάσαμε στον προθάλαμο του ισογείου, αφού κάναμε το γύρο ολόκληρου του συγκροτήματος, κόντευε μία η ώρα. Δίχως καθυστέρηση, ο Πάλφρι μ' έβγαλε στον καθαρό αέρα και διασχίσαμε τη βεράντα τραβώντας για τη Δυτική Πτέρυγα, όπου θα τρώγαμε το γεύμα.

«Παρεμπιπτόντως, Σάννον, ίσως θα 'πρεπε να σας προειδοποιήσω... η Μέιτλαντ κι η οικονόμος μας, η δεσποινίς Άιντρι, είναι πολύ στενά δεμένες και θαυμάζουν η μια την άλλη. Για μένα δεν τρελαίνονται και τόσο». Το ξεπέρασε ελαφρά. «Δε με νοιάζει καθόλου. Είναι όμως άλλος ένας λόγος για τον οποίο εμείς οι δυο πρέπει ν' αλληλοϋποστηριζόμαστε».

Έξω από τον προθάλαμο της Δυτικής Γυναικών, σ' ένα χώρο διαμορφωμένο με γούστο σαν τραπεζαρία, με το τετράγωνο τραπέζι στρωμένο με φίνο τραπεζομάντιλο και αστραφτερό ασημένιο σερβίτσιο για τέσσερις, η δεσποινίς Άιντρι και η Μέιτλαντ ήταν κιόλας εκεί και περίμεναν. Η οικονόμος με χαιρέτησε μ' ένα μικρό, ήσυχο γέρσιμο του κεφαλιού· ήταν μια λυγερή, μαραμένη, αριστοκρατική γυναίκα καμιά πενηνταριά χρονών, αμόλυντη κι εύθραυστη μέσα σε μια μπλε στολή με στενά, απαλά άσπρα μανικέτια και γιακά.

Όπως καθίσαμε, κρυφές ματιές κατανόησης και σιωπηλά σχόλια όλο οικειότητα ανταλλάχτηκαν ανάμεσα στις δυο γυναίκες. Ήταν ένα γεύμα γεμάτο ένταση κι αμηχανία. Μετά τη σούπα, ένα μεγάλο κομμάτι κρέας ήρθε και τοποθετήθηκε μπροστά στον Πάλφρι, που το έκοψε ενοχλημένος, μουρμουρίζοντας επίμονα καθώς μοίραζε τις φέτες το φιλέτο στα διάφορα πιάτα. Κάπου κάπου, με αντρική αμεσότητα, η Μέιτλαντ μου απηύθυνε κάποια χαρούμενη παρατήρηση – με ρώτησε αν θα ετοίμαζα μετά το γεύμα τα συμπυκνωμένα διαλύματα για τη νοσοκόμα που είχε βάρδια. Μια δυο φορές, σαν μίλησε ο Πάλφρι, έριξε μια ματιά στη δεσποινίδα Άιντρι σαν να διασκέδαζε.

Έχοντας πάθει κατάθλιψη από τις εμπειρίες που έζησα το πρωί, μα κι εξαιτίας της δυσκολίας που είχα ξαφνικά να προσαρμοστώ σε τούτο το παράξενο περιβάλλον, έμεινα σιωπηλός. Σαν σηκώθηκε ο Πάλφρι, μετά το επιδόρπιο, ψέλλισα μια δικαιολογία και τον ακολούθησα στη βεράντα.

«Αυτές οι γυναίκες!» φώναξε. «Δε σας τα 'λεγα; Δεν τις αντέχω αυτές τις δυο, Σάννον. Για να λέμε την αλήθεια, όλες τις γυναίκες τις απεχθάνομαι. Δόξα σοι ο Θεός, δεν είχα ποτέ να κάνω με καμιά από δαύτες σ' όλη μου τη ζωή».

Πετάχτηκε νευρικά ν' αναλάβει καθήκοντα στην τραπεζαρία, αφήνοντάς με να προχωρήσω με ανάμειχτα συναισθήματα κατά το φαρμακείο.

Εκεί με περίμεναν με επίσημο ύφος η αδελφή Σαντ κι άλλη μια νοσοκόμα. Η Σαντ ήταν μια χοντροκομμένη, μεσόκοπη γυναίκα με πλούσιο στήθος και καλόκαρδο βλέμμα. Όταν μπήκα κοίταξε το ρολόι της, που το είχε καρφιτσωμένο στην μπροστινή μεριά της στολής της.

«Καλησπέρα, γιατρέ. Από δω η αδελφή Στάνγουεϊ. Μπορούμε να έχουμε τις προμήθειές μας;»

Όπως απόθετε η Σαντ το άδειο καλάθι της στον πάγκο, η άλλη νοσοκόμα μου έριξε μια πλάγια ματιά κι απ' το χλωμό, ψύχραιμο, πλατύ πρόσωπό της πέρασε ένα αδιόρατο χαμόγελο. Θα πρέπει να ήταν γύρω στα είκοσι πέντε, τα μαλλιά της ήταν μαύρα, είχε αδιάφορο ύφος και στο δεξί της χέρι φορούσε βέρα.

«Να σας δείξω πού είναι το καθετί» είπε η Σαντ. «Στην ανάγκη φαίνονται οι φίλοι».

Στο μέλλον θ' ανακάλυπτα πως η αδελφή Σαντ είχε μια συλλογή από παροιμίες, όπως «πάρ' τον έναν και χτύπα τον άλλον», «ενός κακού μύρια έπονται», «κάλλιο γαϊδουρόδενε παρά γαϊδουρογύρευε», που τις έλεγε διαρκώς με ύφος γεμάτο σοφία. Τώρα, όλο χαρά, με βοήθησε να της γεμίσω το καλάθι με τα στοιχειώδη φάρμακα, κυρίως υπνωτικά· ύστερα, ρίχνοντας άλλη μια ματιά στο καρφιτσωμένο ρολόι της, πήγε να φύγει, παρατηρώντας την ίδια στιγμή, όπως κατευθυνόταν προς την πόρτα, μ' εκείνο το φιλικό, καλοπροαίρετο τόνο που χρησιμοποιούσε για τη Στάνγουεϊ:

«Πάρτε τους επιδέσμους από το δόκτορα Σάννον, αδελφή. Ύστερα ελάτε να με βοηθήσετε στην ιματιοθήκη».

Απλώθηκε σιωπή σαν βρεθήκαμε μόνοι με την αδελφή Στάνγουεϊ, η ατμόσφαιρα άλλαξε, η ατμόσφαιρα της επισημότητας σαν να χαλάρωσε λιγάκι. Μόλις έσυρε μπροστά το καλάθι της, μου έριξε μια ανέμελη ματιά.

«Σας πειράζει να καθίσω;»

Δεν έφερα αντίρρηση. Μάντεψα πως ήθελε να μου πιάσει κουβέντα, μα όσο κι αν είχα έναν κανόνα, να μην κοιτάζω δεύτερη φορά τις νοσοκόμες, τούτο το μέρος, ειλικρινά, μου είχε κουράσει τα νεύρα κι ένιωσα πως μια σύντομη ανθρώπινη συζήτηση, πού ξέρεις, μπορεί και να βοηθούσε.

Σκαρφάλωσε στον πάγκο και με κοίταξε ανέκφραστη, με ύφος κάπως κοροϊδευτικό. Δεν ήταν ακριβώς όμορφη, παραήταν χλωμή, με χλωμά, σαρκώδη χείλη, πλατιά και ψηλά μήλα και πλακουτσωτή μύτη. Κι όμως ήταν με τον τρόπο της ελκυστική. Κάτω από τα μάτια της είχε αχνές σκιές και το δέρμα ήταν τεντωμένο στο σημείο αυτό. Τα μαύρα μαλλιά της, κομμένα ίσια απ' τη μιαν άκρη του μετώπου της στην άλλη, έβγαζαν μια γαλαζωπή ανταύγεια.

«Λοιπόν» είπε ψυχρά. «Τι σας έφερε στο Ίστερσος;»

Με τον ίδιο τρόπο, αποκρίθηκα:

«Ήρθα να ξεκουραστώ λίγο».

«Θα ξεκουραστείτε. Αυτό το μέρος είναι κυριολεκτικά νεκροτομείο».

«Μοιάζει κάπως παλιομοδίτικο, μεγάλο μέρος του».

«Χτίστηκε πριν από έναν αιώνα και βάλε. Δε θα πρέπει ν' άλλαξε και πολύ από τότε».

«Δε χρησιμοποιούν σύγχρονες μεθόδους;»

«Α, ναι. Όχι ο φουκαράς ο Πάλφρι. Αυτός μονάχα τρώει, κοιμάται και μουρμουράει. Αλλά η Μέιτλαντ ξεθεώνεται στην υδροθεραπεία, στις θεραπείες με ηλεκτροσόκ και στην ψυχανάλυση. Είναι πολύ τίμια, έχει καλές προθέσεις, είναι πολύ καλή, για να λέμε την αλήθεια. Ο Γκούντολ έχει την καλύτερη μέθοδο. Τους αφήνει στην ησυχία τους. Φροντίζει όμως να περιποιούνται τους ασθενείς και κατά κάποιο τρόπο τους βοηθάει προσποιούμενος πως είναι φυσιολογικοί».

«Τον συμπαθώ τον Γκούντολ. Τον γνώρισα χτες».

«Είναι εντάξει. Μόνο που 'χει λιγάκι σπάσει κι αυτός». Με κοίταξε ειρωνικά. «Σ' όλους μας έχει στρίψει λίγο η βίδα».

Της έδωσα ό,τι έγραφε ο κατάλογος της Ανατολικής Πτέρυγας, γάζα και ξαντό, διαλύματα βαλεριάνας, βρομιδίου και χλωράλης. Δεν είχα ξαναδεί ποτέ παραλδεΰδη, κι όπως έβγαζα το πώμα απ' το μπουκάλι, η μυρωδιά αιθέρα που βγήκε παρά λίγο να με κάνει να πέσω κάτω.

«Δυνατό αυτό το πράγμα».

«Ναι. Σε στυλώνει. Κάνεις καλό κεφάλι».

Γέλασε κοφτά με την έκπληξή μου και λύγισε το χέρι της για να πιάσει το χερούλι του καλαθιού. Όπως τραβούσε για την πόρτα, μου χάρισε με το πλάγιο βλέμμα της εκείνο το αλλόκοτο, άμεσο λοξό χαμόγελο.

«Δεν είναι και τόσο άσχημα εδώ, αν ξέρεις πώς να τα βγάλεις πέρα. Κάποιοι από μας, μάλιστα, τα καταφέρνουμε και περνάμε καλούτσικα. Όταν βαρεθείτε, περάστε από το σαλονάκι μας».

Όπως έβγαινε κατάλαβα πως είχα ελαφρά συνοφρυωθεί. Όχι

πως τα 'χα χάσει. Μολονότι ήταν αρκετά νέα, το έμπειρο ύφος της, το τεντωμένο γαλαζωπό δέρμα κάτω από τα μάτια της, εκείνο το πλακουτσωτό, ανέκφραστο πρόσωπο που δεν πρόδινε τίποτα σ' άφηναν να μαντέψεις πως η ιστορία της είχε πολλά να πει.

Σαν τελείωσα πια στο φαρμακείο, η ώρα ήταν μονάχα τρεις κι ήμουν πλέον ελεύθερος ν' αρχίσω τη δική μου δουλειά. Μ' ένα στεναγμό ανακούφισης βγήκα έξω. Όμως εκεί σταμάτησα ξαφνικά, η σκηνή αντίκρυ μου με χτύπησε σαν χαστούκι.

Στην αυλή κάτω από τη βεράντα, μια ομάδα κυρίων είχε παραταχτεί στη σειρά από τον επικεφαλής του προσωπικού, τον Σκάμμον, για έναν ποδοσφαιρικό αγώνα που αποδεικνυόταν πολύ συναρπαστικός, αν έκρινες από τα συχνά επιφωνήματα θαυμασμού. Τα γήπεδα του τένις στην άλλη πλευρά του τυρολέζικου σαλέ έσφυζαν από ζωή, με τον Πάλφρι να 'χει αναλάβει καθήκοντα διαιτητή σε έναν αγώνα. Από το ίδιο το σαλέ έβγαιναν νότες μουσικής από κρουστά: ευχάριστα, μικρά, κοφτά αποσπάσματα, γρήγορες νότες κι επιβραδυνόμενοι ρυθμοί κάποιου εμβατηρίου του Σούζα[3]: έδειχναν πως η μπάντα του Ίστερσος είχε δουλειά, έκανε πρόβα. Χρώμα πρόσθετε μια παρέα κυριών, με επικεφαλής την αδελφή Σαντ, που παρακολουθούσαν κομψές –μερικές, μάλιστα, κρατούσαν και σπορ ομπρέλες– γύρω από το δεντρόκηπο. Βέβαια, η εικόνα δεν ήταν αφιερωμένη αποκλειστικά στην ψυχαγωγία. Στους λαχανόκηπους μια μεγάλη ομάδα αντρών από την Ανατολική Πτέρυγα δούλευε μεθοδικά, χωρισμένη με τάξη

---

[3] Sousa, John Philip (1854-1932), ο επονομαζόμενος και «Βασιλιάς των Εμβατηρίων». Αμερικανός διευθυντής ορχήστρας και συνθέτης 132 στρατιωτικών εμβατηρίων, εκ των οποίων το περίφημο *Semper Fidelis* (1888), το επίσημο εμβατήριο του σώματος πεζοναυτών των ΗΠΑ. Συνέθεσε επίσης οπερέτες, βαλς κ.ά., ενώ κατά τη δεκαετία του 1890 επεξεργάστηκε εκ νέου τον ελικώνα (χάλκινο κοντραμπάσο). Τέλος, έγραψε τρία μυθιστορήματα, ένα εγχειρίδιο για τρομπέτα και τύμπανο και μία αυτοβιογραφία με τον τίτλο *Marching Along* (1928). (Σ.τ.Μ.)

κατά διαστήματα, τσαπίζοντας τα φρεσκοφυτεμένα αυλάκια με καλοϋπολογισμένα χτυπήματα.

Κοίταξα ώρα πολλή τη σκηνή, κι ύστερα σιγά σιγά ένα παράξενο συναίσθημα αιφνιδιασμού με πλημμύρισε, ένιωσα για άλλη μια φορά, μα ακόμα πιο έντονα, την αίσθηση που με προβλημάτιζε από τη στιγμή που πάτησα το πόδι μου σ' εκείνο το μέρος. Ήταν ευχάριστα, ήταν όμορφα, μα, Θεέ μου, λίγο ακόμα και θα γινόταν περισσότερο απ' όσο θα μπορούσα ν' αντέξω. Μπορεί τα νεύρα μου να μην ήταν σε καλή κατάσταση, μα προς το παρόν φτάνει, αρκετά με το Ίστερσος, αρκετά με τούτες τις κριμαϊκές αίθουσες και τους καλοντυμένους κυρίους μέσα τους, αρκετά με τον Πάλφρι, με το πασπαρτού το δεμένο στην αλυσίδα, με τις πόρτες που δεν είχαν χερούλια, με τη μυρωδιά της πάπιας και μ' όλα τα υπόλοιπα. Για να 'μαι ειλικρινής, από τη σύγχυση μ' έπιανε μια αλλόκοτη ζαλάδα στο πίσω μέρος του κεφαλιού μου. Έκανα μια απότομη στροφή, πήγα κατευθείαν στο εργαστήριο και κλείδωσα την πόρτα. Όπως έκλεινα το παράθυρο για να μην ακούω τις σβησμένες από την απόσταση φωνές των ποδοσφαιριστών, ένα φριχτό βάρος απόγνωσης, μοναξιάς, με χτύπησε και μου 'κοψε τα πόδια. Ξαφνικά, απελπισμένα, μ' όλη μου την καρδιά, λαχτάρησα την Τζιν. Τι ζητούσα σε τούτο τον καταραμένο τόπο; Έπρεπε να είμαι μαζί της. Έπρεπε να είμαστε μαζί, δε βαστούσα εδώ πέρα... μονάχος.

Τελικά όμως νίκησα τον εαυτό μου και, στον πάγκο πια, βάλθηκα ν' αρχίσω την τελευταία φάση της έρευνάς μου.

Κεφάλαιο 3

ΣΤΙΣ ΤΡΙΑΝΤΑ ΜΙΑ ΙΟΥΛΙΟΥ, εκείνη την ημερομηνία που περίμενα τόσο αποφασιστικά, πήρα την άδεια του δόκτορα Γκούντολ και κίνησα νωρίς για την τελετή αποφοίτησης του πανεπιστημίου. Μολονότι ο Πάλφρι είχε κατά καιρούς δοκιμάσει να με παρασύρει σε κάποια από τις αγαπημένες του όπερες κι η Μέιτλαντ μου είχε κάμποσες φορές προτείνει να «πάω και καμιά βόλτα», οι δραστηριότητές μου στο εργαστήριο από την ώρα της άφιξής μου δε με είχαν αφήσει να βγω ούτε μια φορά έξω από τα όρια εκείνου του μέρους. Είχα αρχίσει να βολεύομαι. Αφού, να φανταστείτε, μου φαινόταν εξωπραγματικό να βρεθώ ξανά μέσα σ' ένα τραμ και να δω αμάξια κι ανθρώπους να πηγαινοέρχονται στους δρόμους όπως θέλουν.

Όταν κατά τις έντεκα έφτασα στην κορφή του Φέννερ Χιλ, το Μέγαρο Μόρεϋ έσφυζε κιόλας από φοιτητές και συγγενείς τους που στριφογύριζαν με τη συνήθη προσδοκία· η παλιά του αξιοπρέπεια γινόταν κουρέλι από καιρό σε καιρό, από τις εκδηλώσεις των μικρότερων και πιο διαχυτικών σπουδαστών που τραγουδούσαν φοιτητικά τραγούδια, κυνηγιόντουσαν στους διαδρόμους, ξεφώνιζαν και νιαούριζαν, ξετύλιγαν τις χάρτινες σερπαντίνες. Όλα μου φαίνονταν παιδιάστικα κι ηλίθια. Δεν μπήκα μέσα, μα τριγύριζα ανάμεσα στο πλήθος που έστεκε στην πόρτα, ελπίζοντας να συναντήσω τον Σπενς ή τον Λόμαξ και στο μεταξύ έψαχνα την αίθουσα τελετών και τους εξώστες με έντονη κι αμήχανη ματιά.

Την Τζιν δεν την έβλεπα. Ξαφνικά όμως, μέσα στη θάλασσα των προσώπων, πήρε το μάτι μου την οικογένειά της, τον πατέρα της, τη μητέρα της και τον Λουκ καθισμένους στη δεύτερη σειρά του αριστερού εξώστη, και πλάι τους τον Μάλκολμ Χόντεν. Όλοι φορούσαν τα καλύτερά τους ρούχα, έγερναν μπροστά με λαχτάρα, με τόσο κέφι, τόση χαρά, περηφάνια και προσμονή, που χρειάστηκε να πνίξω μια ενστικτώδη εχθρική αντίδραση. Κρύφτηκα πίσω από την κοντινότερη κολόνα.

Εκείνη τη στιγμή, κάνοντας επιδέξια χρήση της ομπρέλας του, ένας παχύσαρκος θεατής χώθηκε και κατάφερε να πάρει τη θέση του πλάι μου – κι ύστερα, μ' ένα θριαμβευτικό βογκητό, με πλεύρισε.

«Γεια σας, αγαπητέ μου ιατρέ Ρόμπερτ Σάννον».

Βρέθηκα αντιμέτωπος μ' εκείνη την πηγή κουτσομπολιού και καλών προθέσεων, τον πάντα λαμπερό Μπαμπού Τσάττερτζι.

«Πόσο εξαιρετικά ευχάριστο που σας συναντώ, κύριε. Μας λείπετε διαρκώς στο Ρόθσεϊ, αλλά βέβαια παρακολουθούμε με ενδιαφέρον τη σταδιοδρομία σας. Δεν είναι έξοχη η σημερινή συγκέντρωση εδώ;»

«Έξοχη» συμφώνησα, δίχως ενθουσιασμό.

«Α, ελάτε τώρα, κύριε! Τι χι! Μην κακολογείτε την αγαπημένη μας Τροφό Μητέρα[4]». Στις παρατηρήσεις του έδιναν έμφαση μερικά γρυλίσματα, έτσι όπως, μια στο τόσο, μέσα στο στριμωγμένο πλήθος, όλο και κάποιον αγκώνα δεχόταν στην κοιλιά. «Αν και δεν αποφοιτώ εγώ, κάτι που ελπίζω να κάνω σύντομα, η εξαίσια τελετή μού δίνει μεγάλη χαρά. Δεν έχω λείψει ούτε από μία

[4] Στο πρωτότυπο: Alma Mater, έκφραση που χρησιμοποιείται για το πανεπιστήμιο όπου σπούδασε κάποιος. (Σ.τ.Μ.)

τα τελευταία δέκα χρόνια. Ελάτε, κύριε. Να σπρώξουμε για να βγούμε μπροστά και να πιάσουμε δυο μπροστινές παρακείμενες θέσεις;»

«Νομίζω πως θα περιμένω εδώ. Γυρεύω τον Σπενς και τον Λόμαξ».

Εκείνη τη στιγμή αντήχησε από πάνω μας το μεγάλο όργανο, πνίγοντας κάθε άλλο θόρυβο· και, συνειδητοποιώντας πως είχε αρχίσει η διαδικασία, ένα καινούριο κύμα λαού μπήκε σπρώχνοντας στην αίθουσα, κάνοντάς μας να χωριστούμε στροβιλίζοντας, σαρώνοντας τον Μπαμπού μέχρι πάνω, στην κεντρική πτέρυγα.

Έμεινα για λίγο στην ίδια θέση, όσο να βγάλει ο διευθυντής ένα σύντομο λόγο και, με τη βοήθεια του καθηγητή Όσερ, που έστεκε πλάι του κουβαλώντας τις περγαμηνές, ν' αρχίσει το συνηθισμένο «ξεπέταγμα» της μακριάς σειράς αποφοίτων. Όμως το πλήθος ήταν τόσο πυκνό, που δεν έβλεπα τίποτα, άσε που έτσι κι αλλιώς δεν είχα καμιά όρεξη να δω ολόκληρη την παράσταση, και μια που τα απογοητευμένα μάτια μου δώστου και κρυφοκοίταζαν ψηλά, στον εξώστη, το θέαμα του Χόντεν και της φαμίλιας των Λο, όλο χαμόγελο και χειροκροτήματα, δε βαστούσα άλλο. Παλεύοντας ενάντια σε διαμαρτυρίες κι αντίσταση, βγήκα από την αίθουσα. Ένας κοινόχρηστος τηλεφωνικός θάλαμος έστεκε σε μια γωνιά στα περιστύλια και μια παρόρμηση με οδήγησε να μπω και να καλέσω το Τμήμα Παθολογίας. Όμως ο Σπενς δεν ήταν εκεί. Ούτε σπίτι του τον έβρισκα. Το τηλέφωνο χτυπούσε ξανά και ξανά, μα κανείς δεν αποκρινόταν.

Νικημένος, βγήκα από το θάλαμο κι ανέβηκα αργά τη φθαρμένη πέτρινη σκάλα με τα χαμηλά σκαλοπάτια, που από το διάδρομο οδηγούσε στο καμαράκι με τις τηβέννους. Εδώ, με αντίτιμο κάπου μισή γκινέα, οι φοιτητές νοίκιαζαν το ένδυμα και το καπέλο τους κι ήξερα πως μετά από την τελετή θα 'ρχόταν η Τζιν να γυρίσει πίσω τη δανεική της τήβεννο. Τούτο ήταν το μοναδικό μέρος που μπορούσα να είμαι σίγουρος πως θα την έβρισκα μονάχη και κάθισα σε μια γωνιά, στο μακρύ ξύλινο πάγκο, να την περιμένω.

Έτσι όπως άκουγα τον καταθλιπτικό θόρυβο των αναγκαστικών χειροκροτημάτων, που βροντούσαν κάθε τριάντα δευτερόλεπτα κάτω απ' τα πόδια μου, η διάθεσή μου βούλιαξε στα βάθη της πικρίας και της θλίψης. Ένα κύμα αποφοίτων που επέστρεφε μ' έκανε να σηκώσω απότομα το κεφάλι· και να που ανάμεσα στους άλλους είδα την Τζιν να τρέχει βιαστικά στο διάδρομο, ντυμένη την τήβεννό της πάνω από ένα καινούριο καφέ ταγέρ, καινούριες καφέ κάλτσες και παπούτσια. Ήταν αναψοκοκκινισμένη, μιλούσε στο κορίτσι πλάι της με ύφος όλο έξαψη, μια στιγμιαία ζωντάνια που έκανε την καρδιά μου να ματώσει, ύστερα από τόσες βδομάδες χωρισμού. Την αγαπούσα, γι' αυτό κι ήθελα να τη βρω λουσμένη στα δάκρυα.

Δε με είχε προσέξει. Αργά και προσεχτικά, σηκώθηκα και στάθηκα πλάι στον πάγκο, κοντά της. Ήμουν δίπλα της, μα εκείνη πού να φανταστεί πως βρισκόμουνα εκεί και δεν έλεγα κουβέντα.

Για κάμποσες στιγμές τίποτα δε συνέβη· κι ύστερα, μεμιάς, σταμάτησε, πάγωσε στη θέση της πάνω που ήταν έτοιμη να κρεμάσει την τήβεννό της. Δε γινόταν να με είδε, κι όμως το ζεστό αίμα τραβήχτηκε αργά από το πρόσωπο και το λαιμό της και τ' άφησε κάτασπρα. Για μια μακριά, ατέλειωτη στιγμή έμεινε ασάλευτη – ύστερα, σαν να κατέβαλλε τεράστια, υπεράνθρωπη θα 'λεγες προσπάθεια, ανάγκασε τον εαυτό της να γυρίσει το κεφάλι.

Την κοίταξα κατάματα. Φαινόταν να 'χει πετρώσει.

«Δε με κάλεσε κανείς, μα τι σημασία έχει, ήρθα».

Μακριά σιωπή. Τ' άσπρα της χείλη μπορεί και να 'φτιαξαν μια απάντηση. Μα δεν μπορούσε να την προφέρει. Συνέχισα.

«Πού να τα βρεις, φαντάζομαι, λίγα λεπτά για χάσιμο... Θα 'θελα να σου μιλήσω ιδιαιτέρως».

«Είμαστε μονάχοι εδώ».

«Ναι, αλλά σίγουρα θα μας διακόψουν εδώ πέρα. Δεν μπορούμε να πάμε κάπου για λίγο; Απ' ό,τι θυμάμαι, το 'χουμε ξανακάνει».

«Οι δικοί μου με περιμένουν κάτω. Πρέπει να γυρίσω κοντά τους αμέσως».

Μολονότι όλο μου το είναι έλιωνε στη θέα της, αποκρίθηκα πικρά:

«Έμεινα έξω από το δρόμο σου για τέσσερις βδομάδες, δε σε μόλυνα με την παρουσία μου. Νομίζω ότι δικαιούμαι να κουβεντιάσουμε λίγο».

Έβρεξε εκείνα τα χλωμά, ξερά χείλη.

«Πού θα μπορούσε να βγάλει;»

Την κοίταξα σκληρά. Ανυπομονούσα τόσο να τη δω και τώρα που, επιτέλους, ήμασταν μαζί, μόνη μου λαχτάρα ήταν να την πληγώσω όσο πιο βαθιά μπορούσα. Γύρεψα τις σκληρότερες και πιο κοφτές κουβέντες.

«Τουλάχιστον θα είχαμε την ευκαιρία να πούμε αντίο. Τώρα που πήρες το δίπλωμά σου δεν έχω αμφιβολία πως θα χαρείς πολύ να με ξεφορτωθείς. Θα ξέρεις βέβαια πως είμαι στο Ίστερσος. Ναι. Στο άσυλο. Κατέβηκα ακόμα πιο χαμηλά σ' αυτό τον κόσμο».

Όπως συνέχιζα με τον ίδιο τρόπο, κάνοντας τη σκοτεινή όψη του πόνου να γίνει πιο βαθιά στα μάτια της, ξαφνικά είδα μια γεροδεμένη σιλουέτα να προχωράει προς το μέρος μας. Γρήγορα έσκυψα και, με διαφορετική φωνή, είπα:

«Τζιν. Έλα να με δεις στο Ίστερσος... ένα απόγευμα... μόνο μια φορά... για τα παλιά».

Έβλεπα την πάλη που γινόταν κάτω από το χλωμό, βασανισμένο μέτωπό της, κι ύστερα, την ίδια στιγμή που κατάλαβα τι θα πρέπει να σήμαινε αυτό για κείνη, ψιθύρισε με φωνή που ίσα κι ακουγόταν:

«Την άλλη Πέμπτη, τότε... μπορεί να έρθω».

Δεν πρόλαβε να μιλήσει κι ήρθε καταπάνω μας ο Μάλκολμ Χόντεν, ανασαίνοντας κάπως γρήγορα, μια κι είχε ανέβει τις σκάλες, τυλίγοντας το χέρι γύρω από τους ώμους της Τζιν, λες για να την προστατέψει από το πλήθος που έσπρωχνε δυνατά, και την ίδια στιγμή χαρίζοντάς μου ένα ήσυχο βλέμμα αναγνώρισης με τα σταθερά γαλάζια μάτια του.

«Έλα, Τζιν, αγαπητή μου» της είπε προσπαθώντας να την πείσει, μα δίχως κατηγόρια. «Όλοι αναρωτιόμασταν τι σε καθυστερούσε».

«Άργησα;» ρώτησε εκείνη νευρικά.

«Α, όχι». Χαμογέλασε καθησυχάζοντάς την ήρεμα, τη συνόδεψε στη σκάλα. «Έκλεισα τραπέζι για τη μία – έχουμε όση ώρα θέλουμε. Όμως ο καθηγητής Κέννερλυ είναι με τον πατέρα σου και σε ζητάει».

Στο τέλος της σκάλας, κι ενώ η Τζιν γλιστρούσε δίχως μια ματιά κι έφευγε να βρει τους δικούς της, που έστεκαν όλοι μαζί στην άκρη της τετράγωνης αυλής, ο Μάλκολμ γύρισε σε μένα με σοβαρό, μα διόλου εχθρικό βλέμμα.

«Μη με κοιτάζεις έτσι, Σάννον. Δεν είμαστε εχθροί. Μια κι έχουμε λίγα λεπτά να περάσουμε μαζί, ας μιλήσουμε σοβαρά».

Με πέρασε μέσα από την πέτρινη αψίδα και μ' έβγαλε στην μπροστινή αυλή, όπου, κάτω απ' το κοντάρι της σημαίας του πανεπιστημίου, σε μια ανοιχτωσιά πάνω στην κορφή του λόφου, έστεκε ένας κυκλικός σιδερένιος πάγκος. Αφού κάθισε, μου έκανε νόημα να κάνω το ίδιο. Η ηρεμία του ήταν αξιοθαύμαστη. Για να λέμε την αλήθεια, ο άνθρωπος εκείνος ήταν ό,τι δεν ήμουνα εγώ. Δυνατός, πρακτικός, αξιόπιστος, με καθαρό βλέμμα και σε καλή φυσική κατάσταση, γνώριζε τη δική του εσωτερική ισορροπία, δεν είχε συναισθηματικούς ενδοιασμούς. Στην ψυχή του δεν υπήρχαν κρυφές αμφιβολίες ή σκοτεινοί τόποι. Τον ζήλεψα μ' όλη μου την ατελή, γεμάτη αγωνία καρδιά.

«Τουλάχιστον έχουμε ένα κοινό» άρχισε, λες και διάβαζε το

νου μου. «Κι οι δυο μας θέλουμε να είναι ευτυχισμένη η Τζιν».

«Ναι» είπα με σφιγμένα τα χείλη.

«Τότε σκέψου, Σάννον» υποστήριξε λογικά. «Δε βλέπεις πως δε γίνεται; Εσύ κι εκείνη δεν ταιριάζετε με τίποτα».

«Την αγαπώ» είπα πεισματωμένος.

«Η αγάπη δεν είναι γάμος» βιάστηκε ν' αποκριθεί. «Ο γάμος είναι σοβαρή δέσμευση. Δεν μπορείς να τον κάνεις έτσι απλά. Θα γινόσασταν δυστυχισμένοι αν παντρευόσασταν».

«Πού το ξέρεις; Θα το διακινδυνεύαμε. Ο γάμος είναι κάτι αναπόφευκτο... Μια συμφορά, ίσως, από την οποία δεν υπάρχει διέξοδος... αλλά όχι ένα προσχέδιο για κάποια καινούρια ιεραποστολή».

«Όχι, όχι, Σάννον». Αντιπαρήλθε το σαρκασμό μου με μεγαλύτερη σοβαρότητα. «Ο γάμος πρέπει να δένει, κι όχι να χωρίζει δυο ζωές. Πριν γνωριστείτε με την Τζιν όλα ήταν τακτοποιημένα... η δουλειά της... η ζωή της. Ήταν βολεμένη, ικανοποιημένη μέσα της. Και τώρα της ζητάς να τ' αφήσει όλα αυτά, ν' αποξενώσει την οικογένειά της, ν' αποκοπεί από τις ίδιες τις πηγές της ύπαρξής της».

«Τίποτα απ' όλα αυτά δε χρειάζεται να συμβεί».

«Α, αυτό το λες εσύ. Να σου κάνω μιαν απλή ερώτηση. Θα ήθελες να προσφέρεις υπηρεσίες στη δική της πίστη;»

«Όχι».

«Ακριβώς. Τότε πώς περιμένεις να έρθει εκείνη στη δική σου;»

«Αυτό είναι το θέμα. Δεν περιμένω. Δεν έχω καμιά επιθυμία να την αναγκάσω να κάνει τίποτα. Ο καθένας μας θα πρέπει να έχει απόλυτη ελευθερία σκέψης και δράσης».

Κούνησε το κεφάλι, δεν είχε πειστεί.

«Καλή είναι η θεωρία, Σάννον. Στην πράξη, όμως, δε θα προχωρήσει. Θα υπάρξουν άπειρες ευκαιρίες για τριβές. Και τα παιδιά; Ρώτησε το δικό σου παπά. Θα σου πει πως έχω δίκιο. Η πίστη σου πάντα αποδοκίμαζε τους μεικτούς γάμους».

«Κάποιοι πέτυχαν» επέμεινα με αγύριστο κεφάλι. «Θα ήμασταν ευτυχισμένοι μαζί».

«Για λίγο, ίσως» είπε, σχεδόν με οίκτο. «Σε πέντε χρόνια, όμως, σκέψου αυτό μονάχα... ένας ύμνος που έτυχε ν' ακούσει, μια συγκέντρωση αφύπνισης στο δρόμο, κάποια ανάμνηση της παιδικής της ηλικίας, η συνειδητοποίηση του τι άφησε... θα σε κοιτάζει και θα σε μισεί».

Τα λόγια έπεσαν στ' αυτιά μου σαν μαστίγιο. Μέσα στη σιωπή που ακολούθησε άκουγα το βαρύ πλατάγισμα της σημαίας να μεταδίδεται από το κοντάρι της, λες και το δονούμενο ξύλο πάλευε να ζήσει.

«Πίστεψέ με, Σάννον, προσπαθώ να σκεφτώ μονάχα την Τζιν. Σήμερα παρά λίγο να ξαναγίνει ευτυχισμένη, μέχρι που εμφανίστηκες και πάλι. Αυτό θέλεις, πάντα να την πληγώνεις; Α, το ξέρω καλά πως δεν είσαι έτσι! Σαν άντρας προς άντρα, Σάννον, είμαι σίγουρος πως ο καλός εαυτός σου θα κυριαρχήσει».

Έβγαλε το ρολόι του, που ήταν κλεισμένο σ' ένα κοκάλινο κάλυμμα, το μελέτησε και, πιο ελαφρά πια, ανακοίνωσε:

«Κάνουμε μια γιορτούλα για την Τζιν. Γεύμα στο ξενοδοχείο Ουίνδσορ». Σταμάτησε. «Αν ήταν αλλιώς τα πράγματα, θα 'θελα να 'ρχόσουν κι εσύ. Υπάρχει κάτι άλλο να πω;»

«Όχι» είπα.

Σηκώθηκε, κι αφού μου 'σφιξε το χέρι γερά, με υπομονή, πήρε το δρόμο του με βήμα σταθερό. Κι εγώ έμεινα εκεί ν' ακούω το πλατάγισμα και το τραγούδισμα της σημαίας, απομονωμένος εξαιτίας των δικών μου πράξεων, προσπαθώντας να μη μισήσω τον Μάλκολμ, νιώθοντας όλο και περισσότερο απόκληρος. Μια παρέα επισκεπτών με τα καλά της με κοίταξε περίεργα όπως περνούσε, κι ύστερα έστρεψε πέρα ευγενικά τα μάτια της.

Κεφάλαιο 4

ΛΥΝΟΝΤΑΣ ΤΑ ΜΑΓΙΑ της καλοκαιρίας που 'χε κρατήσει τόσο καιρό, η Πέμπτη ξημέρωσε νοτερή κι ομιχλώδης. Κοίταζα με αγωνία μήπως καθαρίσει η ατμόσφαιρα, μα ακόμα και το μεσημέρι ο ήλιος ήταν σκεπασμένος με ομίχλη και, μολονότι δεν έβρεχε δυνατά, οι πελούζες ήταν μουσκεμένες, και στους δρόμους μια ψιχάλα έπεφτε σταθερά από τα δέντρα.

Αμέσως μετά το μεσημεριανό πήγα στο θυρωρείο με το κλειδί μου, αμήχανος, όλο λαχτάρα. Έφτασα στην ώρα μου, μα εκείνη βρισκόταν κιόλας εκεί και καθόταν απρόσεχτη και ταραγμένη στην αίθουσα αναμονής, που, μια κι ήταν μέρα επισκέψεων, είχε γεμίσει θόρυβο κι αχνούς, πηγμένη στους συγγενείς των ασθενών της Ανατολικής Πτέρυγας.

Ανήσυχος, προχώρησα και θα της είχα πιάσει το χέρι αν δε σηκωνόταν όρθια.

«Γιατί δεν είπες στο θυρωρό να μου τηλεφωνήσει;»

«Εγώ φταίω». Μου χάρισε ένα απόμακρο, κλονισμένο χαμόγελο. «Πήρα νωρίτερα το τρένο. Ήταν κάπως δύσκολα στο σπίτι... και μια που δεν είχα τι άλλο να κάνω, ήρθα κατευθείαν εδώ».

«Μακάρι να το ήξερα».

«Δεν πειράζει. Δεν ήθελα να σ' ενοχλήσω. Θα μπορούσαν όμως να μ' αφήσουν να κάνω μια βόλτα στους κήπους».

«Να σου πω» εξήγησα «εδώ πέρα πρέπει να παίρνουν κάποιες προφυλάξεις. Είναι σαν να πηγαίνεις από τη μια χώρα στην άλλη.

Είμαστε λίγο πριβέ σ' αυτή την ομάδα. Αν όμως έλεγες στον Γκαν πως είσαι γιατρός, θα σ' άφηνε αμέσως να μπεις».

Μολονότι προσπαθούσα να την αποσπάσω από την κατήφειά της, εκείνη έμενε σιωπηλή κι αφηρημένη, κι έμοιαζε μικρή κι απελπισμένη έτσι όπως ήταν με το αδιάβροχό της και ένα μαλακό καπέλο με γκρίζο φτερό, πασπαλισμένο απ' άκρη σ' άκρη με σταγόνες της βροχής. Η λαχτάρα μου για κείνη μου προκαλούσε πόνο, κι όμως προσπάθησα να κάνω τα άκαμπτα χαρακτηριστικά μου να μοιάζουν ψύχραιμα.

«Τέλος πάντων, δεν πειράζει» είπα κάνοντας καινούρια αρχή. «Είσαι εδώ... κι είμαστε μαζί».

«Ναι» αποκρίθηκε με φωνή που μόλις κι ακουγόταν. «Κρίμα που έχει τόσο υγρασία».

Σιωπηλά ανεβήκαμε το δρόμο για τη Νότια Πτέρυγα, περάσαμε το ξύλινο σπιτάκι με τη βρεγμένη στέγη, κάτω απ' τα δέντρα που έσταζαν σιωπηλά, γερμένα πάνω από το υγρό μονοπάτι λες και δείλιαζαν αντιμέτωπα με τη βροχή.

Η μιζέρια του καιρού γύρω μας θάμπωνε κάθε περίγραμμα τούτης της χαμένης, σιωπηλής πολιτείας. Δε θα μιλούσε ποτέ;

Ξαφνικά, όπως πλησιάζαμε στο κεντρικό κτίριο, σήκωσε αργά τα μάτια – κι ύστερα, βλέποντας κάτι από πίσω μου, φώναξε ξαφνιασμένη.

Μια παρέα αντρών από την Ανατολική Πτέρυγα είχε προβάλει μέσα από την ομίχλη, με επικεφαλής τον Σκάμμον και το βοηθό του τον Μπρόγκαν, και πλησίαζε παραταγμένη στη σειρά ανά δυάδες. Γυμναστική έκαναν μονάχα, μα όπως οι σκοτεινές σιλουέτες κατέβαιναν προς το μέρος μας χοροπηδώντας, πολύ κοντά η μια με την άλλη, η Τζιν έκλεισε τα μάτια και έμεινε ακίνητη μέχρι που πέρασαν κι ο ήχος από το βαρύ βηματισμό τους χάθηκε μες στην γκρίζα καταχνιά.

«Συγγνώμη» είπε τελικά, δυστυχισμένη. «Το ξέρω πως είναι παράλογο εκ μέρους μου: είμαι τσιτωμένη».

Όλα πήγαιναν στραβά. Από μέσα μου καταράστηκα τον εαυτό μου. Ήρθε κι η βροχή, και μάλιστα δυνατή.

«Πάμε μέσα» είπα. «Θέλω να σου δείξω το εργαστήριο».

Ύστερα από τον ανελέητο αέρα έξω, στο εργαστήριο ήταν ζεστά, μα μολονότι έβγαλε τα γάντια της, δεν ξεκούμπωσε το γιακά του αδιάβροχού της. Σταθήκαμε πλάι πλάι στον πάγκο και, μόλις τα μάτια της σάρωσαν το χώρο, έπιασε όλες τις καλλιέργειες, μία μία, σαν ν' αναπολούσε κάτι περασμένο, που το σκέπασε η μνήμη, που δε θα ξαναγινόταν ποτέ πια.

«Προσοχή» μουρμούρισα τη στιγμή που άγγιζε το πώμα της δυνατότερης καλλιέργειας.

Γύρισε προς το μέρος μου κι οι σκούρες διεσταλμένες κόρες της σαν να μαλάκωσαν λιγάκι. Όμως δεν είπε τίποτα. Κανείς δεν ήταν εκεί, ήμασταν μαζί, μα δεν ήμασταν μονάχοι.

«Έφτιαξα ένα εμβόλιο» της είπα χαμηλόφωνα. «Τώρα όμως έχω καλύτερη ιδέα. Να αποστάξω και να εμπλουτίσω τη νουκλεοπρωτεΐνη. Ο Τσάλλις συμφωνεί πως θα είναι πολύ πιο αποτελεσματικό».

«Τον έχεις δει τελευταία;»

«Όχι. Λυπάμαι που σου το λέω, αλλά είναι ξανά στο κρεβάτι, στο Μπιουτ».

Έγινε σιωπή. Η επιφανειακή γαλήνη της, τούτη η επίφαση ομαλότητας, έκανε τα πάντα εξωπραγματικά. Σταθήκαμε και κοιταζόμασταν σαν υπνωτισμένοι. Ξαφνικά ανατρίχιασα.

«Κρυώνεις» είπα.

Πήγαμε στο σαλόνι μου, όπου η Σάρα είχε κιόλας ανάψει μια καλή φωτιά. Χτύπησα το κουδούνι και σχεδόν αμέσως ανέβασε το βαρυφορτωμένο δίσκο που της είχα ζητήσει να ετοιμάσει.

Βυθισμένη σε μια πλατιά πολυθρόνα και ζεσταίνοντας τα χέρια της στη φωτιά, η Τζιν ήπιε με ευγνωμοσύνη μια κούπα τσάι κι έφαγε ένα από τα *πτι φουρ* που είχα φέρει ειδικά από του Γκραντ. Τα κέφια της έμοιαζαν πεσμένα, λες κι η προοπτική της ζωής ήταν ένα φορτίο που την είχε πλακώσει. Με λίγα λόγια, δε γινόταν να σπάσω τούτο το κρύο μούδιασμα που απλωνόταν πάνω μας. Έτσι όπως έβλεπα το χρώμα να ξαναγυρίζει αργά στα σφιγμένα της μάγουλα, έλπισα πως θ' άρχιζε να ξανοίγεται. Έμοιαζε συγκινητικά μικρή. Καθώς ξαναβρήκε τη φρεσκάδα της, ένιωσα μια φλόγα να καίει στο στήθος μου. Η περηφάνια μου όμως δε θα μ' άφηνε να το δείξω. Με ανέκφραστη φωνή, είπα:

«Ελπίζω να νιώθεις καλύτερα».

«Ναι, σ' ευχαριστώ».

«Αυτό το μέρος θέλει λίγο χρόνο να το συνηθίσεις».

«Λυπάμαι που φέρθηκα τόσο ανόητα έξω. Εδώ, όμως... Είναι σαν κάποιος να μην παύει ποτέ να σε παρακολουθεί».

Και πάλι έπεσε σιωπή, και το αργό τικ τακ του ρολογιού ακούστηκε σαν σταλμένο από τη μοίρα. Το δωμάτιο άρχισε να σκοτεινιάζει. Εκτός από ένα λαμπύρισμα της φωτιάς, το φως που είχα έφτανε ίσα ίσα για να δω το πρόσωπό της, τόσο ακίνητο, σαν κοιμισμένο. Ένα ρίγος διαπέρασε τα νεύρα μου.

«Καθόλου δε μίλησες όλο το απόγευμα. Δεν μπορείς να με συγχωρέσεις... για όσα έγιναν...»

Δε σήκωσε το κεφάλι.

«Ντρέπομαι» είπα. «Όμως δε θα μπορούσα να είμαι διαφορετικός».

«Είναι φριχτό ν' αγαπάς παρά τη θέλησή σου» είπε στο τέλος. «Όταν είμαι μαζί σου δεν ανήκω πια στον εαυτό μου».

Τούτη η παραδοχή μού χάρισε ένα συναίσθημα ελπίδας, που μεγάλωσε σιγά σιγά κι έγινε ισχυρή αίσθηση δύναμης. Κάρφωσα το βλέμμα μου πάνω της, μέσα από τις σκιές.

«Θέλω να σου ζητήσω κάτι».

«Ναι;» είπε. Το πρόσωπό της είχε πάρει μια έκφραση έντασης, το βλέμμα κάποιου που περιμένει ένα χτύπημα.

«Ας παντρευτούμε. Αμέσως. Στο ληξιαρχείο».

Έμοιαζε όχι να μ' ακούει, μα να νιώθει, έτσι όπως καθόταν

σιωπηλή και συγκλονισμένη, με το κεφάλι γυρισμένο στο πλάι, λες και προσπαθούσε να στρέψει αλλού το βλέμμα.

Βλέποντάς τη τόσο αβοήθητη, μια ξαφνική αγαλλίαση άναψε μέσα μου.

«Γιατί να μην παντρευτούμε;» επέμεινα μαλακά, γρήγορα. «Πες πως θα με παντρευτείς. Σήμερα το απόγευμα».

Δίχως ανάσα, περίμενα ν' απαντήσει. Τα βλέφαρά της ήταν χαμηλωμένα, το πρόσωπό της μισοζαλισμένο, λες κι ο κόσμος σειόταν ολόγυρά της κι εκείνη είχε χαθεί.

«Πες ναι».

«Ω, δεν μπορώ» μουρμούρισε άναρθρα, βασανισμένα, με φωνή ετοιμοθάνατου.

«Μπορείς».

«Όχι» φώναξε, γυρίζοντας υστερικά σε μένα. «Δε γίνεται».

Μακριά, βαριά σιωπή. Εκείνη η ξαφνική φωνή με είχε κάνει εχθρό, δικό της εχθρό, εχθρό των ανθρώπων της. Προσπάθησα να συγκεντρωθώ.

«Για όνομα του Θεού, μη μ' απωθείς έτσι, Τζιν».

«Πρέπει. Αρκετά υποφέραμε. Κι εμείς και άλλοι. Η μητέρα μου τριγυρίζει στο σπίτι, με κοιτάζει, δε λέει τίποτα. Κι είναι άρρωστη. Πρέπει να σου το πω, Ρόμπερτ. Φεύγω μακριά για πάντα».

Το τελεσίδικο στη φωνή της με ξάφνιασε.

«Έχουν κανονιστεί όλα. Μια ομάδα από μας πηγαίνει στη Δυτική Αφρική, στο παρθενικό ταξίδι του καινούριου πλοίου της γραμμής, του *Αλγκόα*. Ταξιδεύουμε σε τρεις μήνες».

«Τρεις μήνες». Επανέλαβα τα λόγια της – τουλάχιστον δεν είπε αύριο. Εκείνη όμως θλιμμένη, ακόμα πιο ήρεμη, κούνησε το κεφάλι.

«Όχι, Ρόμπερτ... Θα 'χω πολλά να κάνω όλον αυτό τον καιρό... θα πιάσω μια προσωρινή δουλειά».

«Πού;»

Κοκκίνισε ελαφρά, μα το βλέμμα της έμεινε σταθερό.

«Στο Ντάλναιρ».

«Την κλινική;» Η έκπληξη μου διάλυσε την απελπισία.

«Ναι».

Κάθισα άλαλος και τσακισμένος. Συνέχισε:

«΄Εχουν πάλι κενή θέση. Θέλουν να δοκιμάσουν γυναίκα γιατρό αυτή τη φορά... μια σύντομη, πειραματική πρόσληψη. Η προϊσταμένη με πρότεινε στην Επιτροπή».

Συγκλονισμένος από τα νέα της αναχώρησής της, δεν έπαψα παρ' όλα αυτά να προσπαθώ, κάπως ηλίθια είναι η αλήθεια, να τη φανταστώ μέσα στο γνωστό ντεκόρ της κλινικής, να διασχίζει τους θαλάμους και τους διαδρόμους, να μένει στα ίδια διαμερίσματα που είχα χρησιμοποιήσει κι εγώ. Τελικά, μουρμούρισα με τσακισμένη φωνή:

«Τα πήγες καλά με την προϊσταμένη. Με όλους τα πας καλά εκτός από μένα».

Ανάσανε. Μου χάρισε ένα παράξενο, αφύσικο χαμόγελο.

«Αν δεν είχαμε γνωριστεί ποτέ... όλα θα ήταν καλύτερα. Για μας, ό,τι και να κάνουμε υπάρχει τιμωρία».

Κατάλαβα τι ήθελε να πει. Κι όμως, μολονότι έτσουζαν τα μάτια μου κι η καρδιά μου κόντευε να σπάσει, ξαναπροσπάθησα με μια ύστατη πικρία, ανάμειχτη με απελπισία.

«Δε θα σ' αφήσω να φύγεις».

΄Ηταν ακόμα ήρεμη, μα δάκρυα κυλούσαν στα μάγουλά της.

«Ρόμπερτ... Θα παντρευτώ τον Μάλκολμ Χόντεν».

Την κοίταξα παγωμένος. ΄Ισα που ψιθύρισα:

«Α, όχι... όχι... δε νοιάζεσαι γι' αυτόν».

«Πώς, νοιάζομαι». Άσπρη και τρεμάμενη, υπερασπίστηκε τον εαυτό της με πόνο που την έκανε να σπαρταράει. «Είναι ένας άξιος, έντιμος άνθρωπος. Μαζί μεγαλώσαμε, μαζί πήγαμε στο σχολείο, ναι, στο κατηχητικό. Στην ίδια πίστη λατρεύουμε το Θεό. ΄Εχουμε τους ίδιους στόχους και σκοπούς, κι όπως κι αν το πάρεις, θα είναι καλός μαζί μου. Και μάλιστα, όταν παντρευτούμε θα φύγουμε μαζί με το *Αλγκόα*, εγώ σαν γιατρός, ο Μάλκολμ σαν πνευματικός δάσκαλος στο σχολείο της ιεραποστολής».

Κατάπια τον πελώριο κόμπο που μου είχε ανέβει στο λαιμό.

«Δεν είναι αλήθεια» μουρμούρισα δίχως ν' ακούγομαι. «Όλ' αυτά είναι όνειρο».

«Εσύ κι εγώ είμαστε το όνειρο, Ρόμπερτ. Πρέπει να γυρίσουμε στην πραγματικότητα».

Έσφιξα τις γροθιές στο μέτωπό μου κι εκείνη, την ίδια στιγμή, άρχισε να κλαίει με λυγμούς.

Αυτό, πια, δεν το βαστούσα. Σηκώθηκα όρθιος. Την ίδια στιγμή σηκώθηκε κι εκείνη, στα τυφλά, σαν να την οδηγούσε το ένστικτο της απόδρασης. Βρεθήκαμε κοντά ο ένας στον άλλο. Κι ύστερα, για μια στιγμή, βρέθηκε στην αγκαλιά μου, κλαίγοντας γοερά, λες κι η καρδιά της ήταν έτοιμη να σπάσει, ενώ η δική μου καρδιά πνιγόταν σ' ένα άγριο μεθύσι και χαρά. Όπως πήγα, όμως, να την κρατήσω πιο σφιχτά, φάνηκε ξαφνικά να ξαναβρίσκει όλη της τη δύναμη. Απότομα κι όλο πάθος, μου ξέφυγε.

«Όχι... Ρόμπερτ... όχι».

Η αγωνία στο πρόσωπό της, σε κάθε γραμμή της εύθραυστης, δειλιασμένης μορφής της, μ' έκανε να μείνω καρφωμένος στη θέση μου.

«Τζιν».

«Όχι, όχι... ποτέ ξανά... ποτέ».

Δεν μπορούσε να σταματήσει τ' αναφιλητά που την έπνιγαν, αναφιλητά που μου έσφιγγαν την καρδιά και μ' έκαναν να λαχταράω να την ησυχάσω πάνω στα στήθια μου. Όμως εκείνο το βλέμμα στα μάτια της που λαμποκοπούσαν από τα δάκρυα, το ραγισμένο και βασανισμένο, κι όμως σφοδρά ακλόνητο, που ανάβλυζε από τα βάθη της ψυχής της, στράγγιξε σιγά σιγά από μέσα μου κάθε ελπίδα. Τα φλογερά λόγια αγάπης που ήθελα να πω πέθαναν στα χείλια μου. Τα χέρια που της είχα απλώσει έπεσαν στα πλευρά μου. Στο κεφάλι μου, κάτι βαριοχτυπούσε υπόκωφα.

Τελικά, στητή, σκούπισε τα δάκρυά της με την ανάστροφη του χεριού της κι ύστερα σφούγγισε τα χείλη της. Με πρόσωπο σκληρό σαν σίδερο τη βοήθησα να φορέσει το αδιάβροχό της.

«Θα σε συνοδεύσω ως την πύλη».

Προχωρήσαμε στο θυρωρείο της εισόδου δίχως μια λέξη. Τα ρυάκια που αυλάκωναν το δρόμο έβγαζαν έναν ήχο σχεδόν ζωντανό, μα τα βήματά μας ήταν νεκρά πάνω στο μουσκεμένο χώμα. Σταματήσαμε μπροστά στην πύλη. Της έπιασα τα δάχτυλα, βρεγμένα από βροχή και δάκρυα, μα γρήγορα εκείνη τ' απαγκίστρωσε.

«Αντίο, Ρόμπερτ».

Την κοίταξα σαν για τελευταία φορά. Ένα αυτοκίνητο πέρασε βιαστικά από το δρόμο έξω.

«Αντίο».

Λύγισε εκείνη τη στιγμή, μα συνήλθε μ' ένα ρίγος κι έτρεξε να φύγει, με μάτια ζαρωμένα για να προφυλαχτούν από καινούρια δάκρυα, δίχως να κοιτάξει πίσω. Την επόμενη στιγμή η βαριά πύλη βρόντηξε κλείνοντας· είχε φύγει.

Ανέβηκα τον αμαξόδρομο βαρύς κι αξιολύπητος. Σουρούπωνε κι η βροχή είχε επιτέλους σταματήσει. Πάνω από το δυτικό ορίζοντα ο ουρανός ήταν μαυροκίτρινος, λες και το ηλιοβασίλεμα είχε ματοκυλήσει τα σύννεφα. Ξαφνικά, πάνω από το ασάλευτο εκείνο μέρος, ακούστηκε η βραδινή σάλπιγγα κι από το ψηλό κοντάρι της πάνω στο λόφο κατέβηκε η σημαία, αργά αργά, ενώ στην κορφή έβλεπες να στέκει αλύγιστη, στην τεντωμένη στάση του χαιρετισμού, η στητή και μοναχική σιλουέτα του τροφίμου που είναι αφοσιωμένος σ' αυτό το καθήκον.

Ζήτω το Ίστερσος, συλλογίστηκα πικρά.

Πίσω στο δωμάτιό μου βρήκα τη φωτιά έτοιμη να σβήσει. Κάρφωσα το βλέμμα στις μουντές γκρίζες στάχτες.

Κεφάλαιο 5

ΗΤΑΝ ΚΥΡΙΑΚΗ κι οι καμπάνες της κισσοστεφανωμένης εκκλησιάς παραβίασαν την ατμόσφαιρα του Ίστερσος. Λες για να βαρύνει κι άλλο το σκοτάδι μες στο νου μου, το πρωινό για άλλη μια φορά ξημέρωσε λαμπερό και ζεστό. Φρούτα κρεμόντουσαν από τα δέντρα του περιβολιού, και στα συμμετρικά παρτέρια, στα κιγκλιδώματα της αυλής, γεράνια και μπιγκόνιες χάραζαν ζωηρά αραβουργήματα.

Από το παράθυρό μου, την ώρα που αποτέλειωνα το ντύσιμο, βαρύς κι ακόμα μισοκοιμισμένος, έβλεπα τους τροφίμους εκείνου του μέρους να συγκεντρώνονται στο ιερό κτίσμα, ένα ευμέγεθες γοτθικό οικοδόμημα από απαλόχρωμο τούβλο, κατάλληλα σκιασμένο από μια συστάδα ψηλών φτελιών.

Πρώτοι έφτασαν οι άντρες της Ανατολικής Πτέρυγας, έχοντας στο πλευρό τους τον Μπρόγκαν και τρεις από το προσωπικό του Σκάμμον, ένα μεγάλο και συμπαγές σώμα, ντυμένοι στα γκρίζα σαν εργάτες, με γεροφτιαγμένες αρβύλες και βολικούς σκούφους, άντρες που οι περισσότεροι δούλευαν στα χωράφια ή στις βιοτεχνίες. Άλλοι ήταν χαρούμενοι και χαμογελαστοί, άλλοι σιωπηλοί, κάτι λίγοι σκυθρωποί – γιατί υπήρχαν και «κακοί» βλαμμένοι ανάμεσα στους «καλούς», που ερχόντουσαν συχνά στα μαχαίρια με τη διοίκηση. Μια ομάδα είχε ανώτερο, μολονότι λιγότερο ρωμαλέο ύφος, φορούσε πιο σκούρα κοστούμια και άσπρους κολλαριστούς γιακάδες – ήταν οι άντρες που είχαν ανέβει στην ιεραρχία και τους είχαν αναθέσει εξαιρετικά καθήκοντα, όπως ο έλεγχος των φορτίων κάρβουνου ή ξύλων στη γεφυροπλάστιγγα, ή η τακτοποίηση της μπουγάδας, σημειώνοντας σε φύλλα χαρτιού, με πένα και μελάνι. Ο Πάλφρι, κιόλας στην πύλη, τους οδηγούσε ομαδικά μέσα με καλοκάγαθο χαμόγελο και χαριτωμένα νεύματα για το καλώς όρισες.

Οι γυναίκες της Βόρειας Πτέρυγας πλησίασαν ύστερα από ένα λεπτό, ντυμένες τα καλά τους μαύρα, κι ανάμεσά τους αναγνώριζες μερικές σερβιτόρες και καμαριέρες εκείνου του μέρους. Μπήκαν στην ίδια κατηγορία με τους άντρες.

Επόμενοι στη σκηνή ήταν οι εισοδηματίες εκείνου του μέρους, συνοδευόμενοι από τον Σκάμμον, που, με την καλύτερη στολή του στην πιο καλή της κατάσταση, έδινε τον τόνο της ραπτικής τελειότητας. Τουλάχιστον καμιά δεκαριά της ομάδας αυτής φορούσαν επιδεικτικά πρωινά σακάκια και ημίψηλα καπέλα. Εδώ, αν θέλετε, ήταν το «ανώτερο στρώμα» του Ίστερσος.

Μιας στιγμής σιγή όταν οι εισοδηματίες διέσχισαν πια την ιερή έκταση... Μέσα στην εκκλησιά ένας εθελοντής οργανίστας είχε αρχίσει να παίζει· ύστερα, λες κι ήξεραν πως έδιναν την τελική πινελιά, έκαναν την εμφάνισή τους οι κυρίες της Δυτικής Πτέρυγας, όχι σε συμπαγές κοπάδι όπως εκείνες της κατώτερης σπουδαιότητας, μα μόνες τους και σε ζευγάρια, με τη συνοδεία της αδελφής Τσαντ. Ήρθαν με το πάσο τους, μ' όλη τους την κοκεταρία, προσέχοντας να μην ακουμπήσουν τα φουστάνια τους στο χώμα. Καταμεσής τους, στο κέντρο της ομάδας, τριγυρισμένη από το δικό της κύκλο κολάκων, μια κυρία προχωρούσε όλο αξιοπρέπεια κατά την πύλη. Μικροκαμωμένη, γκριζομάλλα κι αδύνατη, με μυτούλα τραβηγμένη προς τα πάνω και λαμπερά διαπεραστικά μάτια σ' ένα πρόσωπο σαν περγαμηνή, ήταν κομψά ντυμένη με μεταξωτά στο χρώμα της λεβάντας, με δαντέλα στο μπούστο της κι ένα πλατύ καπέλο με φτερό στρουθοκαμήλου στο κεφάλι.

Είχαν μπει πια όλοι μέσα, οι καμπάνες είχαν σιγήσει και τότε, περπατώντας με γρήγορο βήμα στο μονοπάτι, με φαρδύ καθημερινό κοστούμι, ήρθε ο Γκούντολ να διευθύνει τη λειτουργία. Σαν εξαφανίστηκε μέσα στην εκκλησιά, έφυγα από το παράθυρο και, με μια φουρκισμένη γκριμάτσα, φόρεσα το κλειδί μου και κατέβηκα κάτω.

Ήταν η τρίτη Κυριακή του μήνα, είχα επίσημα καθήκοντα ολημέρα, τουλάχιστον ως τις έξι· πρώτα όμως πήγα στο εργαστήριο, που το είχα αφήσει μόλις πριν από έξι ώρες, να ελέγξω τον κολλόδιο θύλακα που χρησιμοποιούσα ως διαλυτική μεμβράνη. Ναι, λειτουργούσε τέλεια. Έτσι γινόταν τώρα. Στη δουλειά μου τα πάντα πήγαιναν καλά. Έπιασα τη σχάρα των είκοσι αποστειρωμένων σωλήνων παραφίνης και έριξα στον καθένα 1 c.c. του διαλυμένου υγρού, τάπωσα προσεχτικά τους δοκιμαστικούς σωλήνες, τους αρίθμησα και τους ξανάβαλα στον αποστειρωτή.

Στάθηκα μια στιγμή, βαρύς και σκυθρωπός, νιώθοντας στο πίσω μέρος του κεφαλιού μου εκείνο το δριμύ πόνο που προκαλεί η υπερβολική δουλειά. Ήθελα τον καφέ μου, μα ούτε κατά διάνοια δεν μπορούσα να πάω να τον γυρέψω. Ναι, αυτή τη φορά δεν υπήρχε περίπτωση λάθους. Σε λίγο θ' απομόνωνα τη νουκλεοπρωτεΐνη που θ' αποδεικνυόταν πολύ πιο αποτελεσματική από το αρχικό εμβόλιο. Ύστερα θα είχα τελειώσει. Τα πάντα. Τα νεύρα μου δέθηκαν κόμπος με τούτο το συλλογισμό. Μα δεν ένιωθα πραγματικό ενθουσιασμό. Μονάχα κάποιας μορφής σκοτεινή, πικρή ικανοποίηση.

Στην αίθουσα πρωινού της Βόρειας Ανδρών έφαγα μια φέτα φρυγανιά κι ήπια τρεις κούπες σκέτο καφέ. Καλά ήταν που ήμουνα μονάχος – όχι πως θα με πείραζε και πολύ ο Πάλφρι, ήταν ένα φιλικό, καλοκάγαθο πλάσμα. Το στιχάκι που είχε φτιάξει η αδελφή Στάνγουεϊ του ταίριαζε.

Μ' αρέσει ο Πάλφρι, με το παλτό του το ζεστό,
που αν δεν τον πειράξεις δε σου κάνει κακό.

Άναψα τσιγάρο και τράβηξα μια βαθιά ρουφηξιά, λες για ν' αμβλύνω εκείνο τον αιώνιο πόνο στα πλευρά μου. Είχε περάσει πια, κι όμως πάντα τον ένιωθα σε μια στιγμή που δεν το περίμενα, σαν ήταν κοντά μου η Τζιν, και μ' ένα σπασμό που μ' έκανε να μορφάζω αναγκαζόμουνα να τη σπρώξω μακριά με αγριότητα. Στην αρχή θλιβόμουν, λυπόμουνα τον εαυτό μου. Τώρα μια αργή, φλογερή απέχθεια είχε ανακατευτεί με τον πόνο και τον μαλάκωνε σαν ατσάλι. Μέσα μου μαινόταν μια βαθιά, διαβρωτική οργή για τη ζωή.

Σηκώθηκα και κατέβηκα στο φαρμακείο, όπου άρχισα να παρασκευάζω τα συμπυκνωμένα διαλύματα βρομιδίου και χλωράλης για τις αίθουσες. Το φαρμακείο ήταν ήσυχο και μισοσκότεινο, ντυμένο με σκούρο μαόνι, με διάχυτες τις μυρωδιές από φάρμακα, παλιό ξύλο και βουλοκέρι, που ελάχιστα ανακούφισαν τ' αλληλοσυγκρουόμενα αισθήματά μου. Είχε φύγει πια η αρχική μου ανησυχία, δίχως να το πολυσκεφτώ αποδέχτηκα το κλειδί, τις ζεστές ροκοκό αίθουσες, την κοινωνική διάρθρωση τούτου του αποκομμένου μικρόκοσμου.

Βήματα ακούστηκαν στο διάδρομο και την επόμενη στιγμή η μισόπορτα άνοιξε κι από μέσα της φάνηκε η αδελφή Στάνγουεϊ.

«Έτοιμα;» ρώτησε.

«Μια στιγμή» αποκρίθηκα κοφτά.

Στάθηκε και με παρακολουθούσε να ολοκληρώνω τον τελευταίο κατάλογο της Δυτικής Πτέρυγας.

«Δεν πήγατε στην εκκλησία;»

«Όχι» είπα. «Εσείς;»

«Η μέρα παραείναι ωραία. Άλλωστε, δεν είναι η σειρά μου».

Την κοίταξα. Αντίκρισε τη ματιά μου δίχως ν' αλλάξει φανερά το ανέκφραστο πρόσωπό της. Η γυαλιστερή φράντζα της είχε μια γκρίζα ανταύγεια κι έμοιαζε τετράγωνη πάνω στο άσπρο κούτελό της, κάτω από το σκούφο της στολής της. Τώρα πια ήξερα πως στη διάρκεια του πολέμου είχε παντρευτεί έναν αξιωματικό της αεροπορίας που αργότερα τη χώρισε. Απ' ό,τι φαίνεται, δε σκοτιζόταν. Ποτέ δεν ήξερες να πεις τι ένιωθε, ήταν σαν τίποτα να μην μπορούσε να της χαλάσει το ανέμελο ύφος, την απόλυτη αδιαφορία της, λες κι η ζωή ήταν κάτι ανάξιο λόγου, κάτι που δίχως δεύτερη σκέψη μπορούσες να το ξοδεύεις, ή απλώς να το πετάς.

«Δεν ήρθατε ακόμα στο σαλονάκι μας». Μίλησε ξέγνοιαστα, τόσο αργόσυρτα που λες και κορόιδευε. «Η αδελφή Σαντ σάς έχει κρίνει δυσμενέστατα γι' αυτό».

«Δεν είχα χρόνο».

Η δικαιολογία μού βγήκε απότομα.

«Γιατί δεν το κανονίζετε απόψε; Μπορεί και να το βρείτε διασκεδαστικό. Ποτέ δεν ξέρει κανείς».

Στη φωνή της υπήρχε μια αμυδρά μοχθηρή πρόκληση που έστειλε μια ζωηρή παρόρμηση στα ταλαιπωρημένα μου νεύρα. Την κοίταξα προσεχτικά, δύσθυμα. Τα στρογγυλωπά της μάτια με κορόιδευαν ακόμα, μα έβγαζαν και μια σπίθα γεμάτη σημασία.

«Εντάξει» είπα ξαφνικά. «Θα 'ρθω».

Χαμογέλασε αδιόρατα και, κοιτάζοντάς με ακόμα, μάζεψε τα φάρμακα που είχα αποθέσει στο ραφάκι της μισόπορτας. Ύστερα, δίχως κουβέντα, γύρισε κι έφυγε. Η αργή κίνησή της είχε μια φυσική ανεμελιά, μια φιλήδονη χάρη.

Την υπόλοιπη μέρα έμεινα ανάστατος, σε αμηχανία. Μετά το μεσημεριανό συμπλήρωσα το βιβλίο ασθενών της Ανατολικής Αντρών και στις τρεις η ώρα πήγα να το παραδώσω στο σπίτι του δόκτορα Γκούντολ, που βρισκόταν στην πρόσοψη του κεντρικού κτιρίου.

Μια γηραλέα υπηρέτρια απάντησε στο κουδούνι κι αφού μπήκε μέσα να ρωτήσει, γύρισε την επόμενη στιγμή να πει πως ο διευθυντής αναπαυόταν, αλλά θα μ' έβλεπε. Την ακολούθησα στη βιβλιοθήκη, ένα μεγάλο ακατάστατο δωμάτιο, ντυμένο με ακαθόριστο καφετί ξύλο και ελάχιστα φωτισμένο από ένα κιτρινωπό γοτθικό παράθυρο με μολυβδώματα και με ενσωματωμένο μέσα ένα θυρεό από χρωματιστό γυαλί. Ξαπλωμένος σ' έναν καναπέ πλάι στο μεγάλο τζάκι, σκεπασμένος μ' ένα χράμι, βρισκόταν ο Γκούντολ.

«Να με συγχωρείτε, δόκτωρ Σάννον. Είναι που μετά την εκκλησία δεν ένιωθα καλά και πήρα μια μεγαλούτσικη δόση μορφίνη». Μαρτύρησε το γεγονός απλά, με μάτια βαριά στο σφιγμένο και κιτρινιάρικο πρόσωπό του. «Ο Μονταίν δεν ήταν εκείνος που συνέκρινε τον κολικό του ήπατος με τα μαρτύρια των κολασμένων; Απ' αυτό υποφέρω κι εγώ».

Απόθεσε το βιβλίο που του έδωσα και κάρφωσε πάνω μου το βλέμμα του, ρυτιδιασμένο κάτω απ' τις βαριές βλεφαρίδες.

«Απ' ό,τι φαίνεται βολεύεσαι πολύ εύκολα. Χαίρομαι. Δε μ' αρέσουν οι αλλαγές στο προσωπικό μου. Έχουμε σπουδαία ευκαιρία εδώ, δόκτωρ Σάννον... σε τούτον εδώ το μικρό μας πλανήτη». Σταμάτησε, πήρε ένα ύφος ονειροπόλο, παράξενα απόμακρο. «Δε σας πέρασε ποτέ από το μυαλό πως είμαστε μια ξεχωριστή ράτσα, με τους δικούς μας νόμους κι έθιμα, αρετές και ιδιοτροπίες, τις κοινωνικές και πνευματικές τάξεις μας, τις αντιδράσεις μας στην ένταση της ζωής; Οι άνθρωποι του έξω κόσμου δε μας καταλαβαίνουν, γελούν μαζί μας, ίσως και να μας φοβούνται. Εμείς είμαστε πολίτες του σύμπαντος, ωστόσο, σύμβολο της αφθαρσίας του Ανθρώπου κάτω από τις δυνάμεις της Φύσης και της Μοίρας».

Η καρδιά μου χτύπησε ακανόνιστα όταν, γέρνοντας προς το μέρος μου, συνέχισε μ' εκείνη την απόμακρη σπίθα στις σκούρες, μικροσκοπικές ίριδές του.

«Σκοπός μου, δόκτωρ Σάννον, αγώνας της ζωής μου είναι να δημιουργήσω μια νέα κοινωνία από μια τάξη άρρωστη και παρακμάζουσα. Δύσκολο... α, ναι, όμως όχι αδύνατο. Και τι ευκαιρία, γιατρέ!... Όταν θα τελειώσετε την παρούσα έρευνά σας, μπορώ να σας ανοίξω ένα επιστημονικό πεδίο αφάνταστου εύρους. Βρισκόμαστε μόνο στο κατώφλι της κατανόησης των ασθενειών εκείνων από τις οποίες πάσχουν οι άνθρωποί μας. Το μυαλό, δόκτωρ Σάννον, το ανθρώπινο μυαλό, με όλο του το μυστήριο και τη μεγαλοπρέπεια, ρόδινο και διαφανές, αστραφτερό σαν ένα υπέροχο φρούτο μέσα στη λεπτή μεμβράνη του, το κρανιακό περίβλημά του... Τι θέμα για έρευνα... τι συναρπαστικό αίνιγμα για επίλυση!»

Στη φωνή του υπήρχε έξαρση. Προς στιγμήν συλλογίστηκα πως ήταν έτοιμος ν' ανέβει σε ακόμα πιο ιλιγγιώδη ύψη αν και, με προσπάθεια λες, τελικά συμμαζεύτηκε. Μου έριξε μια γρήγορη ματιά κι ύστερα από μια στιγμή σιωπής, μ' άφησε να φύγω με το σκοτεινό του χαμόγελο, που μολαταύτα σ' αφόπλιζε.

«Μη δουλεύετε και τόσο σκληρά, γιατρέ. Πρέπει πού και πού ν' αποτίουμε φόρο τιμής και στις αισθήσεις».

Βγήκα από το σπίτι του και στα συναισθήματά μου βασίλευε ακόμα μεγαλύτερη θύελλα, ήμουν γοητευμένος, μα κι ενθουσιασμένος και μπερδεμένος. Πάντα είχε πάνω μου αυτή την επίδραση. Τούτο το βράδυ όμως ήταν χειρότερα από κάθε άλλη φορά.

Δεν μπορούσα να ησυχάσω, αυτό ήταν όλο. Ένα κύμα αναβρασμού πλημμύριζε τις φλέβες μου, έτοιμο να ξεχειλίσει. Πρέπει πού και πού ν' αποτίουμε φόρο τιμής στις αισθήσεις, είχε πει.

Μολονότι κάμποσες φορές είχα πει στον εαυτό μου πως δε θα πήγαινα, γύρω στις οχτώ παρά χτύπησα την πόρτα στο σαλονάκι των νοσοκόμων και την άνοιξα. Έπρεπε να βρω τρόπο να ξεφύγω από κείνες τις ξαναμμένες και βασανιστικές σκέψεις.

Καθισμένη στην άκρη του στενόμακρου τραπεζιού, που αποδείκνυε πως το μεγαλύτερο μέρος του προσωπικού είχε ήδη δειπνήσει και φύγει από το δωμάτιο, βρισκόταν η Σαντ με τη στολή της, η δεσποινίς Πάτον, η διαιτολόγος, και η αδελφή Στάνγουεϊ, ντυμένη «πολιτικά», μπλε φούστα και λευκή μεταξωτή μπλούζα. Οι τρεις τους μιλούσαν χαμηλόφωνα μεταξύ τους κι η Σαντ ήταν αυτή που με είδε πρώτη και γουργούρισε σαν περιστέρα.

«Βρε, βρε, ήρθε ο Μωάμεθ στο βουνό». Ξεστόμισε το «ρητό» της με χαρούμενη φωνή. «Μεγάλη μας τιμή, δε λέω».

Όπως μπήκα, η δεσποινίς Πάτον, μια μεσόκοπη γυναίκα με κοκκινωπό πρόσωπο, με καλωσόρισε μ' ένα νεύμα. Η έκφραση της αδελφής Στάνγουεϊ ήταν ήρεμη κι αδιάφορη. Πρώτη φορά την έβλεπα δίχως τη στολή της. Η γυαλιστερή φράντζα της έπεφτε στο κούτελό της πιο βαριά και το μαλακό, αστραφτερό ύφασμα της μπλούζας της έπεφτε χαλαρό πάνω από το επίπεδο στέρνο και τα στήθια της.

«Δεν τελειώσατε;» ρώτησα.

«Η αλήθεια είναι ότι τώρα αρχίζουμε». Η Σαντ αντιμετώπισε το ερωτηματικό βλέμμα μου μ' ένα ηχηρό γέλιο. «Μου φαίνεται ότι μπορούμε να σας το πούμε... τώρα που γίνατε ένας από μας. Μερικές φορές το βαριόμαστε το μενού μας. Δε θα έδειχνε καλή πειθαρχία για τους άλλους να παραπονεθούμε. Κι έτσι απλώς περιμένουμε και κατεβαίνουμε κάτω για το δείπνο, εμείς οι τρεις, στις κουζίνες».

«Α, κατάλαβα!»

Ο τόνος μου προκάλεσε ένα αχνό κοκκίνισμα στη σκληρή επιδερμίδα της Σαντ. Σηκώθηκε.

«Αν σας ξεφύγει λέξη απ' όλα αυτά, δε θα σας ξαναμιλήσω ποτέ μου».

Οι κουζίνες, όπου έφτανες κατεβαίνοντας στην υπόγεια διάβαση, βρίσκονταν εντελώς κάτω από το έδαφος, ήταν όμως ψηλοτάβανες, κρύες και τις φώτιζαν απαλά από ψηλά λάμπες με θαμπό γυαλί σε δεσμίδες. Πάνω σ' ένα λευκό τοίχο έστεκαν στη σειρά παλιομοδίτικα ράφια, σ' έναν άλλο κρεμόταν μια χάλκινη *batterie de cuisine*[5], ενώ σ' έναν τρίτο έβλεπες μια σειρά μονωμένες άσπρες πόρτες που οδηγούσαν στα ψυγεία. Τρεις σκάφες για ζύμωμα, ένας κόφτης ψωμιού κι ένα μηχάνημα κοπής του ζαμπόν

---

[5] Μπαταρία κουζίνας (γαλλικά στο πρωτότυπο). (Σ.τ.Μ.)

σε φέτες μ' ένα βαρύ ατσάλινο τροχό έστεκαν στην άλλη άκρη, πλάι σ' ένα σανιδένιο τραπέζι, που πάνω του ένα μεγάλο κατσαρόλι με πληγούρι μούλιαζε κιόλας για το χυλό του επόμενου πρωινού. Ένας γλυκός βόμβος από το σύστημα εξαερισμού γέμιζε τον αέρα του αψεγάδιαστου κελαριού.

Η δεσποινίς Πάτον είχε αποκτήσει μια καινούρια γρηγοράδα τώρα που βρισκόταν στην επικράτειά της. Προχώρησε στο ψυγείο που έγραφε Δυτική Γυναικών και, γυρνώντας τον καρπό της πάνω στο νικέλινο χερούλι, άνοιξε διάπλατα τη βαριά πόρτα, αποκαλύπτοντας μια ποικιλία από κρύα κρέατα, γλώσσα, ζαμπόν, σαρδέλες σ' ένα γυάλινο δοχείο, μπλαν μανζέ, πηχτές και φρούτα κομπόστα.

Η αδελφή Σαντ πλατάγισε τα χείλια της.

«Πεινάω» είπε.

Σαν έκαναν το γύρο τα πιάτα και τα πιρούνια, αρχίσαμε να τρώμε λες και κάναμε πικνίκ. Με την άκρη του ματιού μου είδα τη Στάνγουεϊ να κάθεται στο ξύλινο τραπέζι με μιαν αδιαφορία και σιγουριά που έκανε να ξεσπάσουν μέσα μου οι σκοτεινές δυνάμεις της απόγνωσης. Είχε σταυρώσει τα πόδια της, έτσι που το ένα κρεμόταν χαλαρό, με τεντωμένη τη μεταξένια λυγεράδα του μέλους αυτού. Έτσι όπως στεκόταν ελαφρά γερμένη προς τα πίσω, τόνιζε τη γραμμή του μηρού, της μέσης και του στήθους της.

Ένα άγριο σφίξιμο ανέβηκε στο λαρύγγι μου. Η λαχτάρα να την υποτάξω, να σπάσω τα εμπόδια που με συγκρατούσαν, να καταστρέψω και να βεβηλώσω, με κυρίεψε σαν πυρετός. Δεν της έδινα σημασία, έτσι που καθόταν πλάι στην αδελφή Σαντ, ξαναγέμιζε πού και πού το πιάτο της και ανεχόταν την ανόητη κουβέντα της. Κι όμως, μολονότι καμωνόμουν πως άκουγα, κατάφερνα να βλέπω τη Στάνγουεϊ να κρατάει στο χέρι ένα πιάτο σαλάτα, με μάτια γεμάτα πανούργα, κρυφή ειρωνεία.

Τελικά, σαν αποτέλειωσε το επιδόρπιό της, η Σαντ άφησε ένα θλιμμένο στεναγμό.

«Αχ! Όλα τα καλά τελειώνουν κάποτε. Τώρα πρέπει να πάω να συμμαζέψω την ιματιοθήκη, που είναι αχούρι. Φέρσου εντάξει, Πάτον, κι έλα μαζί μου. Αν με βοηθήσεις, μονάχα μισή ωρίτσα θα μου πάρει».

Στο δρόμο της επιστροφής μέσα από την υπόγεια διάβαση, οι δυο μεγαλύτερες γυναίκες έστριψαν δυτικά. Συνέχισα μαζί με την αδελφή Στάνγουεϊ για τον προθάλαμο της Βόρειας Πτέρυγας. Εκεί σταθήκαμε.

«Και τώρα;»

«Μου φαίνεται ότι θα πάω καμιά βόλτα» είπε ανέμελα η Στάνγουεϊ.

«Θα έρθω μαζί σου».

Έδειξε την αδιαφορία της ανασηκώνοντας ελαφρά τους ώμους, δείχνοντας από ένστικτο σκληρότητα, κι όμως κολακευμένη σαν αίλουρος από την προσοχή μου.

Έξω, η νύχτα ήταν σκοτεινή, κάτι αστέρια έλαμπαν, μα δίχως φεγγάρι. Βγαίνοντας από τα κτίρια, η Στάνγουεϊ στάθηκε ν' ανάψει ένα τσιγάρο. Η φλόγα μες στη χούφτα της στεφάνωσε για μια στιγμή το χλωμό, δίχως έγνοιες πρόσωπο με τα ψηλά μήλα και την πλακουτσωτή μύτη. Γιατί το κάνω αυτό; αναρωτήθηκα. Δεν ήξερα σχεδόν τίποτα για πάρτη της, κι ούτε που μ' ένοιαζε να μάθω. Μια καλόβολη ξένη που θα με βοηθούσε να κυλήσω στο χαντάκι, να ξεφύγω. Μια μεγαλύτερη σκληράδα με κυρίεψε. Με κρατημένη φωνή, είπα:

«Προς τα πού;»

«Κάτω, στο αγρόκτημα...» Φάνηκε να χαμογελάει. «Και πίσω».

«Όπως θες».

Παίρνοντας το δυτικό αμαξόδρομο, προσαρμόζοντας τα βήματά μου με τα δικά της, κράτησα απόσταση ανάμεσά μας κοιτάζοντας ευθεία μπροστά. Μέσα στο σκοτάδι, όμως, η δική της αίσθηση του χώρου ήταν λιγότερο ακριβής κι από καιρό σε καιρό έπεφτε πάνω μου. Η γλυκιά σύγκρουση με το κόκαλο του γοφού της, όπως ερχόταν σε επαφή με το δικό μου, έκανε ακόμα πιο σκληρούς τους βασανισμένους συλλογισμούς μου.

«Γιατί δε μιλάς;» ρώτησε μ' ένα γελάκι. Έμοιαζε με γάτα, αν σκεφτείς πως η νύχτα φαινόταν να της δίνει έξαψη και δύναμη.

«Για ποιο πράγμα;»

«Οτιδήποτε. Δε με νοιάζει. Τι αστέρι είναι αυτό από πάνω μας;»

«Το πολικό αστέρι. Να το κοιτάζεις όταν χάνεσαι στο δάσος».

Και πάλι γέλασε, λιγότερο περιφρονητικά απ' ό,τι συνήθως.

«Λες να χαθούμε; Μήπως και κατά τύχη βλέπεις την Αφροδίτη;»

«Όχι ακόμα».

«Τέλος πάντων...» Ακόμα γελούσε. «Ακόμα υπάρχει ελπίδα».

Δεν είπα τίποτα. Ένιωσα σκληρότερος τώρα πια και πιο αδιάφορος, γεμάτος καταφρόνια για μένα και για κείνη. Εκείνο το γέλιο, τσιριχτό, απογυμνωμένο από ασφάλεια, την είχε προδώσει, είχε αποκαλύψει πως η επίφαση αδιαφορίας της ήταν μια απάτη, μια μυστική πρόσκληση από την αρχή.

Στο γύρισμα του δρόμου, κάτω από τις φτελιές του αγροκτήματος, ήταν μια πύλη με πέντε αμπάρες, στηριγμένη σε δυο ψηλούς τοίχους. Σταμάτησα.

«Μέχρι εδώ θες να πας;»

Έσβησε το τσιγάρο της πάνω στην πύλη. Την έπιασα από τους ώμους. Είπα:

«Θα 'θελα να σου σπάσω το λαιμό».

«Γιατί δε δοκιμάζεις;»

Κολλημένη πίσω στο χορτάρινο τοίχο είχε πρόσωπο άσπρο σαν του πεθαμένου, το τεντωμένο δέρμα κάτω από τα μάτια της είχε μπλαβίσει περισσότερο από κάθε άλλη φορά. Τα ρουθούνια της ήταν λιγάκι διεσταλμένα. Το χαμόγελό της σταθερό, σχεδόν σαν γκριμάτσα. Ένα κύμα αποστροφής με πλημμύρισε, μα η λαχτάρα για λήθη ήταν πια πολύ μεγάλη, δε γινόταν να τη διώξω.

Τα χείλια της ήταν ξερά και κάπως πικρά από το τσιγάρο. Άνοιξαν έμπειρα. Στη γλώσσα της ένιωσα ένα κομματάκι καπνό. Η ανάσα της βγήκε γρηγορότερη από τη δική μου.

Κάποια στιγμή το πρόσωπο της Τζιν πρόβαλε μπροστά μου, κι ύστερα το φεγγάρι κρύφτηκε πίσω από ένα σύννεφο κι έγινε σκοτάδι κάτω από τις φτελιές, όπου δεν έμεινε τίποτα παρά μονάχα η απογοήτευση κι η απελπισία.

Κεφάλαιο 6

Ο ΑΥΓΟΥΣΤΟΣ πέρασε μέσα σ' ένα κύμα αποπνιχτικού καύσωνα. Μολονότι κάθε πρωί περνούσε ο καταβρεχτήρας, σύννεφα σκόνης σηκώνονταν από τους αμαξόδρομους εκείνου του μέρους και τα φύλλα κρέμονταν νεκρά από τα δέντρα. Ο ήλιος, κυλώντας μέσα από τα τζάμια των παραθύρων, που πάνω τους μια μύγα ζουζούνιζε ήσυχα, χάριζε στις μισοσκότεινες αίθουσες μιαν απαλή και νοσταλγική γοητεία.

Το τελευταίο βράδυ εκείνου του καυτού μήνα ήταν τόσο πνιγηρό, που άφησα μισάνοιχτη την πόρτα του εργαστηρίου. Όπως έσκυβα πάνω από το χρωματόμετρο Ντυμπόσκ με σηκωμένα τα μανίκια και τον ιδρώτα να κυλάει κάτω από το σφιχτό κολάρο μου, άκουσα πίσω μου ένα βήμα.

«Καλησπέρα, Σάννον». Προς μεγάλη μου έκπληξη, ήταν η φωνή της Μέιτλαντ. «Όχι, να μη σ' ενοχλώ».

Πρώτη φορά μ' επισκεπτόταν εδώ πέρα. Κρίνοντας από το γεμάτο μαλλί σάκο εργόχειρου που κρατούσε στο χέρι, γύριζε από μία από κείνες τις ατέλειωτες, κεκλεισμένων των θυρών συνεδριάσεις της με τη δεσποινίδα Άιντρι, απ' αυτές στις οποίες οι δυο γυναίκες, πλέκοντας μαζί, έκαναν μια εμπιστευτική ανασκόπηση των προβλημάτων που υπήρχαν σ' εκείνο το μέρος. Τώρα, τραβώντας μπροστά ένα σκαμνί, κάθισε κοντά μου.

«Πώς πάει;»

Απόθεσα κάτω το μολύβι μου κι έτριψα τα τεντωμένα και λιγάκι κόκκινα μάτια μου. Ένιωθα καθαρά το τράβηγμα του αριστερού υπερκόγχιου νεύρου μου. Είπα κοφτά:

«Σε λίγες ώρες θα έχω τελειώσει».

«Πολύ χαίρομαι. Το κατάλαβα πως θα κόντευες να φτάσεις στο τέλος».

Δεν είχε προσβληθεί από τον απότομο τρόπο μου. Δεν την αντιπαθούσα τη Μέιτλαντ, μα ήταν ενοχλητικό να την έχω στα πόδια μου τούτη τη συγκεκριμένη στιγμή. Τώρα την έβλεπα καλύτερα, το διάστικτο πρόσωπό της είχε πάρει σοβαρή έκφραση έτσι όπως με κοιτούσε σταθερά μέσα από τους βιολετί φακούς της, μελετώντας με και συγχρόνως μαζεύοντας όλη της τη δύναμη για να μιλήσει.

«Δεν είμαι απ' αυτούς που ανακατεύονται, Σάννον... κάτω από το κέλυφος του νταή, είμαι μάλλον ένα αδύναμο κι αξιοθρήνητο πλάσμα. Κι αναρωτιέμαι αν μπορώ να τολμήσω να σου δώσω μια συμβουλή».

Την κοίταξα άναυδος από την έκπληξη. Με επίσημη σοβαρότητα που μεγάλωσε τον εκνευρισμό μου, συνέχισε:

«Είναι τρομερά σημαντικό να βρίσκει κανείς ποια θέση του ταιριάζει στη ζωή, Σάννον. Πάρε εμένα, για παράδειγμα – όσο βαρετή κι αν είναι η περίπτωσή μου. Είμαι Ιρλανδή, όπως ξέρεις, αλλά στην πραγματικότητα η οικογένειά μου είναι από την Αγγλία, εγκατεστημένη στο Ουέξφορντ, σ' ένα κτήμα που της παραχώρησε ο Κρόμγουελ. Για περισσότερα από τριακόσια χρόνια εμείς οι Μέιτλαντ ζήσαμε εκεί, απομονωμένοι, ξένοι, χωρισμένοι από τους ανθρώπους με δάκρυα και αίμα, καμένοι δυο φορές σε πέντε γενιές, υποφέροντας από μια ύπουλη σαπίλα, ένα σαράκι, γλυκό κι αμείλικτο σαν την ομίχλη της θάλασσας, που κατατρώει την ψυχή».

Απλώθηκε σιωπή. Την κοίταξα ψυχρά.

«Μου φαίνεται ότι ξέφυγες από μιαν άτυχη μοίρα».

«Ναι, Σάννον, ξέφυγα. Μόνο δραπετεύοντας όμως».

Το βλέμμα της ήταν φορτισμένο με τόση σημασία, που έκανα μια κίνηση ανυπομονησίας.

«Ειλικρινά, δεν καταλαβαίνω τι θέλεις να πεις».

«Δε θυμάσαι πώς ορίζει ο Φρόυντ την ψύχωση; Ένα πέρασμα από τη ζωή στο βασίλειο της αρρώστιας».

«Τι σχέση έχει αυτό με μένα;»

«Δε μαντεύεις;»

«Όχι, δε μαντεύω». Τα νεύρα μου βγήκαν απρόσμενα εκτός ελέγχου, η φωνή μου έγινε εκνευριστικά στριγκή. «Πού το πας;»

Έβγαλε τα γυαλιά της και τα καθάρισε με αργές κινήσεις. Ύστερα, λησμονώντας τα, τ' άφησε να πέσουν στην ποδιά της και με κοίταξε μ' εκείνα τα αδύναμα μάτια, όπου τα φρύδια μόλις που διακρίνονταν.

«Σάννον... πρέπει να φύγεις από το Ίστερσος».

Έμεινα σαν αποσβολωμένος.

«Τι! Να φύγω;»

«Ναι» επανέλαβε. «Μόλις τελειώσεις την έρευνά σου».

Ένιωσα να γίνομαι κατακόκκινος. Την κοίταξα με βλέμμα οργισμένο, δύσπιστο.

«Εξαιρετικό αστείο. Για μια στιγμή νόμισα πως μιλούσες σοβαρά».

«Είμαι εντελώς σοβαρή... το ίδιο κι η συμβουλή μου».

«Τότε, περίμενε να σου τη ζητήσω. Τυχαίνει να μ' αρέσει αυτό το μέρος, όπως και σε σένα. Κι έχω και φίλους εδώ».

«Την αδελφή Στάνγουεϊ;» Το στόμα της σαν να στράβωσε λιγάκι. «Είχε μερικούς ακόλουθους στα νιάτα της. Τον Μπόγκαν, το βοηθό, για παράδειγμα... και τον προκάτοχό σου...»

«Αυτό δε σε αφορά καθόλου. Έξω μου φέρθηκαν αρκετά άσχημα. Δε σκοπεύω να πετάξω μια καλή δουλειά κι ένα πρώτης τάξης εργαστήριο μόνο και μόνο επειδή σου έχουν μπει τρελές ιδέες στο κεφάλι».

Αυτό, όπως είδα, την έκανε να σωπάσει.

Κάθισε ασάλευτη για μερικά λεπτά κι ύστερα σηκώθηκε.

«Εντάξει, Σάννον. Ας το ξεχάσουμε. Καληνύχτα».

Χαμογέλασε και βιάστηκε να βγει έξω.

Γύρισα οργισμένος στον πάγκο μου. Στο βάθος του μυαλού μου ήξερα πόσο ηλίθια είχα αναλωθεί σε τούτη την τελική προσπάθεια. Είχα χάσει βάρος και τα μάγουλά μου είχαν μπει μέσα· σαν μ' έπιανε το μάτι μου στον καθρέφτη, ήταν σαν ν' αντίκριζα ξένο. Στο παρελθόν, μπορούσα άνετα να τη βγάλω με ύπνο τριών ή τεσσάρων ωρών. Τώρα όμως δεν μπορούσα να κοιμηθώ διόλου. Ολοκληρωτική αϋπνία. Για να ηρεμήσω τα νεύρα μου όσο κρατούσαν εκείνες οι ατέλειωτες νυχτερινές πνευματιστικές συγκεντρώσεις, κάπνιζα τόσο πολύ, που η γλώσσα και το λαρύγγι μου είχαν ξεραθεί. Κι υπήρχαν κι εκείνα τα παράξενα κόλπα και φαντασιώσεις, τα φετίχ για την ακρίβεια, που είχα αναπτύξει μέσα σε τούτη την ένταση που όλο και μεγάλωνε. Κάθε φορά που άφηνα τον πάγκο μου έπρεπε να γυρίσω πίσω τρεις φορές για να καθησυχάσω τον εαυτό μου ότι πράγματι είχα κλείσει το πώμα του δοκιμαστικού σωλήνα. Είχα αναπτύξει τη συνήθεια να κλείνω το αριστερό μου μάτι σαν διάβαζα και να γράφω τους αριθμούς μου από το τέλος προς την αρχή. Κάθε μέρα, πριν ξεκινήσω δουλειά, μετρούσα όλα τα πλακάκια στο κομμάτι του τοίχου πάνω από τον κλίβανο. Υπήρχε και μια λέξη που κάπως είχε σφηνωθεί στο νου μου, «αμπρακατάμπρα», κι έβρισκα τον εαυτό μου να τη μουρμουρίζει, κάπως σαν επίκληση, σαν μια βουκέντρα που με παρακινούσε και σαν χαμηλόφωνη εκδήλωση θριάμβου, κάθε φορά που ολοκλήρωνα άλλο ένα βήμα στα πειράματά μου. Κι ακόμα συνέχιζα, σαν αυτόματο, δοκιμάζοντας και μετρώντας, προχωρώντας μπροστά, μπροστά... Έπρεπε να συνεχίσω. Παραείχα προχωρήσει για να κάνω πίσω, τώρα πια ήταν ή όλα ή τίποτα... ναι, ή όλα ή τίποτα.

Στις οχτώ η ώρα έβαλα για διήθηση το απόσταγμα του βάκιλου, και μια κι η διαδικασία αυτή θα έπαιρνε γύρω στη μία ώρα, σηκώθηκα, έσβησα τα φώτα κι έφυγα από το εργαστήριο, αποφασισμένος να κάνω ένα διάλειμμα στο δωμάτιό μου.

Έξω, το αυτί μου έπιασε κάτι προκαταρκτικές νότες από την αίθουσα συναυλιών, όπου κάθε τέλος του μήνα γινόταν μια εκδήλωση ψυχαγωγίας, λίγο από χορό, λίγο από κονσέρτο, με τη χορηγία του Πάλφρι, δήθεν για το καλό των ασθενών, μα κυρίως για να μπορέσει ο μικρός *μαέστρο* να τραγουδήσει, με το χέρι στην καρδιά, το «Ακόμα κι η πιο γενναία καρδιά φουσκώνει...» του Γκουνό.

Σπάνια πήγαινα σε κείνα τα γλέντια κι απόψε σίγουρα δε θα πήγαινα.

Όλο αγωνία να ξαπλωθώ στον καναπέ μου, μπήκα στην κάμαρά μου, μα την ίδια στιγμή ανακάλυψα πως δεν ήμουν μονάχος. Καθισμένος πλάι στο ανοιχτό παράθυρο, με γερμένους ώμους και μιαν αλλόκοτη σταθερότητα στη ματιά, ήταν ο Νιλ Σπενς.

«Βρε, ο Σπενς!» φώναξα. «Πόσο χαίρομαι που σε ξαναβλέπω».

Δέχτηκε το καλωσόρισμά μου μ' ένα αχνό χαμόγελο στα στρογγυλά, ασάλευτα μάτια του, κι όταν πια τέλειωσε η χειραψία μας ξαναβυθίστηκε στην πολυθρόνα του, με το πρόσωπο να σκιάζεται από την κουρτίνα.

«Δεν μπορώ να μείνω πολύ, Ρόμπερτ. Σκέφτηκα όμως να 'ρθω να σε δω. Σε πειράζει;»

«Και βέβαια όχι». Πολλές φορές τον είχα πιέσει να μ' επισκεφτεί – κι όμως, κατά παράξενο τρόπο, αναρωτήθηκα γιατί ήρθε. «Θα πιεις ένα ποτό;»

Με κοίταξε μελαγχολικά, εκείνο το χαμόγελο μες στη σκιά ακόμα λαμπύριζε στις σκούρες κόρες των ματιών του.

«Ευχαρίστως».

Τότε κατάλαβα πως είχε κιόλας πιει κάμποσα, μα τι σημασία είχε, άλλωστε ήθελα κι εγώ ένα. Εύκολα σου 'φτιαχνε το κέφι εκείνο το τονωτικό ντουλάπι και τελευταία όλο και πιο συχνά παρασυρόμουν στους θησαυρούς του. Δεν έτρωγα πια σχεδόν τίποτα, μα κρατιόμουν όρθιος με σκέτο καφέ, ουίσκι και τσιγάρα. Σέρβιρα δυο δυνατά ποτά.

«Καλή τύχη, λοιπόν, Ρόμπερτ».

«Εις υγείαν».

Κράτησε με στοργή το ποτήρι του στα δυο του χέρια και τα μάτια του έκαναν μια βόλτα γύρω στο δωμάτιο. Στην αταραξία του υπήρχε κάτι που μ' έκανε να νιώθω άβολα.

«Τι κάνει η Μιούριελ;» ρώτησα.

«Αρκετά καλά, πιστεύω».

«Έπρεπε να τη φέρεις μαζί σου».

Κάθισε ξερός· η ακινησία του ήταν παράξενα τρομαχτική.

«Η Μιούριελ μ' εγκατέλειψε την περασμένη βδομάδα. Είναι με τον Λόμαξ – στο Λονδίνο».

Έκανε την ανακοίνωση με τόσο πεζό ύφος, που μου 'κοψε την ανάσα. Απλώθηκε σιωπή. Δεν είχα καταλάβει πως ήταν τόσο άσχημα τα πράγματα.

«Τι βρομοδουλειά!» μουρμούρισα στο τέλος.

«Α, δεν ξέρω». Αποκρίθηκε λογικά, μ' εκείνο τον απάνθρωπο αυτοέλεγχο. «Ο Λόμαξ είναι ωραίο παιδί κι η Μιούριελ ακόμα από τα πιο όμορφα κορίτσια. Κι ύστερα, δεν έχει και τόση πλάκα να ζεις μαζί μου».

Του έριξα μια γρήγορη ματιά. Συνέχισε ρεμβαστικά, στο ίδιο επίπεδο ύφος:

«Υποθέτω ότι το πολέμησε όσο πιο πολύ μπορούσε πριν ερωτευτεί τον Λόμαξ».

Κάτι έπρεπε να πω.

«Τι γουρούνι κι αυτός!»

Ο Σπενς κούνησε το κεφάλι. Παρ' όλο το ουίσκι, ήταν εντελώς νηφάλιος.

«Προφανώς δεν είναι χειρότερος από μας τους υπόλοιπους».

Μια μεγάλη, χαμηλή ανάσα του ξέφυγε. «Καταρχήν δεν έπρεπε ποτέ να την παντρευτώ. Την αγαπούσα όμως τόσο πολύ. Κι ένας Θεός το ξέρει, έκανα ό,τι καλύτερο μπορούσα. Την έβγαζα έξω κάθε Παρασκευή βράδυ». Το επανέλαβε, λες και τον ανακούφιζε. «Κάθε Παρασκευή βράδυ, σ' όλη μου τη ζωή».

«Θα ξαναγυρίσει κοντά σου» είπα. «Μπορείτε ν' αρχίσετε από την αρχή».

Γύρισε και με κοίταξε και το χαμόγελο στα σκούρα του μάτια ήταν τραγικό.

«Μην είσαι ηλίθιος, Ρόμπερτ. Τέλειωσαν όλα». Σταμάτησε συλλογισμένος. «Ζήτησε διαζύγιο. Θέλει να είναι ελεύθερη. Ε, λοιπόν, θα φροντίσω γι' αυτό. Δεν είναι εκπληκτικό... Τώρα καταλαβαίνω πόσο ρηχή κι ανάξια είναι... μα δεν μπορώ να τη μισήσω».

Του σέρβιρα κι άλλο ποτό, κι άλλο ένα για μένα. Δεν είχα ιδέα τι να πω. Σε μια μάταιη προσπάθεια να του αποσπάσω τη σκέψη, ρώτησα:

«Πας στο πανεπιστήμιο;»

«Ναι. Βλέπεις, κανείς δεν το ξέρει ακόμα. Ο Λόμαξ είναι σε διακοπές... Η Μιούριελ υποτίθεται ότι έχει πάει επίσκεψη στην αδερφή της. Τι να το κάνεις όμως, δε με νοιάζει πια. Δεν είμαι σαν και σένα, Ρόμπερτ. Ποτέ δεν ήμουν φτιαγμένος για έρευνα». Με επίπεδη φωνή, πρόσθεσε: «Δε θα 'ταν τόσο άσχημα, μόνο που σαν είδα πώς πήγαιναν τα πράγματα και της μίλησα, είπε, "Άσε με ήσυχη. Σιχαίνομαι να σε βλέπω"».

Η σιωπή που ακολούθησε κράτησε πολύ. Ύστερα, μαλακά, ο ήχος ενός του-στεπ[6] έφτασε στ' αυτιά μας από το ανοιχτό παράθυρο, μπαίνοντας κλεφτά στο δωμάτιο με το νυχτερινό αέρα. Ο Σπενς με κοίταξε, τα απαθή χαρακτηριστικά του έδειχναν μιαν αόριστη απορία.

---

[6] Two-step, είδος χορού. (Σ.τ.Μ.)

«Είναι ένας χορός που δίνουν μια φορά το μήνα» του είπα. «Το προσωπικό και κάποιοι ασθενείς».

Συλλογίστηκε για μια στιγμή.

«Της Μιούριελ θα της άρεσε αυτό... κάπου κάπου πηγαίναμε για χορό τις Παρασκευές το βράδυ. Τολμώ να πω πως ο Λόμαξ θα τη βγάζει έξω».

Άκουσε μέχρι που τελείωσε το του-στεπ, ύστερα απόθεσε το αδειανό ποτήρι του.

«Πρέπει να φύγω τώρα, Ρόμπερτ».

«Α, ανοησίες. Είναι ακόμα νωρίς».

«Πρέπει. Έχω ένα ραντεβού. Έχει τρένο στις εννιά».

«Άλλο ένα ποτηράκι, τότε;»

«Όχι, ευχαριστώ. Θέλω να είμαι συνεπής στο ραντεβού μου».

Απ' ό,τι κατάλαβα, είχε να δει το δικηγόρο του για το διαζύγιο. Δε χαιρόμουν για κείνον, αλλά απ' ό,τι φαινόταν δεν μπορούσα να πω και τίποτα. Ήταν εννιά παρά είκοσι.

Κατέβηκα μαζί του στο θυρωρείο κι άνοιξα τις πύλες – ο Γκαν είχε πάει στο χορό.

«Θα σε πάω μέχρι το σταθμό».

Κούνησε το κεφάλι του.

«Αν σε ξέρω καλά, θες να γυρίσεις στο εργαστήριο».

Τα λεπτοκαμωμένα του μάγουλα αναψοκοκκίνισαν κάπως κι η έκφραση στα λεπτά, νηφάλια μάτια του με ξάφνιασε.

«Είσαι καλά, Σπενς;»

«Απόλυτα». Η φωνή του είχε μιαν υποψία απόκοσμου γέλιου.

Παύση.

Σφίξαμε τα χέρια. Όπως τον κοίταζα όλο αμφιβολία, πραγματικά χαμογέλασε, με το παλιό παραμορφωμένο του χαμόγελο.

«Καλή τύχη, Ρόμπερτ... Ο Θεός να σ' έχει καλά».

Πήρα το δρόμο του γυρισμού αργοπατώντας στον αμαξόδρομο. Αυτό που είπε ήταν πέρα για πέρα αληθινό. Έπρεπε να τελειώσω, τελεία και παύλα, αλλιώς θα μ' αποτέλειωνε αυτό. Μέσα στο σκοτάδι, όπως κατευθυνόμουν στο εργαστήριο, άκουγα ακόμα τους γλυκούς ρυθμούς της μουσικής. Εκείνη η συνηθισμένη νυχτερινή ομίχλη κατέβαινε.

Όταν μπήκα, το λευκό ψυχρό δωμάτιο ήταν σιωπηλό, εκτός από το χαμηλό και σβησμένο παλμό της μουσικής. Ελευθέρωσα το νου μου απ' όλα, εκτός από το έργο μου. Παρ' όλα τα αμπαρωμένα διπλά παράθυρα με το θαμπό τζάμι, η φευγαλέα ομίχλη είχε διεισδύσει και έπλεε μέσα, σαν άυλο πνεύμα, κάτω από τη θολωτή οροφή. Από κάτω, καταμεσής στο πλακοστρωμένο δάπεδο, πάνω στον πάγκο μου, έστεκε το μηχάνημα διήθησης. Είδα πως η φιάλη είχε γεμίσει μ' ένα καθαρό, διάφανο υγρό. Μου πήρε μια στιγμή να βγάλω το σακάκι μου, ν' ανασκουμπωθώ και να φορέσω τη λεκιασμένη μου ποδιά. Προχωρώντας κατά τον πάγκο, έπιασα τη φιάλη, την κοίταξα με μια παράξενη συγκίνηση που μου έφερε ρίγη. Ύστερα, γεμάτος ένταση, έπιασα δουλειά.

Ήταν μονάχα μια σύντομη διαδικασία να τυποποιήσω και ν' απομονώσω σε αμπούλες το τελικό προϊόν. Στις δέκα παρά τέταρτο το είχα κάνει. Επιτέλους, ενάντια στα πάντα, είχα φτάσει στην κορφή του θεόρατου λόφου και κοίταζα κάτω τα βασίλεια που απλώνονταν μπροστά μου.

Ένιωσα τέτοια ζαλάδα, που χρειάστηκε να κρατηθώ από την άκρη του πάγκου. Ο βόμβος της αγαλλίασης στ' αυτιά μου μεταμόρφωνε την απόμακρη μουσική. Αχνά, κι ύστερα πιο καθαρά, άρχισα να συλλαμβάνω τις μελωδίες σαν μια ουράνια συμφωνία, με ψηλές, γλυκές σαν κουδουνάκια αγγελικές φωνές ν' ανακατεύονται με καμπάνες και μια ηχηρή αντίστιξη τυμπάνων. Όσο γινόντουσαν πιο δυνατές τούτες οι εκστατικές αρμονίες, όλο και μουρμούριζα στον εαυτό μου με υπερένταση.

«Τα κατάφερα... αχ, Παντοδύναμε Θεέ... το τελείωσα επιτέλους».

Με λίγη προσπάθεια σταμάτησα απότομα, έβαλα προσεχτικά τις αμπούλες στο ψυγείο, κλείδωσα το εργαστήριο και βγήκα.

Κατεύθυνα τα εξαντλημένα βήματά μου κατά την κάμαρά μου. Όπως έφτανα στον προθάλαμο, άκουσα κάποιον να με φωνάζει και, γυρνώντας, είδα τον Μπρόγκαν, τον προσωπάρχη, να τρέχει ξοπίσω μου.

Σταμάτησα και περίμενα να με φτάσει. Ήταν πανιασμένος κι ανάσαινε γρήγορα.

«Δόκτωρ Σάννον, σας γύρευα παντού». Πήρε μια ανάσα. «Έγινε ένα μικρό ατύχημα, κύριε».

Έμεινα ασάλευτος, τον κοίταξα.

«Κοιτάξτε, κύριε». Μ' όλη την εμπειρία του, ο άντρας αυτός ανατρίχιασε. «Είναι φίλος σας... μόλις μας ειδοποίησαν από το σταθμό».

Ο Σπενς! Ξαφνικά ένιωσα ναυτία. Κρύος ιδρώτας κύλησε από το μέτωπό μου. Κατάπια με προσπάθεια.

«Γλίστρησε κι έπεσε, κύριε. Ακριβώς την ώρα που έμπαινε μέσα το τρένο των εννιά. Ήταν ακαριαίο».

Κεφάλαιο 7

ΟΙ ΑΜΕΣΩΣ ΕΠΟΜΕΝΕΣ ΜΕΡΕΣ ήταν υγρές κι ομιχλώδεις, μια ψυχρή, πρώιμη ανάσα του φθινοπώρου, μελαγχολικό προμήνυμα του χειμώνα που ερχόταν, κι όπως συνέχιζα τα καθήκοντά μου ένιωθα το ίδιο προάγγελμα να πέφτει ψυχρό και πάνω μου. Η κηδεία του Σπενς έγινε στη γενέτειρα πόλη του, το Ούλλαπουλ, στη μακρινή κομητεία Ρος, και δεν μπόρεσα να παρευρεθώ. Όμως σ' ένα γράμμα στους γονείς του είχα προσπαθήσει να μαλακώσω το χτύπημα, αποδίδοντας το συμβάν αποκλειστικά σε τραγική σύμπτωση. Δεν άκουσα τίποτα για τον Λόμαξ και τη Μιούριελ.

Το εργαστήριο ήταν κλειδωμένο, το κλειδί το είχα στην τσέπη μου κι έμοιαζε παράξενο που δε θα πήγαινα εκεί. Ο καθηγητής Τσάλλις θα γύριζε στο Γουίντον στα τέλη της βδομάδας, θ' άφηνα στα χέρια του όλες τις διαδικασίες που αφορούσαν την αναγγελία. Αναπόφευκτα, η είδηση του κατορθώματός μου διαπότισε το Ίστερσος, κι ήμουν αναγκασμένος να υφίσταμαι αμήχανος τα συγχαρητήρια – συγκρατημένα από τη Μέιτλαντ και τη δεσποινίδα Άιντρι, διαχυτικά από τον Πάλφρι, θερμά κι αξιοπρεπή από το δόκτορα Γκούντολ. Είχα επίσης ένα εξαιρετικό υπεραστικό τηλεφώνημα από το Γουίλσον, το μεγάλο φαρμακευτικό οίκο του Λονδίνου, στο οποίο αρνήθηκα ν' απαντήσω ώσπου να συμβουλευτώ τον Τσάλλις.

Την Πέμπτη όμως είχα το μοναδικό επισκέπτη που δεν περίμενα να δω. Μετά το φαγητό, όπως έκοβα βόλτες πάνω κάτω στην κάμαρά μου καπνίζοντας ατέλειωτα τσιγάρα, δοκιμάζοντας να μαζέψω τους σκόρπιους μου συλλογισμούς και να ελέγξω τα ακόμα ανυπόταχτα νεύρα μου, εμφανίστηκε ο καθηγητής Όσερ.

Κοίταξα ανέκφραστα την ψηλή, εξέχουσα σιλουέτα του όπως προχώρησε και μου έσφιξε το χέρι με εγκάρδιο χαμόγελο.

«Αγαπητέ μου Σάννον, πώς είσαι; Ελπίζω να μην ήρθα σε ακατάλληλη στιγμή».

«Όχι...» είπα στρυφνά. «Καθόλου».

«Μπορώ να καθίσω;» Πήρε μια καρέκλα και σταύρωσε το ένα πόδι πάνω στ' άλλο. «Τολμώ να πω ότι θα έπρεπε να σ' ενημερώσω για τον ερχομό μου, αλλά μου αρέσει να ενεργώ παρορμητικά. Κι ήθελα να είμαι από τους πρώτους που θα σε συνέχαιραν».

«Ευχαριστώ».

«Ήμουν στο γραφείο μου όταν μου τηλεφώνησε ο καθηγητής Τσάλλις από το Μπιουτ, κι επεξεργαζόμουν μια μικρή ιδέα». Χαμογέλασε και χάιδεψε το φροντισμένο αυτοκρατορικό του γενάκι. «Παρά τα βαριά διοικητικά μου καθήκοντα, προσπαθώ από καιρό σε καιρό ν' ασχολούμαι λίγο με την πραγματική έρευνα. Ε, λοιπόν, δε δίστασα ούτε στιγμή».

Δεν μπορούσα να σκεφτώ κάποια κατάλληλη απάντηση, κι έτσι δεν είπα απολύτως τίποτα.

«Βέβαια, το ήξερα πως θα γινόταν αυτό. Κολακεύομαι να πιστεύω ότι παρακολουθώ από πολύ κοντά τις εξελίξεις. Άλλωστε, ο κύριος στόχος του Τμήματός μου είναι να ενθαρρύνουμε ό,τι αξιόλογο υπάρχει στη σύγχρονη επιστημονική πρόοδο και, παρ' όλη τη μικρή μας διαφωνία, συνειδητοποίησα ότι μια μέρα θα δικαίωνες την πίστη μου σε σένα».

Δάγκωσα τα χείλια μου μπροστά σε τούτη την απερίσκεπτη ανειλικρίνεια.

«Θα με είχατε γλιτώσει από πολλά προβλήματα αν είχατε ενεργήσει με βάση αυτό το συμπέρασμα».

«Ναι» συμφώνησε με τον πιο πειστικό τρόπο του. «Είμαι έτοιμος να παραδεχτώ ειλικρινά πως βιάστηκα. Και τώρα που το είπα, ελπίζω πως θα κάνεις κι εσύ άλλο ένα βήμα και θα πεις πως ό,τι έγινε, έγινε».

Το κεφάλι μου πονούσε περισσότερο από κάθε άλλη φορά. Δεν μπορούσα να εμβαθύνω στους σκοπούς του. Η φωνή του πήρε πιο εμπιστευτική χροιά.

«Άκου, λοιπόν, Σάννον. Θα είμαι τελείως ανοιχτός απέναντί σου. Τελευταία, είχαμε απανωτές ατυχίες στο Τμήμα. Δε βγάζουμε ικανοποιητικά αποτελέσματα. Κοντολογίς, σε θέλω πίσω».

Έκανα μια ενστικτώδη χειρονομία άρνησης, μα με συγκράτησε με εντυπωσιακό βλέμμα.

«Μη με παρεξηγείς. Σε θέλω για κάτι πολύ πιο σημαντικό από απλά και μόνο την παλιά σου θέση. Στο πανεπιστήμιο δρομολογούνται δραστικές αλλαγές. Επιτέλους πείστηκα για την ιδέα της ενσωμάτωσης ενός εργαστηρίου βιοχημείας στο κτίριο της Παθολογίας, και το διοικητικό συμβούλιο αποφάσισε να δημιουργήσει έδρα πειραματικής έρευνας σ' αυτό το συγκεκριμένο τομέα. Ο μισθός καθορίστηκε στις εφτακόσιες λίρες ετησίως και τα καθήκοντα του νέου διευθυντή, που θα υπόκειται, βέβαια, στην πιο θερμή μου συνεργασία, θα είναι να οργανώσει και να προωθήσει το έργο του εργαστηρίου. Θ' απασχολείται υπό το καθεστώς του υφηγητή, με το προνόμιο να παραδίδει μια σειρά διαλέξεων σε κάθε έτος. Τώρα, Σάννον...» Πήρε μια μακριά, σημαίνουσα ανάσα. «Θέλω να σκεφτείς τα αποτελέσματα που μπορεί να επιτύχει σ' αυτή τη θέση ένας λαμπρός νέος, με τη βοήθεια εκπαιδευμένων τεχνικών και νέων σπουδαστών γεμάτων ζήλο». Έσκυψε μπροστά και μ' έπιασε από το γόνατο. «Τι θα έλεγες αν αυτή η ευκαιρία δινόταν σε σένα;»

Προσπάθησα να μείνω σταθερός στην πολυθρόνα μου. Η προσφορά μου 'κοψε την ανάσα, μια ευκαιρία που όμοιά της δεν είχα τολμήσει ποτέ ούτε και να ονειρευτώ. Είδα πως τα κίνητρα του

Όσερ ήταν εντελώς ιδιοτελή, με ήθελε για το καλό του Τμήματος, μα και για το δικό του το καλό. Το επιστημονικό και λαϊκό ενδιαφέρον που θα δημιουργούσε η δημοσίευση της ανακάλυψής μου, οι επευφημίες των εφημερίδων, η νέα υγειονομική νομοθεσία που θα κατέθεταν στη Βουλή, όλα αυτά δεν μπορούσε να τα χάσει, παρείχαν μεγάλη αξία. Έστω κι έτσι, όμως, σάμπως αυτό τον έκανε λιγότερο άνθρωπο; Μπερδεμένος και καταπονημένος, πίεσα με το χέρι το μέτωπό μου, δίχως να ξέρω πώς θα του αποκριθώ.

«Έλα, έλα» είπε ήσυχα ο Όσερ. «Κάτι ξέρω κι εγώ για τις δυσκολίες που συνάντησες. Δε θα σ' ενοχλήσω άλλο προς το παρόν. Άκου τι προτείνω. Έλα για δείπνο στο σπίτι μου, τη Δευτέρα το βράδυ. Θα είναι εκεί ο πρύτανης, μαζί με κάποιους συναδέλφους μου, μέλη της Γερουσίας που ενδιαφέρονται πάρα πολύ να σε γνωρίσουν και να σε συγχαρούν. Παρόντες, αλλά μη σου ξεφύγει λέξη» –η κοφτερή του έκφραση έγινε κατεργάρικη– «θα είναι ένας δυο εκδότες, διακεκριμένοι εκπρόσωποι του Τύπου. Πιστεύω πως μπορώ να σου υποσχεθώ ένα ενδιαφέρον βράδυ».

Δοκίμασα να εκφράσω τις ευχαριστίες μου, μα με σταμάτησε μ' ένα χαμόγελο.

«Ούτε κουβέντα, αγαπητέ μου φίλε. Πρέπει να το δεχτείς σαν τη δική μου *amende honorable*[7]. Στις οχτώ ακριβώς, λοιπόν, στο σπίτι μου, τη Δευτέρα. Έξοχα. Και πάλι τα συγχαρητήριά μου, κι ελπίζω πως στο μέλλον θα μπορέσουμε μαζί να υπηρετήσουμε τους ευγενείς σκοπούς της επιστήμης».

Σηκώθηκε, μου έσφιξε το χέρι, μου χάρισε αστραφτερό το θεατρινίστικο χαμόγελό του και βγήκε από το δωμάτιο.

Βούλιαξα ξανά στην πολυθρόνα μου. Τούτη η λαμπρή στροφή των γεγονότων παραπήγαινε για το κουρασμένο μου μυαλό, ακόμα και τώρα δεν μπορούσα να τη συλλάβω. Το πρώτο ξάφνιασμα

---

[7] Amende honorable, συγγνώμη (γαλλικά στο πρωτότυπο). (Σ.τ.Μ.)

ενθουσιασμού είχε περάσει, δεν ένιωθα χαρά, μονάχα μια παράξενη εσωτερική ένταση. Τούτη εδώ ήταν η κοινότοπη ανταμοιβή της εργατικότητας, της επιμονής και του μεγάλου αγώνα. Τώρα πια ήμουν ο επαγγελματίας σπουδαστής, στην κορυφή της λίστας. Όλοι παρίσταναν τους φίλους, λαχταρούσαν να μου σφίξουν το χέρι, ακόμα κι η επιτροπή του Ντάλναιρ θα ήθελε πια να δηλώνει ότι με ξέρει. Όμως ήταν εναντίον μου, όλοι τους, όταν πάλευα στ' αλήθεια, κολλημένος στο τέλμα της ατυχίας.

Κι όμως ήξερα πως δεν ήμουν τόσο ήρωας ώστε ν' αποκηρύξω την επιτυχία. Είχα υποφέρει για πάρα πολύ καιρό τα σκληρά χτυπήματα, την εξαντλητική προσπάθεια ενός ατομικού αγώνα. Δε θ' ανακατευόταν και τόσο πολύ ο Όσερ. Και τα λεφτά... εφτακόσιες λίρες το χρόνο... Ούτε μια φορά στο παρελθόν δεν το είχα σκεφτεί, μα τώρα, άσε τι έλεγα, θα γινόμουν πλούσιος, θα μπορούσα ακόμα και να ντύνομαι σαν ευκατάστατος γενικός παθολόγος, δηλαδή ο τζέντλεμαν... όλα, τελικά, θα τέλειωναν καλά.

Δε μου έκανε καλό τούτη η πικρία, μα δεν μπορούσα να την ελέγξω, το μέλλον μου ποτέ δεν είχε φανεί φωτεινότερο, κι όμως ένα σάβανο φαινόταν να 'χει πέσει πάνω στη χαρά μου. Μονάχα ένα πρόσωπο θα νοιαζόταν αληθινά, θα πανηγύριζε σοβαρά για την επιτυχία μου. Τούτη τη στιγμή έβλεπα το πρόσωπό της. Βδομάδες τώρα είχα θάψει εκείνη την εικόνα στα μυστικά κοιλώματα του νου μου, τώρα μπορούσα ν' απελευθερωθώ απ' αυτό. Και ξαφνικά, μέσα από τη σκληράδα που με διαπότιζε, βγήκε ένας γλυκός και τρυφερός καημός. Είχε τελειώσει μαζί μου. Η παρατεταμένη της σιωπή αυτό έδειχνε. Κι εγώ την είχα προδώσει. Μα ήθελα να μιλήσω μαζί της, μονάχα μια στιγμή, να της πω ότι η έρευνά μου είχε τελειώσει· μονάχα μια στιγμή, ν' ακούσω τη φωνή της.

Κι έτσι, ενάντια στην κοινή λογική, ενάντια στην περηφάνια μου, ενάντια σ' όλα, σηκώθηκα, πήγα αργά στο τηλέφωνο κι ύστερα από μια τελευταία στιγμή δισταγμού, κάλεσα την κλινική του Ντάλναιρ.

Ήταν υπεραστικό τηλεφώνημα κι έπρεπε να περιμένω λίγο, τελικά όμως κατάφερα να πιάσω γραμμή. Η φωνή μου ακούστηκε τραχιά και ζορισμένη.

«Θα ήθελα να μιλήσω με τη γιατρό Λο, παρακαλώ».

«Α, λυπάμαι, κύριε, δεν μπορείτε».

Η κοφτή άρνηση μ' εξέπληξε και μ' έφερε σε αμηχανία.

«Δεν είναι εκεί;» ρώτησα.

«Α, ναι, κύριε, εδώ είναι».

«Θέλετε να πείτε ότι έχει βάρδια;»

«Α, όχι, κύριε, δεν έχει βάρδια».

«Τότε τι θέλετε να πείτε; Σας παρακαλώ, πηγαίνετε στο δωμάτιό της και πείτε της ότι τη ζητώ».

«Δεν είναι στο δωμάτιό της, κύριε. Είναι στους θαλάμους».

Ποιος ήταν στην άλλη άκρη της γραμμής; Προσπάθησα ν' αναγνωρίσω τη φωνή, μα δεν μπορούσα. Επιπλέον, το τηλεφωνικό κέντρο της κομητείας άρχισε τα δικά του κι η γραμμή άρχισε να τραγουδάει και να τριζοβολάει δυνατά. Συγκρατώντας την ανυπομονησία μου, άλλαξα αυτί στ' ακουστικό.

«Ναι, ναι... Ποιος μιλάει;»

«Η καμαριέρα, κύριε».

«Η Κέιτι;»

«Όχι, κύριε, η δεύτερη καμαριέρα. Είμαι καινούρια, κύριε».

Τα νεύρα μου ήταν πια τόσο τεντωμένα, που αναγκάστηκα να κλείσω τα μάτια.

«Πηγαίνετε, σας παρακαλώ, και φέρτε την προϊσταμένη. Πείτε της πως ο δόκτωρ Σάννον θέλει να της μιλήσει».

«Πολύ καλά, κύριε. Μην κλείσετε, παρακαλώ».

Περίμενα στο ακουστικό με όλο και μεγαλύτερο εκνευρισμό κι αγωνία για αρκετή ώρα, που μου φάνηκε ατέλειωτη. Τελικά, όμως, άκουσα με ανακούφιση ένα δυνατό βήμα, που το ακολούθησε η αλάθητη φωνή της δεσποινίδας Τράτζεον.

«Ναι, δόκτωρ Σάννον;»

«Κυρία προϊσταμένη» φώναξα. «Συγγνώμη που σας βάζω σε μπελάδες, αλλά ήθελα να μιλήσω με τη γιατρό Λο. Μπορείτε να μου τη βρείτε;»

«Φοβάμαι ότι δεν μπορείτε να της μιλήσετε, γιατρέ. Δε μάθατε τα νέα μας;»

«Όχι».

Έπεσε βαριά σιωπή. Ύστερα:

«Η δόκτωρ Λο ήταν άρρωστη, πολύ άρρωστη, τις τελευταίες τρεις βδομάδες».

Έτσι όπως η καρδιά μου γκρεμιζόταν μες στα στήθια μου, από τη συσκευή ακούστηκε ένα τρίξιμο που έκοψε την κουβέντα. Είχα όμως ακούσει κιόλας αρκετά ώστε να γίνει βεβαιότητα η υποψία που ένιωσα αμέσως. Κατέβασα το ακουστικό. Πάντα τα κατάφερνα να προχωρήσω απερίσκεπτα σ' ένα πρόωρο συμπέρασμα, κι αυτό ακριβώς είχα κάνει μόλις τώρα.

Κεφάλαιο 8

ΤΟ ΑΛΛΟ ΠΡΩΙ πήγα νωρίς στο εργαστήριο κι ύστερα πέρασα από το σπίτι του δόκτορα Γκούντολ. Δεν είχε σηκωθεί ακόμα, μα σαν έστειλα σημείωμα πως ήμουν αναγκασμένος να λείψω εκείνη τη μέρα, μου έδωσε την άδειά του.

Ο ουρανός ήταν ακόμα γκρίζος την ώρα που κατέβαινα τον αμαξόδρομο και περνούσα μέσα από τις μεγάλες πύλες. Μετά την ατέλειωτη κι αδιάλειπτη διαμονή μου ανάμεσα στους ψηλούς τοίχους, ένιωθα κουραστικό τούτο το ταξίδι στο Ντάλναιρ. Έφτασα στο Ντάλναιρ στις δέκα. Η πολιτεία κείτονταν νοτερή και ζεστή κάτω από ένα χαμηλό σάβανο καπνιάς. Ο θόρυβος και η κίνηση στους δρόμους, τα πλήθη που σπρώχνονταν με τα μπαγκάζια τους για τον έλεγχο εισιτηρίων του κεντρικού σταθμού ήταν παράξενα εκνευριστικά ύστερα από την τάξη και την ησυχία του Ίστερσος. Έπρεπε όμως να δω την Τζιν, ναι, με κάθε κόστος έπρεπε να τη δω.

Κι όμως, όπως κάθισα μελαγχολικός στο τρένο που λικνιζόταν, την ώρα που περνούσαν από πλάι μου τα καπνισμένα χωράφια κι οι βοηθητικές γραμμές, ένιωθα όχι τόσο οίκτο όσο μιαν αργή οργή που κρυφόκαιγε. Όλο και περισσότερο με κυρίευε το όραμα των δαχτύλων της – ν' αγγίζουν τις καλλιέργειες... να κομματιάζουν το μπισκότο στα χείλη της.

Στο σταθμό του Ντάλναιρ δεν έβρισκα ταξί, κι έτσι, κάτω από το γκρίζο κι υγρό ουρανό, πήρα με τα πόδια το δρόμο για την κλινική μέσα από το απόκρημνο μονοπάτι που χρησιμοποιούσα για ν' ανέβω με τη μεγαλύτερη δυνατή ταχύτητα. Τώρα όμως σκαρφάλωνα αργά, ευχόμουν να είχα σταματήσει στην ταβέρνα του σταθμού για ένα ποτό. Μου είχε κοπεί η ανάσα σαν έφτασα στην κορφή του λόφου, μπήκα στον αμαξόδρομο και χτύπησα το κουδούνι της εισόδου.

Δεν άργησαν. Η Κέιτι ήταν εκείνη που απάντησε στο χτύπημά μου. Δεν τους είχα πει πως θα πήγαινα και με κοίταξε αλλόκοτα. Πάντα με συμπαθούσε όμως και, καλωσορίζοντάς με συγκρατημένα, με δέχτηκε στην αίθουσα υποδοχής. Την επόμενη στιγμή εμφανίστηκε η δεσποινίς Τράτζεον.

«Βρε» φώναξε, ορμώντας μέσα με το ζωηρό κι ενεργητικό χαμόγελό της. «Αυτό κι αν είναι έκπληξη. Πολύ χαίρομαι που σας ξαναβλέπω».

Κοιτάζοντάς τη βαριά, είδα πως είχε μιλήσει με κάθε ειλικρίνεια· κι όμως, όση ευγνωμοσύνη κι αν ένιωθα για τη φιλική υποδοχή της, δε με ξεγέλασε η απατηλή ελαφρότητα των τρόπων της, που κατάλαβα αμέσως πως ήταν καθαρό επαγγελματικό προσωπείο, ένα πέπλο που την είχα δει συχνά να φοράει όταν μιλούσε με απελπισμένους συγγενείς.

«Πρέπει να το πω όμως» συνέχισε με μια πλάγια ματιά «δεν την τιμάτε την καινούρια σας δουλειά. Έχετε ρέψει. Τι σας έκαναν; Μοιάζετε λες και σας πέρασαν από μάγκανο».

«Α, εντάξει είμαι».

«Δε σας ταΐζουν εκεί πέρα;»

«Ναι... το φαγητό είναι εξαιρετικό».

Κούνησε ελαφρά το κεφάλι, σαν ν' αμφισβητούσε την αλήθεια των λόγων μου.

«Σας χρειάζεται μια δόση από τα καλά, θρεπτικά κάρι μου».

Έπεσε μια στενάχωρη σιωπή, κι όσο κράτησε, μια και δε μου είχε πει να καθίσω, μείναμε κι οι δυο να στεκόμαστε όρθιοι. Το χαρωπό, κάπως ενθαρρυντικό χαμόγελο, που λόγω μακρόχρονης εξάσκησης μπορούσαν να το κρατήσουν για πάντα, λες, οι σκληροί μύες του προσώπου της, είχε χάσει κάτι από τη λάμψη του.

Έγλειψα τα χείλια μου.

«Πώς είναι;»

«Όσο καλά μπορεί να περιμένει κανείς. Είναι άρρωστη εδώ και τρεις βδομάδες». Η προϊσταμένη δίστασε· ύστερα, βλέποντας πως περίμενα κι άλλες πληροφορίες, συνέχισε με τον ίδιο αισιόδοξο τόνο, διαλέγοντας τα λόγια της έτσι που να μη δεσμευτεί. «Στην αρχή έμοιαζε να κρατάει καλά. Τις τελευταίες μέρες, όμως, χάσαμε λίγο έδαφος».

Ένιωσα την καρδιά μου να σφίγγεται. Πόσο καλά την ήξερα εκείνη τη φράση.

«Ποιος τη φροντίζει;»

«Ο δόκτωρ Φρέιζερ, ο νομίατρος».

Είδα με το νου μου τούτο το μεσήλικα άντρα με τ' αραιά πυρρόξανθα μαλλιά, τα χοντρά ξανθά φρύδια κι ένα γεμάτο, τετράγωνο πρόσωπο με αδρές γραμμές, που κοκκίνιζε έντονα εξαιτίας ενός δικτύου από κόκκινες φλεβίτσες στα μάγουλά του.

«Είναι καλός άνθρωπος».

«Εξαιρετικός».

«Πείτε μου την αλήθεια. Τι λέει;»

Η προϊσταμένη έμενε σιωπηλή. Σήκωσε ελαφρά τους ώμους.

«Είναι πολύ άρρωστη. Αν είχε πέσει αμέσως, ίσως οι πιθανότητες να ήταν καλύτερες. Πέρασε μια βδομάδα με διαρκή πονοκέφαλο και πυρετό, κι ύστερα κατέρρευσε. Αυτό, όμως, τυχαίνει συχνά με την οστρακιά».

«Οστρακιά!» φώναξα με ύφος που δεν μπορώ να το περιγράψω.

«Ναι, βέβαια» είπε έκπληκτη η προϊσταμένη. «Σας το είπα στο τηλέφωνο, χτες το βράδυ».

Σπαραχτική σιωπή. Πήρα μια γρήγορη, κοφτή ανάσα, που φάνηκε να με καίει ως τ' ακροδάχτυλά μου. Τόσο ριζωμένη ήταν η ιδέα μου, που δεν μπορούσα με τίποτα να παραιτηθώ.

«Θα ήθελα να τη δω» είπα.

Το βλέμμα της δεσποινίδας Τράτζεον ανέβηκε πάνω από το κεφάλι μου.

«Δεν έχει καλά καλά τις αισθήσεις της».

«Παρ' όλα αυτά, εγώ θα το ήθελα».

«Τι νόημα μπορεί να έχει;»

«Παρ' όλα αυτά...» είπα.

Η προϊσταμένη έμοιαζε τώρα να βρίσκεται σε πολύ δύσκολη θέση. Μίλησε ευθέως.

«Είναι εδώ οι γονείς κι ο αδερφός της... στο σαλόνι. Κι ο αρραβωνιαστικός της. Αν δε θέλουν εκείνοι, γιατρέ, εγώ δεν μπορώ να πάρω την ευθύνη».

Ένιωσα να με πνίγει η αγωνία. Τούτο εδώ ήταν κάτι που δεν το είχα σκεφτεί, μια δυσκολία που έπρεπε να την ξεπεράσω, μια τιμωρία που έπρεπε να την ανεχτώ. Κι όμως για κανένα, κανένα λόγο δεν έπρεπε να παραιτηθώ από το σκοπό που με είχε φέρει ως εδώ. Αναστέναξα.

«Θα πάω μέσα να τους δω».

Άλλη μια φορά σήκωσε τους ώμους.

«Πολύ καλά. Εσείς ξέρετε καλύτερα. Αν με θέλετε, θα είμαι στο θάλαμο».

Δίχως άλλο σχόλιο, η δεσποινίς Τράτζεον έγνεψε κοφτά, έκανε μια στροφή κι έφυγε, αφήνοντάς με να πάρω το δρόμο μου, όσο καλύτερα μπορούσα, από το διάδρομο προς το παλιό μου σαλόνι. Έξω από την πόρτα στάθηκα ένα ολόκληρο λεπτό, ακούγοντας τον ήχο μιας βαθιάς φωνής από μέσα, κι ύστερα μαζεύοντας ό,τι κουράγιο είχα και δεν είχα γύρισα το χερούλι και μπήκα μέσα.

Ο Ντάνιελ Λο καθόταν στο τραπέζι και διάβαζε δυνατά από μια Βίβλο, με τον Λουκ κοντά του, στη διπλανή καρέκλα. Καθισμένοι στο περβάζι του παραθύρου, κοιτάζοντας προς την κατεύθυνσή μου, ήταν η κυρία Λο κι ο Μάλκολμ Χόντεν. Στάθηκα εκεί σαν κακόμοιρος, κρατώντας την ανάσα μου μέχρι να τελειώσει το ρεσιτάλ.

Έπεσε βαρυσήμαντη σιωπή. Ο Ντάνιελ έβγαλε τα γυαλιά του και με το μαντίλι του τα σκούπισε ανοιχτά, κι ύστερα μισογύρισε στην καρέκλα του. Μολονότι έμεινε καρφωμένος εκεί, η σοβαρή, όλο αγωνία έκφρασή του δε μαρτυρούσε οργή ή κατηγόρια. Απλώς με κοίταζε με σιωπηλή αξιοπρέπεια.

Ο Μάλκολμ, ωστόσο, είχε σηκωθεί. Ήρθε προς το μέρος μου. Ο συγκαλυμμένος τόνος του ακουγόταν στο σιωπηλό δωμάτιο.

«Πώς τρυπώνεις σαν παρείσακτος τέτοια στιγμή;» Τα στρογγυλά μάτια του, που τα έβλεπα τώρα από κοντά, ήταν γεμάτα φλεβίτσες. «Δεν μπορείς να σεβαστείς την προσωπική στιγμή... ν' αναγκάσεις τον εαυτό σου...»

«Όχι, Μάλκολμ» μπήκε στη μέση χαμηλόφωνα η μητέρα της Τζιν.

Έμεινα με το βλέμμα κολλημένο στο πάτωμα, ό,τι κι αν σκόπευα να πω πάγωσε στα χείλια μου.

«Δεν έχει δικαίωμα να βρίσκεται εδώ πέρα!» φώναξε ο Χόντεν ξαφνικά, με τσακισμένη φωνή.

«Οχ, σώπα λοιπόν» μουρμούρισε ο Λουκ.

«Σσστ, γιε μου» ψιθύρισε η κυρία Λο. Με το βλέμμα καρφωμένο πάνω μου, σηκώθηκε. «Πηγαίνω τώρα να δω τη θυγατέρα μας. Θα έρθεις μαζί μου στο θάλαμο;»

Άφωνος, δίχως να πω λέξη, έφυγα μαζί της από το δωμάτιο, διασχίσαμε το δρομάκι και βγήκαμε στο πλαϊνό δωμάτιο της μικρής πτέρυγας. Κύματα φωτός ρυτίδωναν το καθαρό προαύλιο με τα χαλίκια, στο δρόμο διασταυρωθήκαμε με μια νεαρή νοσοκόμα· κάτω από μια βεράντα κάτι παιδιά που ανάρρωναν, ντυμένα την κόκκινη ρόμπα τους, πετούσαν μια λαστιχένια μπάλα το 'να στο άλλο.

Η καρδιά μου σφυροκοπούσε αβάσταχτα στα πλευρά μου την ώρα που η προϊσταμένη άνοιγε την πόρτα κι έμπαινε μαζί μας στο δωματιάκι με τους λευκούς τοίχους. Μονάχα ένα από τα τρία κρεβάτια ήταν κατειλημμένο, μισοκρυμμένο από ένα παραπέτασμα, με μιαν άσπρη βερνικωμένη καρέκλα στο ένα του πλάι. Πάνω σ' αυτή την καρέκλα, γερμένη μπροστά σε στάση παρακολούθησης, καθόταν η αδελφή Πικ. Όπως ακολούθησα την προϊσταμένη αργά γύρω γύρω από το παραπέτασμα και στάθηκα στα πόδια του κρεβατιού, δεν τόλμησα να σηκώσω τα μάτια. Μονάχα σαν έβαλα όλη μου τη δύναμη θέλησης κατάφερα να σηκώσω το κεφάλι, πόντο πόντο, μέχρι που το βλέμμα μου, ταξιδεύοντας σ' όλο το μήκος του κλινοσκεπάσματος, ήρθε και στάθηκε πάνω στην Τζιν.

Ήταν γερμένη πίσω, τα μάτια της ορθάνοιχτα, μουρμούριζε διαρκώς, τρέμοντας σάλευε τα ξερά της χείλη και τη γλώσσα, κι όλη τούτη την ώρα τ' αδύνατα χέρια της τραβούσαν να σκίσουν τα σκεπάσματα. Πάνω στο χαμηλό λευκό μαξιλάρι, πλάι στα πιασμένα πίσω μαλλιά της, τα κόκαλα του προσώπου της ήταν έντονα και λεπτά. Τα μάγουλά της δεν είχαν τους συνηθισμένους φωτεινούς λεκέδες του πυρετού, μα ένα νοτερό και βαθύ κοκκίνισμα, ενώ κάμποσες κόκκινες κηλίδες, από τις οποίες ορισμένες είχαν κιόλας ξεθωριάσει, άφηναν καστανωπούς λεκέδες, παραμόρφωναν το τραβηγμένο της μέτωπο... το χαρακτηριστικό εξάνθημα της τοξικής σκαρλατίνας.

Μέσα απ' το βούισμα των αυτιών μου, ένιωθα κιόλας να πέφτω στο χάος.

Πάνω από το κρεβάτι, μακριά, να μην το φτάνουν τούτα τα δάχτυλα που ήταν έτοιμα ν' αδράξουν κι οι καρποί που συσπώνταν νευρικά, κρεμόταν το διάγραμμα που πάνω του ήταν σημειωμένες οι απόκρημνες κορφές, τα βάραθρα και τα λοφώδη περιγράμματα του πυρετού. Τα μάτια μου το κοίταξαν με ένταση. Ναι, συλλογίστηκα ύστερα από μια ατέλειωτη στιγμή, δεν υπάρχει καμιά αμφιβολία. Τι ηλίθιος που υπήρξα, τι ηλίθιος ήμουν πάντα... Ήταν σίγουρα οστρακιά.

Με σβησμένη φωνή η κυρία Λο και η προϊσταμένη άρχισαν να κουβεντιάζουν. Εγώ δεν ήμουν εκεί. Άχρηστος σαν ανεπιθύμητο έπιπλο, με αγνοούσαν. Δεν υπήρχα. Τα μάτια μου, όλο αγωνία και σύγχυση, πήραν να περιπλανιούνται στα συμπράγκαλα της αρρώστιας που σκέπαζαν νοικοκυρεμένα το κομοδίνο, μποτίλιες με φάρμακο, μια κούπα για τάισμα, μια υποδόρια, αιθέρας και καμφορέλαιο. Αν είχε φτάσει σ' αυτό το στάδιο, ήταν πολύ άσχημα.

Η σκηνή κρεμόταν, αιωρούνταν, από μιαν ανελέητη κλωστή χρόνου που γύριζε ελαφρά από τη μια πλευρά στην άλλη και γινόταν πιο λεπτή, πιο εύθραυστη όσο ξεγυμνωνόταν από δευτερόλεπτα και τα 'ριχνε ένα ένα σε κάποιο άγνωστο κενό. Δεν μπορούσες να το αντέξεις για πολύ. Βγήκα, διέσχισα το στενό πέρασμα ως το αντικρινό δωμάτιο, που ήταν εντελώς άδειο, κι εκεί κάθισα στην άκρη ενός κρεβατιού, ατενίζοντας τον κενό κίτρινο ασβεστωμένο τοίχο με βλέμμα ευθύ και τσακισμένο. Είχα ελπίσει πως θα 'κανα τόσα πολλά, και τώρα δεν μπορούσα να κάνω τίποτα... καμιά δραματική και παθιασμένη πράξη για να φανερωθώ, να δημιουργήσω ένα λόγο ύπαρξης... τίποτα. Όλο και πιο γεμάτος καταφρόνια για τον εαυτό μου όσο περνούσε η ώρα, αρνούμενος να μου χαρίσω οποιαδήποτε αξία, έβγαλα από την τσέπη μου το πλατύ φιαλίδιο που είχα τυλίξει με μπαμπάκι εκείνο το πρωί και, κάτω από την ασυνείδητη πίεση των δαχτύλων μου, ο γλυκός κρότος που έκανε το εύθραυστο γυαλί μεγάλωσε κι αντήχησε στ' αυτιά μου σαν μια μελωδία από καμπάνες. Νήματα βρεγμένου μπαμπακιού κόλλησαν στα δάχτυλά μου. Αδύνατο να περιγράψω το λευκό πυρετό μες στο νου μου, την αίσθηση της ταλαίπωρης ανικανότητας, το φορτίο που βάραινε πάνω μου, δίχως συναίσθημα, τις κοροϊδίες που αντηχούσαν η μια μετά την άλλη μες στη σιωπή που με κύκλωνε.

Κι όμως, ο χρόνος συνέχιζε να αιωρείται, τα δευτερόλεπτα να πέφτουν, απαλά σαν πούπουλα. Πώς είχε πέσει πάνω της τούτο το κακό; Α, αν είσαι κουρασμένος, ή απορροφημένος σε κάποιο μελαγχολικό όνειρο, παρά τη θέλησή σου, σάμπως δεν είναι εύκολο τότε να λησμονήσεις κάποιες απλές προφυλάξεις που κάνουν τη διαφορά ανάμεσα στην υγεία και την αρρώστια; Φωνές έφταναν στ' αυτί μου μέσα από την παγωμένη κενότητα της σκέψης. Άκουσα την κυρία Λο και την προϊσταμένη να βγαίνουν από το δωμάτιο της άρρωστης και να προχωρούν στο διάδρομο. Η δεσποινίς Τράτζεον προσπαθούσε ν' ανακουφίσει την προβληματισμένη μάνα.

«Μείνετε ήσυχη, κάνουμε ό,τι πρέπει να κάνουμε. Θα ξέρουμε σε είκοσι τέσσερις ώρες. Ο δόκτωρ Φρέιζερ τη φροντίζει με κάθε δυνατό τρόπο. Όσο για την αδελφή Πικ, δείχνει ασύγκριτη αφοσίωση σ' αυτή την υπόθεση. Έρχεται αποκλειστικά για κείνη τις τελευταίες τρεις βδομάδες, κάνει ακόμα και διπλοβάρδιες. Δεν έχω ξαναδεί ποτέ μου τέτοια αυτοθυσία».

Ώστε κι εκεί είχα κάνει λάθος. Ήταν του χαρακτήρα μου να σκέφτομαι το χειρότερο για όλους. Είχα κρίνει λάθος και την προϊσταμένη, είχα τσακωθεί μαζί της, δεν της είχα δείξει εμπιστοσύνη. Ήταν ειδικότητά μου αυτή, να βλέπω τη λάθος πλευρά των ανθρώπων, να ενεργώ ενάντια στις συμβάσεις και στα δείγματα αξιοπρέπειας, να στέκω αντιμέτωπος με το σύμπαν, να μην ανήκω πουθενά και σε κανέναν, παρά μονάχα στον εαυτό μου.

Ένα γκογκ χτύπησε μακριά, στο κυρίως κτίριο, σημαίνοντας πως ήταν η ώρα για το γεύμα των νοσοκόμων, ένα σημάδι φυσιολογικής ζωής που βάθυνε κι άλλο το κούφιο παρόν. Οι δυο γυναίκες είχαν πια περάσει από την εξώπορτα, οι φωνές τους, σιγανές και θλιμμένες, τελικά έσβησαν. Σηκώθηκα μηχανικά και, σαν μαριονέτα, βγήκα από την πτέρυγα. Δεν είδα κανέναν. Σαν αλυσοδεμένος, λες, πήρα να κατεβαίνω το λόφο για να φτάσω στο σταθμό. Στριμωγμένος σε μια γωνιά, σ' ένα άδειο βαγόνι του τρένου της επιστροφής, βρισκόμουν ακόμα στο θάλαμο, εκεί, πάνω στο λόφο που σκοτείνιαζε.

Κεφάλαιο 9

ΣΑΝ ΓΥΡΙΣΑ στο Ίστερσος βρήκα ένα σημείωμα που έλεγε πως ο καθηγητής Όσερ μου είχε τηλεφωνήσει δυο φορές κι είχε αφήσει μήνυμα να τον καλέσω μόλις ερχόμουν. Δίστασα κι ύστερα είπα στον εαυτό μου πως θα τ' άφηνα για μετά. Είχα έναν πονοκέφαλο που μ' έκανε κομμάτια, ήθελα να μ' αφήσουν μονάχο, να μη βλέπω κανέναν, να γιατρέψω κρυφά τη θλίψη και τα δάκρυά μου.

Στις πέντε η ώρα ήπια μια κούπα τσάι. Καλό ήταν. Όλες μου οι ικανότητες έμοιαζαν να 'χουν μουδιάσει. Στο δίσκο ήταν άλλο ένα ραβασάκι.

Ο κ. Σμιθ του Τμήματος Παθολογίας σας κάλεσε στις 3 μ.μ. Επείγον.

Αμυδρά, μέσα απ' το βάρος που ήμουν εγώ ο ίδιος, ένιωσα ενοχλημένος από τούτη την επιμονή και προβληματισμένος, μέχρι που θυμήθηκα πως ο Όσερ είχε αφήσει νύξεις πως θα έστελνε κάποιο ρεπόρτερ από τον *Κήρυκα*. Ο Σμιθ θα πρέπει να είχε αναλάβει να κανονίσει εκείνη τη συνέντευξη. Δεν μπορούσα να το βαστάξω εκείνη τη στιγμή. Είχα χρόνο μέχρι το δείπνο της Δευτέρας. Έκανα ρολό το ραβασάκι και το πέταξα στη φωτιά.

Ο Γκούντολ μου είχε δώσει ρεπό ολόκληρη τη μέρα. Δεν ήταν ανάγκη ν' αφήσω την κάμαρά μου. Κάθισα, βαρύς και ζαλισμένος, μέτρησα τις ώρες μέχρι τις εννιά· ύστερα σηκώθηκα, τηλεφώνησα στην κλινική του Ντάλναιρ. Η κατάσταση της Τζιν δεν είχε αλλάξει. Δεν μπορούσαν να μου πουν τίποτα περισσότερο.

Κατάκοπος, με το σφυγμό να πάλλεται από αγωνία, συλλογίστηκα πως καλύτερα να πλαγιάσω, μα η νευραλγία μου ήταν τόσο μεγάλη, που ήξερα πως δε θα μ' έπιανε ύπνος. Το κουτί με τις ασπιρίνες στο ντουλαπάκι του λουτρού μου ήταν άδειο. Κατέβηκα κάτω, κι όσο βρισκόμουν στο φαρμακείο, ήπια λίγο υπνωτικό. Ύστερα, στο δρόμο της επιστροφής μέσα από την κεντρική υπόγεια διάβαση, είδα να πλησιάζει μια νοσοκόμα. Ήταν η Στάνγουεϊ.

Ήταν μόνη, βάδιζε αργά κατά τον ξενώνα. Σαν με πρόσεξε στάθηκε, έγειρε ανέμελα πίσω στον τοίχο του περάσματος μέχρι που πλησίασα.

«Πού ήσουν;»

«Πουθενά συγκεκριμένα».

«Σαν ξένος μιλάς».

Μολονότι μιλούσε με μιαν επίφαση αδιαφορίας, με μελετούσε προσεχτικά. Πρόσθεσε:

«Ελπίζω να μη νομίζεις πως μου έλειψες».

«Όχι» είπα.

«Έχω ένα σωρό άλλους άντρες να βγω».

«Ναι».

Σωπάσαμε για λίγο. Την κοίταξα κι εκείνη απομάκρυνε το βλέμμα της, κυριευμένη από μια μεταστροφή συναισθημάτων που μ' έκανε να νιώσω άρρωστος και παγωμένος. Για όλα υπάρχει τιμωρία, συλλογίστηκα, μετανιώνοντας πικρά για κείνες τις πολλές μελαγχολικές νύχτες που, φέρνοντας ένα γύρο τους τοίχους σαν κλέφτης, είχα πάει στην κάμαρά της. Ασύδοτος και φτηνός... όλα δίχως σημασία... δίχως έστω μια τρυφερή σκέψη. Τα θαμπά φώτα τριζοβολούσαν πάνω απ' το κεφάλι μας, τεχνητά κι απατηλά. Δε νοιαζόταν διόλου για μένα κι εγώ, ω Θεέ μου, πόσο πολύ είχα κουραστεί απ' αυτήν.

«Τι τρέχει;» Μίλησε κοφτά, παρακολουθώντας ακόμα τις αλλαγές στο πρόσωπό μου.

Και πάλι δεν αποκρίθηκα. Και, παρεξηγώντας το δισταγμό μου, ένα αργό προκλητικό χαμόγελο άγγιξε τα χείλια της.

«Τελειώνει η βάρδιά μου». Με κοίταξε ράθυμα. «Αν θες να 'ρθεις».

«Όχι» είπα βαριά, κοιτάζοντας ευθεία μπροστά μου.

Μάλλον ξαφνιασμένη, έμεινε αλύγιστη, γεμάτη πληγωμένη αξιοπρέπεια και, για πρώτη φορά, το χλωμό της δέρμα κοκκίνισε, μια οργισμένη κι απρόσμενη κηλίδα. Απλώθηκε σιωπή.

«Εντάξει». Σήκωσε τους ώμους. «Μη θαρρείς πως με νοιάζει. Αλλά μη μου 'ρθεις να μ' ενοχλήσεις μόλις τύχει κι αλλάξεις γνώμη».

Με κοίταξε μ' ολοφάνερη καταφρόνια, το μικρό κεφάλι της διαγράφηκε σαν ένα κρανίο κάτω απ' το φως, κι ύστερα έκανε στροφή κι απομακρύνθηκε στην υπόγεια διάβαση, με τα τακούνια της να χτυπούν στο μπετόν, να χτυπούν μέχρι που σώπασαν.

Πάει, λοιπόν, τελείωσε, δόξα τω Θεώ. Έκανα στροφή, γύρισα στην κάμαρά μου και έπεσα στο κρεβάτι. Ύστερα από λίγο ενέργησε το υπνωτικό. Κοιμήθηκα βαριά.

Το άλλο πρωί, ωστόσο, σαν ξύπνησα, ένιωθα χειρότερα από κάθε άλλη φορά. Ο ύπνος μου με είχε προετοιμάσει μονάχα για τη μέρα που θα 'ρχόταν.

Όλο το πρωί έκανα τη δουλειά μου όπως μπορούσα, και δίχως να συναντήσω ούτε τη Μέιτλαντ ούτε τον Πάλφρι – τελευταία, είχα αποκτήσει ειδικότητα στο ν' αποφεύγω τα άλλα μέλη του προσωπικού.

Μετά τη μία η ώρα, μ' ένα βαθύ προαίσθημα, έχοντας αναγκάσει τον εαυτό μου να καθυστερήσει μέχρι που να μην αντέχει άλλο, τηλεφώνησα ξανά στο Ντάλναιρ. Μου μίλησε η αδελφή Κάμερον. Η φωνή της ακουγόταν χαρούμενη, μα πάντα χαρούμενη ήταν. Κι η απάντηση που μου 'δωσε ήταν η ίδια. Καμιά αλλαγή. Κρατούσε καλά. Καμιά απολύτως αλλαγή.

Σε μια κρίση καλών προθέσεων, προσπάθησε να με βοηθήσει.

«Όπως και να 'χει, το χειρότερο δεν έχει συμβεί ακόμα. Όσο ζούμε υπάρχει ελπίδα».

Έξω έβρεχε, μια βαριά βροχή που μαύριζε τον ουρανό κι έριχνε μια καταρρακτώδη σκιά σ' όλο το έδαφος. Ανέβηκα αργά τη σκάλα ως την κάμαρά μου. Τότε, όπως έμπαινα, αντιλήφθηκα στο αμυδρό φως πως κάποιος καθόταν στον καναπέ, μακριά απ' τη φωτιά. Άναψα το αμπαζούρ πάνω απ' τη βιβλιοθήκη και, με νωθρή έκπληξη, είδα πως ο επισκέπτης μου ήταν ο Έιντριαν Λόμαξ.

Δίχως ν' αλλάξει θέση, μου αντιγύρισε την επίμονη, βαριά ματιά με τρόπο που τουλάχιστον φαινόταν να διατηρεί τη συνηθισμένη, ανώτερη ηρεμία του, μα που ταυτόχρονα πρόδινε, στο βάθος, αβεβαιότητα ως προς τον τρόπο που θα τον δεχόμουν.

«Λόμαξ» είπα τελικά, σαν από απόσταση. «Είσαι ο τελευταίος άνθρωπος που περίμενα εδώ».

«Δε φαίνεσαι και πολύ χαρούμενος που με βλέπεις».

Δεν αποκρίθηκα. Απλώθηκε σιωπή. Δεν είχε αλλάξει πολύ, για να λέμε την αλήθεια, μάλλον καθόλου. Είχα φανταστεί πως, ύστερα απ' όσα πέρασε, θα έπρεπε να είναι συντετριμμένος από μια αίσθηση ευθύνης κι ενοχής. Αντίθετα, αποδεικνυόταν πως ήταν ακόμα όπως πάντα, πιο χλωμός ίσως, με πιο άτονα χείλια, μα απόλυτα συγκροτημένος κι έτοιμος να υπερασπιστεί τον εαυτό του.

«Δεν το 'ξερες πως γύρισα;»

«Όχι».

Μολονότι είχε πράγματι ξεσπάσει κάποιο μικρό σκάνδαλο, κατάλαβα πως η περηφάνια του τον έκανε να ξαναγυρίσει. Άναψε ένα τσιγάρο, με κάποια προσπάθεια ξαναβρήκε την παλιά του άνεση. Ναι, ήταν σε δύσκολη θέση και προσπαθούσε να το κρύψει, με τούτο το ύφος του νταή.

«Υποθέτω πως πνέεις τα μένεα εναντίον μου. Δεν είναι όμως μονάχα δικό μου το φταίξιμο».

«Δεν είναι;»

«Καμιά σχέση. Από την αρχή κιόλας, η Μιούριελ ήταν αυτή που με κυνηγούσε. Δε μ' άφηνε στην ησυχία μου. Α, το παραδέχομαι, ήταν βλακεία μου, μα δεν μπορούσα να ξεκόψω».

«Πού είναι τώρα;»

«Προσφέρθηκα να την παντρευτώ. Ήθελα να κάνω το σωστό. Τσακωθήκαμε άσχημα όμως. Γύρισε στους δικούς της. Δε λυπάμαι. Θα μου 'σπαγε τα νεύρα».

«Καλά το αντιμετωπίζεις. Καλύτερα απ' τον Σπενς».

«Το ξέρεις πως ήταν ατύχημα. Είχε ομίχλη εκείνη τη νύχτα. Παραπάτησε στην αποβάθρα. Όλα ξεκαθάρισαν στην ανάκριση».

«Για τ' όνομα του Θεού, μη δικαιολογείς τον εαυτό σου. Ακούγεσαι λες κι ένιωσες πως τον έσπρωξες εσύ».

Το χρώμα έφυγε από το πρόσωπό του.

«Δε νομίζεις πως αυτό ήταν περιττό; Τέλος πάντων, σκοπεύω να δείξω πως δεν είμαι ο τιποτένιος που λένε ότι είμαι. Θα γυρίσω στη δουλειά, θα δουλέψω πραγματικά στο Τμήμα, τούτη τη φορά θα κάνω κάτι που θα τους κάνει όλους να νιώσουν συγκλονισμένοι».

Έδινε την εντύπωση πως υπήρξε το θύμα ανεξέλεγκτων καταστάσεων και πως το μέλλον θα τον δικαίωνε απόλυτα. Ήξερα πως ποτέ δε θα πετύχαινε τίποτα, πως κάτω από το ύφος της λαμπρής ανωτερότητας ήταν αδύναμος, ανούσιος και μαλθακός. Ένιωθα άβολα να τον έχω στο δωμάτιο. Σηκώθηκα και σκάλισα τη φωτιά, ελπίζοντας πως θα έμπαινε στο νόημα και θα 'φευγε.

Μα δεν έφυγε. Συνέχισε να με κοιτάζει περίεργα.

«Καλή δουλειά έκανες τελευταία».

Από μακριά, του έκανα μια χειρονομία διαφωνίας.

«Είχαν ενθουσιαστεί πολύ γι' αυτό στο Τμήμα».

Σήκωσα αργά τα μάτια. Μ' όλες τις ομίχλες που με περικύκλωναν, η χρήση παρελθόντος χρόνου με χτύπησε σαν κάτι ξένο. Ακολούθησε ενός λεπτού σιγή.

Ανακάθισε κι έσκυψε προς το μέρος μου, μ' εκείνο το αλλόκοτο, λεπτό συλλυπητήριο χαμόγελο πιο έντονο στα χείλια του.

«Ο Όσερ μου ζήτησε να 'ρθω να σε δω, Σάννον... να σου πω τα νέα. Σε πρόλαβαν. Κάποιος δημοσίευσε το έργο σου πριν από σένα».

Τον κοίταξα, αναρωτήθηκα σαν ηλίθιος πού το πήγαινε· κι ύστερα, ξαφνικά, τινάχτηκα.

«Τι θες να πεις;» Με δυσκολία ξεστόμιζα τις λέξεις. «Κοίταξα όλη τη βιβλιογραφία πριν αρχίσω. Δεν υπήρχε τίποτα».

«Όχι, Σάννον, δεν υπήρχε. Τώρα όμως υπάρχει. Μια ερευνήτρια στην Αμερική, μια γιατρίνα ονόματι Έβανς, μόλις βγήκε στην *Ιατρική Επιθεώρηση* αυτού του μήνα με πλήρη έκθεση των πειραμάτων της. Δουλειά δυο χρόνων. Τα συμπεράσματά της είναι μέσες άκρες τα ίδια με τα δικά σου. Απομόνωσε το βάκιλο, έδειξε τις παγκόσμιες επιπτώσεις της αρρώστιας –οι αριθμοί είναι εκπληκτικά μεγάλοι–, εντόπισε τη μολυσματική ασθένεια στα βοοειδή, τέλος πάντων, τα πάντα».

Ατέλειωτη σιωπή. Το δωμάτιο στριφογύριζε ολόγυρά μου.

Ο Λόμαξ μιλούσε ξανά, με πολύ φανερό τακτ.

«Ο Σμιθ ήταν αυτός που μας το πρωτοείπε. Παρακολουθούσε επί μήνες τη δουλειά της δόκτορος Έβανς. Και μάλιστα είχε στα χέρια του προτυπωμένο δοκίμιο της έκθεσης. Το έφερε χτες στο Τμήμα».

«Κατάλαβα».

Τα χείλια μου ήταν αλύγιστα και κρύα, ένιωθα λες κι είχα γίνει πέτρα. Δεκαοχτώ μήνες απίστευτης προσπάθειας, πυρετώδους προσήλωσης μέρα και νύχτα, αντιμέτωπος με κάθε δυσκολία, όλα χαμένα, κανένα όφελος. Αν τα αποτελέσματα είχαν κιόλας παρουσιαστεί μπροστά στον επιστημονικό κόσμο, αποδειχτεί και δημοσιευτεί, δε θα μου αναγνώριζαν τώρα αυτά που είχα κάνει, τα προβλήματα που είχα λύσει με τέτοιο κόστος ως προς τον εαυτό μου. Είχε συμβεί και πριν, βέβαια· σαν από κάποια παράξενη τηλεπάθεια, ένα ρεύμα περνούσε ανάμεσα σε δυο εργάτες, σε διαφορετικές ηπείρους, μακριά ο ένας απ' τον άλλο, κινητοποιώντας τους, άγνωστους μεταξύ τους, προς τον ίδιο στόχο. Κι αναμφίβολα θα ξανασυνέβαινε. Κι όμως, αυτό δεν ανακούφιζε την τρομαχτική σουβλιά σαν βρήκα κάποιον στο τέρμα μπροστά μου, ούτε άμβλυνε τη νεκρική πικρία της ήττας.

«Είναι κρίμα, διάολε». Ο Λόμαξ μίλησε δίχως να με κοιτάξει. «Δε χρειάζεται να πω πόσο λυπάμαι».

Ο ψεύτικος οίκτος του με τσάκιζε περισσότερο απ' την αδιαφορία. Σηκώθηκε από την πολυθρόνα του.

«Παρεμπιπτόντως, σε περίπτωση που ήθελες να το διαβάσεις, έφερα μαζί το άρθρο». Έβγαλε κάτι τυπωμένες σελίδες από την τσέπη του παλτού του και τις άφησε στο τραπέζι. «Τώρα την κάνω. Καληνύχτα, Σάννον».

«Καληνύχτα».

Σαν έφυγε πια, έμεινα να κοιτάζω το κενό, με μια κούφια, απελπισμένη ηρεμία. Ύστερα, μ' ένα βαθύ αναστεναγμό, που έμοιαζε να βγαίνει από τα βάθη της καρδιάς μου, σηκώθηκα, πήγα στο τραπέζι, πήρα την έκθεση κι ατσάλωσα τον εαυτό μου για να τη διαβάσει.

Όπως είχε πει κι ο Λόμαξ, ήταν μια αριστοτεχνική έρευνα της ασθένειας που αργότερα θα ονομαζόταν βρουκέλλωση, μια·έρευνα που θα εθεωρείτο μνημειακό έργο. Μόλις την εξέτασα πια δυο φορές προσεχτικά, αναγκάστηκα να παραδεχτώ, μ' ένα κύμα ζήλιας να με πλημμυρίζει ευθύς, πως η δόκτωρ Έβανς ήταν μια λαμπρή και πολυμήχανη επιστήμων, που το έργο της ήταν ίσως καλύτερο από το δικό μου.

Δίπλωσα τις σελίδες με μεγάλη ηρεμία και σηκώθηκα. Τούτη

η νέα ηρεμία, όσο κάλπικη κι αν ίσως ήταν, έμοιαζε με ξαφνικό μεθύσι που γέμιζε το κεφάλι μου με μιαν αίσθηση δύναμης και φωτός. Είχε πάει τρεις η ώρα κι ήταν ώρα να καλέσω ξανά το Ντάλναιρ. Δίχως ταραχή, κατευθύνθηκα προς το τηλέφωνο. Πριν όμως προλάβω να πιάσω το ακουστικό, ακούστηκε ένα χτύπημα στην πόρτα, μπήκε η καμαριέρα και μου έδωσε ένα τηλεγράφημα. Το άνοιξα με σταθερά δάχτυλα.

ΔΕΞΟΥ ΕΙΛΙΚΡΙΝΗ ΣΥΜΠΑΘΕΙΑ· ΔΗΜΟΣΙΕΥΣΗ ΣΤΗΝ ΕΠΙΘΕΩΡΗΣΗ ΕΠ' ΟΥΔΕΝΙ ΜΕΙΩΝΕΙ ΟΥΣΙΑΣΤΙΚΗ ΑΞΙΑ ΕΡΓΟΥ ΣΟΥ. ΑΚΟΜΑ ΔΕΝ ΜΠΟΡΩ ΤΑΞΙΔΕΨΩ. ΕΛΠΙΖΩ ΣΕ ΔΩ ΣΥΝΤΟΜΑ, ΚΑΝΟΝΙΣΟΥΜΕ ΜΕΛΛΟΝΤΙΚΗ ΔΟΥΛΕΙΑ. ΧΑΙΡΕΤΙΣΜΟΥΣ. ΟΥΙΛΦΡΕΝΤ ΤΣΑΛΛΙΣ.

Όσο είχε καθυστερήσει η αντίδραση, με τόση δύναμη έπεσε τώρα πάνω μου. Είχα στηριχτεί στον Τσάλλις, είχα λησμονήσει τα χρόνια του και την αδυναμία του που συσσωρευόταν. Τούτο το μήνυμα της παρηγόριας έδιωξε και το τελευταίο στήριγμα, κι όπως έμεινα να κοιτάζω τις μουντζουρωμένες λέξεις, ένιωσα ξαφνικά έναν αλλόκοτο, ξερό κρότο πίσω από το φρύδι μου, λες και μια ελαστική λωρίδα που τεντώθηκε πάρα πολύ, τελικά υποχώρησε στην πίεση. Την ίδια στιγμή τα νεύρα μου ξέφυγαν από τον έλεγχό μου, ο κόσμος άρχισε να στριφογυρίζει και το εξαίσιο αστείο της όλης υπόθεσης ορθώθηκε αστραπιαία μπροστά μου. Χαμογέλασα, στην αρχή αμυδρά, κι όμως ύστερα από λίγο με μεγαλύτερη πεποίθηση, μέχρι που τώρα άρχισα να γελάω... με μένα, με την τωρινή μου κατάσταση – ύστερα, σαν καλλιτέχνης ειδικός στις γρήγορες μεταμφιέσεις, που του επιβάλλουν αναγκαστικά να παίξει κι άλλο ρόλο, ξαφνικά έγινα γαλήνιος, σοβαρός και πολυμήχανος.

Με αποφασιστικό ύφος κοίταξα το ρολόι μου, λησμονώντας πως το είχα ξανακοιτάξει πριν από ελάχιστα λεπτά. Ήταν μονάχα τρεις και τέταρτο, κάτι που με καθησύχασε, γιατί ξαφνικά με κατέλαβε η πιεστική λαχτάρα να είμαι απασχολημένος. Κάθε αίσθηση απογοήτευσης είχε φύγει και, μέσα στη γενική αναισθησία που με είχε πιάσει, είχα επίγνωση μιας αόριστης ανακούφισης που με διαπότιζε, αναγνώριζα πως ό,τι συνέβαινε έξω, στο Τμήμα ή στο Ντάλναιρ, ήταν ελάχιστης σημασίας για τη γενική πορεία της ζωής μου. Σάμπως δεν ήμουν ασφαλής εδώ, καλοφροντισμένος, με τη στέγη μου και το φαΐ μου, αποκομμένος από τα τραντάγματα και τη θλίψη του έξω κόσμου, σε τούτο το έξοχο, τούτο το προφυλαγμένο καταφύγιο; Γι' αυτό το λόγο, αν μ' ευχαριστούσε, δε χρειαζόταν να τ' αφήσω ποτέ.

Παίρνοντας δύναμη από τούτη τη σκέψη, κίνησα ζωηρά για τη Δυτική Πτέρυγα, όπου, μια και ήταν η μέρα του ρεπό της Μέιτλαντ, είχα εγώ καθήκον να κάνω τον απογευματινό γύρο. Τελευταία είχα αμελήσει τούτη την υποχρέωση, ίσως δεν είχα ρίξει όλη την προσοχή μου σ' εκείνο το μέρος. Αυτό δεν ήταν καθόλου σωστό, ήταν άδικο για το δόκτορα Γκούντολ, δεν ήταν σωστό για τις προδιαγραφές του Ίστερσος. Μετανιωμένος, είπα στον εαυτό μου πως πρέπει να επανορθώσω κατάλληλα. Υπήρχαν τόσα πράγματα που μπορούσα να κάνω πριν τελειώσει η μέρα.

Στον προθάλαμο της Δυτικής βρήκα την αδελφή Σαντ και κάναμε εξονυχιστικά το γύρο των έξι αιθουσών. Δε βιάστηκα, ούτε έκανα τσαπατσούλικα τη δουλειά, μα ήμουν φιλόπονος κι όλο φροντίδα. Η ησυχία των αιθουσών ήταν παράξενα καταπραϋντική και μίλησα ώρα πολλή με κάμποσους τροφίμους, ήπια ακόμα και μια κούπα τσάι με τη Δούκισσα στην προσωπική της κάμαρα, ένα ψηλοτάβανο διαμέρισμα με ξεθωριασμένες πράσινες κουρτίνες, μια προβιά αρκούδας μπροστά στο τζάκι κι ένα επιχρυσωμένο κηροπήγιο. Φορούσε ένα μοβ βελούδινο φόρεμα με κάμποσα φανταχτερά κοσμήματα και αρκετά κολιέ από φρεσκοπερασμένους σπόρους πεπονιού. Στην αρχή κρατούσε τα μικρά σαν χάντρες μάτια της πάνω μου, αξιολογώντας με, μα όπως έκανα προσπάθειες να την ευχαριστήσω, σιγά σιγά χαλάρωσε και, σαν σηκώθηκα να φύγω, μου άπλωσε κοκέτικα το κίτρινο σαν περγαμηνή χέρι της.

Ευχαριστημένος με την επιτυχία μου, γύρισα στη Σαντ όπως στεκόμασταν μαζί στην εξώπορτα.

«Αξιόλογο, έτσι δεν είναι, αδελφή... πώς η Δούκισσα, παρ' όλες τις υπερβολές της, αποτελεί μικρογραφία ορισμένων φαινομένων που παρατηρούνται ανάμεσα στις κυρίες σας εδώ».

«Πολύ αξιόλογο». Σ' όλη τη διάρκεια της επίσκεψής μου είχε μείνει συγκρατημένη και σιωπηλή. Τώρα μου έριξε ένα ιδιόμορφο, έντονα αποδοκιμαστικό βλέμμα.

«Θέλω να πω» χαμογέλασα «όλες τους ενδιαφέρονται για το ντύσιμό τους. Ακόμα και η γηραιότερη απ' αυτές συνεχώς προσπαθεί να βρει κάτι καινούριο να φορέσει, προσθέτοντας μια κορδέλα εδώ, αλλάζοντας ένα φραμπαλά εκεί, σε μια προσπάθεια να συναγωνιστεί τις υπόλοιπες. Συχνά τα δημιουργήματά τους είναι γελοία, κι όμως αν αποδειχτούν επαρκώς διαφορετικά, αμέσως γίνονται συρμός. Φυσικά, η μεγάλη γκαρνταρόμπα της Δούκισσας της επιτρέπει να κυριαρχεί».

Ακόμα κοιτάζοντάς με, η αδελφή Σαντ άνοιξε το στόμα της, κι ύστερα το έκλεισε σφιχτά, με μεγάλη δυσαρέσκεια.

«Η στάση τους απέναντι στο αντίθετο φύλο είναι κι αυτή ενδιαφέρουσα...» συνέχισα. «Ας πάρουμε, για παράδειγμα, τις παθητικές παρθένες που πισωπατούν και μόνο στη θέα ενός άντρα... κι εκείνες τις άλλες, με την ήπια ροπή προς το ρομαντισμό, που ρίχνουν μιξοπάρθενες ματιές σαν περπατούν προς τον άντρα των ονείρων τους... Κι εκείνα τα απελπισμένα πλάσματα που εκ περιτροπής ικετεύουν και παραπονιούνται για βιασμό από την αστραπή, τον κεραυνό, τα ηλεκτρομαγνητικά κύματα, τις ακτίνες του ήλιου και της σελήνης, ή ακόμα και από την υπερφυσική επίσκεψη του ίδιου του Γκούντολ!»

«Με συγχωρείτε, γιατρέ» με διέκοψε απότομα η Σαντ. «Με

θέλει η δεσποινίς Άιντρι. Πρέπει να φύγω τώρα». Όπως έφευγε, με το φρύδι σηκωμένο σαν βροντή, πρόσθεσε: «Με εκπλήσσετε, αλήθεια. Δεν πάτε να ξαπλώσετε λιγάκι;»

Ώστε νόμιζε πως είχα πιει, να την πάρει η οργή! Η φιλοσοφία πήγαινε χαμένη μαζί της, έτσι κι αλλιώς. Διόλου δεν ήθελα να φύγει, μα αρνήθηκα, πάει και τελείωσε, να επιτρέψω να μ' αναστατώσει η αποχώρησή της. Γύρισα με καινούρια σβελτάδα και πήρα το δρόμο για το φαρμακείο.

Τα συμπυκνωμένα διαλύματα είχαν χαμηλώσει πολύ. Μου πήρε ολόκληρη ώρα να τα ξαναγεμίσω. Όπως μετρούσα τους κρυστάλλους του άλατος υδροχλωρικού οξέος και τους κουνούσα μέσα στις μποτίλιες από γαλάζιο γυαλί, ανακάλυψα πως σφύριζα – την αγαπημένη φράση του Πάλφρι από την *Κάρμεν*... του φτωχού, δυστυχισμένου Μπιζέ. Πολύ όμορφη κι ευχάριστη. Αν το κεφάλι μου δεν ήταν τόσο μουδιασμένο, λες και το χτυπούσαν με σφυριά, θα ένιωθα εντελώς ήσυχος.

Ξαφνικά χτύπησε το τηλέφωνο του σπιτιού. Ο έντονος, τσιριχτός ήχος μ' έκανε να τιναχτώ όλο αγωνία. Κι όμως ήμουν ήρεμος σαν σήκωσα το ακουστικό.

«Δόκτωρ Σάννον;» Ήταν ο φύλακας του θυρωρείου.

«Ναι».

«Προσπαθούσα να σας βρω σε όλο το κτίριο. Είναι ένας νεαρός εδώ, που θέλει να σας μιλήσει».

«Σε μένα;» Κοίταξα με βλέμμα κενό τον τοίχο αντίκρυ μου. «Πώς τον λένε;»

«Λο... Λουκ Λο, λέει».

Α, βέβαια, θυμήθηκα τον Λουκ, το φιλαράκο μου με τη μοτοσικλέτα. Τι ήθελε τέτοια ώρα;

Μόλις που είχα αρχίσει να σφυρίζω ξανά κι ακούστηκε η φωνή του Λουκ, ανυπόμονη κι ενθουσιασμένη, να μπερδεύει τα λόγια του.

«Εσύ είσαι, Ρόμπερτ... κατέβα αμέσως... θέλω να σε δω».

«Τι τρέχει;»

«Τίποτα... όλα... είναι καλά τα νέα... η Τζιν είναι πολύ καλύτερα».

«Συγγνώμη;»

«Ξέφυγε από τον κίνδυνο. Στις δύο το μεσημέρι έπαθε την κρίση της. Τώρα έχει τις αισθήσεις της. Μας μίλησε. Δεν είναι υπέροχο;»

«Αρκετά. Χαίρομαι πολύ».

«Το πρώτο που σκέφτηκα ήταν να πάρω τη μοτοσικλέτα και να 'ρθω πετώντας εδώ πέρα να σου το πω. Κατέβα στο θυρωρείο. Θέλω να σε δω».

«Λυπάμαι, αγαπητό μου παιδί». Η φωνή μου πρόδινε την ευγενική λύπη κάποιου που είναι απασχολημένος με πολλά. «Δε θα μπορούσα να το κανονίσω αυτή τη στιγμή».

«Τι!» Παύση. «Κι εγώ που έκανα τόσο δρόμο...; Ρόμπερτ... Εμπρός... εμπρός...»

Μολονότι κάπου στο βάθος με πλήγωνε που το έκανα αυτό, τον έκοψα, κρεμώντας το ακουστικό με ήσυχο χαμόγελο. Όσο κι αν συμπαθούσα τον Λουκ, δεν είχα χρόνο να χάνω με άσκοπα τρεχάματα! Φυσικά, ήταν ανακούφιση που πήγαινε καλύτερα η δεσποινίς Λο, αναμφίβολα οι συγγενείς της θα έπαιρναν μεγάλη χαρά. Ήσυχο κορίτσι, αυτό ήταν, με καστανά μάτια και μαλλιά. Έφερα στο νου μου το τραγούδι... *η Τζίνι με τ' ανοιχτοκάστανα μαλλιά...* Χαριτωμένη μελωδία. Πρέπει να την πω στον Πάλφρι. Τη θυμήθηκα αμυδρά, ως φοιτήτρια στην τάξη μου, έξυπνη, αλλά και κάπως μπελάς. Βέβαια, δεν της κρατούσα κακία, δεν έκανα γι' αυτήν την παραμικρή κακή σκέψη στον κόσμο.

Ξανά ο Μπιζέ... ο φτωχός, δυστυχισμένος Μπιζέ... *Προσπαθώ να μην παραδεχτώ πως τρέμω...* Αποτέλειωσα τα συμπυκνωμένα διαλύματά μου, ταχτοποίησα το φαρμακείο και ξανά, ζωηρά, με θολό βλέμμα, αποκρυπτογράφησα την ώρα στο ρολόι μου.

Εφτά η ώρα. Ποτέ δε μ' άρεσαν τα καθήκοντα στην τραπεζαρία, αλλά τώρα, μ' όλο τον πόνο στο κεφάλι μου, μου φαινόταν μια ευχάριστη, μια λογική αναγκαιότητα.

Το δείπνο είχε αρχίσει σαν μπήκα στην τραπεζαρία κι οι σερβιτόρες έφερναν τον ένα δίσκο με φαγητά μετά τον άλλο στα στενόμακρα τραπέζια, όπου, μέσα σ' ένα δυνατό κροτάλισμα πιάτων, καρεκλών που σέρνονταν και φωνών που φλυαρούσαν, όλοι είχαν αρχίσει να τρώνε.

Στάθηκα μια στιγμή· ύστερα, δίχως ν' ανέβω στην εξέδρα, άρχισα να σουλατσάρω πάνω κάτω, παρακολουθώντας με καλοκάγαθο, δεσποτικό ενδιαφέρον. Τα σύννεφα αχνού που σηκώνονταν κι η πικάντικη μυρωδιά του φαγητού μ' έκαναν να νιώσω την έλλειψη ύπνου μου, κι όπως παρασύρονταν οι σκέψεις μου, η σκηνή έγινε πλούσια και ζεστή, φεουδαρχική σχεδόν, μέσα σε μια συνάθροιση χωριατών με ευγενείς, τη διαρκή ροή σερβιτόρων, σαν πίνακας του Μπρέγκελ μ' όλη τη ζωή και τα χρώματά του, την αλλόκοτη ποικιλία της ανθρώπινης φυσιογνωμίας, την αφθονία, την κίνησή της και το δυνατό σαματά...

Α, ήμουν και πάλι στην υπόγεια διάβαση, γύριζα με μετρημένο το βήμα στην κάμαρά μου. Έξω από το κελάρι της Μπαλακλάβα είχε πιάσει βάρδια ο νυχτοφύλακας κι ανακάτευε το βραδινό κακάο.

«Έφερα το ταχυδρομείο, γιατρέ. Έχετε γράμμα».

«Σ' ευχαριστώ, καλέ μου άνθρωπε».

Περνώντας, πήρα το σκληρό φάκελο με τη σφραγίδα του πανεπιστημιακού οικόσημου. Το χαμόγελό μου ήταν πια μόνιμο, λες και το είχες τυπώσει πάνω στο πρόσωπό μου, μια μάσκα για όλο το χάος που λυσσομανούσε από πίσω. Οι βαριοπούλες χτυπούσαν πιο δυνατά το κρανίο μου, ιδρώτας άρχισε ξαφνικά να κυλάει πάνω μου και, σε μια στιγμιαία, αποχαυνωμένη αναλαμπή, κατάλαβα πως ήμουν άρρωστος. Αμέσως όμως το φως έσβησε κι εγώ, όλο λαχτάρα να συνεχίσω, ξέροντας πόση δουλειά περίμενε να γίνει, με ακόμα πιο παγωμένο το χαμόγελο, μπήκα στον προθάλαμο κι άνοιξα το γράμμα.

Τμήμα Παθολογίας Πανεπιστημίου του Γουίντον. Από τον Όσερ, τον καθηγητή Όσερ, επικεφαλής εκείνου του εξαιρετικότατου ιδρύματος. Όμορφο γράμμα, ναι, χαριτωμένο γράμμα. Ο καλός καθηγητής λυπόταν, ή μάλλον λυπόταν βαθιά που, υπό αυτές τις συνθήκες, ήταν αδύνατον να προσφέρει οποιαδήποτε ελπίδα για το νέο διορισμό. Αν όμως τ' αποτελέσματα είχαν δημοσιευτεί νωρίτερα... Η καθυστέρηση ήταν τραγική, η απογοήτευση έντονη και τα αισθήματά του μάλλον κατανοητά. Υπήρχε και υστερόγραφο στη σελίδα. Α, ναι, το δείπνο ακυρωνόταν κι αυτό. Τι κρίμα, ενώ είχε ήδη γίνει η πρόσκληση για τη Δευτέρα, κάποια ανειλημμένη υποχρέωση είχε ξεχαστεί. Άφθονες δικαιολογίες. Κάποια άλλη φορά. Τι, ναι, βέβαια, όλα ήταν απολύτως ευχάριστα και σωστά. Γύρισε πίσω στον πάγκο σου στο εργαστήριο. Δούλεψε σε μένα με λιγότερο ατίθασο πνεύμα, με την ορθή συνεργασία και εποπτεία. Γενναιόδωρη προσφορά. Αλλά ευχαριστώ, δε θα πάρω.

Κάτω από το δυνατό φως του προθάλαμου, πλάι στο άγαλμα του Δημητρίου και τα ψηλά μπουλ κομό, έσκισα προσεχτικά το γράμμα στα τέσσερα. Ήθελα ξαφνικά να φωνάξω δυνατά. Μα τα χείλια μου παραήταν άκαμπτα, λες και τα είχες κολλήσει μεταξύ τους, κι ο πόνος στο κεφάλι μου είχε μεγαλώσει, είχε φτάσει να γίνει ένα κρεσέντο ήχου και δονήσεων που μου έστελναν ρίγη, λες και κάποιος έκοβε ξύλα με στομωμένα τσεκούρια πίσω στο σβέρκο μου. Μ' όλα αυτά, είδα τελικά με το κλονισμένο, ονειροπαρμένο βλέμμα μου, τι ήθελα να κάνω. Ουσιώδες και σημαντικό. Προχώρα, προχώρα... μη σταματάς... ούτε στιγμή χαμένη.

Βγήκα έξω και κίνησα βιαστικά για το εργαστήριο. Είχε πέσει σκοτάδι πια κι είχε σηκωθεί αέρας, που λίκνιζε τα δέντρα και τους θάμνους κι έστελνε στ' αυτί παράξενους ψιθύρους μες στη νύχτα. Ένα φύλλο, αγγίζοντας το μάγουλό μου σαν τα δάχτυλα ενός φαντάσματος, μ' έκανε να επιταχύνω τα μαραμένα μου βήματα, ν' αρχίσω να τρέχω παραπατώντας.

Τώρα ήμουν στο εργαστήριο. Επιθεωρώντας το σκηνικό των κόπων μου με ανέκφραστο, κι όμως βασανισμένο μάτι, προχώρησα, ανεξάρτητα απ' την ίδια μου τη θέληση, κι άνοιξα το αποθηκευτικό ντουλάπι. Οι στρογγυλές φιάλες με το μπαμπακερό πώμα έστεκαν εκεί στη σειρά, ιριδίζουσες κι αστραφτερές, σαν λαμπεροί ήλιοι. Θολωμένος, έχασα το βήμα μου και πισωπάτησα. Τούτη η αδυναμία όμως ήταν στιγμιαία. Μαζεύοντας τις δυνάμεις μου, έπιασα τις πολύτιμες φιάλες και τις έκανα κομμάτια, ήσυχα και προσεχτικά στον πορσελάνινο νεροχύτη. Γύρισα και τις δυο κάνουλες. Σαν έφυγε πια από την αποχέτευση και η τελευταία σταγόνα υγρού, έπιασα όλα μαζί το μάτσο τα χαρτιά πάνω στον πάγκο, εκείνες τις σελίδες που ήταν γεμάτες με τους υπολογισμούς και τα συμπεράσματά μου, το μόχθο τόσων μεταμεσονύχτιων ωρών. Και πάλι, ήσυχα, προσεχτικά, άναψα ένα σπίρτο για να τους βάλω φωτιά, να τα κρατήσω, φλεγόμενα, πάνω από το νεροχύτη μέχρι να καταστραφεί και το τελευταίο κομματάκι. Πριν προλάβω να το κάνω, ο θόρυβος γρήγορων βημάτων μ' έκανε να γυρίσω, αργά, ισορροπώντας το αβάσταχτο βάρος του κεφαλιού μου. Στο κατώφλι έστεκε η Μέιτλαντ.

«Μη, Σάννον» φώναξε, κι έτρεξε μπροστά.

Το σπίρτο μου 'καψε τα δάχτυλα κι έσβησε. Τα σφυροκοπήματα έγιναν πιο σκληρά στο μυαλό μου. Ακούμπησα και τα δυο χέρια στο μέτωπο. Ύστερα τα πάντα υποχώρησαν.

Κεφάλαιο 10

Το ΟΚΤΩΒΡΙΑΤΙΚΟ απομεσήμερο ήταν ασάλευτο και χρυσό, γεμάτο γαλήνιο κενό. Στην παλιά μου κάμαρα, στη Θέα του Λόμοντ, το λοξό ηλιόφως έφτιαχνε ένα λαμπερό λεκέ πάνω στην ταπετσαρία, έφερνε στη ζωή κάτω από το κίτρινο λούστρο τα ξεθωριασμένα της τριαντάφυλλα, σπίθιζε επίσης πάνω στις λαβές του κρεβατιού μου με τις μπρούντζινες άκρες, στραπατσαρισμένες πριν από χρόνια, σαν δοκίμαζα να ισιώσω ένα στραβωμένο πατίνι. Απ' το παράθυρο έβλεπα τα πρώτα χρώματα του φθινοπώρου πάνω στα βυσσινιά κατσαρωμένα φύλλα της οξιάς, απέναντι στο δρόμο, και μακριά, πάνω από τη βιολετιά αχλύ, τους γαλανούς καμπουριασμένους ώμους του Μπεν Λόμοντ. Παιδί, στην ίδια κάμαρα, είχα συχνά καρφώσει το βλέμμα όλο φλόγα πάνω σ' εκείνη τη μακρινή προοπτική του βουνού. Κάρφωσα και τώρα το βλέμμα.

Ξαπλωμένος άνετα στο πλάι, ένιωθα ήσυχος, ήξερα πως η νωθρότητά μου ήταν επιβεβλημένη, μια κι ο δόκτωρ Γκάλμπρεϊθ, με την υποστήριξη της βάβως Λέκι, πάντα επέμενε πως έπρεπε ν' αναπαυτώ. Κι όμως η μεγαλοπρέπεια του απομεσήμερου ήταν ακατανίκητη – αποφάσισα πως πρέπει να σηκωθώ. Σάμπως δεν είχα γίνει και πάλι καλά στην ουσία, δεν μπορούσα να κάνω βόλτες, μετά το φαΐ, για λίγες ώρες κάθε μέρα; Πέταξα τα σκεπάσματα και άρχισα να ντύνομαι, μολονότι προσεχτικά, γιατί ακόμα δε στεκόμουν καλά στα πόδια μου κι είχα αποδείξει πόσο αργά μπορεί κανείς να παίρνει δυνάμεις μετά την ολοκληρωτική κατάρρευση. Ε, λοιπόν, μου άξιζε. Όλα ήταν δικό μου ανόητο λάθος.

Κατέβηκα κάτω, δείχνοντας πόσο προόδευε η πορεία μου προς την ανάρρωση με το να μην κρατιέμαι διόλου από την κουπαστή. Ακόμα δεν είχα συνηθίσει την αλλόκοτη αίσθηση του να ζω ξανά σ' αυτό το σπίτι, που ήταν το πατρικό μου στη διάρκεια των παιδικών μου χρόνων στο Λέβενφορντ. Σήμερα ανήκε πια στην προγιαγιά μου, είχε μείνει σχετικά απαράλλαχτο, και μολονότι το κατοικούσαν μονάχα οι ίσκιοι των περισσότερων από τους παλιούς κατοίκους του, διατηρούσε ακόμα τη γνωστή ατμόσφαιρα του στενόχωρου, μα φιλόδοξου καθωσπρεπισμού. Με είχαν φέρει εδώ μετά τη συντριβή μου, και με μακάβρια αφοσίωση που μ' έκανε να ντρέπομαι από καρδιάς για ό,τι κακό είχα πει για δαύτη, η γερόντισσα με είχε φροντίσει μέχρι που ξανάγινα καλά.

Στο σαλόνι είχε φύγει πια ο χάρτινος ανεμιστήρας, μια γερή φωτιά έκαιγε στο μαύρο μολυβένιο τζάκι. Μου το είχε ανάψει η βάβω πριν φύγει για μια από εκείνες τις εξορμήσεις στην πόλη, από τις οποίες γύριζε αργά, φορτωμένη πακέτα με καλούδια για να φάω εγώ. Με είχε ταΐσει με ανωτερότητα, και σύμφωνα με τους δικούς της χαρακτηριστικούς ηθικούς κώδικες, με ό,τι πιο σίγουρο δυναμωτικό επιδοκίμαζαν οι παραδόσεις του χωριού της. Πριν από δέκα λεπτά, λίγο πριν φύγει, μου είχε ψιθυρίσει στ' αυτί, με ύφος όλο υπόσχεση και σημασία:

«Ένα καλό βραστό πουλερικό γι' απόψε, Ρόμπερτ». Ήταν πιστή οπαδός του βραστού πουλερικού, που το σερβίριζε μαζί με το ζουμί του και το είχε για «ουσία» του πιάτου.

Μονάχος μες στο σπίτι, τούτο το σπίτι το γεμάτο αναμνήσεις απ' το παρελθόν, έπρεπε πάντα να παλεύω ενάντια στην ονειροπόληση και την αβάσταχτη νοσταλγία που μου δημιουργούσε. Εδώ ήταν ο καναπές που μ' έβαλε ν' αναπαυτώ ο Ντάντι Γκόου σαν γύρισα από τη μάχη μου στο σχολειό με τον Γκάβιν Μπλαιρ. Εκεί, στο ράφι του τζακιού, ήταν η παλιά ξύλινη πένα που χρησιμοποιούσε για τ' αντίγραφα των νομικών εγγράφων του. Σ' εκείνη τη θέση πλάι στο παράθυρο είχα μελετήσει σκληρά κι άκαρπα για να κερδίσω την υποτροφία Μάρσαλ. Σε τούτο εδώ το τραπέζι μού είχαν πει πως δεν μπορούσα να πάω στο πανεπιστήμιο να σπουδάσω ιατρική. Είχα πάει όμως. Α, ναι, πάντα ακολουθούσα πεισματάρικα το μοναχικό μονοπάτι μου, εκείνο το βασανιστικά στριφογυριστό μονοπάτι που με είχε φέρει πίσω, εκεί απ' όπου είχα ξεκινήσει.

Γρήγορα ξαναβρήκα τον έλεγχο του εαυτού μου και, ρίχνοντας μια ματιά στον καιρό, αποφάσισα να κάνω μια βολτίτσα. Στον προθάλαμο θυμήθηκα το κοντοκουρεμένο μου κεφάλι και τράβηξα καλά μέχρι κάτω το σκουφί μου, άφησα το κλειδί κάτω απ' το χαλάκι, μήπως κι η γερόντισσα γυρνούσε πριν από μένα, και πήρα δρόμο.

Μολονότι ο αέρας ήταν κρύος και τσουχτερός, το βήμα μου δεν ήταν ταχύ και μια δυο φορές αναγκάστηκα να κάνω στάση, όπως ανέβαινα με το πάσο μου το δρόμο μέχρι το χωριουδάκι του Ντράμποκ. Ήταν το ίδιο ήσυχο μικρό χωριουδάκι, απλωμένο κάτω από βαλτοτόπια που ανέβαιναν αργά, κομμένο στα δυο από ένα ποταμάκι που κυλούσε κάτω από δυο πέτρινα γιοφύρια. Κάτι παιδιά τσουλούσαν τα τσέρκια τους κατά το σιδεράδικο κι οι λεπτές, δυνατές φωνές τους ορμούσαν χαρούμενα μες στη σκηνή. Στο γήπεδο του χωριού ξεκουράστηκα στο παγκάκι κάτω απ' το μεγάλο έλατο που έστεκε εκεί εκατό χρόνια τώρα. Από σχισμές στο γαλανόγκριζο κορμό του είχαν στάξει και ξεραθεί μικρά ρυάκια χυμού. Έξυσα ένα με το νύχι μου και, τρίβοντας την γκρίζα σκόνη ανάμεσα στις παλάμες μου, εισέπνευσα την καθαρή μυρωδιά του ρετσινιού. Μ' έκανε να νιώσω πως η δύναμη ξαναρχόταν μέσα μου, πως η ζωή μου, ύστερα απ' όλα αυτά, δεν είχε μείνει δίχως μέλλον.

Κι όμως, ως την ώρα που έκανα το γύρο των Διοδίων του Μπάρλοουν, είχα βαρεθεί μέχρι θανάτου. Χάρηκα που ξαναγύρισα στην πολυθρόνα, που φόρεσα τις παντούφλες μου και ζέσταvα τα πόδια μου στη φωτιά. Η πρωινή εφημερίδα ήταν διπλωμένη στο τραπέζι πλάι μου, ο *Κήρυκας*, που πάντα μ' άρεσε, η μοναδική ψυχαγωγία τις μέρες της ανάρρωσής μου. Την έπιασα και την απόθεσα στα πόδια μου, ακούγοντας την ίδια στιγμή την εξώπορτα ν' ανοίγει και να ξανακλείνει. Βήματα ακούστηκαν στον προθάλαμο, θόρυβοι από φουριόζικες κινήσεις στο πίσω μέρος του σπιτιού. Τώρα η γερόντισσα ήρθε στο σαλόνι. Κοιταχτήκαμε. Χαμογέλασα.

«Το πήρες το πουλερικό σου;»

«Πήρα δύο» αποκρίθηκε. «Κάλεσα για φαΐ τον Μακ Κέλλαρ».

«Πάρτι μού μυρίζει».

«Μπα». Έγνεψε ήσυχα. «Θα 'ρθει κι ο γιατρός Γκάλμπρεϊθ».

«Κατάλαβα».

Πριν προλάβω να μπλεχτώ σε καβγά μαζί της, άλλαξε θέμα.

«Ώρα να πιεις το ζεστό σου το γάλα. Μην καψαλίζεις έτσι τα παπούτσια σου. Θα τρυπήσουνε οι σόλες».

Γύρισε και βγήκε, αφήνοντάς με συλλογισμένο και υποταγμένο.

Για κάμποσο καιρό τώρα συναισθανόμουν τι με περίμενε, και τώρα το 'ξερα πως είχε φτάσει η στιγμή. Ο δόκτωρ Γκάλμπρεϊθ γερνούσε. Το μεγάλο ιατρείο του, που εξυπηρετούσε μιαν ευρύτατη περιοχή, από την πολιτεία του Λέβενφορντ μέχρι την επαρχία του Γουίντον, του έπεφτε πια πολύ. Ήθελε ένα συνεταίρο και, προς μεγάλη μου λύπη, είχε κιόλας αφήσει να εννοηθεί ότι μπορεί και να ήθελε εμένα.

Ναι, η παγίδα είχε στηθεί προ πολλού και με μεγάλη υπομονή, τα χέρια που είχαν στήσει την παγίδα ήταν χέρια ευγενικά και φιλικά. Κι όμως, αλίμονο, παρά την υπόσχεση που είχα δώσει, την απέφευγα σαν το διάβολο. Μου πέρασε απ' το νου πως ο ξεροκέφαλος Μακ Κέλλαρ θα ήταν πρόθυμος να προβάλει σαν επιχείρημα την τιμή αγοράς – χίλιες λίρες είναι μεγάλο ποσό για ένα

Σκοτσέζο δικηγόρο. Τον συμπαθούσα αρκετά το γερο-γιατρό, με το ανεμοδαρμένο του πρόσωπο, το γκρίζο τραγίσιο γενάκι κι εκείνο το ξερό σούφρωμα των χειλιών, τον τρόπο του, άλλοτε απότομο και χολερικό, που τώρα είχε μαλακώσει λόγω ηλικίας. Όπως λαγοκοιμόμουν πλάι στη φωτιά προσπάθησα να δω τον εαυτό μου να οδηγεί μια Φορντ στους εξοχικούς δρόμους, να τραντάζομαι πάνω από ξερά αυλάκια το καλοκαίρι, να προχωρώ με δυσκολία μέσα από το χιόνι του χειμώνα, να πηγαίνω επίσκεψη σε απόμερες φάρμες, να κουβαλάω τη μαύρη τσάντα μου σε απλόχωρα αγροκτήματα κι ασβεστωμένα καλύβια που στέκουν μοναχικά στα βαλτοτόπια. Μα η καρδιά μου ήταν αλλού. Ήξερα πολύ καλά τον εαυτό μου, ένιωθε μονάχα απροθυμία μπροστά σε μια τέτοια προοπτική. Δεν ήμουν φτιαγμένος για πρακτική ιατρική, κι από την περασμένη μου εμπειρία ήξερα πως θα το έκανα δίχως ενδιαφέρον, αμβλύνοντας τις γωνίες της φιλοδοξίας μου, ασήμαντος, αδιάφορος και νικημένος.

Πνίγοντας έναν αναστεναγμό, έπιασα την εφημερίδα και σε μια προσπάθεια ν' αποσπάσω το νου μου πήρα να ξεφυλλίζω τις σελίδες. Διάβαζα από δω κι από κει, ό,τι κομμάτι φαινόταν ενδιαφέρον. Δεν είχε και πολλά νέα. Ήμουν έτοιμος να γυρίσω στα κύρια άρθρα, όταν, στην πίσω σελίδα, ένα θέμα μου τράβηξε το βλέμμα. Ήταν μια μικρή ειδησούλα, το πολύ τρεις αράδες, μα μ' έκανε να τιναχτώ με πόνο· ύστερα, για ώρα πολλή, μ' άφησε ασάλευτο.

Κάτω από την επικεφαλίδα *Αναχωρήσεις Πλοίων*, ήταν γραμμένη η απλή αναγγελία:

> Το πλοίο της γραμμής, *Σ.Σ. Αλγκόα*, απέπλευσε σήμερα από το Γουίντον για το Λάγος και τη Χρυσή Ακτή. Μεταφέρει μια ομάδα εργατών που προορίζονται για την ιεραποστολή του Κουμάσι.

Διάβασα το σημείωμα κάμποσες φορές, σαν παιδί που μαθαίνει το μάθημά του, σαν να 'μουν αβέβαιος για τη σημασία του, κι όπως το διάβαζα, το ζεστό δωμάτιο κρύωσε κι η αμυδρή ζωντάνια που είχα νιώσει το απόγευμα κάτω από το έλατο λιγόστεψε μέσα μου. Πάει κι αυτό, λοιπόν... τέλειωσε για πάντα. Από τη στιγμή που είχα μάθει πως η Τζιν θα ταξίδευε μ' αυτό το πλοίο έτρεμα την ώρα της αναχώρησής της. Τώρα είχε φύγει. Και, σ' εκείνη την ενέργεια, εκείνη την απομάκρυνση του σκάφους από τούτες τις ακτές, εκείνη την αργή υποχώρηση προς το μέρος του ορίζοντα, υπήρχε μια αίσθηση οριστικού, αμετάκλητου χωρισμού... ένας μοναχικός φάρος που γυρεύει με τα μάτια την άδεια θάλασσα, σαν έχει σβήσει η τρεμάμενη ακτίνα. Και δεν είχε έρθει, ούτε καν είχε γράψει ένα αντίο. Εκείνη η παράλειψη ήταν το πραγματικό μαρτύριο του έρωτα, με πλήγωσε πάνω απ' όλα.

Για ώρα πολλή, μπορεί και μία, κι όμως πόση ακριβώς δεν ήξερα, έμεινα ν' ατενίζω τη φωτιά. Από μακριά, μέσα από τους θλιμμένους και πονεμένους συλλογισμούς μου, άκουσα το θόρυβο κάποιου που ερχόταν, βημάτων και φωνών στον προθάλαμο. Δε σάλεψα. Δεν πα' να 'ταν ο Μακ Κέλλαρ ή ο γιατρός, εγώ δε βαστούσα ν' αντιμετωπίσω την εγκάρδια χειραψία, τη διακριτική συμπόνια που θα μου χάριζε σίγουρα οποιοσδήποτε απ' αυτούς.

Τότε, έτσι όπως καθόμουν άλαλος κι ασάλευτος, πίσω μου άνοιξε η πόρτα σχεδόν αθόρυβα. Περιμένοντας ν' ακούσω κάποια ρωμαλέα φωνή δεν μπήκα στον κόπο να κουνηθώ, μα τελικά η αίσθηση κάποιου που στεκόταν εκεί, στεκόταν απόλυτα ακίνητος, πίσω μου, μ' έκανε να γυρίσω το κεφάλι. Και τότε, αργά, σήκωσα τα απαθή μάτια μου.

Στην αρχή συλλογίστηκα πως είχα ξαναρρωστήσει. Τούτο εδώ θα πρέπει να είναι μια καινούρια παραίσθηση, άλλο ένα απ' αυτά τα πυρετώδη οράματα που με βασάνιζαν πρόσφατα. Ύστερα, σε μια αναλαμπή αντίληψης, κατάλαβα πως ήταν εκείνη, κατάλαβα ακόμα και το λόγο της παρουσίας της.

Είχα ξεχάσει πως τα πλοία που φεύγουν για έξω συχνά μένουν τη νύχτα στην αποβάθρα του Μπανκ για να πάρουν επιβάτες και περιμένουν μια ευνοϊκή παλίρροια. Τελικά, είχε έρθει να πει αντίο.

Ο βαρύς χτύπος της φτωχής μου καρδιάς ακούστηκε στ' αυτιά μου και μια ομίχλη σηκώθηκε μπροστά μου, μέσα από την οποία έμεινα να την κοιτάζω σε απόλυτη σιωπή. Με την ίδια σιωπή με κοίταξε κι εκείνη. Μολονότι ήταν ακόμα αδύνατη και στα μάγουλά της έμενε μια ελαφριά χλωμάδα, ελάχιστα ίχνη της πρόσφατης αρρώστιας της έβλεπες σε κείνα τα καστανά μάτια, εκείνο το καθαρό πρόσωπο και τα στιλπνά μαλλιά. Δε γινόταν να μη συγκρίνω τη δική μου κατάσταση με τούτη τη γαλήνη. Εγώ ζαρωμένος εδώ, ξοδεμένος και τσακισμένος, κι εκείνη έτοιμη, σταθερή και αποφασισμένη, έχοντας αναρρώσει σχεδόν ολοκληρωτικά. Και το φουστάνι της ακόμα, από σκούρο γκρίζο ύφασμα με μια πιο φωτεινή μεταξωτή λωρίδα στην άκρη, ήταν ολοκαίνουριο, αγορασμένο αναμφίβολα ειδικά για το ταξίδι. Με άλλο ένα σκίρτημα πόνου, είδα πως γύρω απ' το λαιμό της είχε φορέσει τις πράσινες χάντρες που της είχα χαρίσει.

Ανακάθισα αργά στην καρέκλα μου. Έβλεπα τα χείλη της να παίρνουν σχήμα για να μου μιλήσουν. Ήθελα να είμαι έτοιμος ν' αντιμετωπίσω το χτύπημα.

«Πώς είσαι, Ρόμπερτ;»

«Καλύτερα από ποτέ. Δε θα καθίσεις;»

«Ευχαριστώ». Η φωνή της ήταν χαμηλή, μα ελεγχόμενη.

Κάθισε αντίκρυ μου, πολύ στητή, με τα γαντοφορεμένα χέρια της πιασμένα μεταξύ τους, τα μάτια της γερμένα ακόμα πάνω μου. Σαν μικρός γύψινος άγιος, είπα μέσα μου, όλο πίκα για μιαν αυτοκυριαρχία που δεν μπορούσα να φτάσω. Έσφιξα τα δόντια για να πνίξω την αδύναμη έκθεση των συναισθημάτων μου.

«Έγινες καλά, απ' ό,τι βλέπω» είπα.

«Ήμουν πολύ τυχερή».

«Το θαλασσινό ταξίδι θα σου κάνει καλό».

Δεν έδωσε σημασία σ' αυτή την επίθεση. Η σιωπή της έκανε την καρδιά μου να πονέσει βαθιά για άλλη μια φορά. Χτύπησα ελαφρά την εφημερίδα στην ποδιά μου.

«Μόλις τώρα έτυχε να διαβάσω πως έφευγες. Πολύ ευγενικό εκ μέρους σου που ήρθες να με δεις. Πώς είναι ο Μάλκολμ; Επιβιβάστηκε;»

«Ναι, Ρόμπερτ, επιβιβάστηκε».

Απαλά, δίχως μνησικακία, το αγκάθι χώθηκε πάλι βαθιά στα στήθια μου. Προσπάθησα να μη μορφάσω. Το γάντι της δε μ' άφηνε να δω το δαχτυλίδι, μα αν ο Μάλκολμ ταξίδευε μαζί της, σίγουρα θα 'πρεπε να 'χουν παντρευτεί.

«Λοιπόν...» Προσπάθησα ανέμελα να χαμογελάσω, μα τα πανιασμένα χείλια μου τραβήχτηκαν πίσω σ' ένα σπασμό όλο αγωνία. «Οφείλω να σε συγχαρώ. Είναι καλός άνθρωπος. Ελπίζω να έχετε καλό ταξίδι».

Δεν αποκρίθηκε αμέσως· ύστερα, σοβαρή, είπε:

«Κι εσύ, Ρόμπερτ;»

«Εντάξει είμαι εγώ. Έχω την ευκαιρία ν' αποκτήσω ένα καλό ιατρείο εδώ, στο Λέβενφορντ».

«Όχι».

Η απλή λέξη, που την ξεστόμισε μ' ένα ξέσπασμα συναισθήματος, μ' έκοψε.

«Τι θες να πεις; Στην ουσία έχει κανονιστεί».

«Όχι» επανέλαβε. «Δεν πρέπει να το κάνεις αυτό».

Μικρή, τεταμένη σιωπή. Τώρα ήταν λιγότερο ήρεμη και το βλέμμα της είχε ξαφνικά βαθύνει.

«Ρόμπερτ» είπε σοβαρά. «Δεν μπορείς, δεν πρέπει να χαθείς σ' ένα επαρχιακό ιατρείο. Α, δεν έχω τίποτα με τους επαρχιακούς γιατρούς. Αλλά εσύ δεν είσαι τέτοιος. Είχες μια πικρή απογοήτευση, μια τρομερή ατυχία, αλλά δεν είναι το τέλος. Θα προσπαθήσεις ξανά, θα κάνεις καλύτερη, σπουδαιότερη δουλειά. Δεν μπορείς να θάψεις τα ταλέντα σου. Πρέπει, πρέπει να συνεχίσεις».

«Πού;» ρώτησα πικρά. «Σ' άλλη μια αποθήκη... άλλο ένα άσυλο;»

Με μεγαλύτερη σοβαρότητα έγειρε λιγάκι μπροστά.

«Νιώθεις κακία απέναντι στον καθηγητή Τσάλλις, έτσι δεν είναι; Ήταν λάθος που σ' έστειλε στο Ίστερσος. Είναι γέρος, όμως, και ποτέ δεν είχε στ' αλήθεια την ευκαιρία να σε βάλει στο σωστό μέρος». Η φωνή της πνίγηκε. «Ε, λοιπόν, τώρα την έχει. Ρόμπερτ, πώς θα σου φαινόταν να διδάξεις Βακτηριολογία στο Πανεπιστήμιο της Λοζάννης;»

Την κοίταξα ασάλευτος, ή μάλλον δίχως ανάσα, καθώς συνέχιζε, πιο γρήγορα τώρα:

«Έγραψαν στον καθηγητή Τσάλλις και του ζήτησαν να τους συστήσει τον καλύτερο που ήξερε, ένα νεαρό που θα μπορούσε να οργανώσει το εργαστήριο. Τους έστειλε πλήρη έκθεση της έρευνάς σου. Χτες μου έδειξε την απάντησή τους. Αν τον θέλεις, ο διορισμός είναι δικός σου».

Πέρασα το χέρι από τα μάτια σαν να θέλω να τα προφυλάξω από ένα πολύ δυνατό φως. Μια καινούρια αρχή, μακριά από τους περιορισμούς τούτης της στενόμακρης γης, στη Λοζάννη, εκείνη την υπέροχη ελβετική πόλη στα αστραφτερά νερά της λίμνης Λεμάν. Αλλά όχι, όχι... δεν είχα πια πίστη... δεν τολμούσα να το αναλάβω.

«Δε θα μπορούσα» μουρμούρισα. «Δεν είμαι κατάλληλος».

Τα χείλη της σφίχτηκαν. Κάτω από το πέπλο της άκαμπτης τυπικότητας είδα να τρέμει ξαφνικά η απόφαση. Πήρε μια κοφτή, βαριά ανάσα.

«Πρέπει, Ρόμπερτ. Κρίνεται όλο σου το μέλλον. Δεν μπορείς να παραδεχτείς ότι νικήθηκες».

Δεν έβγαζα κουβέντα, τα μάτια μου ήταν καρφωμένα στο δάπεδο δίχως να βλέπουν.

«Νικήθηκα» είπα με μολυβένια φωνή. «Τους έδωσα το λόγο μου. Έρχονται εδώ απόψε. Εύκολα πολεμάς τους εχθρούς σου. Αλλά τους φίλους σου... και την καλοσύνη... και την ίδια μου την υπόσχεση... δεν μπορώ να φέρω αντιρρήσεις... δεν μπορώ να παλέψω πια».

«Θα σε βοηθήσω».

Με αργή έκπληξη, σήκωσα τα μάτια.

«Εσύ;... Θα είσαι μακριά».

Ήταν άσπρη και για μια στιγμή τα χείλη της τρεμούλιασαν τόσο σπασμωδικά, που δεν μπορούσε ν' απαντήσει. Έμεινε και κοίταζε τα σφιγμένα της χέρια.

«Δεν πάω».

«Κι ο Μάλκολμ;» φώναξα.

«Το *Αλγκόα* έφυγε σήμερα, στις έξι το πρωί. Ο Μάλκολμ ήταν μέσα».

Απλώθηκε νεκρική σιγή. Σαστισμένος, ανίκανος να το πιστέψω, ένιωσα να γίνομαι αλύγιστος. Πριν προλάβω να μιλήσω, συνέχισε και πάλι, με φωνή που έμοιαζε πνιγμένη από την ένταση της προσπάθειάς της.

«Όταν ήμουν άρρωστη, Ρόμπερτ... κι έπειτα, μου φαίνεται ότι κατάλαβα πράγματα που δεν τα έβλεπα πριν». Σχεδόν κατέρρευσε, μα πίεσε τον εαυτό της να συνεχίσει. «Πάντα παραδεχόμουν τις υποχρεώσεις μου απέναντι στους γονείς μου, τους ανθρώπους με τους οποίους σκόπευα να δουλέψω. Δεν είχα καταλάβει την υποχρέωσή μου απέναντί σου... κι επειδή σ' αγαπώ περισσότερο από καθετί στον κόσμο, είναι μεγαλύτερη αυτή η υποχρέωση απ' όλες τις άλλες. Αν είχες πετύχει, αν δεν είχες καταρρεύσει, μπορεί και να μην το καταλάβαινα ποτέ αυτό... αλλά τώρα... το καταλαβαίνω».

Σταμάτησε, πάλεψε να πάρει ανάσα, κοιτάζοντάς με μ' έντονο βλέμμα, λες και τη βάραινε η φλογερή ανάγκη να μου ομολογήσει δύσκολους κι ασχημάτιστους συλλογισμούς που είχε κάνει πρόσφατα. Από την ένταση των συναισθημάτων της δάκρυα άρχισαν να κυλούν από τα μάγουλά της. Τα λόγια της βγήκαν γρήγορα.

«Όλο εκείνο τον καιρό που ήμουν ξαπλωμένη εκεί, μέσα σε κάτι που έμοιαζε με όνειρο, όλο αναρωτιόμουν γιατί αρνήθηκα να σε παντρευτώ... Σ' αγαπούσα... αλήθεια, αρρώστησα γιατί σ' αγαπούσα και δε μ' ένοιαζε τι έκανα στους θαλάμους... όμως πίσω απ' αυτή την αγάπη υπήρχε περηφάνια και φόβος και προκατάληψη απέναντι στη θρησκεία σου, για την οποία στ' αλήθεια δεν ήξερα τίποτα. Ο Θεός σ' έκανε να γεννηθείς καθολικός κι εμένα μέλος των Αδελφών. Μήπως αυτό σημαίνει πως μισούσε τον έναν μας κι αγαπούσε τον άλλο... ήθελε ο ένας να ζήσει στο σκοτάδι του ψέματος κι ο άλλος στο φως της αλήθειας; Αν ήταν έτσι, ο χριστιανισμός δε θα είχε καμιά σημασία. Αχ, Ρόμπερτ, έδειξες μεγαλύτερη καλοσύνη απέναντι στην πίστη μου απ' ό,τι εγώ στη δική σου. Κι ένιωθα τόσο τρομερή ντροπή, που είπα στον εαυτό μου, αν γίνω καλά, θα έρθω και θα σε ικετέψω να με συγχωρήσεις».

Τώρα έκλαιγε ασταμάτητα και, ενώ εγώ καθόμουν πανιασμένος κι αλύγιστος, ανίκανος να κουνήσω τα άκαμπτα χείλια μου, ψιθύρισε:

«Ρόμπερτ, αγαπημένε μου Ρόμπερτ, θα πρέπει να με θεωρείς το πιο δύσκολο... το πιο αντιφατικό άτομο του κόσμου. Όμως υπάρχει μια πίεση στα γεγονότα που δεν μπορούμε να την αντέξουμε. Αχ, αγαπημένε μου, άφησα το Μπλαίρχιλ, άφησα τους γονείς μου, άφησα τα πάντα, για πάντα. Κι αν με θέλεις ακόμα, θα σε παντρευτώ, όταν κι όπου θέλεις... Θα πάμε στη Λοζάννη... θα δουλέψουμε μαζί... θα είμαστε καλοί κι ευγενικοί ο ένας απέναντι στον άλλο...»

Την επόμενη στιγμή βρισκόταν στην αγκαλιά μου, η καρδιά της αντίκρυ στη δική μου, η φωνή της πνιγμένη από τους λυγμούς. Τα χείλια μου σάλεψαν δίχως να βγάλουν ήχο. Το στήθος μου, φουσκωμένο από μιαν απέραντη χαρά, φαινόταν έτοιμο να σκάσει.

Σαν από κόσμο μακρινό άκουσα την εξώπορτα ν' ανοίγει ξανά, άκουσα τη χαρακτηριστική άφιξη του Μακ Κέλλαρ και του γιατρού Γκάλμπρεϊθ, τους επιφυλακτικούς ψιθύρους της γερόντισσας όπως τους προϋπαντούσε στον προθάλαμο.

Δεν είχε πια σημασία. Δεν ήμουν πια μονάχος, το σκοτάδι είχε γίνει φως της μέρας, η ζωή ξαναφτιάχτηκε από την αρχή. Μπορούσαμε να πάρουμε μαζί το δρόμο για το άγνωστο. Ναι, στη μυστικιστική θέρμη εκείνης της στιγμής όλα φαίνονταν δυνατά, κανείς δε συλλογιζόταν την αποτυχία, κι η ευτυχία έμοιαζε αιώνια.

ΤΕΛΟΣ

ΒΙΒΛΙΑ ΑΠΟ ΤΙΣ ΕΚΔΟΣΕΙΣ ΠΑΤΑΚΗ

Κλασική λογοτεχνία για παιδιά και για νέους

✦ Αλέξανδρος Δουμάς, *Ο κόμης Μοντεχρίστο* (δύο τόμοι) – 26/27
✦ Ιούλιος Βερν, *Ταξίδι στο κέντρο της Γης* – 28
✦ Τζακ Λόντον, *Το κάλεσμα της άγριας φύσης* – 29
✦ Λουίζα Μαίυ Άλκοτ, *Μικρές κυρίες* (δύο τόμοι) – 30/31
✦ Σάρλοτ Μπροντέ, *Τζέιν Έυρ* (δύο τόμοι) – 32/33
✦ Ιούλιος Βερν, *Πλωτή πολιτεία* – 39
✦ Αλέξανδρος Δουμάς, *Μετά είκοσι έτη* (δύο τόμοι) – 42/43
✦ Βίλχελμ Χάουφ, *Το καραβάνι* – 44

Νεανική κλασική βιβλιοθήκη του 20ού αιώνα
✦ Ά. Τζ. Κρόνιν, *Τα άγουρα χρόνια* – 34
✦ Όσκαρ Ουάιλντ, *Ο ευτυχισμένος πρίγκιπας* – 35

Παιδική κλασική βιβλιοθήκη του 20ού αιώνα
✦ Κέννεθ Γκρέιαμ, *Ο άνεμος στις ιτιές* – 36
✦ Ίντιθ Νέσμπιτ, *Τα παιδιά των τρένων* – 37

ΕΚΔΟΣΕΙΣ ΠΑΤΑΚΗ